大学问

始于问而终于明

守望学术的视界

朋党之争与北宋政治

罗家祥 著

广西师范大学出版社

·桂林·

朋党之争与北宋政治
PENGDANG ZHI ZHENG YU BEISONG ZHENGZHI

图书在版编目（CIP）数据

朋党之争与北宋政治 / 罗家祥著. -- 桂林：广西师范大学出版社，2024.9（2024.11重印）. -- ISBN 978-7-5598-7163-3

Ⅰ. K244.05

中国国家版本馆 CIP 数据核字第 2024DA3651 号

广西师范大学出版社出版发行

（广西桂林市五里店路 9 号　邮政编码：541004）
网址：http://www.bbtpress.com

出版人：黄轩庄

全国新华书店经销

广西民族印刷包装集团有限公司印刷

（南宁市高新区高新三路 1 号　邮政编码：530007）

开本：880 mm×1 240 mm　1/32

印张：14.375　　　　字数：332 千

2024 年 9 月第 1 版　2024 年 11 月第 2 次印刷

印数：5 001~8 000 册　定价：89.00 元

如发现印装质量问题，影响阅读，请与出版社发行部门联系调换。

目 录

北宋官僚士大夫的朋党理论(代绪论)　1
    一、朋党和朋党理论为历代君臣所重视　1
    二、北宋官僚士大夫的朋党观　4
    三、"君子有党"论产生的历史原因　12
    四、北宋朋党理论与宋代政治发展　19

第一章　北宋政治的发展演变与北宋党争的产生　29
    第一节　北宋专制统治的重建与朋党之争　29
    第二节　"异论相搅"的传统家法与台谏势力的病态发展　35
    第三节　朋党之争展开之前的北宋王朝　45

第二章　熙宁、元丰时期的党争问题　51
    第一节　变法派与反变法派纷争缘起　51
    第二节　义利之辩与所谓政见之争　67
    第三节　变法派与反变法派的相互攻击　84
    第四节　变法派内部的矛盾冲突　99
    第五节　宋神宗对两派斗争之影响　115

第三章　元祐新、旧党之争　128
    第一节　哲宗即位前后的政治形势　128
    第二节　新、旧党争的内容及旧党对新党的倾轧　135

第三节 元祐之政剖析 *164*

第四节 元祐新、旧党争的历史后果 *188*

第四章 元祐时期的洛、蜀、朔党争 *203*

第一节 洛、蜀、朔党争起因辨析 *204*

第二节 洛、蜀、朔党争的主要内容与性质 *216*

第三节 洛、蜀、朔党争与新、旧党之关系 *226*

第五章 从哲宗"绍述"到"建中靖国"
　　　——新、旧党争的发展演变 *235*

第一节 新党的复起 *235*

第二节 新党对旧党的报复性倾轧 *245*

第三节 哲宗"绍述" *264*

第四节 向后垂帘与"建中初政" *283*

第六章 "崇宁党禁"与北宋晚期政局 *308*

第一节 蔡京与宋徽宗赵佶 *308*

第二节 "崇宁党禁"与"元祐奸党" *320*

第三节 党禁之后的北宋王朝 *343*

第七章 靖康党论与党争的流播 *366*

第一节 钦宗继位后的严峻形势 *366*

第二节 北宋王朝垂危之际的党论 *371*

第三节 党祸与宋廷一并南移 *391*

征引文献目录 *404*

附　录

不朽的学术精神和人格魅力
　　——纪念先师邓广铭教授诞辰115周年 *410*

深切缅怀先师王瑞明教授 *420*

后　记 *447*

北宋官僚士大夫的朋党理论(代绪论)

这里所谓"党""朋党"与近代政党政治中的"党""党派""党团"是完全不同的两个概念,二者之间有着本质的区别。在中国古代政治史上,历朝历代的朋党与朋党之争屡见不鲜,并且往往演绎成残酷血腥的政治斗争。这种情况既与君主专制独裁统治的政治需要相悖,也影响到王朝的政治稳定乃至于朝代兴亡,因而历朝历代帝王和官僚士大夫对此均十分在意。于是,探讨朋党、朋党之争的朋党理论也随之出现。相较而言,宋代官僚士大夫的朋党观最具特点。笔者以为,考察这种社会意识形态的内涵和外延及其与宋代政治的密切关系,不仅为探讨整个中国古代政治思想的特点所必需,而且在考察宋代统治集团内部旷日持久的朋党之争时似乎也不容回避。

一、朋党和朋党理论为历代君臣所重视

中国古代的朋党、朋党之争是专制主义中央集权政治制度的

产物。它与高度专制的中央集权制度有着不解之缘,但又深为历代最高统治者所忌讳,正如唐人李绛对宪宗所云:"臣历观自古及今,帝王最恶者是朋党。"①其所以恶,用唐代武则天的话讲,是因为"朋党比周,以蔽主明""谗佞之人,共为朋党,以蔽主之明,不得使其彰著也"②。君主要绝对专制,就必须具有绝对权威。而朝臣分朋结党,拉帮结派,势必影响到这种绝对权威,甚至有可能危害到专制独裁统治,因此,分朋结党自然也就成为最高统治者深感忧虑并竭力防范的重大问题。

按学界一般的说法,中国专制主义中央集权的矛盾运动始于春秋时期,而朋党比周这一政治现象似乎在春秋战国之前即已在传统中国的政治舞台上出现。《尚书·洪范》中"无偏无党,王道荡荡;无党无偏,王道平平"等语,即已明确反映出最高统治者防范朋比为奸的政治心态。

秦汉以降,随着专制主义中央集权政治制度的确立和日渐成熟,在最高统治集团内部拉帮结派便尤为绝对的君主专制所不容,凡涉嫌"朋党"者,动辄受到专制君主的严厉制裁。于是,"朋党"日益成为统治集团眼中一个特别敏感的字眼,"朋党"之名为君主所恶,为臣下所惧。然而,综观秦汉以来的历史,虽然历朝历代的专制君主竭力防范朋党,打击朋党,但形形色色的"朋党"与所谓朋党之争仍然屡见不鲜。举其大者,在宋以前,即有东汉的"党锢之祸",唐代的"牛李党争";唐朝之后,只要是享国稍久的王朝,都会出现所谓朋党,出现所谓朋党之争——尽管历朝历代朋党与朋党之争出现的原因、表现形式、激烈程度以及最后结局有所不同。

---

① (清)董诰辑:《全唐文》卷645《对宪宗论朋党》,中华书局2001年版,第6526页。
② (唐)武则天:《臣轨》卷上《公正章》,见《续修四库全书》第753册,上海古籍出版社2001年版,第120页。

正因为上述原因,所以试图从多方面论述、解释"朋党"者也就代不乏人。例如范晔《后汉书·党锢列传序》实际上是一篇朋党论;唐李绛撰有《对宪宗论朋党》①,李德裕也撰有《对宪宗论朋党》②;北宋王禹偁撰有《朋党论》③,范仲淹对朋党曾有系统的阐述④,欧阳修、司马光均分别撰有《朋党论》上、下篇⑤,刘安世撰有《论朋党之弊》⑥,苏轼撰有《续欧阳子朋党论》⑦,秦观撰有《朋党》上、下篇⑧,南宋叶适曾针对欧阳修、苏轼所论阐发过其朋党观⑨;元代的荣肇撰有《论朋党》⑩,许谦撰有《朋党论》⑪;明代的侯方域

---

① 《全唐文》卷645《对宪宗论朋党》,第6526—6527页。
② 《全唐文》卷709《对宪宗论朋党》,第7281—7282页。
③ (宋)王禹偁:《小畜集》卷15《朋党论》,见四川大学古籍所编:《宋集珍本丛刊》第1册,线装书局2004年版,第629页。
④ (宋)范仲淹:《范仲淹全集·年谱》,李勇先等点校,四川大学出版社2007年版,第882—903页。又见(宋)李焘《续资治通鉴长编》(以下简称《长编》,上海师范大学古籍整理研究所、华东师范大学古籍整理研究所点校,中华书局2004年版)卷148,庆历四年四月戊戌条,第3580页,文中载有范仲淹语,文字略异。
⑤ (宋)欧阳修:《欧阳修全集》卷17《朋党论》,李逸安点校,中华书局2001年版,第297—298页;(宋)司马光:《司马光集》卷60《朋党论》,李文泽等点校,四川大学出版社2010年版,第1446—1447页。
⑥ (宋)刘安世:《尽言集》卷12《论朋党之弊》,中华书局1985年版,第146—147页。
⑦ (宋)苏轼:《苏轼文集》卷4《续欧阳子朋党论》,孔凡礼点校,中华书局1986年版,第128—130页。
⑧ (宋)秦观:《淮海集笺注》卷13,徐培均笺注,上海古籍出版社2000年版,第539—550页。
⑨ (宋)叶适:《习学记言序目》卷50《皇朝文鉴四》,中华书局1977年点校本,第743—746页。
⑩ (元)荣肇:《荣祭酒遗文》卷1《论朋党》,中华书局1985年版,第20—21页。近年来,著名元史专家张帆教授经过严谨考辨,认为此书系伪作,因此处不涉及史料内容,仍加胪列。
⑪ (元)许谦:《白云集》卷3《朋党论》,中华书局1985年版,第38—39页。

撰有《说党》①;更为甚者,清世宗雍正帝亦曾有御制的《朋党论》②。而以其他形式阐发的朋党观,则更可谓多矣!显然,朋党问题是历代君臣最为关注的问题之一。

不过,当我们目睹历代政治舞台上纷纭复杂的历史画面,从整体上考察历代论者的种种见解时,即可发现:北宋官僚士大夫提出的朋党观最为别致、最为典型,所产生的政治影响也最大。

二、北宋官僚士大夫的朋党观

公然声称在最高统治阶级内部"君子""小人"并存,各自有"党",并且认为只有"君子"和"君子"之间才能形成真正的朋党,而"小人"与"小人"之间虽然也结有朋党,但不过是"伪朋"而已,君子之朋与小人之朋水火不容,犹如冰炭不可同器。这是在北宋时期出现的一个重要观点。

依笔者所见,北宋以前,所谓"君子有党"的观点是不存在的。《论语·为政》:"子曰'君子周而不比,小人比而不周'。"所谓"比",即是"朋比为奸"。撇开《论语》对后世的影响不论,这至少可以证明,先秦时代并不承认"君子"有党。

西汉末年,刘向因慑于外戚、宦官的倾轧,曾上书元帝避朋党之名:"昔孔子与颜渊、子贡更相称誉,不为朋党;禹、稷与皋陶传相汲引,不为比周。何则?忠于为国,无邪心也。"③这里,刘向认为正人"君子"旨在"忠于为国",不为朋党。范晔为东汉末年的"党人"

---

① (清)江标辑:《沅湘通艺录》卷4《说党》,岳麓书社2011年版,第128—130页。
② (清)《清世宗实录》卷22,雍正二年七月丁巳条,中华书局2008年版,第6210—6213页。
③ (汉)班固:《汉书》卷36《楚元王传第六》,中华书局1962年版,第1945页。

作列传,亦认为他们是因为"清心忌恶"而"终陷党议",并不曾将其作为"朋党"看待①。

唐代后期,最高统治集团内部矛盾一度大炽,自唐文宗至唐宣宗,垂40年间,牛李二党互相排斥和攻击。官僚士大夫或惧"朋党"之名而避之,或以"朋党"之名加诸对方,对其进行打击,但决不认为君子在朝可以结成朋党,或者有所谓朋党存在。如李党党魁李德裕云:

> 治平之世,教化兴行,群臣和于朝,百姓和于野,人自砥砺,无所是非,天下焉有朋党哉!仲长统所谓同异生是非,爱憎生朋党,朋党致怨隙是也。东汉桓灵之朝,政在阉寺,纲纪以乱,风教寖衰,党锢之士,始以议论疵物,于是危言危行,刺讥当世,其志在于维持名教,斥远佞邪,虽乖大道,犹不失正。今之朋党者,皆依倚幸臣,诬陷君子,鼓天下之动以养交游,窃儒家之术以资大盗。②

稍早于李德裕的李绛,亦专门上疏就朋党之事详细阐发过自己的观点:

> 奸人能揣知上旨,非言朋党,不足以激怒主心,故小人谮毁贤良,必言朋党。寻之则无迹,言之则可疑,所以构陷之端,无不言朋党者。夫小人怀私,常以利动,不顾忠义,自成朋党;君子以忠正为心,以惩劝为务,不受小人之佞,不遂奸人之利,

---

① (南朝宋)范晔:《后汉书》卷67《党锢列传》,(唐)李贤注,中华书局1965年版,第2185页。
② 《全唐文》卷709《对宪宗论朋党》,第7281—7282页。

自然为小人所嫉,谮毁百端者,盖缘求无所获,取无所得故也。忠正之士,直道而行,不为谄谀,不事左右,明主顾遇则进,疑阻则退,不为他计,苟安其位,以此常为奸邪所构,以其无所入也。夫圣贤合迹,千载同符,忠正端悫之人,所以知奖,亦是此类,是同道也,非为党也。岂可使端良之人,取非僻之士,然后谓非朋党也。陛下亲行尧舜之道,高尚禹汤之德,岂谓上与数千年尧舜禹汤为党?是道德同也。孔子,圣人也;颜回已下十哲,希圣者也,更相称赞,为党乎?为道业同乎?且仲尼祖述尧舜,宪章文武,又曰:吾不复梦见周公。远者二千年,近者五百年,岂谓之党?是圣人德行同也。后汉末,名节骨鲠忠正儒雅之臣,尽心匡国,尽节忧时,而宦官小人,憎嫉正道,同为构陷,目为党人,遂起党锢之狱,以成亡国之祸,备在史册,明若日月,岂不为诫乎?①

从以上两则有代表性的材料可以看出,唐代有关朋党的认识是较为一致而清楚的,即在最高统治集团内部,只有小人才朋党比周,而君子是不会结党的,君子立身行事,致力于忠正惩劝,是同道而非朋党。所谓"朋党",只有小人才汲于为之,或者是被"小人"用作"谮毁贤良"、排斥正人君子的手段。

至北宋则不然,一些官僚士大夫一反此前的朋党观,赫然提出在最高统治集团内部,不仅"小人"结有朋党,而且"君子"亦有朋党这一惊世骇俗的全新见解。最早撰文阐发此种见解的,是宋初的王禹偁。他在直史馆时所作的《朋党论》中说:

---

① 《全唐文》卷645《对宪宗论朋党》,第6526—6527页。

> 夫朋党之来远矣,自尧舜时有之。八元八凯,君子之党也;四凶族,小人之党也。惟尧以德充化臻,使不害政,故两存之;惟舜以彰善明恶,虑其乱教,故两辨之。由兹而下,君子常不胜于小人,是以理少而乱多也。夫君子直,小人谀,谀则顺旨,直则逆耳,人君恶逆而好顺,故小人道长,君子道消也。①

较之前此有关朋党的解释,王禹偁所云清晰地反映出前所未有的巨大变化。这种变化具体表现在如下几方面:第一,在朝廷内部,既有"君子之党",也有"小人之党",这两种朋党客观存在,不足为奇;第二,"君子之党"与"小人之党"同处一朝的情况由来已久,"自尧舜时有之";第三,"君子之党"之所以不能战胜"小人之党",其原因乃在于君子与小人立身行事有根本的区别,即"君子直"而"小人谀";第四,在"君子之党"与"小人之党"共处一朝的情况下,最高统治者的态度起着决定性的作用,如果贤明的君主能辨别"君子之党"与"小人之党",驭之以术,那么就可以造就理想的政治格局。

王禹偁的这一全新朋党理论的出现,标志着从宋初起,一些官僚士大夫逐步放弃了在最高统治集团内部"小人"有党、"君子"无党的传统朋党观,开始对统治阶级内部的朋党和朋党之争进行重新认识。不过,从理论形态上看,王禹偁的朋党观还显得较为粗糙。一些重大的问题诸如为何"君子""小人"各自有党自古皆然?其本质区别是什么?又该如何鉴别和对待?如此等等,王禹偁并没有予以回答,也并没有从理论上给予透彻的解释。

进入北宋中叶之后,若干官僚士大夫基于当时的现实政治斗

---

① 《小畜集》卷15《朋党论》,第629页。

争需要,在王禹偁君子有党论的基础上作了进一步阐述。诸说当中,欧阳修撰于庆历年间的《朋党论》影响最大、流传最广、理论色彩也最为浓厚,兹赘引如下:

> 臣闻朋党之说,自古有之,惟幸人君辨其君子小人而已。大凡君子与君子,以同道为朋,小人与小人,以同利为朋,此自然之理也。然臣谓小人无朋,惟君子则有之。其故何哉?小人所好者禄利也,所贪者财货也,当其同利之时,暂相党引以为朋者,伪也。及其见利而争先,或利尽而交疏,则反相贼害,虽其兄弟、亲戚,不能相保。故臣谓小人无朋,其暂为朋者,伪也。君子则不然,所守者道义,所行者忠信,所惜者名节。以之修身,则同道而相益,以之事国,则同心而共济,始终如一,此君子之朋也。故为人君者,但当退小人之伪朋,用君子之真朋,则天下治矣。
>
> 尧之时,小人共工、驩兜等四人为一朋,君子八元、八凯十六人为一朋。舜佐尧,退四凶小人之朋,而进元、凯君子之朋,尧之天下大治。及舜自为天子,而皋、夔、稷、契等二十二人并列于朝,更相称美,更相推让,凡二十二人为一朋,而舜皆用之,天下亦大治。《书》曰:"纣有臣亿万,惟亿万心;周有臣三千,惟一心。"纣之时,亿万人各异心,可谓不为朋矣,然纣以亡国。周武王之臣,三千人为一大朋,而周用以兴。后汉献帝时,尽取天下名士囚禁之,目为党人。及黄巾贼起,汉室大乱,后方悔悟,尽解党人而释之,然已无救矣。唐之晚年,渐起朋党之论,及昭宗时,尽杀朝之名士,或投之黄河,曰此辈清流,可投浊流,而唐遂亡矣。
>
> 夫前世之主,能使人人异心不为朋,莫如纣;能禁绝善人

为朋,莫如汉献帝;能诛戮清流之朋,莫如唐昭宗。然皆乱亡其国。更相称美,推让而不自疑,莫如舜之二十二臣,舜亦不疑而皆用之。然而后世不谓舜为二十二人朋党所欺,而称舜为聪明之圣者,以辨君子与小人也。周武之世,举其国之臣三千人共为一朋,自古为朋之多且大,莫如周。然周用此以兴者,善人虽多而不厌也。夫兴亡治乱之迹,为人君者可以鉴矣。①

在这篇文字中,欧阳修不仅承继了王禹偁的朋党观,而且从多方面进行了阐释和深化。他将"君子以同道为朋"与"小人以同利为朋"定为"自然之理",进而认为因为"小人"结成朋党是为了图"利",所以真正说来,"小人"是不会有"朋"的,即令有也只是"伪朋",而只有那些同心共济、以"同道为朋"的"君子"们构成的团体,才可称为朋党。欧阳修引经据典,纵论重用君子之朋可以兴邦,而禁绝君子之朋则会灭国,全文首尾呼应,要求人君用君子之真朋,以达到长治久安的目的。

从欧阳修的这篇文章中,我们得知,追求"道"与追求"利"是两种截然对立的价值取向,而在物质世界中,也始终存在着分别追求"道"和"利"的两个群体,那么,在最高统治集团内部,"君子"之党与"小人"之党并存也就"自古有之"了。"同道"与"同利"既已成为"君子""小人"各自结党的"自然之理",尚"道"与尚"利"无疑也成为"君子""小人"之党的根本区别所在。应该指出的是,欧阳修"小人无朋"说与其他人的朋党观相比,确有其独出心裁之处。

---

① 《欧阳修全集》卷17,第297—298页,以《长编》卷148,庆历四年四月戊戌条,第3580—3582页所载文参校。

但实际上,他也并未否认"小人"之党的存在,而这只是为刻意说明"君子"有党的合理合法而作出的一种反衬。

作为欧阳修的至交和同僚,范仲淹的朋党观与欧说是完全契合的。据《涑水纪闻》卷10载:"庆历四年四月戊戌,上(仁宗)与执政论及朋党事,参知政事范仲淹对曰:'方以类聚,物以群分,自古以来,邪正在朝,未尝不各为一党,不可禁也。'"而稍后的司马光,在表述他的朋党观时,形式上与欧、范之说略有不同。司马光《司马光集》卷71《朋党论》先点明"夫朋党之患,不专在唐,自古有之",在引述尧时共工、驩兜相存于朝等事例之后总结道:"是则治乱之世,未尝无朋党。"然而"君子"是否有党,司马光并未明确道破。又《资治通鉴》卷245唐文宗大和八年记李德裕、李宗闵"各有朋党,互相挤援",而文宗每叹"去河北贼易,去朝廷朋党难"时,司马光以"臣光曰"的形式发论云:

夫君子、小人之不相容,犹冰炭之不可同器而处也。故君子得位,则斥小人,小人得势,则排君子,此自然之理也。①

这段史论,字里行间明显流露出司马光对熙宁、元丰时期变法派排斥反变法派的不满,但不管如何,借此可以说明,司马光的朋党观与欧、范所云实际并无本质上的差别。

苏轼早年因"才识兼茂",深得欧阳修赏识,其所作《续欧阳子朋党论》,是在欧阳修朋党观的基础上根据新的政治形势所作的进一步发挥,二者基调也完全相同。其特点是,较为细致地描绘了

---

① (宋)司马光:《资治通鉴》卷245,唐文宗太和八年十一月乙亥条,中华书局2007年版,第7899页。

"君子""小人"的外在表现形式,以及"小人"胜"君子"的主要原因:"君子以道事君,人主必敬之而疏;小人唯予言而莫予违,人主必狎之而亲。疏者易间,而亲者难睽也。而君子不得志,则奉身而退,乐道不仕;小人者不得志,则侥幸复用,惟怨之报,此其所以必胜也。"①苏轼的朋党观可以说是王禹偁朋党观的翻版。"苏门四学士"之一的秦观于元祐时期著有《朋党》上、下篇,开宗明义:"臣闻朋党者,君子、小人所不免也。"②与发端于王禹偁的"君子有党"论一脉相承,同时也承继了欧阳修的朋党观。

既然认定"君子""小人"有党自古皆然,且"君子""小人"之党分别以"道"(即"义")、"利"作为追逐的目标,那么应如何妥善地对待之呢?总的来说,"君子有党"论者是主张对"小人"之党进行彻底摈斥的。欧阳修认为:"为人君者,但当退小人之伪朋,用君子之真朋,则天下治矣。"③欧阳修阐发的朋党观是为了服务于范仲淹主持的"庆历新政",其政治目的自然是赢得宋仁宗的全力支持,但在"庆历党议"中最终并没有为宋仁宗所采纳。这套理论真正成为政治实践的工具,则是从宋神宗熙宁变法开始,而在司马光主持发动的"元祐更化"期间达到极致。秦观强调人君"不务嫉朋党,务辨邪正",其落脚点也是要对"小人"进行坚决的排斥。倒是屡经宦海风波的苏轼,在处置"小人"之党的方法上,与上述诸人的观点有所不同,他认为"善除小人者,诱以富贵之道,使隳其党""奸固不可长,而亦不可不容也。若奸无所容,君子岂久安之道哉!"④但从北宋政治史上看,苏轼的这种主张并不为众多的官僚士大夫所认同。

---

① 《苏轼文集》卷4《续欧阳子朋党论》,中华书局1986年版,第128页。
② 《淮海集笺注》卷13《朋党》,第539页。
③ 《欧阳修全集》卷17《朋党论》,第297页。
④ 《苏轼文集》卷4《续欧阳子朋党论》,第129页。

综合"君子有党"论者所云,其主要观点可以概括为三:一曰"君子""小人"各自有党;二曰"君子""小人"之党分别以尚"道"(亦即"义")、"利"为显著标志;三曰杜绝朋党之患的主要办法是由最高统治者辨别"小人"之党而果断排斥之。

从以上所述清晰可见,"君子有党"论是北宋一些官僚士大夫在新的历史条件下提出的全新见解,而且,随着北宋政治的发展,它逐渐被深化、补充,以致形成了一个较为完整的理论体系。当然,这并非说,这套理论在北宋时期得到了完全一致的认可与赞同,如王安石、滕元发等人就不这样认为①,因笔者这里旨在探讨"君子有党"论,故其观点暂可置而不论。

三、"君子有党"论产生的历史原因

为何恰恰在北宋王朝统治时期,"君子有党"的观点被一些官僚士大夫从正面加以肯定,并予以系统深入的阐述?出现这种情况的原因又何在?下拟对这些问题作些分析。

首先,宋以前尤其是汉唐时期最高统治集团内部客观存在的朋党、党同伐异是北宋部分官僚士大夫借以获得这种认识的重要原因。王禹偁、欧阳修、司马光、秦观等人的朋党论中,均远引上古尧舜时代的所谓"八元、八凯""四凶族"作为其立论的依据。"八元、八凯""四凶族"是否果有其事姑且不论,至少检索先秦时代的文字记载,我们难以找到将其划分为"君子""小人"之党的说法,应

---

① 《长编》卷238,熙宁五年九月丁未条,第5792页,又熙宁五年九月记王安石论云:"小人乃为朋党,君子何须为朋党?"(元)脱脱:《宋史》卷332《滕元发传》,中华书局1985年版,第10673页,载神宗即位后召滕元发问治乱之道,谈及朋党之弊时,滕元发答曰:"君子无党……"

该说,宋人的主要依据来自专制主义中央集权政治制度确立后的汉唐时代。东汉"桓灵之间,主荒政谬,国命委于阉寺,士子羞与为伍,故匹夫抗愤,处士横议,遂乃激扬名声,互相题拂,品核公卿,裁量执政,婞直之风,于斯行矣"[1],在宦官擅权的黑暗统治下,以部分朝野士大夫和太学生为主干形成一个奉"道"而行的集合体,与宦官抗衡。用当时的政治标准和道德伦理标准去衡量,东汉党争即是"君子"与"小人"的对立,这应该是诱发宋人提出"君子有党"论的重要史实。

但是,仅有东汉的"党锢之祸",还不足以使宋人得出"君子""小人"分朋结党自古有之的结论,是否各个王朝一直存在着"君子"和"小人"形成的两种势力,还需要历史作进一步的证实。李唐王朝是继两汉之后第二个享国长久的朝代,其后期垂40年的"牛李党争"即起到了这种作用。较之东汉的"党锢之祸"而言,唐代党争表现得尤为复杂。故王禹偁因读唐史而作《朋党论》,司马光以黄介夫《坏唐论》五篇言犹未尽而述朋党观,均是鉴于唐代史实而发;欧阳修纵论尧时八元、八凯为一朋,舜时皋、夔、稷、契凡22人为一朋,周武王时3000人为一朋,东汉时天下名士尽为朋党,唐末朝廷名士尽为朋党,并用唐末将党人投诸黄河而唐以亡一事与东汉末党锢事互相印证,才使得"君子有党"的观点最终产生。这一点,通过刘安世《论朋党之弊》一文看得更清楚,他说:"臣尝于史册之间,考前世已然之事,盖有真朋党而不能去,亦有非朋党而不能辨者。"其意思是说,在朝廷内部,不仅"小人"有党,"君子"亦有其党[2]。

---

[1]《后汉书》卷67《党锢列传》,第2185页。
[2]《尽言集》卷12《论朋党之弊》,第147页。

其次,"君子有党"论作为一种对社会政治现象进行抽象概括的理论,也有其深刻的认识论根源,其核心是对"君子"与"小人"的认识与甄别。先秦时代,"君子"一词是统治者和贵族男子的通称,而"小人"(或"野人")在一般情况下则是被统治者的通称。相对来说,"君子"所包含的内涵更为丰富,除"大夫士"、"士已上"者、"在位者"之外,还指"薰然慈仁"者、"有道德"者、"国中之盛德者",以及硕学之士①。"君子"与"小人"的划分涉及政治才能、道德修养与学问造诣等诸方面,但最主要的划分标准,似乎还是社会政治地位,即统治者与被统治者的身份。

"学在官府"的制度洞开,文化得到较为广泛的传播后,"君子"和"小人"的划分已不可能完全依照既往的界定方法,因为"小人"中也可能有人"学而优则仕",跻身统治阶级的行列,尤其是在科举制度确立的唐宋时代,此种事例更是屡见不鲜。然而不管怎样,传统的"君子""小人"观仍一直延续下来。但随着历史的发展变迁、统治阶级中具体成员的地位升降,以及统治阶级内部矛盾的发展变化,"君子"和"小人"的概念一方面保存了原意,另一方面也日渐成为一对专门的泛道德化的政治术语,用以甄别统治集团内部的成员。在有案可稽的众多宋代史籍,宋人文集、笔记中,这样的情形比比皆是,而"君子有党"论者笔下的"君子""小人"更是如此。

尽管"君子""小人"的内涵有了若干变化,但儒家经典《论语》中"君子喻于义,小人喻于利"的说教仍是鉴别"君子""小人"的重要标准。"君子与君子以同道为朋,小人与小人以同利为朋",君子"所守者道义,所行者忠信,所惜者名节",小人"所好者禄利,所贪者财货",这种看法几乎成为北宋所有官僚士大夫公认的至理。

---

① (清)阮元:《经籍籑诂》卷12,中华书局1982年版,第386页。

在司马光那里,"君子"与"小人"的定义略有差异,他在《资治通鉴》卷1威烈王二十三年中追述智伯之亡的过程后论曰:

> 夫才与德异,而世俗莫之能辨,通谓之贤,此其所以失人也。夫聪察强毅之谓才,正直中和之谓德。才者,德之资也;德者,才之帅也。

进而,他将"才""德"作为品评人物的尺度,将人分为四种类型:"才德全尽谓之'圣人',才德兼亡谓之'愚人';德胜才谓之'君子',才胜德谓之'小人'。"表面上看,"义""利"与"德""才"不能完全等同,但实质上毫无相左之处。且看司马光的另一段文字。他在《与王介甫书》中引樊迟请学稼,孔子鄙之为"小人"之事比附王安石变法时有云:

> 使彼诚君子邪,则固不能言利;彼诚小人邪,则固民是尽,以饫上之欲,又可从乎?①

基于以上对君子和小人的认识和界定,司马光进一步指出:"夫君子、小人之不相容,犹冰炭之不可同器而处也。故君子得位,则斥小人,小人得势,则排君子,此自然之理也。"②又司马光的积极追随者刘挚在王安石变法之际也上疏说:"君子小人之分,在义利而已,小人才非不足用,特心之所向,不在乎义。"③显然,"义""利"与

---

① 《司马光集》卷60,第1256页。
② 《资治通鉴》卷245,唐文宗太和八年十一月乙亥条,唐文宗太和八年"臣光曰"中语。
③ 《宋史》卷340《刘挚传》,第10850页。

"德""才"只是相为表里的关系,欧阳修与司马光对"君子""小人"作出的定义并无本质的区别。因而,归根到底,统治阶级集团内部的"君子""小人"多以"义""利"作为辨识的标准。

将"义"与"利"、"才"与"德"截然对立起来,这种价值观又如何呢?无数的历史事实表明,这种荒谬的理论是无法实施于任何社会政治实践中的。这种观念固然体现了官僚士大夫们对一种理想人格的追求和对一种完美形象的自我塑造,从理论上讲,不无积极意义。然而,在以皇权为中心的专制主义中央集权制度的政治环境中,它只是一种带有浓厚理想主义色彩的、虚幻的价值观念。作为政治理想,它违背了人类生存发展的客观规律;作为人格修养的一种追求,亦有悖于人的自然本性,必然会导致道德上的虚伪作态和政治上的苟且无为。何况,人们在解释"义"与"利"、"才"与"德"时,并没有一个公认的标准,换言之,人们在解释这些范畴时,常常带有极大的主观随意性。而一旦将这种理论应用于统治集团内部的政治斗争中,给具体对象贴上异常极端的道德判断标签时,势必会导致政治上的巨大动荡和政治成员相互间的残酷倾轧,北宋神宗熙宁年间,尤其是宋哲宗元祐年间的政治发展对此展现得异常清楚。

第三,"君子有党"论的出现也与北宋最高统治集团内部的政治斗争密切相关。王禹偁著《朋党论》之确切年代不详,只能大致断定其出现于宋太宗淳化二年(991)之前[1]。根据宋初的情况看,王禹偁不一定仅在就史论史,太祖、太宗时期赵普与卢多逊之间的明争暗斗,很可能是驱使其撰写此论的因素之一。

---

[1] 据徐规先生《王禹偁事迹著作编年》,商务印书馆2003年版,第81页,其中有云,包括《朋党论》在内的杂文四篇、史论九篇,为"禹偁直史馆时作,至迟不晚于淳化二年"。

如果说王禹偁"君子""小人"各自有党的提出与宋代政治的关系尚不太明确,那么,欧阳修等人对"君子"有党的详尽阐述则显系北宋王朝统治集团内部政治斗争的需要使然。仁宗时期的庆历以前,以"朋党"之名加诸他人的情形就已出现。景祐三年(1036)五月,范仲淹因言事忤宰相吕夷简,又作四论讥切时政,吕夷简即"以仲淹语辨于帝(仁宗)前,且诉仲淹越职言事,荐引朋党,离间君臣"。于是,仁宗惑于"朋党"之说将范仲淹贬知饶州。随之,又同意侍御史韩渎的请求:"以仲淹朋党榜朝堂,戒百官越职言事。"①庆历元年(1041)五月,龙图阁直学士、权三司使叶清臣,权知开封府、天章阁待制吴遵路与宋庠、郑戬皆同年进士,"四人并据要地,锐于作事,宰相以为朋党,请俱出之"②。

　　这一连串的政治斗争表明,最高统治者十分忌讳的"朋党"之名,在当时已经成为保守势力排斥革新势力的有效工具。这种情况正如包拯所云:"臣伏闻近岁以来,多有指名臣下为朋党者,其间奋不顾身、孜孜于国、奖善嫉恶、激浊扬清之人,尤被奸巧诬罔,例见排斥。故进一贤士,必曰朋党相助,退一庸才,亦曰朋党相嫉,遂使正人结舌,忠直息心,不敢公言是非,明示劝戒,此最为国之大患也。"③随着宋王朝腐败程度不断加深,随着在政治上试图有所作为的改革势力出现在政治舞台,从理论上系统地解释"朋党"就只是时间问题了。早在宝元元年(1038),参知政事李若谷在仁宗诏戒朝臣朋党、范仲淹徙润州后,就曾指出:"君子小人,各有其类,今一

---

① 《长编》卷118,景祐三年五月丙戌条,第2784页。
② 《长编》卷132,庆历元年五月庚午条,第3127页。
③ (明)黄淮、杨士奇编:《历代名臣奏议》卷34《治道》,上海古籍出版社1989版,第405页。

目以朋党,恐正人无以自立矣。"①其意已十分明显。

以改革吏治为中心的"庆历新政",为"君子有党"论的最终问世提供了重要契机。吕夷简罢相后,面对积弊丛生的局面,仁宗"方锐意太平",遂于庆历三年八月任范仲淹为参知政事,试图革故鼎新,在政治上有一番作为。而在"新政"中利益受到伤害的保守势力,则故伎重演,再次运用"朋党"这一行之有效的武器,煽起甚嚣尘上的"朋党"之说。果然,仁宗再次为之所惑,范仲淹等人历年表现出来的耿耿忠心才使仁宗未能骤以景祐之道治之。于是,范、欧等人的朋党观便应运而生。据李焘《续资治通鉴长编》卷148庆历四年四月戊戌条载:

> 上谓辅臣曰:"自昔小人多为朋党,亦有君子之党乎?"范仲淹对曰:"臣在边时,见好战者自为党,而怯战者亦自为党,其在朝廷,邪正之党亦然,唯圣心所察尔。苟朋而为善,于国家何害也?"

这则材料即十分清楚地反映出"君子有党"论出现时的政治环境。"君子"有党之提出,旨在从正面驳斥保守势力的"朋党"之说,释仁宗之惑,换得其对"庆历新政"的坚决支持。如果没有利益受到伤害的保守势力以"朋党"之名对范仲淹为首的改革势力进行尖锐激烈的攻击,范、欧二人是否会一反宋以前的朋党理论,在庆历时期理直气壮地提出"君子有党",而且只有"君子"才可能结成真正的朋党,"小人"之间则只能有伪朋,并对其详加阐述,这殊难臆测。

苏轼、秦观等人之所以对"君子有党"之说反复论证,亦是当时

---

① 《宋史》卷291《李若谷传》,第9740页。

政治斗争的需要所致。尽管他们所处的时代以及政治形势有了很大的改变,但熙丰变法时期,始终存在着变法派与反变法派的激烈斗争;哲宗即位后,在宣仁高太后的全力支持下,司马光等人主持了全面颠覆"新法"的所谓"元祐更化",对新党大加挞伐;嗣后,洛、朔、蜀三党互相倾轧,频起争端。苏轼、秦观置身于党争的漩涡中,循着范、欧等人的思路对朋党问题再加探讨,这也就毫不足怪了。

四、北宋朋党理论与宋代政治发展

北宋官僚士大夫提出的"君子有党"论,糅合了他们对宋以前最高统治集团内部矛盾冲突的认知,以及他们对最高统治集团内部朋党倾轧的诠释。作为一种社会意识,它是社会存在的反映,同时又对社会存在产生了深刻影响。如果仔细考察两宋政治史的发展演进脉络,我们不难发现,由王禹偁首先提出,丰富完善于庆历时期的"君子有党"论,很难说给维护宋代统治带来了多少正面价值,其消极影响却非常明显。

在专制主义中央集权政治制度下,每一个帝王固然都希望在其统治期间有一段绝无仅有的辉煌历史,在历史上留下美名,但更现实、更重要的考虑,则是如何维护和巩固其至高无上的绝对权威和独裁统治。在皇室之中,为获得至高无上的权力而骨肉相残的事件也不乏其例。取得皇位后的最高统治者则也无不对所有皇亲国戚、文臣武将时时提防,事事猜忌,又岂能放任自诩为"君子"者结成的朋党去左右朝政?因此,从根本上讲,这一理论本身与绝对的君主专制制度之间有着不可调和的矛盾,在这一理论支配下从事的任何政治活动也就绝不能为皇权所完全容忍,诚如前文提及的李绛对唐宪宗所云:"臣历观自古及今,帝王最恶者是朋党。"

所谓"君子有党"的理论本身与专制皇权之间有如上所述的不可调和的矛盾,这首先就导致了这样一种现象:最高统治者对"君子"之党深怀疑虑和戒备,致使一些置身于"君子"之列、不乏远见卓识和政治才能的官僚士大夫在政治生活中无法充分发挥其作用,他们提出的若干有限的利国、利民的政治主张或设想往往随时会胎死腹中,其试图有所作为的政治实践也难以收到任何成效,倡此党论的欧阳修及其所谓"君子"之朋在庆历时期的遭际即是典型案例之一。范、欧等人纷陈此说之目的,旨在从正面回击保守势力酿就的党人之议,并以之聚集起一批改革派人士,确保改革顺利进行。然而,就在范、欧二人畅论"君子"有党仅仅两个月后的庆历四年(1044)六月,范仲淹即被遣任陕西、河东路宣抚使,离开了朝廷;再两个月后,欧阳修也以龙图阁直学士出任河北都转运按察使,离开了汴京。是年十一月,杜衍、范仲淹、富弼等所举荐和引用的官员纷纷被黜责。庆历五年五月,杜衍、韩琦、欧阳修被贬逐,从而宣告了"庆历新政"的最后失败。

从北宋政治、经济、军事发展的大势看,"庆历新政"的出现是各种矛盾交织发展的结果,同样,改革的失败也是深刻的社会历史根源和各种尖锐复杂的矛盾所导致。推行"新政"期间,所谓"按察使多所举劾,人心不自安;任子恩薄,磨勘法密,侥幸者不便"导致的"谤毁浸盛,而朋党之论,滋不可解"[1],即是其外在表现。但毫无疑问,"君子"们公然结党导致宋仁宗的猜忌和防范,也在一定程度上影响了当时的政治格局。

庆历四年四月,便有造作党论者指使宦官蓝元震上疏攻击欧阳修等,其疏云:

---

[1]《长编》卷150,庆历四年六月壬子条,第3637页。

范仲淹、欧阳修、尹洙、余靖,前日蔡襄谓之"四贤",斥去未几,复还京师。"四贤"得时,遂引蔡襄以为同列。以国家爵禄为私惠,胶固朋党,苟以报谢当时歌咏之德。今一人私党,止作十数,合五六人,门下党与已无虑五六十人。使此五六十人递相提挈,不过三二年,布满要路,则误朝迷国,谁敢有言?挟恨报仇,何施不可?九重至深,万几至重,何由察知?

这段文字说明当时保守势力对改革者的攻击达到了异常激烈的程度,但是,它也多少指出了范、欧等人以"同道相朋"的事实。早在宋仁宗景祐年间,范仲淹等人公然交结"君子"之党的活动就十分明显。景祐三年(1036),范仲淹以言事被贬,太子中允、馆阁校勘尹洙则自云与仲淹"义兼师友","乞从降黜"①。仲淹"副夏竦为陕西经略安抚招讨"时,因在政治上得到过欧阳修的支持,则曾"辟修掌书记"②。除上引蓝元震疏中所云蔡襄因作过《四贤一不肖诗》被引为范仲淹同党外,庆历时期的风云人物中,余靖曾因言贬范仲淹不当而落职,监筠州酒税③;苏舜钦曾几次上疏论救范仲淹,得到范仲淹的亲自荐举④;又如滕宗谅涉嫌贪污,范仲淹因与之为同榜进士,屡屡为之辩护;等等。诸如此类十分明显的党同之迹,无不在宋仁宗心目中投下阴影。

事实上,仁宗鉴于对既往历史的认知和基于专制统治需要的

---

① 《长编》卷118,景祐三年五月乙未条,第2786页。
② 《长编》卷127,康定元年六月辛亥条,第3021页。
③ 《长编》卷118,景祐三年五月辛卯条,第2785页。
④ 《长编》卷118,景祐三年五月丙午条,第2789页;《长编》卷121,宝元元年正月乙卯条,第2852页。

考虑,对所谓"君子有党"的那一套说辞也一直心存芥蒂,并不认同。就在欧阳修上《朋党论》的前一月,即庆历四年三月,仁宗于迩英阁出御书十三轴,凡三十五事,其中第二十九事即曰"辨朋比"①;又范仲淹荐举名列景祐"四贤"的尹洙,而"洙竟不召,亦不迁"②。这足以证明,宋仁宗在任用一些改革者试图有所作为的同时,对"同道"之党也是严加防范的,故到庆历四年六月,宋廷内部谣言纷起,范仲淹托河东有警而请求离开朝廷时,仁宗并未挽留,任其一走了之!

庆历四年十一月,宋仁宗又专门下诏:"闻至治之世,元、凯共朝,不为朋党……朕昃食厉志,庶几古治,而承平之弊,浇竞相蒙,人务交游,家为激讦,更相附离,以沽声誉,至或阴招贿赂,阳托荐贤。"③这实际上是公开反驳和否定了欧、范等人的"君子有党"论,也给庆历新政以最后的判决。而当时朝廷的一些大臣为了维护自己既有的政治地位和经济地位,则纷纷向宋仁宗主动说明自己与朋党无涉,竭力摆脱与范仲淹等人的干系,向君权表示效忠。据《长编》卷118仁宗景祐三年五月戊子条载:

> 戊子,同知枢密院事韩亿言:"昨蒙宣谕,范仲淹尝密荐臣。臣自历周行,惟厉忠朴。宸聪过听,擢赞相府,未尝涉朋比之迹,结左右之容。况臣与仲淹既非姻亲,又非故旧,缘何契义,辄有荐论?若仲淹举臣以公,则臣素无交托,伏望曲照孤衷,免婴浮议。必若以臣备位无补,即进退之际,惟陛下裁赐。"

---

① 《长编》卷147,庆历四年三月己卯条,第3566页。
② 《长编》卷147,庆历四年三月末附,第3571页。
③ 《长编》卷153,庆历四年十一月己巳条,第3718页。

韩亿向宋仁宗说明自己与范仲淹无任何朋比之迹后,仁宗则下诏予以慰勉,这也充分说明君子们以"同道"结成的朋党在根本上与专制独裁统治水火不容。

综合当时改革势力与保守势力的消长、宋仁宗个人政治态度等多方面的因素看,"庆历新政"的失败是不可避免的。然而,在如此短暂的时间内,政治形势发生如此重大的逆转,我们不能不说,"君子有党"的提出与"君子"之党的形成,在其中起到了极为负面的作用。以范仲淹等人的行政才能和远大抱负,如果采取的策略得当,本可能有更大的建树,可惜他们触犯了赵宋绝对君主专制独裁之大忌,终未能发挥应有的作用。

又如神宗熙宁初,当王安石在"万事颓堕如西晋之风"①的情况下主持变法时,司马光等人迅即以唯"小人"言利、言利者皆"小人"的逻辑,将变法派尽数纳入"小人"之党中。基于此种认识,司马光在《与王介甫书》中斥王安石等为"小人",已如前述,又刘挚熙宁四年(1071)六月上疏谓:"盖善恶者,君子、小人之分,其实义、利而已。"②将变法派一概斥为为恶之"小人"。熙宁九年六月,富弼亦上疏极攻新法,其中有云:"缘误用一二奸人,则展转援致,连茹而进,分布中外,大为朝廷之害,卒难救整。"③要求神宗"惟辨别大臣邪正而进退之"为职事。宋哲宗继位,宣仁高太后实际掌控宋廷后,司马光为首的一大批反变法派官员陆续被召回汴京,开始实施所谓"元祐更化",此时的同"道"之朋已走入极端,时移世异,已完

---

① 《长编》卷221,熙宁四年三月戊子条,第5369页,记王安石与宋神宗、文彦博等论国事语。
② 《长编》卷224,熙宁四年六月戊午条,第5441页。
③ 《长编》卷276,熙宁九年六月末附,第6757页,载富弼疏中语。

全不能与仁宗时范、欧诸人的所作所为同日而语,但间接或直接地推动元祐之政进入了惰怠因循、苟且偷安的轨道。

"君子有党"论以"义""利"之说为其理论依据,将朝野士大夫划分成"君子""小人"两种类型,尽管此论曾受到宋仁宗的斥责,但这种观念实际上一直潜在地支配着诸多身处最高统治集团的"君子"之朋的政治活动。以司马光为首的元祐"旧党"表现得尤为突出,而始于元祐时期的绵延不息的朋党倾轧便与这种简单划线、在政治上无条件排斥异己的倾向有着密切关系。"旧党"得势后认为"天下治乱,在君子小人进退之间耳,冰炭不可以一器,枭鸾不可以同栖,共、鲧、皋陶不可以同朝,颜回、盗跖不可以并处"①,对新党进行了无所不至的严厉打击,其中,罗织"车盖亭诗案"最能体现其残酷程度。并且,随之梁焘等人又开具蔡确亲党47人,王安石亲党30人,均予以严厉打击。② 这从而为此后的政局反复埋下了伏笔,开启了北宋政治舞台上的一系列政治动荡。

总体上看,这一套荒诞不经的朋党理论不仅深刻地影响了北宋的政治走向,也影响到南宋的政治发展。南宋之初,南宋君臣在金兵的频频打击下惊魂未定,"元祐党人"的后裔仍然是按这一套荒唐逻辑去影响宋高宗和南宋政治的。以下兹引述南宋时元祐党人常安民之子常同与宋高宗讨论朋党之祸的一段材料加以说明:

> (绍兴)三年,召还,首论朋党之祸:"自元丰新法之行,始分党与,邪正相攻五十余年。章惇唱于绍圣之初,蔡京和于崇宁之后,元祐臣僚,窜逐贬死,上下蔽蒙,酿成夷房之祸。今国

---

① 《长编》卷371,元祐元年三月戊辰条,第8987页,载右司谏苏辙语。
② 参见(宋)徐自明《宋宰辅编年录校补》卷9,王瑞来校补,中华书局1986年版,第537页。

佞日亲。以至真伪莫知,贤愚倒置,国家之患,率由此也。①

由此不难看出,所谓"君子""小人""正人""邪党"无非是政治需要使然,无非是得势的一方站在自我设置的道德制高点上排斥异己的工具而已。然而在"君子有党"论的作用下,从哲宗元祐时期开始,旧党"君子"总是堂而皇之地进行所谓"辨邪正",分清"君子""小人",不遗余力地进行党同伐异。正是由于元祐旧党在语言与行动、理论与实践上表现出重重矛盾,正因为新党并非全为有才无德、弃义尚"利"的小人,故宋哲宗亲政伊始,政局便又出现了全面反复,即朱熹所说的"元祐诸公大纲正,只是多疏,所以后来熙丰诸人得以反倒"②。新党以元祐"君子"之道还治其身,进行了有过之而无不及的报复,并导致宋哲宗绍圣、元符乃至于宋徽宗建中靖国、崇宁时期绵延不绝的政治动荡,导致朋党之祸不断升级。南宋时期,虽然政治形势和各派内部构成发生了重大变化,但追根溯源,若干重大的政治变故仍与北宋时期出现的所谓"君子有党"论有着种种复杂的关联。

---

① 《宋史》卷 314《范纯仁传》,第 10288 页。
② (宋)黎靖德:《朱子语类》卷 130《本朝四·自熙宁至靖康用人》,中华书局 1986 年点校本,第 3105 页。

第一章　北宋政治的发展演变与北宋党争的产生

在专制主义中央集权以种种方式进行强化的传统中国社会,统治集团内部的朋党之争诚为一大痼疾,而在宋朝,则更甚于前后诸代。同其他各代的朋党之争相比,宋代党争的产生与演变既有着相同的普遍性政治根源,又有其特殊的偶然性因素。为了对北宋朋党之争进行深入分析,进而洞察中国古代政治史的某些特点,以下拟从三方面对北宋党争的起因进行考察。

第一节　北宋专制统治的重建与朋党之争

一、北宋专制统治的重建

后周显德七年,亦即北宋建隆元年(960),赵匡胤在赵普和赵光义的帮助下发动"陈桥兵变",建立了北宋王朝,这在整个中国古代史的进程中,无疑是一个意义重大的历史事件。然而,在梁、唐、晋、汉、周等五个政权倏兴忽亡的时代背景下,"赵氏起家什伍,两世为裨将,与乱世相浮沉,姓字且不闻于人间""乃乘如狂之乱卒控扶以起,弋获大宝"①,既乏盖世武功可资立威,又无德泽使四方感戴,君临天下的宋太祖一直是惴惴不安的。可以说,宋王朝制定的各种国策都与宋朝建立的这一历史背景有着千丝万缕的联系。

宋太祖采纳赵普"稍夺其权,制其钱谷,收其精兵"的建议且逐步付诸实施,从而结束了晚唐以来"战斗不息、生民涂地"的乱世,消除了武将专横、兵强马壮者即可为天子的隐患。但宋初统治者仍担心赵氏政权成为继后周之后的第六个短命朝代。基于此种隐忧,在直接剥夺地方权力的同时,宋初的最高统治者制定并实施了一整套从中央到地方的防范措施。贯穿于这些无孔不入的措施中的基本精神,则是竭力强化专制主义的中央集权。

宋王朝加强专制主义中央集权的种种措施,其制度立法之细密,防微杜渐之专注,在史学界已是耳熟能详,兹不赘述。但是,归根到底,任何防范都是针对人进行的。在这套政策的施行过程中,举凡文武官僚士大夫的活动便为宋王朝历代统治者所密切注视,以防止其对宋王朝的专制统治构成任何威胁。于是,不仅统治集团内部文武大臣以任何形式表现出来的分朋结党行为,均被严令禁止,而且任何有可能造成分党结党行为的土壤和环境,也为最高统治者所倍加重视,即时加以铲除。

如宋廷对贡举考试的严格控制,便反映了此种情形。宋太祖建隆三年,也就是宋王朝建立后的第三个年头,宋太祖下诏:

---

① (清)王夫之:《宋论》卷1《宋太祖》,中华书局1964年版,第1页。

>国家悬科取士,为官择人,既擢第于公朝,宁谢恩于私室?……今后及第举人,不得辄拜知举官子、孙、弟、侄……兼不得呼春官为"恩门""师门",亦不得自称"门生"。①

自科举制度在隋唐出现之后,其在中国社会、政治以及文化上的意义是十分重大且影响深远的。但在专制君主看来,科举制度在实施过程中,极易使主考官与考生之间,考生与考生之间产生一种特殊的盘根错节的连带关系,构成一个特殊的小集团,造成不利于独裁统治的局面。宋太祖的这一诏令,便明确规定了所取之士只能感恩于宋王朝的最高统治者,从而在相当程度上破除了自唐以来因贡举考试而结成的"门生座主"关系。

次年,宋太祖又废除了"公荐"这一程序。据《长编》卷4乾德元年九月丙子条:

>丙子,诏礼部贡举人,自今朝臣不得更发公荐,违者重置其罪。故事,每岁知举官将赴贡院,台阁近臣得保荐抱文艺者,号曰"公荐",然去取不能无所私,至是禁止。

开宝六年(973),宋太祖又以权知贡举李昉在录取士人时"用情,取舍非当",遂将殿试改为定制②。进一步控制了贡举考试。

至于宋王朝明令禁止朋党以及臣僚主动迎合最高统治者而请禁朋党的事例,在有关的史籍中则屡见不鲜。

真宗咸平二年(999)二月,真宗因"闻朝臣中有交结朋党、互扇

---

① (清)徐松辑:《宋会要辑稿》选举三,上海古籍出版社2014年版,第5285页;又见《长编》卷3,建隆三年九月丙辰条,第71页。
② 《长编》卷14,开宝六年三月辛酉条,第298页。

第一章　北宋政治的发展演变与北宋党争的产生　　*31*

虚誉,速求进用者""乃命降诏申警,御史台纠察之"①;咸平五年八月,因僧睿则上封事荐道近臣、诸将等事,真宗与辅臣言及"唐朝构朋党,排摈有位"事以为戒②;大中祥符八年(1015)三月,真宗与王旦等论欲严防朋党,绝其本源③;仁宗天圣七年(1029)三月,诏百官转对,极言时政阙失如旧仪,在外者实封以闻,既而仁宗谓辅臣曰"所下诏,宜增朋党之戒"④;明道二年(1033)八月,宋绶上言请禁朝臣朋党⑤;宝元元年(1038)十月,诏戒百官朋党⑥;庆历四年(1044)十一月,仁宗远引"至治之世,元、凯共朝,不为朋党"事,戒群臣朋比⑦。此后,宋最高统治者诏戒朋党、君臣讲论朋党、士大夫撰文探讨朋党者,更是不乏其例。

从历史上看,忌讳、防范朋党并非始于宋朝。正如唐人李绛与宪宗论及朋党时所说:"臣观自古及今,帝王最恶者是朋党。"⑧其所以"恶",是因为群臣朋比涉嫌危及专制集权的独裁统治,以及由此产生的党争会导致政治上的大动荡、大混乱,甚至会导致王朝的崩溃。宋历代统治者虽也不无上述考虑,但由于宋王朝建国的历史背景有所不同,其深感忧畏的则是群臣朋比,因其既足以分割其专制的权势,甚而还可以使最具权势的官员仿宋太祖赵匡胤"陈桥兵变"故事图谋篡逆。因此,同前此诸朝相比,这就使得"朋党"成为一个更加敏感的字眼,防范群臣朋比为奸也就成为宋王朝始终

---

① 《长编》卷44,咸平二年二月乙酉条,第930页。
② 《长编》卷52,咸平五年八月癸未条,第1148页。
③ 《长编》卷84,大中祥符八年三月辛卯条,第1919页。
④ 《长编》卷107,天圣七年三月癸未条,第2504页。
⑤ 《长编》卷113,明道二年八月丁巳条,第2633页。
⑥ 《长编》卷122,宝元元年十月丙寅条,第2881页。
⑦ 《长编》卷153,庆历四年十一月己巳条,第3718页。
⑧ 《全唐文》卷645《对宪宗论朋党》,第6526页。

关注的重大问题。

二、北宋王朝的专制统治与朋党之争

宋代绵延不绝的朋党之争与北宋立国的历史特点和中央集权的高度强化是紧密相关的。

宋统治者防范朋党的种种措施,确曾对巩固宋王朝专制主义中央集权起到一些作用。据《旧唐书》卷159《韦处厚传》载:"建中之初,山东向化。只缘宰相朋党,上负朝廷,杨炎为元载复仇,卢杞为刘晏报怨,兵连祸结,天下不平。"这种朝廷大臣公然结党、争权夺利的情形在宋王朝建立后不复存在,是北宋最高统治者严密防范朝臣结党的结果。唐自宪宗统治时期起,曾出现以李德裕为首的士族集团同以牛僧孺为首的庶族地主势力之间的长期斗争,以致唐文宗亦有"去河北贼易,去朝廷朋党难"之叹①,而在宋王朝建立之后,这种相对独立于皇权的朋党倾轧由于最高统治者的扼制同样也销声匿迹。

但是,宋代对朋党的防范措施所起到的作用仅仅是维护了宋王朝君主专制的绝对权威,并没有消弭统治集团内部以新的形式出现的朋党之争。恰恰相反,这一套措施还在一定程度上促成了有别于唐代的朋党倾轧。之所以如此,是因为为数不少的官僚士大夫为了迎合最高统治者专制独裁、防备篡逆的心理,常以指斥、揭露和攻击朋党作为效忠于皇权的最佳方式,动辄以所谓"君子""小人"这一道德色彩极为浓厚的价值尺度衡量最高统治集团的官员,利用"朋党"之名攻击他人,从而使"朋党"一词的实际含义日益

---

① 《资治通鉴》卷245,唐文宗太和八年十一月,第7899页。

含混。名符其实的结党营私者固然常被视为"朋党"并遭弹劾,一些试图有所作为的志同道合者亦常被冠以"朋党"之名,遭到打击。更有甚者,在统治集团内部,一些官僚士大夫还随便利用"朋党"之名,作为巩固自己政治地位、排除异己的有效工具。

真宗天禧年间,钱惟演就是以"朋党"之名谗诬寇准的。仁宗景祐年间,吕夷简为宰相,进用者多出其门,范仲淹乃上《百官图》,指其次第曰:"如此为序迁,如此为不次,如此则公,如此则私。"又为"四论"以献仁宗,"大抵讥切时政",遂被吕夷简指为"朋党"而罢知饶州①。

庆历年间,宋仁宗起用范仲淹等人推行"新政",由于触犯了权贵集团的利益,夏竦等人亦造作党议,对范仲淹、富弼、欧阳修等人进行激烈的攻击。欧阳修为对付反对派势力的攻击,还特撰《朋党论》一文,试图重新解释"朋党",声称君子有党,"以同道为朋"②,其结果仍然是徒增纷扰,无济于事。

熙宁初,当王安石聚集起一批改革志士,谋划推行变法时,反变法派官员马上故伎重演,利用"朋党"之名对变法派进行激烈的攻击。熙宁二年(1069)四月,滕甫就以"臣知事陛下而已,不能事党人"之辞影射王安石等,挑拨宋神宗与王安石等人的关系③;熙宁三年四月,监察御史里行张戬攻击王安石等人为"死党"④;同年八月,司马光因论青苗法事攻"安石之党"⑤;熙宁四年二月,司马光

---

① 《宋史》卷314《范仲淹传》,第10269页。
② 《欧阳修全集》卷17,第297页;又参见《长编》卷148,庆历四年四月戊戌条,第3580页。
③ (清)黄以周辑:《续资治通鉴长编拾补》(以下简称《长编拾补》)卷4,熙宁二年四月戊戌条,中华书局2004年版,第173页。
④ 《长编》卷210,熙宁三年四月壬午条,第5107页。
⑤ 《长编》卷214,熙宁三年八月乙丑条,第5201页。

复攻击王安石"引援亲党,盘据津要,挤排异己,占固权宠"①。此后的类似攻击则随处可见。

对于王安石等人来说,要施行变法就必须有一批政治倾向大体一致的同僚,无数的史实表明,他们绝不是朋党比周、图谋私利,而是着眼于宋王朝的长远利益,在宋神宗的支持下进行着一场规模宏大的改革运动,试图有所作为。因此,他们并不曾因遭到反对派的附会式攻击而有退缩,相反他们也抓住攻击者众口一辞、态度一致的党同之迹,频频使用"朋党"一语进行反击。王安石就曾在论及边疆守御等事时,将"流俗群党日强"与"陛下权势日削"相提并论,对李师中等人予以指斥②。熙宁三年九月,王安石与宋神宗在论及变法中的人事纷扰时指出:"近世执政务进朋党,蔽塞人主,排抑才士、不可驾御者,故令侍从有实材可用者极少,而其相阿党、不修职事趣功实者则如一焉。"③显然,他是将反变法派统统作为朋党来看待的。在相互指责、攻击的过程中,新的党争便不知不觉地孕育出来。

第二节 "异论相搅"的传统家法与台谏势力的病态发展

北宋王朝"异论相搅"、相互牵制的传统家法和台谏势力的病态发展也是导致朋党之争的重要因素。

---

① 《长编》卷220,熙宁四年二月辛酉条,第5339页。
② 《长编》卷214,熙宁三年八月辛未条,第5207页。
③ 《长编》卷215,熙宁三年九月己丑条,第5232页。

一、"异论相搅"——北宋王朝的统治家法

在赵宋王朝的"祖宗之法"中,有一个使大臣相互牵制的有效办法,这便是"异论相搅"。该传统家法是宋初以来"事为之防,曲为之制"①的君王"南面之术"的重要内容,但并未见诸任何正式的官方文件,只是在熙宁初宋神宗、曾公亮、王安石等讨论"异论赤帜"司马光的安置问题时,它才被披露出来。据《长编》卷213熙宁三年七月壬辰条载:

> 公亮曰:"真宗用寇准,人或问真宗,真宗曰:'且要异论相搅,即各不敢为非。'"

"异论相搅"的内容与用意,即是皇帝蓄意让政见相左、各不相容乃至怀有宿怨的大臣共处一朝,使之相互纠评,相互监视,相互牵制,以便专制君主达到在最高统治集团内部消除任何潜在威胁的目的。

从现有的材料依稀可以看出,至晚在宋太宗统治时期,此法即被运用。《宋史》卷265《李昉传》载:

> 昉素与卢多逊善,待之不疑,多逊屡谮昉于上。或以告昉,不之信。及入相,太宗言及多逊事,昉颇为解释,帝曰:"多逊居常毁卿一钱不直。"昉始信之,上由此益重昉。

---

① 《长编》卷17,开宝九年十月乙卯条,第382页。

李昉与卢多逊之间的是非曲直无须赘论,宋太宗赵光义有失帝王风范的卑劣动机却暴露无遗,他旨在拨弄大臣,制造或扩大矛盾,从而利用大臣之间的恩怨关系对其进行控制。因此,"异论相搅"虽是宋真宗的经验之谈,而实则是宋真宗对太祖、太宗以来的传统家法的概括和总结。

在统治集团内部矛盾不断发展的过程中,北宋的历代帝王始终为了维护皇权而得心应手地运用着这一传统家法,并对各种矛盾的激化产生了十分不良的影响。以熙宁、元丰时期的情况为例,宋神宗是北宋中叶之后求治心最切、意志也最坚定的一个皇帝,但他也是非常注意以"异论相搅"的。至熙宁四年(1071),变法派与反变法派的政治态度泾渭分明,相互之间的攻讦和斗争也异常激烈。为保证变法的进行,宋神宗不得不罢免司马光、范镇、吕诲、欧阳修、富弼等人,或允许他们离开朝廷,但也仍利用一些坚决反对新法的官员对变法派进行掣肘。参与变法的重要人物曾布对宋神宗的用意有着清楚的认识。元祐八年(1093)宋哲宗亲政后,进行所谓"绍述"时,曾布与宋哲宗有如下的一段对话:

上曰:"大臣所见,岂可不言?言之何害?"

布曰:"臣每蒙陛下开纳如此,益不敢循默,然愿陛下更赐采纳。臣自初秉政,即尝奏陈,以谓先帝听用王安石,近世罕比,然当时大臣,异论者不一,终不斥逐者,盖恐上下之人与安石为一,则人主于民事有所不得闻矣,此何可忽也。"

上曰:"冯京辈皆是。"

布曰:"非独京辈,先帝曾谕臣:王珪虽不言,亦未必不腹诽也。今三省无一人敢与惇、卞异论者。"①

曾布说这段话的目的,一方面是想以此种方式向宋哲宗表示效忠,另一方面是让宋哲宗效法宋神宗对章惇、蔡卞进行"异论相搅",从中我们也可明显地看出"先帝"宋神宗在用人政策方面的旨趣。

从王安石任参知政事之后算起,富弼、吴充担任过宰相;冯京担任过参知政事;文彦博、吕公弼等担任过枢密使;孙固、吕公著担任过枢密副使;其他如刘挚、王岩叟、刘攽、傅尧俞等人均曾供职于朝廷。他们对变法派以"异论相搅",进行牵制。所以在哲宗继位,太皇太后高氏主政之后,以"异论赤帜"司马光为代表的"旧党"重返朝廷,对"新党"立即振振有辞地进行了残酷打击,从而导致了此后一连串的政局反复和大规模的朋党倾轧。这一因果链条显示:宋神宗在位期间施行"异论相搅"也给后来北宋政治的发展带来了严重后果。

二、台谏势力的病态发展

在北宋王朝高度集权的政治气氛中,台谏势力的病态发展也与北宋朋党之争的产生和发展有着不解之缘。在某种意义上,我们也可以说,宋统治者对台谏的逐渐重视、利用,是"异论相搅"在制度上的体现,台谏势力的消长对北宋王朝的政局影响甚大。

从制度史的角度考察,北宋建国之初,统治者将主要精力放在统一战争上,官僚机器尚处于逐渐完备的过程中,台谏也只是徒有其名而实际作用不大,一直到宋真宗统治时期大抵如此。宋真宗

---

① 《长编》卷488,绍圣四年五月辛未条,第11581页。

咸平四年(1001)二月,秘书丞、知金州陈彭年上疏云:"今虽有谏官,且无言责,或出居外任,或兼领余司,常钳口以自安,少危言而替否,是同虚器,何补圣猷?"①这可以说基本上概括说明了台谏在太祖、太宗乃至真宗朝所处的地位。

直到真宗天禧元年(1017)亦即宋仁宗即位前五年,有关台谏的规定才得以见诸形式。据《宋会要辑稿》职官三载:

> 天禧元年二月七日,诏:……自今两省置谏官六员;御史台除中丞、知杂、推直官外,置侍御史以下六员,并不兼领职务,每月添支钱五十千,三年内不得差出。其或诏令不允、官曹涉私、措置失宜、刑赏逾制、诛求无节、冤滥未伸,并仰谏官奏论,宪臣弹举。每月须一员奏事,或更有切务,即许不依次入对。虽言有失当,必示曲全;虽事难显行,即令留内。但不得潜为朋附,故作中伤。

至此,台谏官的员数、职掌等才有了较为明确的具体规定。不过,由此后一些官员的奏疏可知,诏令所规定的内容与执行过程中的实际情况仍有着较大差距。虽然诏令明确规定于两省和御史台分别设置谏官六员和侍御史以下六员,但到仁宗即位时,"执政之臣,潜所畏忌,优加任使,因使罢之"②,台谏官又不复存在,宋真宗时期的诏令成了一纸空文。

仁宗以降,情形便开始出现明显变化。首先表现在台谏组织机构日臻完备,有关制度亦日趋细密,谏院即在仁宗时正式设立。

---

① 《长编》卷48,咸平四年二月壬戌条,第1046页。
② 《宋会要辑稿》职官三,第3069页。

据《长编》卷111明道元年七月辛卯条：

> 辛卯,以门下省为谏院,徙旧省于右掖门之西。先朝虽除谏官而未尝置院,及陈执中为谏官,屡请之。置谏院自此始。

至此,宋兴70年来,谏官才有了专门、固定的办公场所。谏院设立后,又充实了大量的图书秘籍,起初获赐"九经"、"三史"、《册府元龟》等,后又从国子监调进《九经正义》、历代史书、诸子等,以便谏官涉览①。

从仁宗朝起,台谏阙员的现象也间或发生,但不管如何,可有可无、有名无实的情形基本上不复存在。仁宗即位之初的天圣元年(1023),因上封事者谓"近年以来,贵近之臣,多违宪法,比至惩罚,已损纪纲,请复置谏官、御史三五员",即诏翰林学士至三司副使、知杂御史,各举太常博士以上一员堪充谏官、御史者以名闻②。"天圣、景祐间,三院御史常有二十员,其后益衰减,盖执政者不欲主上闻中外之阙失,然犹不下十数员"③。此后,台谏官的设置基本上制度化。明道元年(1032),又专门设立了谏院④。谏官、御史一旦稍阙,旋即委任。庆历三年(1043)十一月,因谏官欧阳修言,诏台官中设殿中侍御史里行、监察御史里行两员,并成为定制⑤。庆历之后,组织机构和官员设置更趋完备。

由于北宋王朝在制度上重视对台谏官的设置,重视发挥台谏

---

① 《宋会要辑稿》职官三,第3069页。
② 《长编》卷100,天圣元年四月丁巳条,第2321页。
③ 《长编》卷206,治平二年十月癸卯条,5004页,载吕诲语。
④ 《长编》卷111,明道元年七月辛卯条,第2585页。
⑤ 《长编》卷145,庆历三年十一月辛未条,第3501—3502页。

的作用,自仁宗朝始,台谏利用种种契机,在北宋最高统治集团内部逐渐崛起,并形成了一股不可遏止的政治势力。明道二年,知谏院孙祖德言:"乞下閤门,凡遇前殿殿坐日,许臣上殿奏事。"仁宗对此作出的反应是:"依(真宗)天禧元年二月七日指挥。"①即"每月须一员奏事,或更有切务,即许不依次入对",并未赋予谏官特殊的权力。但到庆历时,情况就有了很大改变。庆历三年八月,知制诰田况援唐代之制,提出让谏诤之臣日奉朝请,以便日闻朝廷之事,经两制评议,宋廷最后采纳了翰林学士承旨丁度等人的建议,"今后比直龙图阁及修起居注例,令每日赴内朝"②,使谏官获得了更多参与朝政的机会。宋仁宗庆历五年二月,左正言钱明逸鉴于每日上殿不得过三班的閤门仪制,特请"谏臣有本职事求对,虽已有三班外,亦听上殿敷奏",得到仁宗的认可③。嘉祐元年(1056)十二月,仁宗又采纳右司谏吕景初的建议:"伏睹诏书,今后虽遇辰牌,当留一班,令台官上殿,欲望谏官同此。"④台谏权力进一步增大,台谏势力逐渐在宋代政治生活中产生重要影响。

在传统中国社会君主独裁的政治环境中,台谏官的设置及其职能的正常发挥,从制度上满足了巩固专制独裁统治的需要,从理论上讲,对权力机构的政治运作和整个社会的良性发展也有一定意义。然而综观北宋台谏势力的发展过程及其全部政治活动,我们却发现,从仁宗后期开始,台谏势力便走上了病态发展的轨道,非但其应有的职能和功能未能充分发挥,反而在政治生活中造成了许多无端的纷扰,终至于最后完全堕落成为朋党之争的工具。

---

① 《宋会要辑稿》职官三,第3070页。
② 《宋会要辑稿》职官三,第3070页。
③ 《宋会要辑稿》职官三,第3071页。
④ 《长编》卷184,嘉祐元年十二月戊申条,第4459页。

下拟就台谏政治活动的几个主要特征加以说明。

特征之一：举劾论奏的对象主要是人而不是事。诚然，台谏官在弹劾论奏时，不可能将人与事决然分开，但从台谏官的政治活动中，我们可以清楚地发现，他们往往是为了弹劾攻击某一个人而去寻找事端，实与刻意罗织罪名无异。在仁宗、英宗统治的45年里，因遭台谏攻击而被罢免的宰执人数、人次之多，实在令人震惊。台湾梁天锡先生曾对仁宗朝被台谏弹劾而遭罢免的宰执大臣作过统计，竟达15人之多①。笔者翻检有关史籍，发现此数尚不完全，其间至少还有宰执大臣8人因台谏论奏而罢免②。台谏在弹奏大臣时，往往并非具有确凿证据，或凭"风闻言事"，或以无关宏旨的小事附会。尽管如此，遭到弹劾的大臣，也不得不居家待罪，等候发落，这几乎成为惯例。反过来，这种情形又使台谏势力更加猖炽，肆无忌惮。

特征之二：台谏官为达到罢免大臣之目的，先反反复复上章弹奏，如得不到最高统治者的认可，则有所谓"家居待罪"，以辞职相要挟，直至弹劾对象被罢免乃已。如在英宗治平年间的濮议之争中，吕诲为首的台官将此法运用到了异常极端的境地。在频频上疏对欧阳修等人极尽诋毁之后，吕诲"以所言不用，虽受诰敕，犹居家待罪"，进而上疏坚持要与欧阳修并行罢免，声称："臣等虽死之日，犹生之年。臣等与修，理不两立，修苟不黜，臣终无就职之理。"③他还与侍御史范纯仁、监察御史里行吕大防联章弹奏欧阳修："豺狼当路，击逐宜先；奸邪在朝，弹劾敢后？伏见参知政事欧

---

① 梁天锡：《北宋台谏制度之转变》，《新亚书院学术年刊》1966年。
② 参阅罗家祥《试论北宋仁、英两朝的台谏》，载《西南师范大学学报（人文社会科学版）》1989年第1期。
③ 《长编》卷207，治平三年正月庚辰条，第5035页。

阳修首开邪议……朝论骇闻,天下失望。政典之所不赦,人神之所共弃。"①人为地将矛盾激化到不共戴天的程度。

特征之三:台谏官在论奏时动辄采取联合一致的行动,一旦锁定弹劾目标,则群起而攻之,不达目的决不罢休。在台谏的政治活动中,此类事例比比皆是。

由以上三个特征,我们可以清楚地看到,台谏势力已经逐渐形成了一种病态的政治性格,并且由于台谏官的种种病态的政治活动,宋王朝已经出现了一种极不正常的政治氛围。而这一切,也已经为各种社会矛盾日益显现的北宋王朝产生大规模的朋党之争制造了非常适宜的气氛。

在北宋专制统治的权力体系中,台谏由于可以高举忠君的旗号而飞扬跋扈,从而沦落成为朋党之争中相互攻击的重要工具;另一方面,台谏因为地位和功能的特殊性,也就成为各派政治势力争相控制的对象。在从仁宗统治时期直至北宋王朝灭亡的漫长岁月里,举凡宋廷内部发生重大事件,我们几乎都可以看到台谏官员异常活跃的身影,更能在最高统治集团的朋党之争中看到其举足轻重的地位和作用。如仁宗景祐三年(1036)范仲淹忤宰相吕夷简,落职知饶州,"侍御史韩渎希夷简意,请以仲淹朋党榜朝堂"②;庆历党争中,以"同道为朋"的范仲淹诸人,也正是在欧阳修、王素、蔡襄、余靖等为台谏官后,才得以同吕夷简、章得象、夏竦等展开斗争;在被蔡上翔视为宋代党争之滥觞的"濮议之争"中,知谏院司马光、侍御史吕诲、范纯仁、监察御史吕大防等人与欧阳修等人各执一端,展开激烈的斗争;熙宁之初,反变法派控制的台谏在攻击、诋

---

① 《长编》卷207,治平三年正月壬午条,第5023、5024页。
② 《长编》卷118,景祐三年五月丙戌条。

毁变法派的活动中充当了急先锋;神宗去世后,政治形势发生逆转,随即先后还朝的保守派为尽快地击垮新党,推翻新法,同样是以控制台谏作为当务之急,由司马光、吕公著直接提名,宋廷马上将所有台谏官员全部换成了旧党成员①。元祐时期两次迫害打击新党的事件中,旧党控制的台谏都充当了"殿上虎"的角色。虽然此后的政局反复多端,但台谏所起的作用大抵如是。

那么,我们需要进一步追索的是,为何北宋的台谏势力如此严重病态发展,并由之带来如此严重的消极后果呢?只要看看最高统治者的用心和态度,其原因即可一目了然。据《长编》卷165庆历八年十一月乙卯条载:

> 殿中侍御史何郯为礼部员外郎兼侍御史知杂事。初,台阙知杂,执政欲进其党,上(指仁宗)特用郯,且谕郯曰"卿不阿权势,故越次用卿"。

这无异于怂恿台谏官员对宰执大臣进行伺察论奏。又张昇为中丞,"弹劾无所避",曾连上十七章弹劾宰相刘沆,仁宗称赞道:"卿特孤,乃能如是!"②其用意更是昭然若揭。所谓"特孤",是仁宗赞赏张昇只效忠于皇权,不拉帮结派。反过来,台谏官也可这样理解宋仁宗的话,即只要对皇帝表现出忠诚,便可无所顾忌,为所欲为。台官弹劾群臣,这固然未超越其应有的职权范围,但在宋代,谏官也成为扼制大臣的有力工具:"盖天子既以事委宰相,则天下之人

---

① 参阅《长编》卷357,元丰八年六月癸未条、戊子条,第8538、8550页。
② 《长编》卷184,嘉祐元年十二月壬子条,第4460页。

悉趋附而无敢陈其不逮,故置谏官以相维之。"①与唐代相比,北宋谏官的职能已不是对皇帝进行规谏讽喻,而主要是钳制大臣,以防侵害皇权的事情发生。正如苏轼所云:

> 观其委任台谏之一端,则是圣人过防之至计……而自建隆以来,未尝罪一言者,纵有薄责,旋即超升,许以风闻,而无官长,风采所系,不问尊卑,言及乘舆,则天子改容;事关廊庙,则宰相待罪。故仁宗之世,议者讥宰相但奉行台谏风旨而已。圣人深意,流俗岂知? 盖台谏固未必皆贤,所言亦未必皆是,然须养其锐气而借之重权者,岂待然哉,将以折奸臣之萌而救内重之弊也。②

"折奸臣之萌而救内重之弊",此乃宋代帝王设置、任用台谏的奥秘所在。苏轼对此"圣人深意"是极表赞赏的,然而我们毋宁说,台谏势力的病态发展及由之而带来的消极影响全由这一政策所酿成,北宋后期的大规模朋党之争接踵而至亦与这一政策密切相关。

第三节 朋党之争展开之前的北宋王朝

一、北宋王朝内外交困的窘况

北宋王朝的日渐腐败、危机四伏的窘况以及北宋王朝素所奉

---

① (宋)赵汝愚编:《宋朝诸臣奏议》卷53《上神宗论谏官当人主自择》,邓广铭、张希清点校,上海古籍出版社1999年版,第583页。
② 《苏轼文集》卷25《上神宗皇帝书》,第740页。

第一章 北宋政治的发展演变与北宋党争的产生

行的统治政策,也在客观上为北宋的朋党之争的产生提供了多方面的条件。

北宋的最高统治者虽然通过制定一系列严密的防范措施,成功地巩固了专制统治,却未能使北宋王朝成为一个强盛的王朝。北宋统治走下坡路是从宋真宗统治时期开始的,到宋仁宗统治时期,赵宋王朝的统治已经危机四伏。正如欧阳修所指出的那样:"从来所患者夷狄,今夷狄叛矣;所恶者盗贼,今盗贼起矣;所忧者水旱,今水旱作矣;所赖者民力,今民力困矣;所须者财用,今财用乏矣。"①宋仁宗至和二年(1055)六月,欧阳修在与贾黯的联名上疏中再度指出了"纪纲日坏,政令日乖,国日益贫,民日益困,流民满野,滥官满朝"的严酷事实②,希望最高统治者能重视而有所作为。

在各种矛盾的孕育过程中,以及严重的统治危机既已降临之后,赵宋王朝所奉行的统治政策,一直到神宗即位之前,却依然是一切率由旧章,苟且因循,得过且过。

举例来说,如所谓"三冗"之中的"冗员"问题,是造成"冗费"的一个重要原因,也是造成政治腐败的一个重要原因。早在至道三年(997),亦即宋太宗刚刚去世、宋真宗即位的那一年,刑部郎中、知扬州王禹偁在准诏上书时就曾指出这一问题的严重性③,但自真宗迄英宗之世,宋王朝一直未采取有效措施加以控制,以至于冗员持续大幅度激增。

在如何处理与少数民族政权之间的关系这一问题上,最高统治集团内部同样为苟安思想所笼罩。自宋太宗太平兴国四年

---

① 《欧阳修全集》卷46《准诏言事上书》,第539页。
② 《宋朝诸臣奏议》卷13《上仁宗论人主不宜好疑自用与下争胜》,第119页。
③ 《长编》卷42,至道三年十二月甲寅条,第897页。

(979)和雍熙三年(986)两次攻辽失败,宋统治者将全部精力集中于"奸邪无状"的"内忧"之上后,粉饰太平、力求苟安和竭力维护专制统治的指导思想占据上风,任何积极有为的设想和措施也就随之"寿终正寝"了。真宗景德时的"澶渊之盟"固然是宋辽双方势均力敌的产物,但其中也明显地表现出宋统治者消极避战的指导思想;仁宗宝元、庆历时弄兵于西北,宋方更是不得已而为之。故当庆历元年(1041)十月知谏院张方平建议"宜推旷恩,以示绥怀之意",求得息事宁人时,宋仁宗及宰相吕夷简马上表示了由衷的赞同①。

自宋太宗统治后期直到宋神宗即位之前,北宋王朝基本上在因循苟且中度过,因为各种原因,历代统治者和最高统治集团在政治上并没有什么大的作为。

二、革新与守旧之争——北宋朋党之争的导火索

这种内外交困的严峻形势,在客观上要求最高统治集团内部的每一个成员作出积极反应。但赵宋王朝一直推行着得过且过的苟安政策,这不仅使赵宋王朝的统治危机加深,而且也使得整个统治集团日趋腐败,为数众多的官僚士大夫在内的既得利益阶层饱食终日,无所用心,形成强大的惰性势力。这种惰性庇护着大批的食利者,同时也不断培养出一群善于以不变应万变的官僚。如宋仁宗统治时期,富弼、韩琦等人"俱少年执政,颇务兴作",老派官僚章得象对其有一个形象比喻:"得象每见小儿跳踯戏剧,不可诃止,

---

① 《长编》卷134,庆历元年十月壬寅条,第3192—3194页。

俟其抵触墙壁,自退耳。"①这是章得象为官一生的全部心得,从中可以看到所有老于世故的官员们的精神面貌。宋仁宗庆历三年(1043),王安石进士及第时,知枢密院晏殊以同乡故,又由于王安石才识过人,对他倍加青睐,予以款待,最后竟授以如下的为官之道:"能容于物,物亦容矣。"这也无非是要王安石日后获得大用时,不必对政事过于认真,只需随大流,彼此相安无事就行了。

对于北宋王朝最高统治集团内部绝大多数官僚士大夫的这种精神面貌,欧阳修是有十分深刻的了解的,所以嘉祐四年(1059)他上疏说:

> 国家自数十年来,士君子务以恭谨静慎为贤,及其弊也,循默苟且,颓惰宽弛,习成风俗,不以为非,至于百职不修、纪纲废坏,时方无事,固未觉其害也。②

然而,在统治集团内部,并非每一个官员,尤其是那些步入仕途不久,对国家、民族怀有强烈使命感的后进官员,都具有如上所述的精神面貌。从范仲淹到王安石,其间也不乏以匡扶宋室、力挽狂澜为己任的卓尔不群之士,试图有所作为。但惰性势力、保守势力异常强大,这就注定了他们的政治前途不会坦荡无阻,而只会是举步维艰,充满激烈的斗争。这种情形正如范仲淹所云:

> 夫天下之士有二党焉。其一曰:我发必危言,立必危行,王道正直,何用曲为? 其一曰:我逊言易入,逊行易合,人生安

---

① (宋)邵博:《邵氏闻见后录》卷20,中华书局1983年点校本,第156页。
② 《欧阳修全集》卷111《论包拯除三司使上书》,第658页。

乐,何用忧为?斯二党者,常交战于天下,天下理乱在二党胜负之间尔!①

范仲淹所谓由"天下之士"形成的"二党","常交战于天下",即是指官僚士大夫中改革势力与保守势力之间的尖锐对立和冲突。庆历党争是北宋历史上一系列大规模朋党之争的先导,这次斗争尽管有着种种复杂的因素掺杂其间,但究其实质,仍是如上所述的两种官僚士大夫在理想情操、政治抱负等方面的猛烈交锋,范仲淹、欧阳修与章得象、夏竦等人分别是两种官僚士大夫的典型代表。

《长编》卷150庆历四年六月壬子条在记述"庆历新政"失败,范仲淹出为陕西、河东路宣抚使一事后说:"及(吕)夷简罢,召还(范仲淹)倚以为治,中外想望其功业,而仲淹亦感激眷遇,以天下为己任,遂与富弼日夜谋虑,兴致太平。然规摹阔大,论者以为难行。及按察使多所举劾,人心不自安,任子恩薄,磨勘法密,侥幸者不便,于是谤毁浸盛,而朋党之论,滋不可解。"这段文字已经将两种势力较量的焦点和实质道破无遗。"庆历新政"的失败,使保守势力暂时占据上风,但各种社会问题并没有得到解决,两种势力之间的交锋始终潜伏于北宋统治集团内部。宋英宗去世之后,二者之间的大规模斗争终于"找"到了爆发的契机。

这个契机便是望治颇殷、年轻气盛的宋神宗走上历史舞台。与庆历党争时有所不同,熙宁时期出现的统治集团内部的矛盾冲突中,保守势力中的绝大多数不再是赤裸裸地为保护自身利益不受损害而反对变法,而是在与改革势力的斗争中也提出了自己的

---

① 《范仲淹全集》卷8《上资政晏侍郎书》,第235页。

"政见"——不管那些政见是发自内心之语还是徒作粉饰之具。司马光等人视"祖宗之法"为金科玉律,反对加以变更,这种政治观点根源于其对时局的如下认识:"太祖、太宗拨乱返正,混一区夏,规模宏远,子孙承之,百有余年,四海治安,风尘无警,自生民以来,罕有其比,其法可谓善矣!"[1]而王安石等人坚主变法,则也是基于其对时局的下列认识:宋王朝"内则不能无以社稷为忧,外则不能无惧于夷狄,天下之财力日以穷困,而风俗日以衰坏。"[2]改革势力和保守势力在政治上的分野正是从这里开始的。两种政见的优劣高下,无须在此赘论,但借此可看出,北宋王朝的严重危机和宋王朝一直奉行的苟安政策成为引发北宋后期大规模朋党之争的客观因素,这一点毋庸置疑。至于哲宗绍圣之后的党争愈趋复杂,性质亦有重大变化,则容下文细加考察了。

---

[1]《长编》卷356,元丰八年五月戊午条,第8522页。
[2](宋)王安石:《王安石全集·临川先生文集》卷39《上仁宗皇帝言事书》,复旦大学出版社2017年版,第749—750页。

第二章 熙宁、元丰时期的党争问题

这一时期最高统治集团内部的矛盾冲突和斗争虽然在形式和内容上与宋仁宗统治时期的庆历党争均有一定的内在联系,但又有着明显的历史特点。大体说来,有如下几点对这一时期以及后来的朋党之争影响重大而深远:第一,宋神宗基于维护宋王朝长久统治的需要,始终坚定不移地支持变法;第二,时间跨度长,熙丰变法从酝酿到付诸实施经过了18年,统治集团内部以各种形式进行的斗争也持续了18年;第三,宋神宗自始至终掌控着朝政,规定和影响着统治集团内部矛盾的发展方向。

第一节 变法派与反变法派纷争缘起

一、物质利益关系不是造成两派纷争的全部原因

关于熙丰时期变法派与反变法派之间纷争的起因,一些论著

在讨论变法时已有所涉及,其共同特征,是着眼于各阶级、阶层之间的物质利益关系。诚然,单纯从经济生活考察,王安石变法确实牵动了各阶级、各阶层的利益分配关系,尤其是在一定程度上触犯了大官僚、大地主、高利贷者的利益,从而招致了这部分人的强烈反对;然而,如果仔细斟酌一下王安石变法前后相互联系的若干史实,我们则可发现,除以上所述的原因外,似乎还须对其同其他因素一起作些综合考察,方可揭示熙丰时期朋党之争的全部奥秘。

王安石是在宋神宗继位后第三个年头,即熙宁二年(1069)二月出任参知政事的①;同月,成立了制置三司条例司,由知枢密院陈升之与王安石并领其事,二人开始酝酿变法②;七月,宋廷于淮、浙、江、湖六路行均输法③,是为第一项新法;九月,实施了青苗法④。

耐人寻味的是,反对王安石的浪潮并不是在新法颁布之后开始出现的。富弼于王安石任参知政事的同月第二次入相,当即上书神宗:"今中外之务渐有更张,大抵小人惟喜生事,愿深烛其然,无使有悔。"⑤"更张"什么,应不应该"更张",富弼未加说明,仅一言以蔽之曰"小人惟喜生事",将更张者一概斥作"小人"。当时的御史中丞吕诲,更是频频对王安石进行攻击,他说王安石"大奸似忠,大诈似信""外示朴野,中藏巧诈,骄蹇慢上,阴贼害物","臣窃忧之,误天下苍生,必斯人也"⑥。按此前,宋廷只是派遣候叔献等八人考察各路农田、水利、赋役利害,以及将兴学校、罢诗赋、以经义取士提出并进行讨论,还没有一条新法问世,王安石缘何招致如

---

① 《宋宰辅编年录校补》卷7,熙宁二年二月庚子记事。
② 《长编拾补》卷4,熙宁二年二月甲子条,第56页。
③ 《长编拾补》卷5,熙宁二年七月辛巳条,第72页。
④ 《长编拾补》卷5,熙宁二年九月丁卯条,第81页。
⑤ 《宋史》卷313《富弼传》,第10255页。
⑥ 《宋朝诸臣奏议》卷109《上神宗论王安石奸诈十事》,第1180页。

此刻毒之语呢？这显然不完全是物质利益关系在其中起作用。在吕诲的带动下，所有台官也纷纷对王安石进行丑诋。

均输法，特别是青苗法施行后，更是立即举朝哗然，台谏交攻，大臣反对，顿成纷争之势。反对者从王安石的言论中探知其志于变更就竭力阻挠，但他们不少人对新法制定的初衷及其实施后可能带来的效果不甚注重，甚者连新法的具体内容也未明了。如青苗法推行时，司马光的挚友范镇就是如此，他误认为此法乃唐德宗建中年间所施行的青苗钱法，极力加以攻击，认为是"盗跖之法"①。

反对者的态度也颇有可究之处。群臣议政，这无疑是好事，正如陈升之、王安石所说："除弊兴利，非合众智则不能尽天下之理。"②但是，所有攻击、反对王安石的官员在论奏中都有一共同特征，即走极端。弹奏王安石者力欲将其逐出朝廷而后快；论奏新法者不是平心静气、严肃认真地议论新法的可行与否及推行后的利害得失，而是一概加以反对，毫无妥协商议的余地。随着变法的不断深入，这些人均加入了坚决反对变法的行列。

这些事实表明，单纯从物质利益关系的角度探讨变法与反变法的是非问题，显然有未尽之处。同时这种状况也表明，一些论者认为的逐渐形成的变法派和反变法派之争的焦点不是要不要变法，而是如何变法，亦应进一步商榷。看来，在导致最高统治集团分裂、倾轧的原因中，应当还有其他一些不可忽视的重要因素掺乎其间。

---

① （宋）魏泰：《东轩笔录》卷4，中华书局1983年点校本，第46页。
② 《长编拾补》卷4，熙宁二年三月乙酉条，第61页。

二、两派纷争的直接原因

这些原因有哪些呢？笔者以为，至少下列因素不可忽视：王安石为坚决主张变法而鄙视"老成"及其他因循守旧的平庸之辈，大力奖掖后进并破格擢用之，极大地刺激了那些元老派大臣；另则是台谏势力的进一步病态发展。

1.熙宁二年（1069），同知枢密院范纯仁列举了许多罪状论奏王安石，其中一条曰"鄙老成为因循之人"①。的确，王安石是一直对那些唯务因循苟且的"老成"之人深不以为然的。魏泰《东轩笔录》卷10有一则记载说：

> 嘉祐初，李仲昌议开六漯河，王荆公时为馆职，颇祐之。既而功不成，仲昌以赃败。刘敞侍读以书戏荆公，曰："要当如宗人夷甫，不与世事可也。"荆公答曰："天下之事，所以易坏而难合者，正以诸贤无意，如鄙宗夷甫也。但仁圣在上，故公家元海未敢跋扈耳。"

按刘敞所谓"宗人夷甫"，即晋人王衍，《晋书》有传。史称其"妙善玄言，唯谈老、庄为事""虽居宰辅之重，不以经国为念，而思自全之计"。刘敞以王衍事戏王安石，并挖苦在事功方面有所作为的官吏，足见其时一般官僚士大夫的居官心态与士风；而王安石借此对众多官僚进行直言不讳的痛斥，亦足见王安石独特的人格风范与

---

① （宋）杨仲良：《皇宋通鉴长编纪事本末》（以下简称《长编纪事本末》）卷58《吕诲劾王安石》，北京图书馆出版社2003年版，第1894页。

辅佐宋神宗变法图强的坚定决心。这里的"诸贤",显然不仅包括了刘敞之流,而且也包括了所有懒于进取的老派官僚士大夫;"无意",即对天下事不关心、无责任感。

熙宁元年四月,新除翰林学士王安石越次入对时,神宗问以祖宗守天下何以能百年无大变,粗致太平?王安石退而书《本朝百年无事札子》进呈,对仁宗朝"一切因循自然之理势,而精神之运有所不加,名实之间有所不察"①的苟且之政予以批评,实际上,这也是对辅佐仁宗的宰执大臣们的斥责。又据《宋宰辅编年录校补》卷7熙宁二年十月丙申富弼罢相条载:

> 王安石见上言事,因力诋富弼曰:"陛下以为富弼何如?人臣但见其能一切合流俗,以为声名而已。富弼若用,其智略无以过人,所以有名誉为世所宗者,能养流俗之交而已。天下无事,人主一切仰成,故富弼得以此时收人誉;若天下有事,用如此智略,欲扶危救倾,必误天下事。"

王安石对富弼这位以国家栋梁自居的元老重臣的尖刻评价会遭致何等强烈的反应,我们是可想而知的。对于欧阳修和韩琦,王安石虽并未将其置于与富弼同样的位置,但根据他们晚年的政治倾向,也认为不可倚重②。

熙宁四年六月,极力反对推行新法的御史中丞杨绘曾列举出一大批离朝而去的旧党重要人物,欲以此说明变法之不当,动摇神宗的意志,王安石则针锋相对地进行了有力驳斥:

---

① 《王安石全集·临川先生文集》卷41《本朝百年无事札子》,第802页。
② 《长编》卷224,熙宁四年六月甲子条,第5449页,王安石曰:"修附丽韩琦,以琦为社稷臣,尤恶纲纪立,风俗变。"

第二章　熙宁、元丰时期的党争问题

杨绘言:"今旧臣告归或屏于外者,悉未老,范镇年六十三,吕诲五十八,欧阳修六十五而致仕,富弼六十八被劾引疾,司马光、王陶皆五十而求闲散,陛下可不思其故耶?"……王安石曰:"诚如此。然要须基能承础,础能承梁,梁能承栋,乃成室。以粪壤为基,烂石为础,朽木为柱与梁,则室坏矣!"①

当时,变法派与反变法派的斗争达到了白热化的程度,王安石是在一种特殊政治气氛中说这番话的。诸如此类的言辞固然在一定程度上切中了部分元老派大臣的要害,但也更严重地刺伤了一批元老及其门生故吏,加剧了两派的对抗。

王安石鄙薄因循苟且之"老成",也同样鄙薄所有碌碌无为的平庸之辈。熙宁初,变法全面启动之后,司马光曾先后三次致书王安石,对变法予以抨击,王安石在其著名的《答司马谏议书》中谈到了力主变法的坚定立场,并直陈"人习于苟且非一日,士大夫多以不恤国事,同俗自媚于众为善"②,士风已经败坏不堪。王安石这里所谓"以不恤国事,同俗自媚于众为善"的官僚士大夫,即不仅指司马光、富弼等人,也包括众多惰性十足的官僚。

应该说,王安石对那些元老大臣和所有昏庸之辈的指斥是符合实际情况的,但正因如此,王安石成为众矢之的。实际上,早在仁宗统治后期,他就被一些苟且之辈视为眼中钉,只是因为当时尚未入主朝政,也就未成为群起而攻之的对象;而当其对时政的深刻见解和远大抱负为神宗所赏识,并出任参知政事,以实际行动更张

---

① 《长编》卷224,熙宁四年六月甲子条,第5449—5450页。
② 《王安石全集·临川先生文集》卷73《答司马谏议书》,第1305页。

弊政时,强大的惰性势力立即对其发动了攻势。

2.王安石从无数的事实中认识到依赖那些善于高谈阔论、实则不恤国事的官僚士大夫难以济事,因而他在大力奖掖、擢升年轻有为的"后进"方面倾注了极大的心力。魏泰说:

> 王荆公秉政,更新天下之务,而宿望旧人议论不协,荆公遂选用新进,待以不次,故一时政事不日皆举,而两禁台阁内外要权,莫匪新进之士也①。

司马光对此也有记载:

> 王介甫引用新进资浅者,多借以官司。为己尽力,则因而进擢;或小有忤意,则夺借官而斥之;或无功,或无过,则暗计资考及常格,然后迁官。②

这都是指变法过程中的情形。嘉祐初王安石支持李仲昌开六漯河而斥"诸贤"一事表明,他对充满政治热情、勇于进取的年轻官员是历来看重,并因时量力予以扶持提携的。尤应值得重视的是,王安石奖掖有为之"新进"与鄙薄苟且之"老成",实乃为达到举政事之目的而不得不采取的两种手段,二者有着密切的内在联系。王安石以"老成"无补于事而排斥之,这本身对自我感觉德高望重、名动朝野的老派官僚们是一个极大的刺激,以"新进""资浅者"参与政事,在诸多官僚士大夫看来,此种做法无疑表明"老成"不如

---

① 《东轩笔录》卷5,第57页。
② (宋)司马光:《涑水记闻》卷16,邓广铭、张希清点校,中华书局1989年版,第309页;又参见《长编》卷252,熙宁七年四月己卯条,第6156页。

"新进",其刺激性更甚于前者。何况,在等级森严的官场上,官员的擢升委用全是熬年头、凭资历,宋神宗、王安石所为也远远地超出了传统的官员擢升规范。

因此,在变法展开之后,有名无实的"老成"们常常由于虚荣心与自尊心作祟,断然拒绝推行新法,拒绝与年轻官员合作。熙宁六年八月,宋廷采纳详定行户所的建议,决定收纳免行钱,由详定官吕嘉问、吴安持主其事。次年三月,诏翰林学士承旨韩维、知开封府孙永体问行户投行事利害。旋又从详定所言,凡体问行户所状,皆降详定行户利害所,韩维却说:

> 陛下待臣乃在吕嘉问之下,臣虽不才,先帝所命以辅陛下于初潜。行年六十,未尝有一言稍涉阿倚,以希己利,未尝有一言不尽理道,以补圣听。今于此小事处置关防,乃不得与新进小生为比,臣复何面目出入禁闼,恳求去位。

韩维所云道破了绝大多数老派官僚的共同心态,颇具代表性。对韩维来说,体问行户投行利害并不重要,重要的是应该区别等级名分,使尊卑皎然。在这种心态的支配下,不少人倚仗其既有的特殊政治地位,恣意鄙薄乃至凌辱新进官员。据邵伯温《邵氏闻见录》卷10载:

> 文潞公(彦博)判北京,有汪辅之者新除运判,为人褊急。初入谒,潞公方坐厅事,阅谒,置按上不问。入宅,久之乃出,辅之已不堪。既见,公礼之甚简,谓曰:"家人顷令沐发,忘见,运判勿讶。"辅之沮甚。旧例:监司至之三日,府必作会,公故罢之。辅之移文定日检按府库,通判以次白公,公不答。是日

公家宴,内外事并不许通。辅之坐都厅,吏白侍中家宴,匙钥不可请。辅之怒,破架阁,库锁亦无从检按也。

文彦博耻于受到年轻官员的约束,竟以荒废政事为代价,逞威于新法的推行者。

又如,制置三司条例司设立后,王安石等人一方面遣使深入实地调查,另一方面又聚众措置变法,此时的苏轼则上书指斥为"使六七少年,日夜讲求于内;使者四十余辈,分行营干于外"①,其轻蔑之意,溢于言表。宋廷委薛向为发运使,行均输法于六路,范纯仁谓"今乃效桑羊均输之法,而使小人为之"②,直接以薛向为小人。即令如邵雍那种受庇于富弼、司马光,与政事无涉的处士,也吟出了"遂令高卧人,欹枕看儿戏"的诗句,以示对王安石变法的轻蔑和不满③。还有一些元老派官僚则刻意从理论上惑乱是非,以抒发心中的积愤。富弼第二次入相后,与王安石同朝共处,无所作为,但他将王安石及所引用的年轻官员一概视作"小人",加以贬斥:

《易》曰:小人不耻不仁,不畏不义,不见利不动,不威不惩也。夫小人者,圣贤无不鄙而恶之,……夫天子无官爵,无职事,但能辨别君子小人而进退之,乃天子之职也。自古称明主明君明后者,无他,惟能辨别君子小人而用舍之,方为明矣。④

---

① 《苏轼文集》卷25《上神宗皇帝书》,第730页。
② 《宋史》卷314《范纯仁传》,第10284页。
③ (宋)邵伯温:《邵氏闻见录》卷20,李剑雄、刘德权点校,中华书局1983年版,第223页。
④ 《宋朝诸臣奏议》卷15《上神宗论内外大小臣不和由君子小人并处》,第136页。又可参阅(宋)吕祖谦《宋文鉴》卷45《论辨邪正》。

富弼向神宗进呈的君人南面之术是否切合事理且置勿论,他对年轻官员的极度反感却跃然纸上。

为何要坚决反对年轻官员与闻朝政?程颢在熙宁初作过解释:

> 盖自古兴治,虽有专任独决能就事功者,未闻辅弼大臣人各有心,睽戾不一,致国政异出,名分不正,中外人情交谓不可,而能有为者也。况于措置沮废公议,一二小臣实与大计,用贱陵贵,以邪妨正者乎?凡此皆天下之理不宜有成,而智者之所不行也。设令由此侥幸事小有成,则兴利之臣日进,尚德之风浸衰,尤非朝廷之福。①

程颢虽出身官宦世家,但其家世并不显赫,他自己的官也做得不大,熙宁初,因为吕公著的荐举,才成为一个权监察御史里行,不可称之曰"老成",但作为吕公著、司马光等人的旧好和僚佐,其言辞反映了众多"老成"的心声。"用贱陵贵,以邪妨正",正是富弼、司马光、吕公著、韩维、文彦博等不堪忍受的。新法始终遭到以这些元老大臣为主干的保守集团的坚决反对,与等级名分不可逾越的传统价值观念的影响有密切关系。

3.此外,治平、熙宁之交台谏势力的严重病态发展,王安石对台谏官的恶劣作风明确进行谴责所产生的实际效果,也对变法前后的政局产生了极大的影响。自仁宗以来,最高统治者直接或间接地怂恿台谏随意弹劾论奏大臣,"纵有薄责,旋即超升",致使台谏气焰日炽。在许多台谏官的心目中,有理无理并不重要,"愚直"敢

---

① 《长编》卷210,熙宁三年四月己卯条,第5103—5104页。

言、勇于弹奏大臣才是最为重要的。从英宗治平四年（1067）初到王安石做参知政事以后不久的神宗熙宁二年六月，两年多的时间内，宋廷先后五易统率台院、察院、殿院的御史中丞，透过其被罢免的原因，我们足可看出当时台谏活动的风尚和趋向。治平四年初，因长期以来参知政事欧阳修"性直，不避众怨"，敢于立事，又"朝论以濮王追崇事，疾修者众，欲击去之，其道无由"，台谏在御史中丞彭思永的带领下，竟诬之以内乱事，并攻击欧阳修一众大臣朋党专恣。彭思永落为给事中出知黄州，而欧阳修亦不得已数上表乞致仕①。

治平四年四月，原供职于颍王宫邸的王陶为御史中丞后，仗着与神宗的特殊关系，率属官突然无事找事地攻击宰相韩琦等人不押班，"劾奏韩琦、曾公亮不臣，至引霍光、梁冀等事为谕，斥韩琦骄主之色过于霍光"②。按宰相于文德殿押班的规定，仅于真宗大中祥符初昙花一现，"行之不久，渐复隳废"，至神宗即位后的治平四年，其制已废近60年，王陶却突然以此事对宰相进行攻击。其结果，又是韩琦、曾公亮数次上表待罪，参知政事吴奎、赵概等与台谏发生激烈的争斗。在这场纷争中，王陶最终还是被罢免，但他在罢免之后复上疏论吴奎附宰相欺天子之罪，又乱用"朋党""死党"等名目，将许多大臣网罗其中。

代王陶出任御史中丞的是司马光。就任伊始，司马光即将其在仁、英统治时期曾反复提及的"仁""明""武""官人""信赏""必罚"作为君王南面之术再次进呈给神宗，但急于解决一些社会实际问题的宋神宗对这些博而寡要、近于迂阔的老生常谈并未加以理

---

① 《长编》卷209，治平四年三月条，第5078—5080页。
② 《长编纪事本末》卷57《宰相不押班》，第1832页。

会。尔后,司马光也不免因袭台谏故态,连连论奏王广渊、高居简、王中正、张方平为"小人""奸邪",又不习边事而论边事,引起宋神宗极大反感,"且言光忿躁,欲加重责"①。于是,治平四年九月,仅做了五个月御史中丞的司马光复为翰林学士兼侍读学士。

司马光还翰林之后,滕甫继之为中丞,但也旋被罢免,《宋史》卷332本传载:熙宁元年,"京师郡国地震,元发(甫)上疏指陈致灾之由,大臣不悦,出知秦州。"其所陈"致灾之由"为何,诸史所载不详。又据《续资治通鉴长编拾补》卷4熙宁二年四月戊戌条载,权知开封府滕甫出知瀛州,入辞,言于上曰"臣知事陛下而已,不能事党人",其矛头显然是指向王安石的。由此数事可以推知,滕甫担任御史中丞时,亦属善于攻评而不切事务的"忿躁之辈"无疑。

第五任御史中丞是吕诲。吕诲和后来的王岩叟一样,是北宋君主专制高度强化的气氛培育出的典型人物,他弹劾王安石以"慢上无礼""好名欲进""要君取名""用情罔公""挟私报怨""怙势招权""专威害政""陵铄同列""朋奸之迹甚明""商榷重利"等十事②,十事中除"商榷重利"可以贬词正解、稍有其实外,余则完全属于附会诬妄之言。因此,熙宁二年六月,神宗也将其罢免,出知邓州,追随吕诲对王安石进行非理弹击的侍御史刘琦、监察御史里行钱顗、御史知杂刘述等也相继被贬出。

神宗即位后屡易御史中丞的事实表明,台谏势力不仅继承了仁宗以来的风尚,而且又有了进一步的发展。众多的台谏官员在举劾论奏时完全没有客观的是非标准,只是打着忠于宋廷的旗号,对大臣随意进行弹击。在这种情况下,王安石的变法实际上是为

---

① 《长编纪事本末》卷58《司马光弹奏》,第1880页。
② 《宋朝诸臣奏议》卷109《上神宗论王安石奸诈十事》,第1180—1183页。

这些台谏官们提供了口实,故程颐后来论及变法之初台谏所为时也说:

> 新政之改,亦是吾党争之有太过,成就今日之事,涂炭天下,亦须两分其罪可也。……大抵自仁祖朝优容谏臣,当言职者,必以诋讦而去为贤,习以成风,惟恐人言不称职以去,为落便宜。昨来诸君,盖未免此。苟如是为,则是为己,尚有私意在,却不在朝廷,不干事理。①

程颐的这段话是较为客观的。作为同时代人,他看得更清楚;作为反变法派中的一员,程颐的话尤有说服力。如此看来,变法前后台谏势力与王安石及其变法派的直接冲突这一现象的出现,不是偶然的。

还应注意的是,当台谏势力甚嚣尘上时,王安石却始终对台谏的这套作风表示非议,结果也极大地刺激了众多的台谏官员。早在仁宗嘉祐六年(1061)为知制诰时,王安石就说过这样一段话:

> 方今大臣之弱者,则不敢为陛下守法以忤谏官、御史,而专为持禄保位之谋;大臣之强者,则挟圣旨造法令,恣行所欲,不择义之是非,而谏官、御史亦无敢忤其意者。②

王安石认为"大臣之弱者"因害怕台谏而不敢"守法",言下之意,显然是说,为求不违忤台谏的意向,宁可去做一些违忤法令的事;而

---

① (宋)程颢、程颐:《二程集·河南程氏遗书》卷2上,中华书局1981年版,第28—29页。
② 《长编》卷193,嘉祐六年六月戊寅条,第4678页。

台谏不敢忤"大臣之强者",亦是指台谏官该尽职处未尽职。王安石对台谏在仁宗后期的政治活动持基本否定态度,明白无疑。

英宗治平年间,曾经出现过一场于国于民并无多少实际意义但异常激烈、尖锐的濮议之争,台谏在其中充当了主要角色。王安石并没有卷入那场争端,不过有材料表明,他对台谏称濮王为皇伯的主张不以为然,而这也引起了台谏对他的强烈不满。熙宁三年三月,青苗法实施后,台谏连连上疏对王安石进行弹奏,宋神宗曾与执政大臣探讨过其中原委:

> 上曰:"人言何至如此?"赵抃曰:"苟人情不允,即大臣主之,亦不免人言,如濮王事也。"王安石曰:"先帝诏书明言,濮安懿王之子,不称濮安懿王为考,此是何理?……而两制、台谏乃欲令先帝称濮安懿王为皇伯,欧阳修笑其无理,故众怒而攻之,此岂是正论?司马光为奏议,乃言仁宗令陛下被衮服冕,世世子孙南面有天下,岂得复顾其私亲哉?如此言,则是以得天下之故可以背弃其父母。悖理伤教,孰甚于此?……司马光尝问臣,臣以此告之,并谕以'上曾问及此事,臣具如此对',吕诲所以怒臣者,尤以此事也。"①

治平濮议过程中,司马光为天章阁待制,率先上章乞称濮安懿王为皇伯,当时范镇为翰林学士判太常寺,吕诲为侍御史知杂事,范纯仁为侍御史,吕大防为监察御史里行,贾黯为给事中、权御史中丞,傅尧俞为起居舍人、同知谏院,赵鼎为侍御史,赵瞻为侍御史。这些人纠合两制、台谏20余人对以韩琦、欧阳修为首的宰执大臣进

---

① 《长编纪事本末》卷55《濮议》,第1791页。

行了种种形式的弹奏,其结果,却是台谏官受到黜责。自仁宗时期台谏势力日炽后,最高统治者如此对待台谏的情形并不多见。故司马光、吕诲等一直耿耿于怀,但又无可奈何。熙宁初,王安石明确表示赞同韩琦、欧阳修等人的意见,而斥司马光、吕诲等人言不中理,这就无异于捅了马蜂窝。熙宁二年五月,变法尚未正式展开时,吕诲就攻击王安石"大奸似忠,大诈似信""外示朴野,中藏巧诈",对比一下英宗治平三年吕诲与范纯仁、吕大防联名对欧阳修等人的弹劾:"豺狼当路,击逐当先;奸邪在朝,弹劾敢后?"其语气、风格何其相似乃尔!如果切断王安石非议台谏争濮王尊崇一事与熙宁变法之间的内在联系,至少我们是很难解释在变法尚未正式展开的情况下,吕诲为何会出此刻毒之语的。

实际上,在变法的准备阶段,王安石就曾施影响于神宗,要求更换台谏官员,试图力矫台谏已经形成的浮躁、非理纠缠之风。吕中《类编皇朝大事记讲义》卷16讲神宗朝大事,最先列有《王安石逐谏臣》《罢谏院》《排中丞》《罢中丞、贬御史》4名目,依时间次序,从吴申罢知谏院,钱公辅罢谏职,滕甫罢中丞述及吕诲、刘琦、钱顗、刘述等人之贬。在《王安石逐谏臣》一条后,吕按:"安石入朝之初,即劝人主逐谏臣,其本意如此。"又《排中丞》一条后,吕按:"安石初入翰苑,即逐谏官;入中书,即逐中丞,不待新法之后也。"吕氏述此数事,意在攻击王安石有预谋地驱逐天子耳目之官,但正好从反面说明:王安石左右宋神宗更换台谏官员,其目的就在于减少异论者,以利于即将展开的变法顺利进行。而台谏自受挫于濮议后,一直悻悻然,无法找到借口进行攻评,王安石的上述举动正好触到了台谏官们的痛处,陆续上马的新法也就极自然地成为攻击的口实。

在此还须提及的是,力图刹住台谏活动中的非理纠缠之风,减少内耗,集中力量于国计民生,这也是宋神宗想要达到的目的。宋神宗循名责实,求治心切,对台谏无休无止的胡纠乱缠也一直颇为反感。司马光弹击张方平"奸邪贪猥",神宗则作色曰:"朝廷每有除拜,众言辄纷纷,非朝廷好事。"①吕诲为御史中丞时,随心所欲弹劾王安石,神宗也认为"诲殊不晓事,诘问又都无可说"②。显然,宋神宗对台谏官们的无端兴风作浪是颇不以为然的。五易御史中丞的事实更充分说明,宋神宗与王安石在对于台谏旧有作风的认识上有着许多共通之处。可是这样一来,一些台谏官则将许多无法对神宗发泄的积怨全部发泄到了王安石身上。

  由以上的分析可见,变法派与反变法派最终形成并展开纷争,虽曰是新法陆续推行以后的事,但在新法推行之前,安于现状、反对变法的队伍就已初步形成,其基本力量,大体上包括政治地位、经济地位牢固,但疏于进取的元老派官僚为中心的惰性势力,以及严重病态发展的台谏势力。这两股势力的共同特征,一是在经邦治国方面无多少实际才干;二是十分忌讳有才干者勇于立事,反衬其无能;三是均善以诡激的言辞"异论相搅",制造矛盾。王安石为了有所作为,不得不与这两股力量发生正面冲突。随着新法的陆续出现,这两股力量合而为一,最终形成了反变法派;以王安石为首的志于改作者则成为与之相对的变法派,两派之间的斗争也同时展开。

---

① 《长编纪事本末》卷58《司马光弹奏》,第1881页。
② 《长编纪事本末》卷58《吕诲劾王安石》,第1888页。

第二节　义利之辩与所谓政见之争

一、变法派与反变法派的义、利之辩

众所周知,由宋神宗主导、王安石主持的变法的最终目的是"富国强兵",而达到此目的的重要手段是理财,即吕诲攻击王安石时所说的"商榷重利"。不管反变法派的主观动机如何,他们总是将全部新法笼统地等同于兴利,又将兴利与"小人喻于利"牵扯在一起,笼统地在新法与残民害国之间画上等号,从而进行各种形式的毁谤和攻击。

熙宁二年(1069),富弼以使相判河南府后,上疏指斥王安石"平居之间,则口笔丘、旦;有为之际,则身心管、商"①。同年八月,范纯仁攻击王安石"欲求近功,忘其旧学。舍尧舜知人安民之道,讲五霸富国强兵之术。尚法令则称商鞅,言财利则背孟轲"②。同年十二月,时为直史馆、权开封府推官的苏轼对宋神宗以万乘之主而言利,执政以天子之宰而治财表示强烈的不满,进而攻击说:"夫制置三司条例司,求利之名也;六七少年与使者四十余辈,求利之器也。"请罢条例司归中书③。稍后,与司马光志同道合的范镇则附会"乃者天雨土,地生毛,天鸣地震"等自然现象的政治内涵,建议神宗"宜先道德以安民心而服四夷",攻击"有司乃皇皇于财利,使

---

① (宋)王明清:《挥麈后录余话》卷1,见《宋元笔记小说大观》第四册,上海古籍出版社2007年版,第3815页。
② 《宋朝诸臣奏议》卷109《上神宗论刘琦等责降》,第1190页。
③ 《苏轼文集》卷25《上神宗皇帝书》,第731页。

中外人心惊疑不安"①。至于司光马本人,除与宋神宗屡次抗辩之外,还直接致书王安石,借用孔丘"君子喻于义,小人喻于利",孟子"仁义而已,何必言利"等教条,毁谤王安石为政"首制置条例,大讲财利之事",违背了"孟子之志"②。熙丰时期,反变法派诸如此类的言论比比皆是。

北宋之后,南宋君臣对王安石变法评价的基调非但不曾有丝毫改变,而且由于"靖康之难"的出现,上述观点又得到了进一步的发挥,兹但举罗从彦的论点为代表:"至熙宁、元丰中不然,管心鞅法,甲唱乙和,功利之说,杂然并陈,宣和之末,遂召金人犯阙之变,盖其源流非一日也。"③王安石弃义尚利,不讲道德教化,造成宋室南渡之局,这几乎成为不易之论。

按将"利"与"义"作为一对范畴提出并进行阐述,源于先秦诸子,流传最广、影响最大的表述,当推儒家鼻祖孔丘的"君子喻于义,小人喻于利"一语。结合当时的时代背景来看,此语是兼具政治意义和伦理意义的,前者指"君子"和"小人"在当时可分别代表不同阶级而论,后者则指此语中含有道德教化的意味而言。此后,自孟子而董仲舒,"义"与"利"的内涵日趋丰富,特别是董仲舒所谓"正其谊不谋其利,明其道不计其功"④的观点出现后,经过历代统治者出于统治需要的大力提倡和无数官僚士大夫的迎合鼓吹,"义"便日益与物质世界严重对立起来,无数的名君贤相竭其心智,力图按照理想中的德治模式,去构造一个永远无法实现的极乐世界。然而,不论如何,历代统治者标榜仁义,崇尚德治,排斥"利"

---

① 《宋朝诸臣奏议》卷111《上神宗论新法》,第1207页。
② 参阅《司马光集》卷60《与王介甫书》。
③ (宋)罗从彦:《豫章文集》卷2《集录·尊尧录序》,明刻蓝印本。
④ 《汉书》卷56《董仲舒传》,第2524页。

欲,主要是防止私欲泛滥对专制统治构成威胁,实际上并没有也不可能放弃对公"利"的追求。而北宋熙丰时期,反变法派宣扬的所谓尚"义"弃"利",不仅将"义"与"利"截然对立起来,而且将解除宋王朝危机的种种措施,也一概不加分析地斥为讲"利"之举了。

在新法被一一制定并逐渐被付诸实施的过程中,以王安石为首的变法派鉴于"万事颓堕如西晋之风"①的严峻形势,对富弼、司马光等人不切世务的陈腐之论,表现出不屑一顾的轻蔑。在著名的《答司马谏议书》中,王安石对强加于新法的种种非毁之词先明确表示"不复一一自辩",只对司马光罗织的"侵官""生事""征利""拒谏"等罪名进行了简洁明了的驳斥:

> 盖儒者所争,尤在于名实。名实已明,而天下之理得矣。今君实所以见教者,以为"侵官""生事""征利""拒谏"以致天下怨谤。某则以谓受命于人主,议法度而修之于朝廷,以授之于有司,不为"侵官";举先王之政,以兴利除弊,不为"生事";为天下理财,不为"征利";辟邪说,难壬人,不为"拒谏"。至于怨诽之多,则固前知其如此也。②

王安石这封给司马光的信是一篇脍炙人口的佳作,而在当时,它也向反变法派坚定地表明了辅佐宋神宗进行变法的决心。尽管王安石在这封信中对保守派的攻击采取了近乎超然的态度,然而他也深知,在传统的价值观念中,"兴利,非美名也"③,最能煽惑人心,

---

① 《长编》卷221,熙宁四年三月戊子条。
② 《王安石全集·临川先生文集》卷8《答司马谏议书》,第73页。
③ (宋)吕中:《类编皇朝大事记讲义》卷17《司马留台后不敢言新法》,张其凡等整理,上海人民出版社2019年版。

因而必须从正面为理财正名,在理论上彻底辨惑。

熙宁二年七月,陈升之、王安石主持的制置三司条例司特地上言,在引述先王理财之法后进而论道:"凡此非专利也。盖聚天下人而治之,则不可以无财;理天下之财,则不可以无义。夫以义理天下之财,则转输之劳逸,不可以不均;用度之多寡,不可以不通;货贿之有亡,不可以不制;而轻重敛散之权,不可以无术也。"①试图通过对理财的重要性与必要性的解释,为各项新法建立理论根据。

熙宁四年正月,宋神宗、曾公亮、王安石在讨论鬻天下之广惠田为三路及京东常平本钱一事时,王安石对"义""利"之间的关系作出了更为精湛的解释:"利者,义之和;义,固所为利也。"②显然,他也是在反变法派故意将"义""利"对立起来的情况下,力图赋予抽象的"义"以实在的"利"的内容,使二者归于统一。

变法派与反变法派在这场"义""利"之辩中都是煞费苦心的。那么,反变法派果真是想通过弃"利"尚"义"、实行德治来达到所谓三代盛世的理想境界吗?不否认个别的士大夫(如司马光)有这种不切实际的幻想,但反变法派中的绝大多数人并非如此。王安石曾感叹,"贤者不得近道,不肖者得行无道;贱者不得行礼,贵者得行无礼"③,神宗也曾讲"今一辈人所谓道德者,非道德也"④。这说明宋神宗、王安石对当时官僚士大夫的言行是有较为深刻认识的。反变法派以重"义"、轻"利"、崇尚德治来反对新法,反对以理财为主要手段的变法运动,故王安石在《答曾公立书》中针对这种意见说道:

---

① 《宋会要辑稿》职官五。
② 《长编》卷219,熙宁四年正月壬辰条。
③ (宋)罗大经:《鹤林玉露》乙编卷3《末世风俗》,中华书局1983年点校本,第165页。
④ 《长编》卷214,熙宁三年八月戊寅条,第5217页。

治道之兴,邪人不利,一兴异论,群聋和之,意不在于法也。孟子所言利者,为利吾国(如曲防遏籴)、利吾身耳;至狗彘食人食则检之,野有饿莩则发之,是所谓政事。政事所以理财,理财乃所谓义也。一部《周礼》,理财居其半,周公岂为利哉?奸人者因名实之近,而欲乱之,以眩上下,其如民心之愿何?①

王安石此语发于熙宁三年正月,时值均输法、青苗法推行不久,反变法议论甚嚣尘上之际。王安石所谓"异论"蜂起,"意不在于法",是指苟且因循之辈深惧循名责实,而在表面上对新法飞短流长,吹毛求疵,高谈仁义道德,他们并不注重新法的实际内容。为了对付反变法派的攻击,王安石等人也总是以"先王之政""先王之法"作为推行变法的护身符,以免"倾骇天下之耳目,嚣天下之口",甚至还给免役、保甲、市易诸法贴上了三代的标签②。

实际上,如果褪去"先王之政""先王之法"的外衣,王安石变法也不是唯利是求,恰恰相反,王安石始终强调将礼义廉耻与富国强兵相提并论。据《续资治通鉴长编纪事本末》卷66《三司条例司》条载:

两府同奏事,上即问王安石:"制置条例如何?"安石曰:"已检讨文字,略无伦叙,亦有待人而后可举者。然今欲理财,则须使能,天下但见朝廷以使能为先,而不以任贤为急,但见

---

① 《王安石全集·临川先生文集》卷73《答曾公立书》,第1306页。
② 参阅《王安石全集·临川先生文集》卷1《上五事札子》,第795页。

第二章 熙宁、元丰时期的党争问题

朝廷以理财为务,而于礼义教化之际有所未及,恐风俗坏,不胜其弊。陛下当深念国体,有先后缓急。"上颔之。

由此看来,王安石在变法的准备阶段就已将礼义教化放在十分重要的位置上。他所追求的理想,是造就既有忠信廉耻之风,又有富国强兵之实的政治局面,而只不过因为当时正处于变法之初的特殊关头,他只能按轻重缓急行事而已。熙宁七年三月,王安石与宋神宗在谈及此事时又说:"风俗有忠信廉耻,则人知戴上,宗庙社稷长久,故忠信廉耻之士,在所尊奖。""先王既修政事,足以强其国,又美风俗,使后嗣至于朝委裘、植遗腹而不乱。若不务以忠信廉耻厚风俗,专以强国为事,则秦是也,不务修其政事以强国,而专奖节义廉退之人,则后汉是也。是皆得一偏已已。"①因而,司马光等人谴责王安石在主观上弃"义"尚"利",都是刻意地歪曲和毁谤。

与"义""利"之辩中体现出的价值观念相适应,变法派与反变法派的所谓"政见"也尖锐对立。王安石等人高举"先王之政"的旗帜,熔"义""利"于一炉,坚决主张"有为"。而标榜崇尚德治的反变法派则不然,尽管他们中不少人曾经屡屡陈述宋王朝统治中出现的种种弊端,甚者还提出过更张弊政的建议,但变法真正开始后,又将祖宗之法奉若神明,极力反对任何变更,主张"无为"。据《宋史》卷336《司马光传》:

安石得政,行新法,光逆疏其利害。迩英进读,至曹参代萧何事,帝曰:"汉常守萧何之法不变,可乎?"对曰:"宁独汉也,使三代之君常守禹、汤、文、武之法,虽至今存可也。汉武

---

① 《长编》卷250,熙宁七年二月庚辰条,第6093页。

取高帝约束纷更,盗贼半天下;元帝改孝宣之政,汉业遂衰。由此言之,祖宗之法不可变也。"

司马光说这席话是为了借古讽谏宋神宗中止变法。但这段话自相矛盾,其中所反映的历史观无论如何也难以与一位杰出编年史家的身份相协调。然而自熙宁而至元祐,司马光一直以此作为其从事政治活动的基本指导思想。

时为崇政殿说书的吕惠卿,针对司马光的这一观点,进行过针锋相对的反驳。他举例说明即令是"先王之法",也是不断因时而变的,"有一岁一变者""有数岁一变者""有数十世而变者",这都取决于时事需要与否。至于汉是否改萧何之法而致乱,吕惠卿指出:

司马光以为汉惠、文、景三帝皆守萧何之法而治,武帝改其法而乱,宣帝守其法而治,元帝改其法而乱。臣按何虽约法三章,其后乃以为九章,则何已不能自守其法矣。惠帝除挟书律、三族令,文帝除诽谤、妖言,除秘祝法,皆萧何法之所有,而惠与文除之,景帝又从而因之,则非守萧何之法而治也。①

显然,吕惠卿的看法代表了变法派更张求治以及必须变更的基本主张,其历史观是符合历史发展规律的,其政治思想也与当时宋王朝的现实需要相吻合。吕惠卿与司马光的"政见"之争再度表明,变法派与反变法派争论的焦点不是怎样变的问题,而是当不当变的问题。

---

① 《长编纪事本末》卷53《讲筵》。

反变法派中其他成员发表的所谓"政见",大都与司马光所论大同小异,没有更多的特色。早在宋仁宗统治时期,文彦博曾进呈过一篇《上仁宗论治必有为而后无为》,其中有云:

> 臣以为方今之务,正在谨守祖宗之成法,使爵赏刑罚不失其当耳。爵赏当,则奸邪无功者不敢侥幸而希进;刑罚当,则贵近有罪者不敢请求而苟免。纪纲正而朝廷尊,号令行而天下服。如此,则陛下高拱穆清之中,无为而与虞舜比隆,而下视三代之盛矣。①

在北宋王朝内外交困、国事日非的严峻形势下,只要"谨守祖宗之成法,使爵赏刑罚不失其当",则可比隆于虞舜,媲美于三代,这也显然是一种脱离现实、漫无边际的论调。宋神宗、王安石、文彦博曾有过一次关于变法利弊的重要辩论,文彦博极力反对变更,认为:"祖宗法制具在,不须更张以失人心。"②此后他则一直信守这一论点,不断给各项新法和变法派设置障碍。其他如御史中丞吕公著在攻击青苗法时,说道:"自古有为之君,未有失人心而能图治,亦未有能胁之以威、胜之以辩而能得人心者也。"③苏轼以为,"夫国家之所以存亡者,在道德之浅深,不在乎强与弱;历数之所以长短者,在风俗之厚薄,不在乎富与贫",而在于"结人心,厚风俗,存纪纲"④。这些论点都是他们基于关于德义和财利的价值观,主张苟且无为的另一种表达方式。

---

① 《宋朝诸臣奏议》卷8《上仁宗论治必有为而后无为》,第65页。
② 《长编》卷221,熙宁四年三月戊子条,第5370页。
③ 《宋史》卷336《吕公著传》,第10773页。
④ 《苏轼文集》卷25《上神宗皇帝书》,第737页。

二、两派之间的所谓"政见之争"

在变法过程中,变法派与反变法派的主要代表人物确实就北宋王朝所面临的一些重大问题存在严重的分歧,并曾经有过激烈的争辩。正因为此,后世的一些学者曾将两派之间的分歧与斗争归结为"政见之争",并有人根据政党的三要素——有一定的政见、有实行政见的决心、有严密的组织,进而认为北宋中叶出现了所谓"政党",旧党对新法的攻击,"实在并不是私人间的意气问题,却完全是因为各人政治意见的不同,正如现代民主政治之下,反对党往往向政府所实施的政策加以一种抨击一样"①。

从表面上看,变法派与反变法派之所以分别主张"有为"和"无为",也与各自对变法前夕宋王朝面临的客观形势的认识有关。早在仁宗嘉祐三年(1058),王安石在所上的《上仁宗皇帝言事书》中就曾指出,赵宋王朝的统治已是"内则不能无以社稷为忧,外则不能无惧于夷狄,天下之财力日以穷困,而风俗日以衰坏"②。三年之后的嘉祐六年,王安石在《上时政疏》中,再次指出了"方今朝廷之位,未可谓能得贤才;政事所施,未可谓能合法度。官乱于上,民贫于下,风俗日以薄,才力日以困穷"的险恶形势,并大声疾呼:"有为之时,莫急于今日,过今日,则臣恐亦有无所及之悔矣。"③但偷安已逾40年之久的宋仁宗则依然对此无动于衷。神宗即位之后,王安石复为之缕析天下大势,指出"大有为之时,正在今日"④。王安石

---

① 胡余暄:《宋代的政党政治》,载《政治评论》1935年9月第173号。
② 《王安石全集·临川先生文集》卷39《上仁宗皇帝言事书》,第749页。
③ 《王安石全集·临川先生文集》卷39《上时政疏》,第770—771页。
④ 《长编拾补》卷3上,熙宁元年四月乙巳条,第95页。

对客观形势的分析和把握是切合当时的实际情况的,他的"大有为"的建议道出了有识之士的共同心声。王安石变法的全部内容都是以上述观点作为理论基础的。

司马光等人对当时的局势持何种看法呢？熙宁年间吕诲去世后,司马光为他作墓志铭,其中引用了王安石变法时吕诲对时局的看法:"天下本无事,但庸人扰之耳。"①显然,司马光也是赞同此语的。在与吕惠卿辩论是否应该变法时,司马光还曾有一颇为形象的比喻:"且治天下譬如居室,敝则修之,非大坏不更造也。"②司马光此论往往被一些论者引为至理名言,但实际上颇有可商榷之处。宋室坏到何种程度方能称之曰"大坏","大坏"之后如何进行"更造",宋室已有何"敝",又如何进行修理,司马光却从未给过明确的说明。文彦博也有与司马光相同的论调:"祖宗以来法制未必皆不可行,但有废坠不举之处耳。"③至于何者可行,何者不可行,不可行者如何进行变更,我们也同样不得而知。

熙宁二年(1069)四月,宋神宗以"今百度隳弛,风俗偷惰薄恶,灾异谴告不一,此诚忠贤助朕忧惕,以创制改法,救弊除患之时",令侍从官直言朝廷政事之阙失,司马光急忙进呈了《体要疏》,大谈了一通"君为元首,臣为股肱,上下相维,内外相制,若网之有纲,丝之有纪"的理论,而对于"百度隳弛""风俗偷惰薄恶"应如何进行"救弊除患",却并未谈及④。

司马光等人对变法之前的统治状况进行了远离社会现实的过高估价,这是非常清楚的。不仅熙宁初持论如此,直到神宗去世之

---

① 《邵氏闻见录》卷 10。
② 《宋史》卷 336《司马光传》。
③ 《长编》卷 221,熙宁四年三月戊子条。
④ 《司马光集》卷 40《体要疏》,第 897 页。

后也仍然没有任何改变。神宗去世后的元丰八年(1085)五月,司马光上疏力请废罢新法,曾对治平以前的国势作了这样的回顾,他说:

> 太祖、太宗拨乱返正,混一区夏,规模宏远,子孙承之,百有余年,四海治安,风尘无警,自生民以来,罕有其比,其法可谓善矣。①

元丰八年十二月,司马光复在《革弊札子》中对此作了进一步的申论:

> 太祖受天明命,四征弗庭,光启景祚。太宗继之,克成厥勋,然后大禹之迹,悉为宋有。于是载戢干戈,与民休息,或自生至死,年及期颐,不见兵革。吏守法度,民安生业,鸡鸣狗吠,烟火相望,可谓太平之极致,自古所罕侔矣。②

与宋王朝危机四伏的种种事实相对证,司马光的这段言论是不着边际的。据朱熹说:"新法之行,诸公(按指旧党中部分人)实共谋之,虽明道先生不以为不是,盖那时也是合变时节。"③朱熹这段话中有两层意思。第一,是说反变法派中的一些人实际上参与了熙宁初的变法工作,如吕公著当初也是赞成改革的,"新法亦皆商量来";又程颢还参与了制置三司条例司的工作,这就是所谓"诸公实共谋之"。第二,朱熹自己也是赞成变法的,"盖那时也是合变时

---

① 《司马光集》卷47《请更张新法札子》,第1007页。
② 《司马光集》卷49《革弊札子》,第1037页。
③ 《朱子语类》卷130《本朝四·自熙宁至靖康用人》。

节"。但不幸的是,司马光对于北宋现实社会的这些南辕北辙的认识和估计,成为以司马光为首的反变法派反对新法及废除新法的依据,从而导致了一系列重大的历史变故。

从"义""利"名实之辩到"有为""无为"之争,变法派与反变法派将自己的政治才干、识见以及政治风格作了充分的展示。在这个过程中,双方似乎都体现了忧国忧民的高度社会责任感,以及为社稷黎民不惜肝脑涂地的献身精神,实际上,只有王安石为首的少数变法派堪当此誉。熙宁二年王安石就任参知政事时,曾上《除参知政事谢表》,其中有"盖伏遇皇帝陛下德懋旁求,志存远举,隆宽尽下,故忠良有以输心;公听并观,故谗慝不能肆志"①。蔡上翔解释这段话说:"公入朝未久,是时已不能无违言,故表云'公听并观,故谗慝不能肆志',直道事君,期不隳于素守,固已微露其端。而公之挺特自任,亦于斯具见矣。"确如蔡氏所云,王安石对"排斥老成",引用新进发动变法会招致怎样的反对,是有足够的思想准备的。变法展开之后,王安石回击司马光时说:

> 人习于苟且非一日,士大夫多以不恤国事、同俗自媚于众为善。上乃欲变此,而某不量敌之众寡,欲出力助上以抗之,则众何为而不汹汹然?……如君实(司马光)责我以在位久、未能助上大有为,以膏泽斯民,则某知罪矣。如曰今日当一切不事事,守前所为而已,则非某之所敢知。②

如果没有强烈的社会责任感,没有置个人祸福荣辱于不顾的

---

① 《王安石全集·临川先生文集》卷57《除参知政事谢表》,第1071页。
② 《王安石全集·临川先生文集》卷73《答司马谏议书》,第1305页。

胸怀,没有高度务实精神和一个政治家的宏大气魄,王安石是不会公开向"同俗自媚于众"的官场恶习宣战,置自身于众人的对立面的。

反变法派标榜仁义道德,将"义""利"对立起来,并且鼓吹政治上要"无为"而治,其真正的思想内涵,笔者认为,首先,崇德尚义与主张"无为"实际上是反变法派在政治上因循苟且的托词。

司马光在财政上的节用论常被引作美谈,他也的确写有大量的文字强调节用的重要性,其实就在这一问题上,司马光也是名实相违、言行相悖的。嘉祐七年,有感于宋王朝所面临的财政危机,司马光曾建议对宗室、外戚、后宫、内臣加以约束:"其逾越常分,妄有干求者,一皆塞绝,分毫勿许。若祈请不已者,宜严加惩谴,以警其余。"①其主张是何等明确!然而六年之后的熙宁元年,当财政危机又有加重,宋神宗命司马光与滕甫同看详裁减国用制度时,他以要修《资治通鉴》为由,"乞选差官裁减国用",推辞了这一任命②。次年,当宋神宗又主动询之以变更宗室法、拟裁减恩泽时,司马光又以"宜以渐,不可急"相搪塞,仍不曾有任何具体的建议③。时为宰相的富弼在与宋神宗、王安石等讨论此事时亦与司马光同样认为:"为之当以渐,恐致纷纭。"④"渐"至何时,富弼却也未加以说明。其实问题很简单,欲裁减国用必须从皇亲国戚、达官显贵着手,这就必然招致各种各样的抵制和反对,必然要在政治上承担巨大的风险,而反变法派官员们却是谁也不愿去充当众矢之的的。

---

① 《司马光集》卷23《论财利疏》,第622页。
② 参见《长编拾补》卷3上,熙宁元年六月丙寅条;又可参见《司马光集》卷39《辞免裁减国用札子》,第877页。
③ 《长编拾补》卷6,熙宁二年十一月庚午条,第256页。
④ 《长编拾补》卷4,熙宁二年三月壬辰条,第171页。

第二章 熙宁、元丰时期的党争问题

如果司马光与富弼的意图确在"为之当以渐",持重行事,那他们应该提出明确的设想和方案,去达到裁损国用、节约开支的目的。既不出此,则他们的所谓"渐",实质上是坐视积弊日增而得过且过的同义语。而王安石却不是这样,他明确提出:"此事但欲于恩义间无伤,使彼者可安而已,不论'渐'不'渐'也。今欲裁恩泽,何能免其纷纭,但陛下不为恤,则事可为也。"①其观点是异常鲜明,态度也是异常明确的。

反变法派还有另一种经常使用的说法,即朝廷举事必须合人心,顺人情。这一说法是从所谓道德仁义中派生出来的,往往成为反变法派的有效借口。熙宁中,文彦博为了劝阻神宗支持变法,认为"朝廷行事,务合人心,宜兼采众论,以静重为先。陛下励精图治,而人心未安,盖更张之过也"②。当青苗法推行时,吕公著也曾极言:"自古有为之君,未有失人心而能图治,亦未有能胁之以威、胜之以辩而能得人心者也。"③神宗元丰八年六月,韩维曾经对太皇太后高氏说:"治天下之道,不必过求高远,止在审人情而已。"④其言外之意,即是熙宁、元丰时期没有"审人情"。反变法派所说的合人心,顺人情,归根到底是要顺乎已成之势,不可随意改法更制以取怨于人,亦即王安石所鄙弃的"同俗自媚于众",不恤国事,皆大欢喜。这从熙宁初吕夷简之子、吕公著之兄吕公弼反对裁减冗卒及各项变法措施时所云可见一斑。据《宋史》卷311《吕公弼传》:

(熙宁初)陈升之建议,卫兵年四十以上,稍不中程者,减

---

① 《长编拾补》卷4,熙宁二年三月壬辰条。
② 《宋史》卷313《文彦博传》。
③ 《宋史》卷336《吕公著传》。
④ 《长编》卷357,元丰八年六月丙子条。

其牢廪,徙之淮南。公弼以为非人情,帝曰:"是当退为剩员者,今故为优假,何所害?"对曰:"臣不敢生事邀名,正恐误国耳。"……安石立新法,公弼数言宜务安静。

在反变法派看来,任何的有为之举都是不可行的,都是"生事邀名",因为那将不合人心,有悖于人情。只有一切照旧,才是最为稳妥的办法。

其次,崇德尚义与主张苟且"无为"也充分反映出反变法派官员大多不通世务、治国乏术的群体特征。神宗即位之前的数十年间,颓堕腐败的仕风养成了大批政治上目光短浅、蝇营狗苟的官僚,同时也养成了大批政治上的平庸无能之辈,这些人的实际行政能力异常低下。司马光在回顾自己的仕宦生涯时说:"自髫龀至于弱冠,杜门读书,不交人事。仕官以来,多在京师,少历外任,故于钱谷刑狱繁剧之务,皆不能为,况于军旅,固所不习。独于解经述史,及以愚直补过拾遗,不避怨怒,则庶几万一或有可取。"[1]这是他的一幅较为客观的自我写照。司马光通判并州时,"因便宜命诸将筑堡于穷鄙,而不以闻,遂为西羌败,我师破其堡,杀一副将焉"[2]。由于庞籍代为受过,才免一责。哲宗即位后,擢居宰相之位,除了废除新法,司马光并没有表现出任何济世之才,故连其得意门生刘安世对其相业也并不恭维[3]。

司马光是如此,保守派其他官员中的绝大部分亦是如此。由

---

[1] 《司马光集》卷41《辞枢密副使第三札子》,第917页。
[2] (宋)蔡絛:《铁围山丛谈》卷3,中华书局1983年点校本,第47页。
[3] 据邵博《邵氏闻见后录》卷20,第156页,载"或问刘器之曰:'三代以下,宰相学术,司马文正一人而已。'曰:'学术固也,如宰相之才,可以图回四海者,未敢以为第一。'"

于他们在安邦治国方面多为庸才,因此他们在对新法大加指责时,既不能周知原有弊法之要害所在,又不能通晓新法立意之本末,只是凭着强烈的偏见和一些经验直觉,进行攻击、阻挠和破坏。正如神宗所说:"朝廷每更一事,举朝士大夫汹汹,皆以为不可,又不能指明其不便者果何事也。"①对于反变法派的无能和好虚言论事,南宋一些官僚士大夫看得更清楚。熙宁中,苏轼守徐州,上疏极论新法之非。叶适就对此议论说:"轼谓'有始有卒,自可徐徐,十年之后,何事不立',终不言十年后当立何事。若神宗罢安石而听轼,非安于不为而止者,亦未知轼以何道致其君,此不可不素讲也。"②变法之初及变法期间,几乎所有的保守派官员如同苏轼一样,辩说时无休无止,却均不能提出一套可供施行的政治方案。

第三,从本质上讲,所谓崇德尚义乃是反变法派维护大官僚大地主阶级和特权集团利益所用的遮羞布。王安石变法的最终结果是否有利于贫下户,这属另一个问题,况且我们也不能完全要求远在11世纪的宋代,由最高统治集团自上而下推行的改革达到这一目的。但不管如何,新法从最初设想到具体实施的全过程中,大官僚地主、富贾豪商的利益受到一定程度的触犯,则毋庸置疑。王安石对秦以来的摧抑兼并之术不满意,他认为"苟能摧制兼并,理财则合与须与,不患无财"③。因此许多新法是将摧制兼并与理财的效果紧密联系起来考虑的。均输、青苗、免役、市易、方田均税等法的制定和实施,无不包含着抑兼并的内容。以免役法为例。役法改革之前,占田不受限制的命官、形势户不仅自身拥有无限制免役特权,而且成为一些逃避差役者的荫庇者。免役法颁行后,却按规

---

① 《长编拾补》卷6,熙宁二年十一月壬午条,第262页。
② 《习学记言序目》卷49《皇朝文鉴三》,第725页。
③ 《长编》卷262,熙宁八年四月甲申条,第6407页。

定一例须纳助役钱。更有甚者,一些推行新法的官员还直接将矛头指向大官僚地主,如李中师知河南府时,"富弼告老家居,中师籍其户等,令与富民均出钱"①,这是反变法派难以接受的。文彦博、司马光、吕公著、范纯仁、韩维、苏轼等人一再上疏神宗"结人心""顺人情",也明显地包括了上述原因。

反变法派官员还赤裸裸地对新法触犯官僚大地主的利益表示出极大的愤慨。范镇攻击青苗法时说:

> 贫富之不均久矣,贫者十盖七八,何也?力役科买之数也,非富民之多取也。富者才二三,既榷其利,又责其保任下户,下户逃则于富者取偿,是促富者使贫也。②

又苏辙也曾攻击王安石说:

> 王介甫,小丈夫也。不忍贫民而深疾富民,志欲破富民以惠贫民,不知其不可也。……及其得志,专以此为事。③

范镇与苏辙主要是谴责王安石"志欲破富民以惠贫民","富民"显然也包括官僚大地主在内,但毕竟所指不明确。而文彦博则更明确地将新法之推行与自身所在阶层的政治经济利益联系起来了。据《长编》卷221熙宁四年三月戊子条,宋神宗与王安石、文彦博论变法事时:

---

① 《长编》卷241,熙宁五年十二月己丑条,第5883页。
② 《宋朝诸臣奏议》卷111《上神宗论新法》,第1207页。
③ (宋)苏辙:《苏辙集·栾城三集》卷8《诗病五事》,陈宏天、高秀芳点校,中华书局1990年版,第1230页。

彦博又言:"祖宗法制具在,不须更张以失人心。"上曰:"更张法制,于士大夫诚多不悦,然于百姓何所不便?"彦博曰:"为与士大夫治天下,非与百姓治天下也。"

文彦博仕于仁、英、神、哲四朝,任宰相50年,史称其"穷贵极富",八子皆历显官①,是典型的大官僚地主。当变法对其利益有所触犯时,竟将一己之私利置于赵宋王朝的长远利益之上,公开为自己奔走呼号。

第三节 变法派与反变法派的相互攻击

综观整个熙丰时期,反变法派的头面人物都可以随时随意上章论奏攻讦变法派,与之同时,他们还充分利用一切可乘之机进行弹奏,以图取而代之;变法派虽然也可对公然破坏新法的官员进行弹奏,但受到各种各样因素的制约,并不能为所欲为。

一、反变法派对新法和新党的攻击

变法派与反变法派之间形成势同水火的政治格局有一个历史演变过程,反变法派在其中起了主要作用。熙宁二年(1069)六月,"好直不好学"②的吕诲上疏弹劾王安石"外示朴野,中藏巧诈,骄

---

① 《宋史》卷313《文彦博传》。
② (清)蔡上翔:《王荆公年谱考略》卷14,上海人民出版社1974年版,蔡氏引孔子此语以斥吕诲。

蹇慢上,阴贼害物"①。自吕诲这篇诬罔、刻毒和无理取闹的文字出笼后,熙宁、元丰17年间,保守派对新党、新法形形色色的攻讦论奏始终没有间断,激烈的言辞,特别是政治上的决然不合作终于导致了两派之间绵延不息的倾轧。司马光上《辞枢密副使第六札子》是在熙宁三年二月,此后迄元丰八年(1085)三月神宗逝世后上《乞奔丧状》,一共上了17疏,矛头直接指向新法的有10疏。其中,熙宁七年四月所上《应诏言朝廷阙失事》,对新党、新法进行了全面的非毁和攻击。其他如富弼、吕公著、范纯仁、苏轼、苏辙、范镇、李常、杨绘、孙觉、刘挚等人攻击变法派的章疏,在熙丰一代的编年史上随处可见。

从保守派攻击新党的章奏看,其措辞均异常激烈尖刻。这种攻击方式虽与此前的攻击方式一脉相承,但也可明显地看出有了新的发展。吕诲之攻击王安石已如上述,又富弼于熙宁初第二次入相后无所施为,"唯知求去",但他在朝及离朝之后活动的一个特点,则是动辄上疏奏请辨别"君子""小人"。他以使相判河南府时,曾"上章自劾",王明清《挥麈后录余话》卷1备录此疏,然而通观全文,毫无"自劾"之语,竟完全是无端攻击王安石为首的变法派的言辞。兹摘录其中一段如下:

> 如安石者,学强辩胜,年壮气豪。论议方鄙于古人,措置肯谐于僚党?至使山林末学、草泽后生,放自得之良心,乐人传之异说。……拖绅朝序者非安石之党,则指为俗吏;圜冠校学者异安石之学,则笑为迂儒。……臣窃观安石平居之间,则口笔丘、旦;有为之际,则身心管、商。至乃忽故事于祖宗,肆

---

① 《宋朝诸臣奏议》卷109《上神宗论王安石奸诈十事》。

巧讥于中外。

同司马光一样,富弼也认为自王安石以下的变法派官员无一不是奸人。如熙宁九年,他上疏神宗:"臣更愿陛下左右臣僚中,不以职位高下,常视其反覆狡狯者疏之,纯良方正者与之。反覆狡狯者,虽有奸才强辩,或可以惑人,其实自取名位及援引亲旧,结成朋党,互相保庇,表里胶固,牢不可破,如此之类,岂可置之左右而任之以事乎?盖本无一定之志,不耻不仁,不畏不义,不见利不劝,必无忠荩悫实,安肯内心于国家也!"最后富弼特别加以补充说明:"臣狂瞽之说,实有爱君忧国之心,固无他志。伏乞俯赐听纳,早赐裁处。"①他所谓"纯良方正者",是指当时尚供职朝廷的保守派官员;所谓"反覆狡狯者",是指所有的参与制订与推行新法的官员。对后者,富弼已经极尽谤毁之能事,丝毫没有作任何具体分析。

不看事实,违背义理,只是一味向变法派泼污水,这也是保守派经常采取的手段。熙宁三年四月,时为侍御史知杂事的陈襄就是如此弹劾王安石等人的:

> 陛下始用王安石参预大政,首为兴利之谋,先与知枢密院事陈升之同领制置三司条例司。未几,升之用是迁为丞相,而绛又领之,曾不数月,今又以绛参预政事。则是中书选任大臣,皆以利进,自古至治之朝未有此事也。②

陈襄此文从形式到内容,均不算高明,但从中可见其牵强附会的思

---

① 《长编》276,熙宁九年六月附,第6756—6757页。
② 《宋朝诸臣奏议》卷46《上神宗论大臣皆以利进》,第497—498页。

维逻辑。他先将"兴利"当作王安石变法的唯一旨归,然后用保守派们津津乐道的、名实大乱的价值尺度去附会衡量王安石、陈升之、韩绛,使之成为了"皆以利进"的小人。

当以上所述的形式均不能动摇宋神宗支持变法的决心,均不能阻挠王安石等人的政治活动时,保守派则采取了更为卑劣的手段诬陷、攻击王安石,挑拨宋神宗与王安石之间的关系。据《宋名臣言行录》后集卷1:

> 公(韩琦)自永兴过阙,神宗问曰:"卿与王安石议论不同,何也?"公曰:"仁宗立先帝为皇嗣时,安石有异议,与臣不同故也。"

按神宗之父英宗为濮安懿王之子,是在仁宗无子嗣的情况下即位的,没有英宗的嗣位,自然神宗也不可能君临大宝。如果此段材料属实,那么,韩琦的用意十分明显,即挑拨离间宋神宗与王安石之关系,达到破坏变法运动的目的。而杨绘,则更是妄引王安石《杂说》所云伊尹放君、周公用天子礼乐等事,加以穿凿发挥,称其文中有异志[1]。与韩琦所使用的手段相比,杨绘所使用的手段更是有过之而无不及。熙宁三年四月,吕公著罢御史中丞,以翰林侍读学士出知颍州。《长编》引王安石所著《时政记》对其被黜责原因的解释说:

> 公著数言事失实,又求见,言"朝廷申明常平法意,失天下心。若韩琦因人心如赵鞅举甲,以除君侧恶人,不知陛下何以

---

[1] 参阅《宋朝诸臣奏议》卷83《上神宗论王安石之文有异志》,第897页。

待之?"因涕泣论奏,以为此社稷宗庙安危存亡所系,又屡求罢言职。上察其为奸,故黜。①

赵抃也认为吕公著有此语,"王安石怨公著叛己,因此用为公著罪"②。司马光则认为"公著素谨,初无此对",兴晋阳师,除君侧之恶乃孙觉所云③。不管此语系何人所云,但至少可以肯定,保守派内部是确有过此论的。按兴晋阳之甲事,典出春秋末年晋赵鞅在内讧中起兵打败范氏、中行氏。保守派引此事劝诫神宗,一是攻击王安石等人为所谓君侧之恶;二是想危言耸听,扩大事端,迫使宋神宗停止支持变法。我们不能不说,反变法派攻击新党新法的用心已经达到了无以复加的地步。

以上的情形充分说明,保守派对变法的弹劾、攻击,是为所欲为、肆无忌惮的。在挖空心思攻击变法派的同时,保守派官员还经常采取种种措施,力图取变法派之政治地位而代之。熙宁初司马光、范镇等人虽因反对新法而离开朝廷,但并未丧失政治地位和经济地位,相反,他们因此而获得了一种特殊的政治资本和虚誉。离朝本非其所愿,随着时间的推移,还朝也就成为强烈的欲望。司马光等人与在朝的反变法派官员一直遥相呼应,捕捉着重返政治舞台以左右朝政的时机。

熙宁七年五月,亦即王安石第一次罢相的次月,左司郎中、天章阁待制李师中在攻击新法"非有勤民之行,应天之实",不足以塞天变的同时,即明确提出要召回"司马光、苏轼、苏辙辈,复置左右,

---

① 《长编》卷210,熙宁三年四月戊辰条。
② 《长编》卷210,熙宁三年四月戊辰条。
③ 《长编》卷210,熙宁三年四月戊辰条。

以辅圣德"①。熙宁十年十一月,吕公著自河阳被召赴阙提举中太一宫时,也上疏说,"今日诏意谓乏才,然数年以来,天下之士,陛下素知其能,尝试以事,而中就闲外者尚多,恐其间亦有才实忠厚、欲为国家宣力者,未必尽出于迂阔缪戾而难用也",要求神宗"兼收博纳,使各得自尽"②。神宗所谓"乏才",是指乏真正的治国理政之才,而不是指乏那种反对新法时无休无止,但没有实际行政才能的人。吕公著的建议与李师中所说的意思是完全相同的,也是要将受到冷遇的反对变法者重新起用。

尚在朝廷的保守派中,持此论者也大有人在。吴充代王安石为相后,"知天下不便新法,欲有所变更,尝乞召还(司马)光及吕公著、韩维、苏颂,又荐孙觉、李常、程颢等十数人,皆安石所斥退者"③。司马光得知此一消息后,急忙致函吴充,予以激励和配合:

> 光愚戆迂僻,自知于世无所堪可,以是退伏散地,苟窃微禄,以庇身保家而已。近闻道路之人自京师来者,多云相公时语及姓名,或云亦常有所荐引,未知虚实……但以从游之久,今日特蒙齿记,感荷知己之恩,终身岂敢忘哉!……光疏冗之人,无一物可以为报,惟忠信之言,庶几仰酬盛德之万一耳。……窃见国家自行新法以来,中外汹汹,人无愚智,咸知其非。州县之吏困于烦苛,夜以继昼,弃置实务,崇饰空文,以刻意为能,以欺诬为才。闾阎之民,迫于诛敛,人无贫富,咸失作业,愁怨流离,转死沟壑,聚为盗贼,日夜引领,冀朝廷之觉

---

① 《长编》卷253,熙宁七年五月戊戌条。
② 《宋朝诸臣奏议》卷15《上神宗乞广收人才》。
③ 《长编》卷286,熙宁十年十二月附。

悟,弊法之变更,凡几年于兹矣。

将新法尽数痛斥之后,司马光还具体地谈及当时应该采取的对策,并对吴充鼓励道:"相公读书从仕,位至首相,展志行道,正在此时。"①司马光此书中不管是对吴充的赞美,还是对新法的全面痛斥以及提出的一系列建议,都围绕着一个核心,这就是希望吴充在朝廷能抓住时机、果敢行事,将其延入朝廷。只是由于宋神宗对朝政的直接掌控,保守派的每一次活动才都不果而终。

熙宁四年,新法的制订与推行工作进入关键时刻,保守派公然抗行新法亦进入高潮。是年初,司马光知永兴军时,便反对增修城壁,反对添屯军马于长安、河中、邠州,又牒所领八州军,不依司农寺指挥催理青苗钱②。四月,富弼知亳州,"责蒙城官吏散常平钱谷,妄追县吏重笞之;又遣人持小札下诸县,令未得依提举司牒施行",在他的指使下,该州"签判、管勾官徐公衮以书谕诸县,使勿奉行诏令"③。又由于有他撑腰,通判亳州、职方郎中唐谭,签书判官、都官员外郎萧传等18人皆不行新法。两个月之后,富弼坐此落使相,以左仆射判汝州,"凡新法文字,乞免签书,止令通判以下施行"④,继续抗拒推行新法。同年五月,范仲淹之婿、知东明县贾蕃煽动数百家遮宰相马以闹事,反对推行免役法⑤。前引《邵氏闻见录》卷10文彦博对待汪辅之一事,同样是反变法派拒行新法所采取的办法之一。为了反对宋神宗与变法派推行的各项政策,可以

---

① 《长编》卷286,熙宁十年十二月附。
② 《长编》卷220,熙宁四年二月辛酉条。
③ 《长编》卷222,熙宁四年四月丁卯条。
④ 《长编》卷224,熙宁四年六月甲戌条。
⑤ 《长编》卷223,熙宁三年四月戊戌条。

说保守派是无所不用其极的。

朝野守旧派一面直接破坏、阻止新法的推行,一面又无中生有、捏造事实,以混淆视听,攻击变法派。如青苗法推行后,右正言、秘阁校理李常对之大加攻击,称"散常平钱流毒四海,又州县有钱未尝出而徒使人民入息者",宋神宗为了"行遣违法官吏",清除新法推行过程中的害群之马,"令(李常)具州县吏姓名至五六,终不肯具,而求罢职"①。李常所云本系子虚乌有之事,仅靠"风闻"而来,其意在于以此附和反对新法,故在神宗的一再督迫之下,他只好"求罢职"而去。为了歪曲整个变法的性质,李常在另一奏疏中还说:"陛下一宫殿之费百余万,一宴游之费十余万,乃令大臣剥肤椎髓掊敛百姓。"②将变法的目的说成是皇室的享乐。

职方员外郎张颉原是最早议及开梅山的官员,其丁忧期间,宋廷遣章惇前往经制,而张颉却"数遗京师书,言南江杀戮过当,非辜者十八九,以至浮尸蔽江,下流之人不敢食鱼者数月"。章惇为了消弭此种诬谤,乃言"今成功乃因颉谋,诏赐绢三百匹",颉服除之后,宋廷除他为权发遣江淮等路发运副使,"不敢食鱼之谤遂息"③。熙宁七年,又有为了诋毁免役法,称"镇、定州民有拆卖屋木以纳免役钱者",宋廷即令安抚、转运、提举司体量,"其后逐司奏,体量得诸县去秋旱灾,以故贫下户亦有拆屋卖钱以给已家粮及官中诸费者,非专为纳免役钱也"④。

对于变法派官员,保守派更是处心积虑地搜罗可供论奏的材料,加以攻击,而不管这些材料是否真实可靠。司马光、胡宗愈、苏

---

① 《长编》卷210,熙宁三年四月壬午条;又可参阅《宋会要辑稿》职官六五,文字稍异。
② 《长编》卷210,熙宁三年四月壬午条;又可参阅《宋会要辑稿》职官六五,文字稍异。
③ 《长编》卷243,熙宁六年三月庚午条。
④ 《长编》卷251,熙宁七年三月庚戌条。

颂、陈荐对李定的论奏即是如此。李定其人,据王安石说,他并没有很高的济世之才,只是议论平直,不肯人云亦云,为当时不可多得的谏官①。而反变法派为了攻击李定,则以其不为生母服丧为由,喋喋不休地上疏论奏。司马光说"李定不孝,王安石乃欲庇护"②;太子中允、权监察御史里行林旦的弹文称"伏以礼法二字,系朝廷之大端,定既堕败人伦,不能自请,尚冀朝廷申明以正薄俗,岂可曲徇定之私说,废蔑大义,复加擢用"③;薛昌朝也攻击说:"人皆以定为不孝,而安石独以为贤;定身负大恶,而安石置之劝讲之地,盖定素游其门,安石不顾是非,专欲取胜言者。"④仅此一事,林旦即上六疏,薛昌朝即上七疏加以弹劾。而实际情况是"定不自知所生,以为乳母。及卒,或以语定,定请于父,父固以为非所生。定心疑之,乃解官侍养,以丧自居,而不敢明言。及下江东、淮南体量,而两路奏定实解官侍养"⑤。保守派之所以抓住这件事穷追不舍,因为他们深知只要就变法官员私德方面的可疑之迹展开攻讦,不仅会毁坏整个变法派的形象,而且被攻击者也会自请离朝,其用意与濮议之争中彭永思、蒋之奇等人以"帷薄"之私诬奏欧阳修的设想完全相同。

二、变法派对保守派的排斥与还击

变法派为了确保新法的贯彻执行,逐渐从希望与旧党共理政

---

① 《长编》卷213,熙宁三年七月丁酉条。
② 《长编》卷215,熙宁三年九月己丑条。
③ 《长编》卷219,熙宁四年正月丁未条。
④ 《长编》卷219,熙宁四年正月丁未条。
⑤ 《长编》卷213,熙宁三年七月丁酉条。

事过渡到力图全力排斥之,但在回击反变法派的过程中,无随意黜陟之权,且亦未随意罗织罪名,予以无情打击。

熙宁初王安石主政后,旨在变法图治,以国事为重,并无党同伐异之意。在人事安排上,即所谓"并用君子小人"①,无彼此之分。据读过《吕氏家传》的朱熹说:"《吕氏家传》载荆公当时与申公(按指吕公著)极相好,新法亦皆商量来,故行新法时,甚望申公相助。又用明道作条例司,皆是望诸贤之助,是时想见其意好。"②足见王安石最初毫无彼此之分,是希望与吕公著等人共同谋划国计民生的。即使在吕诲抛出那种刻毒的弹文后,从现今可查的材料看,王安石本人也未与之计较。不仅如此,王安石还在宋神宗不同意的情况下坚持要求任用一些反变法派官员,希望能得到他们的理解与支持,以缓和矛盾,共谋大计。如熙宁四年(1071)二月,著作佐郎、馆阁校勘刘挚权检正吏房公事,就是王安石说服宋神宗任用的③。只是在保守派官僚对新党新法以各种形式恣意攻击,使新法难以推行时,变法派的态度才逐渐发生变化。

新党之坚决排除旧党出朝,似始于熙宁三年四月罢吕公著御史中丞、同提举诸司库务④。紧接着,斗争的锋芒又指向了冯京、司马光等人。是年七月,神宗在与王安石论及冯京可否做御史中丞时,王安石认为"京烛理不明,若鼓以流俗,即不能自守",并引《尚书》"惟辟作威""去邪勿疑"为言,移翰林学士、端明殿学士、礼部郎中、权御史中丞冯京为右谏议大夫、枢密副使⑤,王安石还论及了

---

① 《邵氏闻见录》卷15。
② 《朱子语类》卷130《本朝四·自熙宁至靖康用人》。
③ 《长编》卷220,熙宁四年二月辛酉条。
④ 《长编》卷210,熙宁三年四月戊辰条,第5096页。
⑤ 《长编》卷213,熙宁三年七月壬辰条。

陈襄、刘攽、胡宗愈等人,要求罢黜之。同月,因为吕公弼罢枢密使,宋廷聚议代替吕公弼的人选,曾公亮、韩绛极称司马光,王安石就此发表其看法:"司马光固佳,今风俗未定,异论纷纷,用光,即异论有宗主。今但欲兴农事,而诸路官司观望,莫肯向前,若便使异论有宗主,即事无可为者。"①从而使宋神宗未用司马光。

保守派力图通过占据台谏的有利地位以攻击变法派,变法派则也力欲将台谏控制在自己手中,从而将时时处处作梗发难的守旧派台谏官逐离言路。熙宁四年六月,王安石明确对宋神宗提出"杨绘不宜在言职",且曰:"如绘者使在言路,四方宣力奉法之臣,更疑畏沮坏,政令何由成?古人为国,皆约七年、五年,必为政于天下,其施行有次第可必故也。今朝廷事为之数年,行之未几,辄复被沮坏,欲望成效,恐不可得也。"②之后,因为有宋神宗的支持,台谏官之职才逐渐完全由变法派官员充任。

当变法全面展开,保守派的无理纠缠使二派之间的矛盾迅速激化时,王安石等人即对那些保守派官僚进行了严厉的申斥,把他们比作"粪壤""烂石"和"朽木"而加以指斥。由于变法派直接或间接的作用,至熙宁六年,被杨绘称为"老成之人"的范镇、吕诲、欧阳修、富弼、司马光、王陶以及韩琦、文彦博、张方平等人或"引疾",或"致仕",或"求散地",先后离开了京城③。在最高统治集团内部,制订与推行新法的最主要障碍终于被清除。

从王安石熙宁九年第二次罢相至元丰之末,尽管变法派内部出现分裂,但在宋神宗的大力支持下,新法始终得到继续贯彻执行,新党也继续设法从各方面排挤反对变法的官员。据《长编》卷

---

① 《长编》卷213,熙宁三年七月壬辰条。
② 《长编》卷224,熙宁四年六月甲寅条。
③ 参阅《宋史》卷322《杨绘传》。

298元丰二年五月戊子条：

> 以右谏议大夫、权御史中丞、直学士院、判司农寺蔡确参知政事，宰相吴充议变法，确争曰："曹参与萧何有隙，至参相汉，一遵何约束。且法，陛下所建立，一人协相而成之，一人挟怨而坏之，民何所措手足乎？"充屡屈，法遂不变。

徐自明《宋宰辅编年录校补》卷8熙宁九年十月吴充、王珪并相条载："（吴）充代安石为相，知天下不便新法，欲有所变更，尝乞召还（司马）光及吕公著、韩维、苏颂，又荐孙觉、李常、程颢等十数人，皆安石所斥退者。"动摇新法必定导致旧党在政治上卷土重来，因此，捍卫新法实际上也就是在政治上排斥旧党。元丰四年（1081）官制改定后，神宗"欲取新旧人两用之"，又曰"御史大夫非司马光不可"，蔡确、王珪则以"国是方定，愿少迟之"为由，予以抵制①。另据《长编》卷345元丰七年五月辛酉条："官制初行，上（神宗）欲召（范）纯仁用之，王珪、蔡确言纯仁好异论，且疾病，不可用。"反对重用范纯仁。

为了确保新法的顺利推行，变法派在阻拦保守派重返朝廷的同时，还经常对一些蓄意破坏新法者予以打击。熙宁四年六月，武宁军节度使、左仆射、同平章事富弼因破坏青苗法而落使相，以左仆射判汝州②。元丰四年十二月，因破坏市易法，范百禄、傅尧、邵光、林旦、陈奉古"各展磨勘两年"，张岁闰被罚铜二斤③。整个熙丰时期，新党对旧党最沉重的打击当数元丰二年苏轼诗案而导致

---

① 《邵氏闻见录》卷11。
② 《长编》卷224，熙宁四年六月甲戌条。
③ 《长编》卷321，元丰四年十二月乙卯条。

的对众多旧党成员的黜责。元丰二年七月,御史中丞李定弹劾"知湖州苏轼,初无学术,滥得时名,偶中异科,遂叨儒馆,有可废之罪四",主要是针对苏轼以诗文制造混乱、破坏新法而言①。御史舒亶也配合李定进行弹劾,其奏章中对苏轼罪状的罗列较为具体:

> 轼近上谢表,颇有讥切时事之言,流俗翕然争相传诵,志(疑当作"忠")义之士,无不愤惋。盖陛下发钱以本业贫民,则曰"赢得儿童语音好,一年强半在城中";陛下明法以课试群吏,则曰"读书万卷不读律,致君尧舜知无术";陛下兴水利,则曰"东海若知明主意,应教斥卤变桑田";陛下谨盐禁,则曰"岂是闻韶解忘味,尔来三月食无盐"。其他触物即事,应口所言,无一不以诋谤为主,小则镂板,大则刻石,传播中外,自以为能。②

舒亶还缴上苏轼印行的诗稿三卷。于是,宋神宗立即诏命知谏院张璪、御史中丞李定立案推治。自熙宁初以来,苏轼一直反对变法,以他那有如泉涌的妙思,写下了大量诋毁新法的诗章,由于他的文名和其与其他守旧派官员在政治上的一致性,他的这些诗篇广为流布,并为许多士大夫所收藏。

元丰二年十二月,经过近五个月的审理,此案的结果揭晓:"祠部员外郎、直史馆苏轼责授检校水部员外郎、黄州团练副使,本州安置,不得签书公事,令御史台差人转押前去;绛州团练使、驸马都尉王诜追两官勒停;著作佐郎、签书应天府判官苏辙监筠州盐酒税

---

① 《长编》卷299,元丰二年七月己巳条
② 《长编》卷299,元丰二年七月己巳条。

务;正字王巩监宾州盐酒务,令开封府差人押出门,趣赴任;太子少师致仕张方平、知制诰李清臣罚铜三十斤;端明殿学士司马光,户部侍郎致仕范镇,知开封府钱藻,知审官东院陈襄,京东转运使刘庠,淮南西路提点刑狱李常,知福州孙觉,知亳州曾巩,知河中府王汾,知宗正丞刘挚,著作佐郎黄庭坚,卫尉寺丞戚秉道,正字吴琯,知考城县盛侨,知滕县王安上,乐清县令周邠,监仁和县盐税杜子方,监澶州酒税颜复,选人陈珪、钱世雄各罚铜二十斤。"[1]

应予说明的是,新党对旧党的这次打击是不可与元祐四年(1089)旧党罗织"车盖亭诗案"以打击新党等同的,其区别在于"车盖亭诗案"系罗织而成,而元丰二年对旧党的打击是查有实据,且是在宋神宗的支持下进行的。实际上,这也是反变法派肆无忌惮地违抗朝旨、破坏新法,无所不至地攻击新法的必然结果。

熙宁、元丰时期,尽管得到宋神宗支持的变法派在对反变法派的排斥和打击上倾注了颇多心力,但总的来看,变法派对保守派的打击与排斥一般表现为将其从最高统治集团的要害位置上排挤出去,防止其以"异论相搅",阻挠新法的实施,并没有像"元祐更化"时旧党对新党那样,采用许多无情倾轧的手段,而是采取了相对宽大和较为宽容的种种措施。以祠官处异议者,是变法派对待反变法派的重要方式之一。清人蔡上翔力辟王士禛《池北偶谈》中设宫观之官始于熙宁说之妄,提出庆历八年(1048)即已设宫观官[2]。今人考证祠官制度始于真宗大中祥符五年(1012)宰相王旦为玉清昭应宫使[3]。不管如何,熙宁初王安石有意增加宫观员数以安置反变法派和"昏病阘茸之人",似无可疑。据《长编》卷211熙宁三年五

---

[1] 《长编》卷301,元丰二年十二月庚申条。
[2] 《王荆公年谱考略》卷12。
[3] 魏天安、刘坤太:《宋代闲官制度述略》,载《中州学刊》1983年第6期。

月癸卯条载,宋神宗就曾下诏杭州洞霄宫等十二处依嵩山崇福宫、舒州灵仙观置管勾和提举官,王安石认为其意义在于"使食其俸给,而不害事也"①。这实际上是用让保守派官员赋闲休养、"食其俸给"的代价,换得顺利推行新法的环境,这一措施充分体现了变法派煞费苦心的宽容态度。

对于若干激烈攻击变法派的官员,王安石等亦未予以深究。最为典型者,如熙宁五年八月,太子中允、同知谏院、权同判吏部流内铨唐坰论奏王安石用人与变法之非,"用曾布为腹心;张琥、李定为爪牙;刘孝孙、张商英为鹰犬;元绛、陈绎为厮役",又"以安石比李林甫、卢杞",神宗怒其诡激,贬为潮州别驾,而王安石则独以为"坰素狂,不足深责",乃改授大理评事、监广州军资库②。

此外,许多守旧派官员离开朝廷时可自择闲养之所,且嗣后一直恩顾不衰;若去世,则恩泽优厚,殊荣不减。这其中,宋神宗的意向起着相当重要的作用,但也并非完全与变法派的宽容态度无涉。如司徒兼侍中、判相州韩琦于熙宁八年六月去世时,即因王安石言其尝"受遗立先帝,非(吕)夷简比",特赠尚书令③。元丰年间,王安石离开朝廷,变法派内部已无与其资历、名望、才德相匹敌之人,旧党对新党的攻击也愈趋激烈,但除元丰二年苏轼等一些保守派官员因破坏新法受到黜责外,宋廷没有再出现其他太过严重的政治事件。元丰时期,反变法派仍然可以随意弹奏新党、攻击新法,这一现象也从反面作了证实。

---

① 《长编》卷211,熙宁三年五月癸卯条。
② 《长编》卷237,熙宁五年八月癸卯条。
③ 《长编》卷265,熙宁八年六月戊午条。

第四节　变法派内部的矛盾冲突

至熙宁七年(1074),在宋神宗的强有力支持下,宋统治集团内部经过四至五年的激烈斗争,经过几年间人事上的不断调整,以王安石为首的变法派终于站稳脚跟,基本上支配了朝政,各项新法也渐次在全国范围内推行开来。当此之际,有两件事应该成为王安石集团的当务之急:一是广泛调查、研究新法推行过程中出现的各种弊端,因地制宜,根据各地的具体情况适当调整在全国各地推行的新法;二是依据传统的伦理道德规范,在朝野树立起为世所认同的群体形象,并不断纯洁变法派自身。然而,从熙宁七年三月起,变法派内部出现了严重分裂,以上所述的两件事情因之受到严重影响。

熙丰时期,变法派内部的纠纷与摩擦屡有发生,其中规模较大、影响甚剧者有两次。

一、熙宁七年三月围绕根究市易违法案而产生的纷争

据《长编》卷251熙宁七年三月壬戌条载:

> 初,吕嘉问以户部判官提举市易务,挟王安石势,陵慢三司使薛向,且数言向沮害市易事,安石信之。其实,向于嘉问未尝敢与之校曲直,凡牙侩市井之人,有敢与市易争买卖者,一切循其意,小则笞责,大则编管。嘉问自知不直,虑问己,故先以沮害加之,使其言不信于安石。市易本隶三司,而嘉问气

焰日盛,三司固多出其下。及曾布代向为三司使,素知嘉问骄恣,怀不能平,又闻上数以市易苛细诘责中书,意欲有所更张,未得间也。

同月,神宗夜降手札于曾布,"闻市易务日近收买货物,有违朝廷元初立法本意",令其"详具奏"。曾布随即通过先前察访河北时的僚属、对市易务详知本末的魏继宗,了解到"市易主者榷固掊克,皆不如初议,都邑之人不胜其怨"的情形,并在告知王安石之后,复面奏神宗:"(吕)嘉问等务多收息以干赏,凡商旅所有,必卖于市易,或市肆所无,必买于市易。而本务率皆贱买贵卖,重入轻出,广收赢余,诚如继宗所言,则是挟官府而为兼并之事也。"①

宋神宗得曾布所奏后,曾与王安石讨论此事,神宗所关心的是市易法推行后的前述情况的真相,怀疑确有违法之事发生。王安石则除此之外,还担心神宗"为众毁所摇,临事仓卒,即上下协力,承望为欺,恐致忠良受枉"②,进而使整个变法遭到破坏。他举出曾布曾与吕嘉问为"争互牒事"产生过矛盾一事,从而怀疑曾布所言的可信程度。于是,变法派中的另一重要人物吕惠卿受命与曾布一起调查市易务的有关情况。

从现有的史料上看,曾布、吕惠卿虽曰领命"同根究市易务不便事",却实际上并没有就此事经常交换意见,密切磋商,以求得问题的圆满解决。也许是曾、吕二人在几年的政治活动中早已心存芥蒂,难以共事,故自从领旨之后,双方始终是利用神宗赐予的权力独立行事的。在调查过程中,双方均采取了一些激化矛盾的

---

① 《长编》卷251,熙宁七年三月壬戌条。
② 《长编》卷251,熙宁七年三月壬戌条。

做法。

据《长编》卷251熙宁七年三月乙丑条：

> 曾布既受诏同吕惠卿根究市易事,或为布言:"中书每以不便事诘嘉问,嘉问未尝不巧为蔽欺,至于案牍往往藏匿改易,如不惩革此弊,虽根究无以见其实。"布又闻嘉问已呼胥吏持案牍还私家隐藏更改,遂奏乞出榜以厚赏募告者。明日,上批:"依奏付三司施行。"布即榜嘉问所居。

而吕惠卿领旨之后,则采取了更为糟糕的做法,他节外生枝地揪住曾布与魏继宗的私人关系不放,"诘布所以辟继宗为指使缘由,再三诱胁继宗,令诬布以增加所言",而"继宗不从,反具以告布"。吕惠卿又派遣其弟吕温卿秘密造访王安石,要求对魏继宗施之以法。随之,曾布以魏继宗所云事奏神宗,并言"惠卿所见不同,不可共事,乞别选官根究"[①]。变法派内部的矛盾冲突急剧扩大。

事态的进一步发展,不仅仅局限于曾、吕二人的看法异同,神宗与王安石的地位和影响十分重要,由此而产生的矛盾实际上酿成了整个变法派集团主政之后面临的一次重大政治危机。神宗力图弄清事实真相,故而在曾、吕二人迭起冲突,互告御状之后,还曾特别批示"可令布、惠卿一处取问,所贵不致互有辞说"[②],意在要二人精诚协力,统一看法,弄清事实。但起初,神宗基本上是倾向于曾布所云的。当曾布面见神宗于延和殿时,"上慰谕久之",还发有"惠卿诚不可更共事"等语,不让曾布求罢。但后来,神宗的态度

---

① 《长编》卷251,熙宁七年三月乙丑条,第6140页。
② 《长编》卷252,熙宁七年四月己巳条,第6148页。

发生了变化,他"初以布言为是,已而中变,从惠卿请"①,曾布已不再得到神宗的信任了。此事迁延到熙宁七年(1074)五月,另两名变法派的重要人物章惇、曾孝宽又接受了宋神宗的委任,在军器监置司根究市易违法事,同年八月,曾布遭到贬斥。而在此期间,市易违法案的当事人吕嘉问以"在京都商税课增羡"而升官,吕惠卿也因王安石的荐举而做了参知政事。王安石主持变法导致各方面的压力太大,经反复恳求,最后获准辞去相位。

二、变法派内部的其他矛盾冲突

变法派内部另一次较大的矛盾冲突出现于熙宁八年(1075)二月王安石复相之后,在王安石与吕惠卿等人之间展开。

在变法派阵营中,吕惠卿无疑是具有重要地位的人物。从个人的政治素质和学识看,他在当时得到过许多重要官员的看重与推崇,如欧阳修就曾几次举荐过他。早在宋仁宗嘉祐六年(1061),欧阳修就上奏朝廷,极力举荐在真州做军事推官的吕惠卿充馆职,欧阳修在奏文中称吕惠卿"材识明敏,文艺优通,好古饬躬,可谓端雅之士,并宜置之馆阁,以副圣朝养育贤材之选",并说"如后有不如举状,臣甘愿治罪"②。后来,欧阳修又致函王安石,认为"吕惠卿,学者罕能及,更与切磨之,无所不至也"③。在变法过程中,特别是在变法之初,吕惠卿坚定地站在王安石一边,参与新法的制定与推行,凭借熙宁变法,他在政治上也逐渐崛起,成为朝野举足轻重

---

① 《长编》卷252,熙宁七年四月甲申条。
② 《欧阳修全集》卷113《举刘攽、吕惠卿充馆职札子》,第1715页。
③ 《欧阳修全集》卷145《与王文公(介甫)三通》,第2368页。

的人物。

王安石长吕惠卿11岁,对吕惠卿的学术才干是非常赏识和器重的。因为有王安石的看重与提携,加之在变法中异常坚定与积极,吕惠卿在政治上迅速发迹。王安石第一次罢相时,二人之间并无芥蒂,史称"安石求去,惠卿使其党变姓名,日投匦上书留之",而王安石则在罢相之际力荐吕惠卿做了参知政事①,可见王安石对吕惠卿器重与信任之笃。王安石还曾对宋神宗极力称赞吕惠卿及其弟吕和卿在变法中功劳卓著,认为"诸兄弟皆不可得"②。又熙宁八年五月,当神宗已逐渐察觉到吕惠卿"忌能、好胜、不公"时,王安石仍极力为之在神宗面前解释③。应该说,为了使新法得以推行下去,王安石是一直对在变法中作出许多贡献的吕氏兄弟充满关照爱护之情,并寄予厚望的。

但随着政治地位的变迁和政治资本的积累,吕惠卿以怨报德,"忌能、好胜、不公"的人格特征和恶劣品性逐渐表现出来。魏泰认为吕惠卿在任参知政事之后,"得君怙权,虑荆公复进",在王安石居金陵期间,就已施展一些手段排挤王安石了④。王安石复相后不久,吕惠卿即时或无故生非,找茬子与王安石产生摩擦,甚者以辞职相要挟,且在神宗面前巧言攻击王安石。一次,他在解释何以要辞职补外时对神宗说:"安石之来,一切托疾不事事,与昔日异。前此安石为陛下建立庶政,千里复来,乃反如此,不知欲以遗之何人?……至此有不如所见,故不安其位。盖亦缘臣在此,……朝廷

---

① 《宋史》卷471《吕惠卿传》,第13706页。
② 《长编》卷261,熙宁八年三月己未条,第6365页。
③ 《长编》卷264,熙宁八年五月丁亥条,第6480页。
④ 参阅《东轩笔录》卷5。

事可以无臣,而不可无安石,此臣所以求去也。"①不能不说吕惠卿在这里使用了若干为人不齿的小伎俩。

尽管神宗并不相信吕惠卿所云,但吕惠卿蓄意在神宗面前丑化王安石的形象,力图破坏神宗对王安石的印象,兼而达到固宠保位目的的用意是非常明显的。嗣后,在形形色色的问题上,吕惠卿无不与王安石严重对立,并继续恣意煽惑于神宗,节外生枝,制造矛盾,扩大矛盾。王安石对《三经新义》中的部分内容小有删修,吕惠卿则也对神宗借题发挥,对王安石滥加非毁之词,复以去位相要挟②;"安石欲添盐钞而废交子,罢河北运米而行市易俵放之法,惠卿皆以为非便"③。总之,吕惠卿已经完全与王安石离心离德、反目为仇了。

作为在宋代专制集权的政治环境中成长起来的政治家,毫无疑问,王安石对皇权始终是忠心耿耿的,同时也对"结游士以为党助"的拉帮结派行为深恶痛绝。自熙宁初年以来所奖掖、擢升、保护的官员,均是他认为坚决支持、拥护新政新法的政策制定者或政策执行者,而吕惠卿则别有用心,在面见神宗时将深为帝王所忌讳的"朋党"一词加之于王安石及其同僚④。王安石从没有以此去指责吕惠卿,而事实上,倒是在吕氏兄弟周围已逐渐形成了一个与王安石分庭抗礼的小宗派。

王、吕关系的破裂,导致了变法派内部再一次分化与改组,吕惠卿及其党羽为神宗所抛弃已成为势所必然。王安石时隔不久的第二次罢相,除神宗不复对其言听计从,因其子王雱英年早逝而伤

---

① 《长编》卷266,熙宁八年七月癸未条。
② 参见《长编》卷268,熙宁八年九月辛未条。
③ 《长编》卷268,熙宁八年九月乙酉条。
④ 《长编》卷268,熙宁八年九月乙酉条。

感衰病等原因之外,吕惠卿的所作所为无疑也是促使其离开汴京的因素之一。无论是从规模还是从激烈程度看,王、吕之间的冲突已经远远超过了围绕根究市易违法案所产生的纷争。

变法业已进入关键性阶段,变法派的核心人物之间却出现了如上所述的两次大规模纷扰和混乱,这是令人惋惜而疑惑的,那么导致这种局面的主要原因到底何在呢? 笔者以为,这得从变法派集团的基本构成、变法派官员的整体素质、专制制度下的君臣关系乃至于复杂的人性等诸因素中去探求答案。

变法派集团主要是由如下几种类型的官僚士大夫组成的。第一类是矢志不渝地献身于北宋王朝的长治久安,苦心孤诣于富国强兵的远大目标,不计自己的名利得失与毁誉荣辱,并对改变北宋王朝"积贫""积弱"局面有着长期的理论思考和丰富的政治实践经验的官员,王安石即是这种类型的典型代表。南宋孝宗淳熙十五年(1188),陆九渊在王安石的形象已被严重歪曲的情况下,对王安石作出了极为中肯的评价,其中有云:

> 英特迈往,不屑于流俗声色利达之习,介然无毫毛得以入于其心。洁白之操,寒于冰霜,公之质也;扫俗学之凡陋,振弊法之因循,道术必为孔孟,勋绩必为伊周,公之志也。①

王安石的道德文章、博学睿智、理想情怀,既非当时之所谓"巨公名贤"能望其项背,在变法派集团内部,亦是无人可与之相伯仲的。

变法派中的第二类官员,对宋王朝积弊丛脞的危局有较深刻的认识,亦对宋神宗、王安石主持的改革事业有着较高的热情和从

---

① (宋)陆九渊:《象山先生全集》卷19《荆国王文公祠堂记》。

事实际工作的才干,但在道德修养、秉性操守方面缺乏一定的修炼功夫;在特定的历史条件下可以勇往直前,义无反顾地献身改革,但同时又易为功名利禄、权势地位所左右。从年龄层次上看,这类官员一般较为年轻,曾布、吕惠卿、吕升卿等人即属此类。

第三类,有一定的学养与才干,但善于趋炎附势,见风使舵,一事当前,主要考虑个人的利害得失,即韩非子所谓"隐正道而行私曲""援外而挠内,亲下而谋上"者,如邓绾、练亨甫、曾旼、方希益等。这部分人若使用得当,管理得法,驾驭有术,则可发挥其潜在的各种才能,而使国计民生受益,反之,他们就会产生极大的破坏作用。

总而言之,整个变法派集团原非一个阵容齐整、意志统一的强有力领导集团,而是一个在宋神宗坚主变法之后逐渐聚集在皇权周围的松散政治群体。按诸史籍,只有王安石是宋神宗素闻其名而亲自委以重任,其他人则是明了宋廷改弦更张的意图之后,或因为基本上倾向变法而留在朝廷,依违于其间,如陈升之、韩绛、王珪;或是因某一方面的才能为王安石所赏识,得到荐举而成为变法派中的一员,如曾布、吕惠卿;或因其他变法派官员的辗转举荐而达于神宗,如薛向之举荐蔡确①;至于善窥测朝廷意旨、缘饰向化者更是不乏其人。因此在这个松散的变法派政治群体中,能"夙兴夜寐,卑身贱体,竦心白意,明刑辟、治官职,以事其君,进善言,通道法而不敢矜其善,有成功立事而不敢伐其劳"②者,能矢志不渝地献身于变法事业者,毕竟是极少数。王安石所谓"法之初行,异论纷纷。始终以为可行者,吕惠卿、曾布也;始终以为不可行者,司马光

---

① 《宋史》卷471《蔡确传》。
② (战国)韩非:《韩非子》卷17《说疑》。

也。余人则一出焉一入焉尔"①,即反映了这种情况。且即令是"始终以为可行"之吕惠卿,最后也与王安石同床异梦。

这种情形决定了变法派集团成员在道德修养、人格特征、志趣情怀、才能见识等诸方面均参差不齐。曾布在变法之初与吕惠卿同为王安石的左右手,新法中"青苗、助役皆布与吕惠卿建议"②,这是众所周知的事实,但其在根究市易违法案中的动机与表现,历来论者均有分歧。就事论事,完全视之为政治投机、背叛新法未免失当,因为同其他新法一样,市易法在执行过程中确有违反立法本意的情况出现;如若认为曾布在此案审理过程中的主观动机纯洁无瑕,则也大可值得商榷,因为单从其处理问题的方式上即可看出一些蛛丝马迹。曾布听说吕嘉问"已呼胥吏持案牍还私家隐藏更改",便"乞出榜以厚赏募告者",并"榜嘉问所居",这一细节素为论述有关市易违法案者所忽视。从实际后果看,这一过激行动严重地扩大了事态,丑化了整个变法派集团,并导致了矛盾的不可调和。所以榜出之后,"嘉问诉于安石尤切",王安石还曾有"夜收张榜"的考虑。即使仅认为曾布意在弄清事实真相而出此举,那么,这一过激行为也是令人费解的,因为它表明曾布已完全不顾大体,自信能得到神宗的支持,断然决定与王安石、吕惠卿、吕嘉问等分道扬镳了。联系后来哲宗去世后在拥立嗣君一事上曾布与章惇迥然相异的态度,如果说曾布完全没有政治投机的可能,这是不能成立的。

另外,如果我们考虑一下此案发生时的特殊背景,曾布的意图也许更为明朗。熙宁七年三、四两月,宋廷接连出现过两次震动朝

---

① (宋)王称:《东都事略》卷95《曾布传》,孙言诚、崔国光点校,齐鲁书社2000年版。
② 《东都事略》卷95《曾布传》。

野的重要事件。三月——根究市易案发生的当月,因为久旱不雨,反变法派分子纷纷以天人感应的陈腐信条加以附会,攻击王安石及新法,蛰居宋廷的翰林学士承旨韩维代神宗草诏"广求直言,以开壅蔽"①,变法派集团的政治命运、推行六年于兹的新法处在严峻的关头;四月间,王安石被罢知江宁府。而这两件事,早在曾布审理市易违法案之前就已露出端倪。曾布的所作所为与这两件事几乎同时出现,这绝非时间上的巧合。因此,刘子健先生认为"曾布未必不投机,未必纯出于投机"②,此说较为含蓄,但也不无道理。正因为曾布具有政治投机的嫌疑,所以,不仅求才若渴的王安石在吕惠卿被罢免,变法派力量严重削弱之后,丝毫没有召曾布还朝的念头,而且神宗也不再将其作为股肱之臣予以进用与对待。

曾布如此,吕惠卿更甚。变法之初,吕惠卿确为制定新法、推行新法立过汗马功劳。他博洽的学识、敏捷的思辨、出众的行政才能都曾给神宗和王安石留下了深刻的印象。但随着他在政治上发迹,其政治野心也迅速膨胀。《长编》卷269熙宁八年十月庚寅条载,御史蔡承禧曾以具体事例上章弹劾吕惠卿任意自专、弄权自恣、朋比窃弄国赏、侮文罔上、挟邪私亲、贪以害法、奸邪欺蔽等罪,细按史乘,这都是查有实据的。所以当王安石因变法派人才严重不够,劝神宗"人材如惠卿,陛下不宜以纤介见于辞色,使其不安"时,神宗就因已经洞察到吕惠卿虽有才,但并非忠直贤良之辈,向王安石说明"惠卿不济事,非助卿者也",认为"大抵(吕氏)兄弟总好胜、忌能""观惠卿兄弟,但才能过己便忌嫉",明确表示出对吕氏

---

① 参见《长编》卷251,熙宁七年三月乙丑条。
② 刘子健:《王安石、曾布与北宋晚期官僚的类型》,载《清华学报》1960年5月新二卷第1期。

兄弟的反感和厌恶①。吕惠卿因王安石的举荐做了参知政事后，经过一番经营，他自我感觉到地位已稳固，势力已经形成，羽翼已经丰满，不仅连王安石不放在眼里，而且在神宗面前也有几分傲慢不恭了，这一点，我们从他与王安石产生矛盾后同神宗的对话中看得非常清楚。

至于变法派内部其他一些人如邓绾、练亨甫之流，其道德观念、官场节操就更是卑琐不堪了。从《长编》卷278熙宁九年十月壬辰条所载王安石所云即可见一斑：

先是，王安石言："臣久以疾病忧伤，不接人事，以故众人所传议论多所不知。昨日方闻御史中丞邓绾尝为臣子弟营官及荐臣子婿可用，又为臣求赐第宅。绾为国司直，职当纠察官邪，使知分守，不相干越，乃与宰臣乞恩，极为伤辱国体。兼绾近举御史二人，寻却乞不施行，必别有所因。臣但闻其一人彭汝砺者，尝与练亨甫相失，绾听亨甫游说，故乞别举官……"

"笑骂从汝，好官须我为之"②，这一句赤裸裸道破历代王朝无数贪官污吏的内心世界，招致千古唾笑的处世格言，据说也是出于官至御史中丞的邓绾之口。为了刻意丑化变法派的群体形象，不乏偏见的史家和官僚士大夫们也许有些夸张，但至少可以说明，在当时的变法派内部，丧失人格，不顾廉耻，借变法之机以营利的利欲熏心之辈也是确有其人的。

变法派集团是个良莠夹杂、鱼目混珠的群体，其之所以能在特

---

① 《长编》卷264，熙宁八年五月丁亥条。
② 《宋史》卷329《邓绾传》。

定的历史条件下成为领导和推行新法的集团,最根本的并不是由于他们都具有持久、自觉和至高无上的共同政治信念,而是有至高无上的皇权作为纽带。如同前所述及的严重病态发展的台谏,以及后来在"元祐更化"中极尽打击报复、颠倒黑白之能事的元祐党人一样,变法派集团只需对最高统治者皇帝负责即可,只要效忠于皇权,或打着效忠于皇权的旗号进行活动,而不管这种效忠是否言行一致、名符其实。那么,变法派集团的每一个大小官员就都拥有了相对独立的做一个"忠臣"的权利,即使其活动明显地会在变法派内部造成分裂,引起混乱,也可能会得到最高统治者最大限度的容忍。显然,这种专制集权统治所产生的特殊氛围是极易导致变法派内部产生矛盾乃至分裂的。

行文至此,何以在变法派内部也会产生严重的矛盾冲突,基本上可以明了了。

不言而喻,变法派集团的内部分裂带来了一系列严重的后果,给当时正在推行的变法带来了十分不利的影响。首先,变法派内部的争斗与倾轧,挫伤了一部分上层变法派官员的积极性,自然也动摇了北宋统治区域内热衷于或者倾向于变法的地方官员的信心和决心。

吕嘉问是一位追随王安石,坚决拥护并积极推行变法的重要人物,其职司为推行市易法,引起当时以及后世论者的众多非议,但有一点可以肯定,他执法严明,即令是皇亲国戚也概莫例外。《长编》卷251熙宁七年三月戊午条载有王安石与神宗讨论此事的一则对话:

> 上曰:"近臣以至后族无不言不便,何也?两宫乃至泣下,忧京师乱起,以为天旱更失人心如此。"

安石曰:"……如后族即向经自来影占行人,因催行免行新法,遂依条收入。经尝以牒理会,不见听从。又曹佾赊买人木植不还钱。太后殿内勾当修曹佾宅,内臣却伪作曹佾宅干当人状云,'被市易强买已定下木植'。及勾到客人,乃云'但有曹侍中已赊买过木植不还钱,即无曹侍中已定木植,却卖与市易司'。吕嘉问具此牒送开封府勾曹佾干当人,乃云:'元不曾过状根究得此状,乃是太皇太后阁臣伪作姓名过状诬告市易司官员,开封府但牒市易司照会而已,元不曾行遣,此内臣等罪过。'陛下试观此两事,即后族何缘不结造语言?吕嘉问典领市易司,与开封、三司,据法争职事,三司、开封皆所不悦。又以职事犯忤都知、押班、御药非一事,陛下试思吕嘉问如此何意?若为身计,即大不便。"

毋庸置疑,王安石因吕嘉问全力于推行新法而对其抱有特别的好感,但他这里所谈到的情况也必定属实。就是这样一个坚定的变法派人物,在经历根究市易违法案的纷争后产生了巨大精神压力,据说他得知王安石罢相之后,曾"持安石而泣",直到王安石告以已荐吕惠卿做参知政事之后,才"收泪"谢安石[1]。又王安石罢相之际,吕惠卿"使其党日诣阁函,假名投书乞留安石,坚守新法"[2],吕惠卿此举当然主要是因为担心王安石罢相之后反变法派卷土重来,自己的地位朝不保夕,但同时也反映出吕惠卿等人在变法派分裂、势力受到削弱后的特殊心态。

居于最高统治集团的变法派官员如是,其他执行新法的下层

---

[1]《长编》卷258,熙宁七年十二月乙亥条。
[2]《长编》卷252,熙宁七年四月丙戌条。

官员的情形不难想见。

其次,变法派内部的分裂也使众多在推行新法过程中作壁上观者更加狐疑满腹、徘徊不前,地方官员多处于观望状态。"缘尽力则犯众怨,犯众怨则中伤以法,而朝廷或不能察,不能察则反得罪,不如因循偷惰之可以自安。"[1]挺身而出参与变法,随时可能招致势力强大的反变法派和变法派内部的双重夹击,因此不求有功,但求无过,明哲保身,成为众多官僚士大夫在这种政治气氛中最好的生存、处世哲学。

最后,熙宁八、九年之后,一度有所收敛的反变法官员再度肆无忌惮地对变法派和新法进行诋毁和攻击,也与变法派集团的内讧有密切关系。《长编》卷269熙宁八年十月丁巳条附有张方平一疏,他说:"大抵新法行已六年,事之利害非一二可悉。"进而他又说:"今习俗奔竞,偷弊成风,交党相倾,势利相轧,攻讦起于庙堂,辨讼兴于台阁,非所以昭圣化也。"变法派内部的分裂已成为其攻击新法与变法派的重要材料。又《长编》同卷所载吕公著一疏亦与之大同小异:"然临朝愿治,为日已久,在廷之士,益乖剌而不和。中立敢言者,罹谗而放逐;阿谀附势者,引类而升进。其外则郡县烦扰,民不安业,畎亩愁叹,上干和气,携老挈幼,流离道路,官仓军廪,所在阙乏,又无以广赈济,至于骨肉相食,转死于沟壑者多矣。"吕公著将新法一概骂倒,不无夸大之辞,但他在这里也特别指出了"在廷之士,益乖剌而不和"的状况,并非全无事实依据。

变法派集团的分裂,严重地破坏了变法派的群体形象,为反变法派分子的攻击提供了口实。哲宗继位后的"元祐更化"期间,诸如"群奸""群小"之类的字眼几乎充斥于旧党弹劾论奏变法派的所

---

[1]《长编》卷261,熙宁八年三月己未条所载王安石语。

有章疏之中。这种情况原不足为怪,因为在变法派得到神宗重用的熙宁元丰时期,所有变法派官员便已获得了与之相差无几的骂名。如《长编》卷276熙宁九年六月附富弼一疏,其中有云:"臣更愿陛下左右臣僚中,不以职位高下,常视其反覆狡狯者疏之,纯良方正者与之。反覆狡狯者,虽有奸才强辩,或可以惑人,其余自取名位,及援引亲旧,结成朋党,互相保庇,表里胶固,牢不可破,如此之类,岂可置之左右而任之以事乎?……缘误用一二奸人,则展转援致,连茹而进,分布中外,大为朝廷之害,卒难救整。"富弼在他"退伏草茅,不预人事"的投老余年,写出如此的文字,其中隐含着一种莫名的愤懑与自我粉饰,自不待言,但如果整个变法派集团恪守本分,精诚团结,国而忘私,全力于国计民生,富弼至少是不敢以上述文字攻击所有变法派官员的。

变法派的分裂与内讧,还给宋神宗心理上留下了难以磨灭的沉重阴影,从而使之开始转变对变法派及反变法派官员的看法。王安石复相后不久,神宗在与王安石的交谈中曾说:"小人渐定,卿且可以有为。"又说:"自卿去后,小人极纷纭,独赖吕惠卿主张而已。"①这里所谓"小人",当指反对变法的官僚士大夫无疑。那么反之,神宗是将所有变法派当作所谓"君子"看待的。按自熙宁七年四月王安石第一次罢相至熙宁八年二月王安石复相,所谓"小人"之"极纷纭"者,主要有如下几次:

熙宁七年五月,左司郎中、天章阁待制李师中疏请召回司马光、苏轼、苏辙等人;

同月,权河北西路转运使、司封郎中刘航应诏论时政五事,非毁变法;

---

① 《长编》卷261,熙宁八年三月乙未条。

第二章 熙宁、元丰时期的党争问题

熙宁七年六月,监安上门、光州司法参军郑侠疏论"安石作新法为民害,惠卿朋党奸邪,壅蔽聪明"①;

熙宁八年正月,张方平上疏论用兵。

神宗将以上论事者或论事者所推崇之人当"小人"看,说明神宗还是坚定地信任、依靠变法派的。然而,自王、吕交恶,变法派内部再次发生分裂之后,神宗的态度则发生了较大的逆转。此种变化从神宗对邓润甫的态度上清楚地反映出来。邓润甫曾积极参与变法,史载:"熙宁中,王安石以润甫为编修中书条例、检正中书户房事。神宗览其文,除集贤校理、直舍人院,改知谏院、知制诰。同邓绾、张琥治郑侠狱,深致其文,入冯京、王安国、丁讽、王晓臣于罪。"②王、吕分裂及王安石第二次罢相之后,"邓润甫上章,乞参用旧人,又乞除二府,又乞用恬默持重之人",其奏疏中还有"吕惠卿之贬,已去不仁""练亨甫之黜,尚为未善"等语。当时的御史蔡承禧曾对此上疏论奏,认为邓润甫"罢软畏懦,束之高阁而有余;观望险壬,投诸四裔而为晚"③。前举李师中因疏请召回司马光等人遭到过严厉的惩处:被责授检校水部员外郎、和州团练副使,本州安置,不得签书公事。按理言之,邓润甫以变法派官员的身份"乞用恬默持重之人",当比李师中罪加一等,而神宗不仅没有加罪于他,反而于熙宁九年十月翰林学士、权御史中丞邓绾因"操心颇僻,赋性奸回"而落学士、中丞后,擢之为右谏议大夫、权御史中丞,委以重任。

邓润甫的擢升昭示了一个重要信息:王安石、曾布、吕惠卿、吕嘉问等人之间的内讧以及邓绾等人的不良表现,已经使神宗部分

---

① 《长编》卷254,熙宁七年六月乙亥条,第6207页。
② 《宋史》卷343《邓润甫传》,第10911页。
③ 《长编》卷278,熙宁九年十月,第6816页。

地改变了对变法派和反变法派官员的看法,并有可能将对变法派官员充分的信任与倚赖转变为单纯的利用了。事实上,神宗也已经开始参用所谓"旧人"。如彭汝砺,在邓润甫被擢升的同时,被起用为太子中允、权监察御史里行;龙图阁直学士孙固曾因"与王安石议事数不合"而出守真定,熙宁九年十一月被任命为权知开封府①,后来又被任命为知枢密院事。变法派的整体形象在宋神宗的心目中已经暗淡无光,而反变法派官员在其心目中的位置又开始突显出来。

第五节　宋神宗对两派斗争之影响

综观宋神宗统治的 17 年,北宋王朝富国强兵的指导思想基本上没有改变,推行变法的政治主张也基本上没有改变,除部分新法条文被因时因地加以适当的调整外,新法仍被一如既往地贯彻执行。这种局面当然与变法派的政治活动有关,但作为最高统治者的宋神宗也起到了至关重要的作用。例如,王安石第一次罢相后,朝野保守派欣喜异常,以为时事将有大变,新法将被废除,而宋神宗却在群情骚动的情况下,专门下诏明确说明要继续推行新法,"间有未安,考察修完,期底至当。士大夫其务奉承之,以称朕意。无或狃于故常,以庋吾法,敢有弗率,必罚而不赦"②,从而使当时的局势得到了稳定。

王安石第二次罢相之后,宋神宗的政治主张仍然一如既往,这

---

① 《长编》卷 279,熙宁九年十一月辛酉条。
② 《长编》卷 252,熙宁七年四月己丑条,第 6172 页。

种态度通过熙宁十年(1077)八月神宗对郑侠一案的态度即可得到充分说明。郑侠同吕诲一样,也是一个十分诡激的保守派成员。熙宁七年曾因天旱绘流民图,并"假称密急"将之送入朝廷,要求罢去全部新法。王安石去位后,"侠又上疏论之,仍取唐魏徵、姚崇、宋璟、李林甫、卢杞传为两轴,题曰《正直君子邪曲小人事业图》",以喻当时的变法派与反变法派①,结果被编管英州。熙宁十年八月,刑部用赦请量移,中书奏请移至鄂州,神宗则作了如下的批示"英州编管人郑侠元犯无上不道,情至悖逆,贷与之生,已为大惠。可永不量移",并严厉处罚了为之奔走的全部官员②。因此,熙丰时期如果没有宋神宗对变法坚定不移的支持,新法是不可能继续推行下去的,也正因为宋神宗始终如一地寻求富国强兵之路,后世才有人誉之为"求治真主"③。

如果单从统治集团内部矛盾的发展变化看,宋神宗的作用和影响又是怎样的呢?下拟就宋神宗分别对新、旧二党的态度加以说明。

一、宋神宗对变法派官员的态度

《长编》卷215熙宁三年九月庚子条载,苏轼尝责宰相曾公亮不能救朝廷,公亮答之曰:"上与安石如一人,此乃天也。"陆佃《陶山集》卷11《神宗皇帝实录叙论》论及宋神宗与王安石之关系时也说:"盖自三代而后,君相相知,义兼师友,言听计从,了无形迹,未

---

① 《宋史》卷321《郑侠传》,第10435—10436页。
② 《长编》卷284,熙宁十年八月己丑条,第6953页。
③ (明)李贽:《藏书》卷8,中华书局1959年版,第134页。

有若兹之盛也。"宋神宗自己也曾称王安石为其"师臣"①,每事须赖之扶持②。诸如以上所述的文字,似乎足以证明宋神宗对变法派的核心人物王安石是无比信赖的。

的确,在熙宁之初举朝无人襄助宋神宗施行有为之举的情况下,神宗对力主改变现状的王安石是非常赏识、非常信任而且言听计从的,对扶持、提携变法派官员也倾注了较高的热情。之所以如此,是因为宋神宗耳闻目睹内外积年之弊,望治颇殷,王安石的过人才识、洞晓民情的丰富阅历、政治智慧、果敢有为的人格特征和耿耿报国之心,这些都满足了宋神宗的政治需要。二人之君臣相知,源自北宋"积贫""积弱"的社会现实、朝野内外苟且偷安的颓败局面和富国强兵的共同理想。但是,随着变法的全面展开和政治上纷扰的出现,情形便逐渐发生变化。《长编》卷353元丰八年三月戊戌条引述了史臣对宋神宗的评价,其中有这样一段文字:

> 在东宫,素闻王安石有重名。熙宁初,擢辅政,虚己以听之。安石更定法令,中外争言不便,上亦疑之,而安石坚持之,不肯变。其后天下终以为不便,上亦不专信任,安石不自得,求引去,遂八年不复召,然恩顾不衰。司马光、吕公著虽议论终不合,而极口称其贤。

这种看法大体上与实际情况相符。冯京、文彦博等人不赞同变法的政治倾向非常明确,而神宗仍使之跻身二府,特别是冯京,在王安石被任命为参知政事后五个月被委以枢密副使,旋又为参知政

---

① 《长编》卷233,熙宁五年五月甲午条,第5661页。
② 《长编》卷234,熙宁五年六月甲戌条,第5687—5689页。

事,这显然是出自对变法派进行牵制的考虑。熙宁五年(1072)五月,王安石屡次请解相权,并不纯系来自保守派阵营的压力太大,而乃宋神宗的行为使然。其直接原因,是东上閤门使、枢密都承旨李评论列閤门误用同天节上寿仪不当一事。堂堂宰相,何以因李评这一小人物而求罢?据《长编》卷233熙宁五年五月壬辰条:

> 李评喜论事,往往施行。然天资刻薄,在閤门及枢密院,招权不忌,多布耳目,采听外事自效以为忠,侥幸大用,中外侧目。又尝极言助役法以为不可,王安石尤恶之。

据此可知,宋神宗在委用变法派官员制订并推行新法的同时,也是对其严加提防的,故利用李评之类,作为伺察变法派官员及中外之事的工具。倚仗有神宗的宠信,李评则可以随意参劾官吏,擅改枢密院文字,为所欲为。当王安石直陈其奸并请予推鞫时,"而上(神宗)终右评"①。王安石正是清楚地看到宋神宗对变法派且用且疑,时或是非含混,恐难有所成时,才提出去位的。用王安石自己的话说,即"臣前所以求罢,皆以陛下因事有疑心,义不敢不求罢"②,这里已经把求罢原因说得异常明白。

熙宁八年二月王安石再入相后,宋神宗基本上是自作主张、自行其是了。《长编》卷278熙宁九年十月丙午条注引吕本中《杂说》:"王安石再相,上意颇厌之,事多不从。安石对所厚叹曰'只从得五分时也得也'。"熙宁初被视为须臾不可或缺的股肱之臣已经沦落到如此地位。神宗为何对一度作为师臣看待的王安石"颇厌

---

① 《长编》卷234,熙宁五年六月己未条,第5675页。
② 《长编》卷242,熙宁六年二月壬寅条,第5907页。

之"呢？清乾隆帝在御制《书程颐论经筵札子后》中有一段话，他认为"夫用宰相者，非人君其谁为之？使为人君者……幸而所用若韩、范，犹不免有上殿之相争，设不幸而所用若王、吕，天下岂有不乱者，此不可也。且使为宰相者居然以天下之治乱为己任，而目无其君，此尤大不可也"，嗣后，复对此君王南面之术予以申论①。乾隆皇帝所说的用王、吕而天下乱，这是指王、吕主张变更而言，看来他也是反对王安石变法的。但他认为"尤大不可"者，则是王、吕"居然以天下之治乱为己任，而目无其君"，这便为我们提供了一个重要的信息，即从专制君主的角度讲，宁愿臣子不以天下治乱为己任，也不愿其"目无其君"，对皇权有丝毫的冒犯。乾隆帝在不同时代与宋神宗处于同一位置，也许他对宋神宗当时的心态把握得最为准确。于是，熙宁九年，王安石不得不复求罢去，以使相再镇金陵②。

宋神宗对王安石的态度如上所述，对其他所谓"传法沙门"和"护法善神"的态度更可想而知。《长编》卷356元丰八年五月庚戌条载："（王）珪自辅政至宰相，凡十六年，无所建明，守成而已。时号为'三旨宰相'，以其上殿进呈，云'取圣旨'，上（神宗）可否讫，又云'领圣旨'，既退，谕禀事者，云'已得圣旨'，故也。"王珪被讥为"三旨宰相"，当然与其才识不逮王安石有关，但反过来看，宋神宗并不信任王珪的情形显然可见。所以朱熹曾说："神宗尽得荆公（王安石）许多伎俩，更何用他？到元丰间，事皆自做，只是用一等庸人备左右趋承耳。"③

---

① （清）王先谦：《东华续录·乾隆九十三》，清光绪十年长沙王氏刻本。
② 可参阅邓广铭先生《中国十一世纪的改革家——王安石》，人民出版社1979年修订本，第182页。
③ 《朱子语类》卷130《本朝四·自熙宁至靖康用人》，第3096页。

尤为严重者,对积极参与推行新法的变法派官员,宋神宗还时或进行非理贬斥。如程昉在河北尽力于农田水利之事,"淤却田四十顷,出却田二万余顷,却以无罪令与韩宗师同放罪"①。又如文彦博判北京时仗势慢法,新除运判汪辅之密劾其不治,神宗却公开袒护之,乃将辅之所上奏付彦博,谓"辅之小臣,敢尔无礼,将别有处置",致汪辅之惶恐逃归,未几罢之②。从中可以看出,宋神宗对参与变法的年轻官员更只是利用而已。

二、宋神宗对反变法派官员的态度

宋神宗深知"人臣但能言道德,而不以功名之实,亦无补于事"③,因而一贯强调道德与功名之实并重,讲求循名责实,他对以元老大臣为主干的反变法派空言道德而在政治上苟且无为的做派并不欣赏。他曾对富弼不虑国事、"唯知求去"表示过极大的不满,并曾面责司马光"专徇虚名"④。元丰五年(1082)八月,宋神宗尖锐地指斥韩维"不知事君之义,朋俗罔上,老不革心,……又非可仗以布政宣化"⑤。次年九月,前京东路转运使、朝散大夫、集贤校理、知亳州刘攽在任内"不能修举职事,致经用匮乏,屡烦朝廷应副"而被贬责⑥。但是,宋神宗以上这些言行并不足以充分说明其对反变法派的一贯态度,特别是对那些元老大臣的态度。

---

① 《长编》卷263,熙宁八年四月乙巳条,第6440页。
② 《邵氏闻见录》卷10,第102页。
③ (宋)江少虞:《宋朝事实类苑》卷5《祖宗圣训》,上海古籍出版社1981年点校本,第51页。
④ 《长编拾补》卷7,熙宁三年三月己亥条,第342页。
⑤ 《长编》卷329,元丰五年八月丁巳条,第7919页。
⑥ 《长编》卷339,熙宁六年五月戊辰条,第8172页。

宋神宗为实现其富国强兵的理想而用变法派官员实施变法，但在其内心深处，真正被他倚为社稷之臣的，除王安石之外，则是司马光、文彦博、吕公著这批人，而不是曾布、吕惠卿、蔡确、王珪等人。因而，尽管宋神宗对这批保守派官员在政治上有名无实的说教忽而不听，却感觉到反对变法的元老派官员忠诚可靠，故始终对其恩眷备至，予以殊荣。熙宁六年（1073），文彦博罢枢密使，特诏与其子孙推恩，以示荣宠①。熙宁七年八月，特遣宦官李宪往相州赐给韩琦诏书、汤药②。元丰三年九月，以改官制故，宰相王珪、知枢密院冯京迁官，使相文彦博、富弼虽已不在朝廷，仍特迁官以宠之③。同月，文彦博自外来觐，"诏于都城门外赐文彦博饯，送御筵，令中书、枢密院臣僚同赴，上自为诗赐之"，诏中有"卿在二祖朝，早冠三事，怀忠奋策，迄有大勋"云云④，因而有人认为神宗对文彦博"宠数优异，近世无比"⑤。熙宁三年司马光因反新法而坚辞枢密副使一事，也给宋神宗留下了深刻印象。

据《长编》卷338元丰六年八月辛卯条：

> 先是，宰执同对，上有无人材之叹。（蒲）宗孟对曰："人材半为司马光以邪说坏之。"上不语，正视宗孟久之，宗孟惧甚，无以为容。上复曰："蒲宗孟乃不取司马光耶？司马光者，未论别事，其辞枢密副使，朕自即位以来，唯见此一人，他人则虽迫之使去，亦不肯矣。"

---

① 《长编》卷245，熙宁六年五月甲辰条，第5949页。
② 《长编》卷255，熙宁七年八月己卯条，第6236页。
③ 《长编》卷308，元丰三年九月丙戌条，第7487—7488页。
④ 《长编》卷309，元丰三年九月壬子条，第7499页。
⑤ （宋）王辟之：《渑水燕谈录》卷2《名臣》，中华书局1981年点校本，第14页。

司马光在熙宁之初的种种活动,给变法增添了巨大障碍,而宋神宗却一直对他抱有特殊的好感,难以忘怀。据说,元丰改革官制后,宋神宗还拟对保守派官员在朝廷的位置重新进行安排:

  元丰初,官制将行,裕陵(神宗)以图子示宰执,于御史中丞、执政位牌上,贴司马温公姓名;又于中书舍人、翰林学士位牌上,贴东坡姓名。其余与新政不合者,亦各有攸处。仍宣谕曰:"此诸人虽前此立朝,议论不同,然各行其所学,皆是忠于朝廷也,安可尽废?"①

  当然,保守派元老大臣提出的任何要求,几乎都能最大限度地得到满足。熙宁八年四月,宣徽北院使张方平求近京一郡,神宗如其所请,除中太一宫使②。元丰元年十一月,"宣徽南院使王拱辰乞依二府例,赐坟寺敕额,岁度僧一人",神宗即下诏,以其"历事三朝,累经内外清要繁剧,特从其请"③。

  正因为宋神宗对旧党主要人物及其追随者始终一往情深、念念不忘,故在推行新法的过程中,在人事安排问题上,也往往欲新、旧人两用之。神宗认为:"此诸人虽前此立朝,议论不同,然各行其所学,皆是忠于朝廷也,安可尽废?"④宋神宗一直以司马光为御史中丞的最佳人选。元丰中新官制将行时,对司马光、苏轼的安排问题均有考虑,而"其余与新政不合者,亦各有攸处"⑤。又据《宋史》

---

① (宋)朱弁:《曲洧旧闻》卷2《裕陵晚欲用司马温公与东坡》,中华书局2002年版,第102页。
② 《长编》卷262,熙宁八年四月壬午条,第6404页。
③ 《长编》卷294,元丰元年十一月乙亥条,第7164页。
④ 《曲洧旧闻》卷2,第102页。
⑤ 《曲洧旧闻》卷2,第102页。

卷341《王存传》:王存"请自熙宁以来群臣缘论事得罪,或讦误被斥而情实纳忠非大过者,随才召擢,以备官使。语合神宗意,收拔者甚众。"

事实上,宋神宗在任用新党进行变法时,只是闲置了一些与新党、新法誓不两立的强硬派官员,而在从中央到地方的许多重要部门中,只要自己愿意,保守派官员仍可安然无恙地在统治集团中占有一席之地。仅从王安石任参知政事之后算起,富弼、吴充担任过宰相;冯京担任过参知政事;文彦博、吕公弼、吴充、冯京担任过枢密使;孙固、吕公著担任过枢密副使;宰辅之外的三司使、学士、给事中、知制诰、中书舍人、御史中丞、台谏官中,保守派官员更是不乏其人[1]。宋神宗任用这些人不是试其能否,忤旨即逐,而是其用人政策的一个重要方面。文彦博从英宗治平二年(1065)七月为枢密使,直到熙宁六年四月方罢去;冯京熙宁三年七月为枢密副使,同年九月为参知政事,熙宁九年十二月知枢密院事,元丰三年九月为枢密使;元丰元年闰正月,孙固为同知枢密院事;元丰元年九月,吕公著为同知枢密院事;等等。以上的事实足以证明,宋神宗将为数不少的旧党成员置于二府,此种做法仍体现着"异论相搅"的传统家法,以防变法派蔽其视听。其他人如刘挚、王岩叟、刘攽、傅尧俞等反变法派官员均曾供职于朝廷。

由宋神宗对待新、旧二党的态度可见,为了达到富国强兵的目的,宋神宗虽然利用变法派展开变法,但并没有完全信赖变法派;虽然没有采纳反变法派官员的政治主张,让反变法派的意志支配朝廷,但始终对反变法派官员抱有好感、关怀备至,甚至以其牵制

---

[1] 可参阅(宋)李埴《皇宋十朝纲要校正》卷8《神宗》,燕永成校正,中华书局2013年版,第261—271页。

变法派。

我们有必要进一步追溯的是：宋神宗如此对待新、旧二党的背景和根源是什么？根据宋神宗的大量言行，至少有如下几方面的因素值得特别注意：

首先，作为旧党集团核心的元老派官员多参与了拥立英宗、神宗的活动，即有所谓"定策之功"，从而得到了宋神宗的感戴和特别看重。宋仁宗在位一共42年，直到晚年，仍无子嗣，却又迟迟不肯另选宗属以为皇储，最后濮安懿王允让之子、神宗之父赵曙被立为皇太子，并于嘉祐八年（1063）仁宗去世后顺利即帝位，许多元老派大臣为之立下了汗马功劳。英宗与曹太后之间出现矛盾后，他们又从中全力调解，弥缝了两宫之隙①。嗣后，他们又多参与了拥立神宗的活动。参与者有韩琦、文彦博、范镇、司马光、吕海、张方平等人，神宗对他们一直是感戴至深的。如宋神宗就曾直接对文彦博说："朕之立，卿之力也。"称之为"真定策社稷臣"②，感激之情溢于言表。可想而知，神宗对韩琦、范镇、司马光、吕海、张方平等人当然也怀着特别的情感。

其次，宋神宗之所以对元老派大臣为主干的旧党集团如此倚重，也是出于当时政治需要的考虑。元老派大臣先后拥立英宗、神宗，这体现了元老派大臣对赵宋统治的忠诚，当然也体现了对英宗、神宗的忠诚，反过来看，英宗、神宗则对他们产生了极大的依赖性。英宗在位只有四年时间，因为与曹太后的矛盾及其健康状况不佳等因素的影响，作为最高统治者的宋英宗并没有牢固地建立起统治上的根基，也没有给神宗留下可资利用的牢固政治基础。

---

① 可参阅何忠礼《也谈王安石变法的失败原因》，载《杭州大学学报（哲学社会科学版）》1986年第2期。
② 《宋史》卷313《文彦博传》，第10262页。

宋神宗即位后即要变法图治，于是，他一方面看到元老派大臣目光短浅、苟且偷安的特点，不得不有限制地利用年轻有为的官员，以达到其政治目的；另一方面，又不能不考虑到这批元老派官员在宋廷内部所形成的盘根错节的各种关系，而加以利用。最重要的是，宋神宗清楚地看到，这批人虽然在政治上无所作为，但他们是绝不会对皇权的绝对权威造成任何直接危害的。

最后，如前所述，宋神宗对反变法派的态度，也是为了实施君王南面之术，让群臣互相牵制，实行"异论相搅"，为其绝对的君主专制统治加装一层护栏。

以上所述的几个方面应该是宋神宗政治态度形成的最主要原因。

三、宋神宗对两派的政治态度带来的深远影响

宋神宗对变法派和反变法派、亦即后来的新旧二党的政治态度，却在客观上给当时及此后统治集团内部残酷的朋党倾轧埋下了祸根，给北宋王朝的政治发展留下了巨大的隐患。

危害之一：给熙丰时期新法的制订及推行带来了严重的障碍。长期以来，宋王朝内部吏治腐败，万事苟且，变法的困难程度可想而知，而宋神宗对新、旧二党是非含混的模糊态度，即在客观上助长了反变法派处处无理攻击、破坏新法的风气，从而给新法的推行带来了巨大障碍。所以熙宁三年（1070）三月，王安石与宋神宗谈及当时何以众口纷纷时，曾直接对神宗说"陛下遇群臣无术，数失事机"，才出现了此种状况[①]。熙宁五年七月王安石又再次对宋神

[①]《长编拾补》卷7，熙宁三年三月戊申条，第340页。

宗指出:"凡今欺诬众而忠信少,乃是陛下致其如此,不可以责人臣也。"①宋神宗在一些关键时刻不能断之以理,观点暧昧,甚至为了袒护元老派大臣而黜责变法派官员,故阻挠新法、破坏新法的事频有发生。

危害之二:加剧了熙丰时期最高统治阶级内部的朋党之争。按神宗对新、旧党态度之本意,除使之相互牵制的动机外,乃在于示以大公至正,两不偏废。但新、旧二党既已在政治主张上出现了严重分歧,加之仁宗后期以来积年攻讦所形成的恶劣仕风的影响,宋神宗的态度所带来的客观结果,是助长了统治阶级内部的党同伐异。何况,宋神宗还时或顺从保守派的意志,对其表现好感。如元丰元年(1078)九月,神宗起用吕公著与薛向并同知枢密院事时,公著云:"自熙宁以来,因朝廷论议不同,端人良士,例为小人排格,指为沮坏法度之人,不可复用,此非国家之利也。愿陛下加意省察。"神宗说:"然。当以次收用之。"②

吕公著所谓"端人良士",显然是指在变法中受到冷遇的保守派官员;而对其进行排格的"小人",当然是指变法派而言。而宋神宗明确对此表示赞同,实际上就是认可了吕公著视变法派为"小人",视反变法派为"端人正士"、正人君子的观念,那么,反变法派之攻击变法派乃"端人良士"攻"小人"之党,也就成为无可厚非的行为。由此我们也就不难明白,何以在整个熙丰时期,旧党大小臣僚敢于肆无忌惮地论奏新党、破坏新法,而新党成员也不得不针锋相对地加以反击,以至于逐渐形成了"冰炭不可同器、水火不可同处"的对抗局面。

---

① 《长编》卷236,熙宁五年七月丙辰条,第5739页。
② 《长编》卷292,元丰元年九月乙酉条,第7133页。

危害之三:神宗对新、旧二党的态度为"元祐更化"埋下了伏笔。两派之间矛盾的进一步发展,就必然演变成更加残酷的政治斗争。在此,我们要借用南宋高宗建炎二年(1128)侍读周武仲对宋高宗所说的一段话加以说明。武仲在高宗常常称道司马光时,对高宗说道:

> 陛下亦知光之所以得名者乎?盖神宗皇帝有以成就之也。熙宁间,王安石创行新法,光每事以为非是,神宗独优容,乃更迁擢。其居西洛也,岁时劳问不绝……至元祐中,但举行当时之言耳。若方其争论新法之际,便行窜黜,谓之立异好胜,谓之沽誉买直,谓之非上所建立,谓之不能体国,谓之不遵禀处分,言章交攻,命令切责,亦不能成其美矣。[1]

周武仲是由赞美司马光而发此论的,这段话却恰好为我们分析宋神宗褒宠反变法派所招致的严重政治后果提供了佐证。宋神宗对司马光为首的旧党集团百般优容,这等于是为旧党集团进行"元祐更化"准备了政治资本,因而当神宗去世,对新党新法极度不满的太皇太后高氏主持朝政后,旧党党魁司马光振臂一呼,便迅即使得宋神宗偕同变法派苦心孤诣经营17载的新法土崩瓦解,所有参与变法者也成为了猛烈攻击、无情排斥的对象,所有旧党成员都成了自命不凡的有功之臣,从而使北宋政治急速滑向了"哲宗绍述""崇宁党禁"的轨道。

---

[1] (宋)李心传:《建炎以来系年要录》卷14,建炎二年四月甲午条,胡坤点校,中华书局2013年版,第344页。

第三章 元祐新、旧党之争

宋神宗去世后,年幼的宋哲宗即位,由太皇太后高氏垂帘听政,次年改年号为"元祐",开启了"元祐更化"的政治格局。元祐时期出现的新、旧党之争可以说是北宋政治史上最严重的事件之一,因为它几乎影响了此后北宋政治、历史发展的方方面面;我们甚至可以说,其影响所及,一直到整个南宋一代。

第一节 哲宗即位前后的政治形势

在对元祐新、旧党之争进行探讨之前,我们有必要对哲宗即位之际的政治形势进行一些必要的考察。

一、新、旧两党存在着逐渐缓解矛盾的可能性

神宗元丰八年(1085)三月,38岁的宋神宗病逝。根据遗制,八

岁的皇太子赵煦登上皇位,尊皇太后高氏为太皇太后,"军国事并太皇太后权同处分"①。宋廷内部的这一重大变故,将北宋王朝的统治推向了至关重要的历史关头。

其实,当此之时,北宋最高统治集团内部的矛盾冲突并没有激化到不可调和的程度,政局和社会的稳定还是大有希望的。在整个神宗统治期间,变法派与反变法派虽然始终存在着矛盾和斗争,但并未发展到你死我活、不共戴天的程度。不论反变法派以何种手段对变法派进行攻击,而在朝廷占主导地位的变法派却不仅从未对其进行残酷打击,还对他们有着较为公允的评价,新党中甚至出现了主动谋求缓和矛盾的迹象。刘挚是反变法派中的重要人物之一,在整个变法过程中,其追随司马光的政治态度没有丝毫改变,而元丰六年四月,当神宗与朝臣因事论及刘挚时,章惇等人却对他有这样的评价:

> 章惇曰:"……(刘)挚为人平直,不反覆,前此左、右司皆间见执政,挚止于都堂白事,盖与宰府掾属持两端,以取容者有间矣。"……蔡确曰:"挚固善士,但尝异论尔。"上曰:"异论是昔时事。"惇曰:"挚自被逐,不复异论,人岂不容改过?"②

当时章惇和蔡确均为权高位重的朝中大臣,应该说,他们对刘挚的看法都是客观而不带偏见的。蔡确说刘挚"尝异论",曾经反对变法,并非诬枉之辞;而章惇以如此心胸评价刘挚,也说明两个派别之间的矛盾冲突并没有发展到你死我活、不共戴天的程度。元丰

---

① 《长编》卷353,元丰八年三月戊戌条。
② 《长编》卷334,元丰六年四月己巳条。

七年正月,当王珪欲以苏轼诗句"根到九泉无曲处,世间唯有蛰龙知"罗织苏轼罪名时,章惇也曾从旁为之多方开释①。

此外,新党成员还为缓和两大集团之间的紧张关系作出了积极的姿态。最典型者,当数宰相蔡确对前宰相吴充之子吴安持的态度。元丰七年十一月,太常少卿吴安持诬奏宰臣蔡确弟硕"令干吏张庆承认赊欠官钱人朱申罗钱未纳",有贪污之罪,企图以此株及蔡确,但蔡确并未对此有任何计较,而是要求神宗特宽赦之,使吴安持免遭徒二年的处罚②。五个月后,仍为宰相的蔡确还"缘安持吏干实长",亲自荐举,使之由监曹州酒税擢权知滑州③。按吴安持之所以诬赖蔡确之弟蔡硕,颇有一番来历。早在元丰元年蔡确为知谏院时,曾领旨协同御史台受理相州失入死罪,审刑院、大理寺定夺不当一事,该事涉及文彦博之子、吴充之婿文及甫以及文彦博之妻兄陈安民等人,遂使吴安持耿耿于怀,伺机报复。④ 蔡确在此种情况下能撇开个人恩怨,这一方面体现了蔡确的大度;另一方面,也可看出,蔡确是从政治上考虑,有意与反变法派官员达成谅解的。

以上所述的情形表明,直到哲宗即位之际,最高统治集团内部仍然存在着逐渐缓和矛盾冲突的种种契机。

二、新、旧二党若干成员对新法的态度

至哲宗即位初,各项新法已经施行长达 17 年之久,在这段时

---

① 参见《长编》卷342,元丰七年正月辛酉条,第8228页。
② 《长编》卷350,元丰七年十一月丁巳条,第8387页。
③ 《长编》卷354,元丰八年四月乙酉条,第8483页。
④ 参见《长编》卷287,元丰元年闰正月庚辰条,第7026—7027页。

间内,新法的利弊得失得到了社会实践的严格检验。新法推行的结果不仅对新党的政治主张、政治态度产生影响,也不可避免地对旧党许多成员的政治主张、政治态度产生了影响。

从有案可稽的史料可以看出,除司马光等对新法推行的结果视而不见、始终走极端、坚决反对新法者外,旧党内部的若干成员,包括一些在熙宁之初曾经激烈反对过新法的一些官员,对新法以及新法的推行效果却有了新的认识,他们和新党成员对新法的估价存在着某种契合之处。在此情况下,如果两派特别是旧党中大多数人能面对现实,放弃偏见,以国事为重,毫无疑问会对北宋政治的发展产生积极影响。

苏轼在熙宁之初曾百般反对新法,并为此屡遭厄运,付出了沉重的代价,但他后来在给滕甫的一封信中说了如下一段话:

> 某欲面见一言者,盖为吾侪新法之初,辄守偏见,至有同异之论,虽此心耿耿,归于忧国,而所言差谬,少有中理者。今圣德日新,众化大成,回视向之所执,益觉疏矣。若变志易守以求进取,固所不敢;若哓哓不已,则忧患愈深。[1]

滕甫,即滕元发,字达道,东阳(今浙江东阳)人。熙宁初曾激烈地反对王安石,新法推行后又屡请神宗下诏废去,与苏轼私交甚笃。苏轼写给他的这封信中,苏轼表露出对熙宁之初所有言行的由衷懊悔和深切自责,也明显地反映出他承认新法所获社会效益的政治倾向。滕甫是否完全接受苏轼的看法,将自己归于"吾侪"之列,我们难以证实,不过据《宋史》本传所反映的情况看,自神宗统治后

---

[1] 《苏轼文集》卷51《与滕达道书》。

期至元祐之后,滕甫再也没有攻击新党、新法的言行,这恐怕也间接地说明他对新法的态度有了转变。

在"元祐更化"的过程中,许多旧党成员还坚决反对废除部分新法。范纯仁同样自熙宁之初起就强烈反对新法,出任成都路转运使时,还"以新法不便,戎州县未得遵行",元祐时,则极力反对司马光"尽改熙宁、元丰法度",在役法的兴废问题上针锋相对地与之进行辩论①,并且以"国用不足,建请复散青苗钱"②。对司马光欲迅速罢免役法、复差法提出异议者还有王觌、吕陶、苏轼、苏辙等人。起居舍人彭汝砺针对将所有新法一概骂倒、武断实行"更化"的情况,更明确地提出了"政无彼此之辨,一于是而已"的观点③。诸如此类,实际上都是对一些新法的明确肯定。即令是司马光本人,当哲宗即位不久,他尚未操纵朝政时,也还是承认新法有"便民益国者",建议"为今之计,莫若择新法之便民益国者存之,病民伤国者悉去之"④,尽管他主政之后认为所有新法均一无是处。

当然,上举各事并不是说旧党中许多人完全改变了既往的政治态度,完全站到了新党一边,而是说,这些人在事实面前,看到了部分新法所收到的"便民益国"的社会效益,希望予以保留。

另一方面,变法派也并不是一味地着眼于自身政治利益的考虑,始终认为新法都完美无缺。神宗元丰年间,宋廷就曾根据实际情况对青苗、市易等法一再进行过调整。如市易法原来规定"听人赊钱,以田宅或金银为抵当;无抵当者,三人相保则给之,皆出息十分之二,过期不输息,外每月更罚钱百分之二",元丰二年(1079)正

---

① 参见《宋史》卷314《范纯仁传》,第10286页。
② 《长编》卷384,元祐元年八月辛卯条,第9366页。
③ 《长编》卷402,元祐二年六月甲申条,第9776页。
④ 《司马光集》卷46《乞去新法之病民伤国者疏》,第991页。

月,鉴于执行过程中出现的弊端,便罢去了"立保赊钱法"①。元丰五年正月,都提举市易司贾青建议将"专以平准物价及金银之类抵当"的"抵当法"行之几县,得到神宗应允②。神宗去世的次月,宋廷在宰相蔡确等人的主持下,一方面鉴于新法执行过程中尚存在着一些问题,另一方面也许是为了适应当时的政治形势,还专门颁布了一道修改、完善有关新法的诏令,诏曰:

> 诸官司见行条制,文有未便,于事理应改者,并具其状,随事申尚书省、枢密院。即面得旨,若一时处分,应著为法及应冲改条制者,申中书省、枢密院审奏。传宣或内降,若须索及官司奏请,虽得旨而元无条贯者,并随事申中书省、枢密院覆奏取旨。③

尽管当时高太后垂帘听政,但凡事仍须经由蔡确等人办理。由此诏令内容可知,蔡确等对新法不是无条件地一味死守,而是允许朝野官员各抒己见,加以改作,使之尽可能切于事理的。

我们还可根据"元祐更化"中新党成员的言论考察其对新法的态度。元祐元年(1086),章惇曾因司马光擅改役法而据理力争,略曰:"见行役法,今日自合更改修完,但缘差役、免役各有利害,要在讲求措置之方,使之尽善。"④章惇的这一主张与苏轼、苏辙在役法问题上的见解完全契合。所谓"要在讲求措置之方,使之尽善",显然是鉴于新法执行过程中出现的弊端,要新、旧二党不分彼此,集

---

① 《长编》卷296,元丰二年正月己卯条。
② 《长编》卷322,元丰五年正月辛亥条。
③ 《长编》卷354,元丰八年四月辛未条。
④ 《长编》卷367,元祐元年二月丁亥条。

思广益,完善役法。《长编》卷367元祐元年二月丁亥条所载章惇的另一则议论,对于了解新党的政治主张更有价值:

> 又尝与同列争曰:"保甲、保马一日不罢,则有一日害。如役法,熙宁初以雇代差,行之太速,故有今弊,今复以差代雇,当详议熟讲,庶几可行,而限止五日,其弊将益甚矣。"①

熙宁、元丰时期所行之法可因者有之,可革者亦有之,章惇的这一态度明白无疑。

综观新、旧二党对新法的态度,我们可以得出这样一个结论:目睹宋神宗熙宁元丰17年的变法实践之后,两大政治派别的许多官员对新法的评价具有不少共通之处,他们不仅对部分新法的严重弊端有相同的认识,而且对另一部分新法的实效也所见相同。

哲宗即位前后政治形势的两大特点表明,当此重要历史关头,如果最高统治集团出现确属具有远见卓识、不带任何偏见的政治家,根据当时的形势特点,设法缓和新、旧二党之间的矛盾,审时度势,一切均围绕国计民生和北宋王朝的长治久安考虑,两大派别是有可能逐渐消弭冲突,而使宋王朝的统治在多方面得到稳定的。

然而,在北宋王朝历史发展的关键时刻,非常不幸的是,一些并非政治家而又能支配朝政的人物走上了历史舞台,在北宋政治生活中起到了举足轻重的作用:实际主宰皇权的是对变法素怀不满且又疏于国计民生的太皇太后高氏,其所委以朝政者则又是进入垂暮之年、刚愎自用但众望所归的司马光,从而致使北宋王朝的

---

① 李焘在此条的注文中引有陈瓘《尊尧集·理财总论》数语,陈瓘称章惇所谓"一日不去,有一日之害"但指京东铁马、福建茶盐事,不管如何,均表明章惇对新法的利弊是有中肯认识的。

政治迅速发生了悲剧性的变化。根据司马光蛰居洛阳期间的生活及其大量文字材料判断,他对熙丰时期新法执行的实际情况是不甚明了的,他的所谓"积年之志,一朝获伸,感激悲涕,不知所从"①云云,一方面反映出其思想仍停留在熙宁初新法刚刚制定实施的岁月,另一方面也反映出"元祐更化"中他的政治活动必然会融入自己十余年郁郁不得志的个人感情。随着司马光在政治上迅速得势,暴风骤雨般的"元祐更化"迅速展开,北宋王朝的统治也迅速进入歧途。

第二节 新、旧党争的内容及旧党对新党的倾轧

一些论著在述及北宋后期动荡纷纭的历史时,比较重视王安石变法的影响、哲宗"绍述"时章惇等人的恣意报复、徽宗统治时蔡京的擅权肆虐,但有意无意地忽略了元祐新、旧党争的具体情况,忽略了旧党党同伐异的手段、规模及其恶劣影响,结果似乎未能准确地把握北宋后期历史的演进脉络,自然也未能对这一时期的党争作出中肯的评价。因此,我们有必要对此作些深入的探讨。

一、有关新法废存之争

有关新法废存之争最初表现为围绕所谓"开言路"而进行的明争暗斗。

神宗刚刚去世,太皇太后高氏即遣入内供奉官梁惟简宣谕旧

---

① 《司马光集》卷46《乞去新法之病民伤国者疏》,第989—990页。

党党魁司马光:"公历事累朝,忠亮显著,毋惜奏章,赞予不逮。"①司马光旋即上《乞开言路札子》,对熙丰时期17年变法之后的朝野内外形势作了一番耸人听闻的描述,他说:

> 臣窃见近年以来,风俗颓弊,士大夫以偷合苟容为智,以危言正论为狂,是致下情蔽而不上通,上恩壅而不下达。间阎愁苦,痛心疾首,而上不得知;明主忧勤,宵衣旰食,而下无所诉。公私两困,盗贼已繁。犹赖上帝垂休,岁不大饥,祖宗诒谋,人无异志。不然者,天下之势,可不为之寒心乎!……此臣所以日夜愤痛,焦心泣血,不顾死亡,思有开发于朝廷者也。②

基于此种认识和判断,他指出"今日所宜先者,莫若明下诏书,广开言路,不以有官无官之人,应有知朝廷阙失及民间疾苦者,并许进实封状,尽情极言"③。从表面上看,司马光所云无可厚非,但究其主要动机,则是希望通过此途为废罢新法作舆论准备,并聚集起形形色色反对变法的力量,以对付新党新法。这一动机在以后事态发展中得到了充分的证实。

司马光此疏吹响了"元祐更化"的前奏曲。次日,高太后以资政殿学士、太中大夫司马光知陈州,大批旧党官员相继还朝,高太后的政治倾向已是十分明显。司马光抓住这一时机,连连上疏,直斥王安石等在熙宁中"多以己意,轻改旧章,谓之新法",将青苗、免

---

① 《司马光集》卷46《谢宣谕表》,第981页。
② 《司马光集》卷46《乞开言路札子》,第983页。
③ 《长编》卷353,元丰八年三月壬戌条。

役、市易、赊贷、保甲、保马、茶盐、铁冶等新法一概当作"名为爱民，其实病民；名为益国，其实伤国"之法，予以全盘的否定与攻击①，形势急转直下。

司马光的偏激意见和高太后一味顺应司马光而采取的许多步骤逼使尚在宋廷的新党集团不得不采取相应的对策。五月初，在左仆射蔡确等的策划下，宋廷颁布一诏：

> 盖闻为治之要，纳谏为先，朕思闻谠言，虚己以听。凡内外之臣，有能以正论启沃者，岂特受之而已，固宜不爱高爵厚禄，以奖其忠；设其言不当于理，不切于事，虽拂心逆耳，亦将欣然容之，无所拒也；若乃阴有所怀，犯非其分，或扇摇机事之重，或迎合已行之令，上则观望朝廷之意，以侥幸希进，下则炫惑流俗之情，以干取虚誉，审出于此，而不惩艾，必能乱俗害治，然则黜罚之行，是亦不得已也。②

时值主少国疑、人心惶惶之际，为保持国策的稳定性与连续性，为避免大的政治动乱，颁发此诏是完全应该的。但其精神实质又是从正面对旧党集团提出严正警告，这对司马光为首的所有旧党成员来说无疑是难以接受的，也可以说是一种对整个旧党集团的强烈刺激。因此，当司马光领旨赴阙，见到此一诏令后，立即上疏高太后，逐一进行辩驳：

> 臣伏读诏书，其间有于心未安者，不敢不冒万死极竭以

---

① 《长编》卷355，元丰八年四月庚寅条。
② 《长编》卷356，元丰八年五月乙未条。

闻:窃见诏书始末之言,固尽善矣,中间有云:"若乃阴有所怀,犯非其分,或扇摇机事之重,或迎合已行之令,上则观望朝廷之意,以侥幸希进,下则炫惑流俗之情,以干取虚誉,审出于此,苟不惩艾,必能乱俗害治,然则黜罚之行,是不得已也。"……今诏书求谏,而逆可以六事防之,臣以为人臣惟不上言,上言则皆可以六事罪之矣!惟其所言,或于群臣有所褒贬,则可以谓之"阴有所怀";本职之外,微有所涉,则可以谓之"犯非其分";陈国家安危大计,则可以谓之"扇摇机事之重";或与朝旨暗合,则可以谓之"迎合已行之令";言新法之不便当改,则可以谓之"观望朝廷之意";言民间愁苦可悯,则可以谓之"炫惑流俗之情"。然则天下之事无复可言矣![1]

在对前一诏令进行辩驳之后,他还提出了完全按照他的意愿诏求直言的要求。稍后,司马光除门下侍郎,复上札子对新法进行笼统、全面的攻击,并以辞去门下侍郎相要挟,直到高太后遣梁惟简赐以手诏,表示一定"再降诏开言路"之后,"光乃受命"。元丰八年(1085)六月,宋廷终于如其所愿,颁布了"应中外臣僚及民庶,并许实封直言朝政阙失、民间疾苦"的诏书[2]。至此,"元祐更化"已成定局。在司马光、吕公著的带领下,旧党对新法展开广泛的声讨,种种武断粗暴之举也开始出现。

在新法被废罢的过程中,二党斗争异常激烈。可惜的是,有关这一时期的国史、实录几经修改后,终由旧党子孙增补删削而成,对新党人物的言论记载甚少;另外,新党重要人物的文集、笔记也

---

[1] 《长编》卷356,元丰八年五月戊午条。
[2] 《长编》卷357,元丰八年六月丁亥条。

多荡然无存,致使我们难以了解这场争端的全部情况。尽管如此,从幸存下来的一些零星史料,还是可以窥见其一斑。《长编》卷367元祐元年二月丁亥条所载章惇驳斥司马光擅改役法一疏以及其他一些材料,即展示了两派相争的激烈程度及是非曲直。

役法问题是宋代社会生活的重大问题。蔡确、章惇等人目睹了熙宁以前差役之法的种种弊端,经历了免役法施行的全部过程,并对新法在贯彻过程中滋生的弊端也有一定程度的了解,因此,他们对此法的更改十分慎重,绝不赞成旧党肆意而为。在初议役法时,蔡确就提出:"此大事也,当与枢密院共之。"①当时章惇知枢密院,蔡确显然是想与之联合,共同对付司马光等人。按司马光的史学成就有目共睹,但他无论如何不是一个洞悉国事民情、有治国之才的政治家。根据主观想象,司马光一直将免役法作为残民之甚者,说不废此法死不瞑目,除在全面非毁新法的诸疏中每每涉及外,他还先后六次专门上疏论奏。在《乞罢免役钱依旧差役札子》中,他罗列了免役五害,并随之建议道:"为今之计,莫若直降敕命,应天下免役钱一切并罢,其诸色役人,并依熙宁元年以前旧法人数,委本县令佐亲自揭五等丁产簿定差。仍令刑部检会熙宁元年见行差役条贯,雕印颁下诸州。"②这种异常武断、不顾社会后果的做法,充分体现出司马光自以为是、一意孤行的政治作风。然而他的建议"得旨依奏",行之十余年、"人情习熟"的免役法骤然罢去,曾经是弊端百出的差役法,在仓促中重新施行。

对于这种武断蛮干的做法,旧党内部也有一些官员纷纷提出异议。据《宋史》卷315《韩维传》:

---

① 《长编》卷365,元祐元年二月乙丑条。
② 《长编》卷365,元祐元年二月乙丑条。

元祐更役法,命(韩)维详定。时四方书疏多言其便,维谓司马光曰:"小人议论,希意迎合,不可不察。"成都转运判官蔡矇附会定差,维恶而劾之。

当此关头,作为变法派重要人物的章惇更是据理力争。免役法推行的效果究竟如何,长期埋头于修撰《资治通鉴》的司马光是不大清楚的。在上所提及的札子中,他说"旧日差役之时,上户虽差充役次,有所陪备,然年满之后,却得休息数年,营治家产,以备后役,今则年年出钱,无有休息,或有所出钱数多于往日充役陪备之钱者"①,认为免役法于上户不利;而在稍后所上的另一札子中则曰:"彼免役钱虽于下户困苦,上户优便。"②按王安石变法改差为募,正是基于宋王朝长期推行差役法所带来的社会弊端而改行免役法的,而司马光却因对推行免役法后的社会状况了无所知,前后两札子中所云相互抵牾,不能自圆其说。对司马光这些自相矛盾的说法,章惇首先提出,这"必恐未能尽善"③。而后,又对司马光所谓"召募四方浮浪之人",使其恣为奸伪而逃亡;"提举常平仓司惟务多敛役钱,广积宽剩以为功,希求进用",今恐禁而不止;"臣民封事言民间疾苦所降出者约数十章,元有不言免役之害,足知其为天下之公患无疑"等理由,进行了有力的驳斥④。

在章惇的这篇反驳文字中,第一,他承认免役法有其弊病,认为"见行役法,今日自合更改修完";第二,在指出"大抵光所论事,亦多过当"的同时,也认为司马光所云有可取之处,"惟是称'下户

---

① 《长编》卷365,元祐元年二月乙丑条,第8757页。
② 《长编》卷365,元祐元年二月丙子条,第8797页。
③ 《长编》卷367,元祐元年二月丁亥条,第8823页。
④ 可参见邓广铭先生《中国十一世纪的改革家——王安石》,第186—189页。

元不充役,今来一例纳钱',又'钱非民间所铸,皆出于官,上农之家所多有者,不过庄田、谷、帛、牛具、桑柘而已''谷贱已自伤农,官中更以免役及诸色钱督之,则谷愈贱',此二事最为论免役纳钱利害要切之言";第三,在争辩中,他还心平气和地提出了具体的建议,"不若先具此意(按指朝廷欲将役法更改修完之意)申敕转运、提举司官,诸州、诸县,各令尽心讲求,豫具利害,擘画次第,以俟朝廷遣使就逐处措置""然后朝廷选公正强明、晓练政事官四员充使,逐官各更选辟晓练政事(官)两员随行管勾,且令分使京东、京西两路,每路两员使者、四员随行管勾官,与转运或提举官亲诣逐州县体问民间利害"。可见,章惇完全是为了使役法更加完善而同司马光进行辩论的。

然而,章惇马上招致了旧党的集体围攻。右正言王觌说:

光之论事,虽或有所短,不害为君子;惇之论事,虽时有所长,宁免为小人?大凡国家之事,须执政大臣同心协力,而后可成。惇之奸邪欺罔,著闻有素,于此役法一事,尤见其处心积虑,欲以倾光,而不顾其有伤于国体,有误于陛下也。①

尚书左丞吕公著说:

今章惇所上文字,虽其言亦有可取,然大率出于不平之气,专欲求胜,不顾朝廷命令大体。早来都堂、三省、枢密院会议,章惇、安焘大段不通商量,况役法元不属枢密院,若如此论

---

① 《长编》卷366,元祐元年二月乙酉条。

议不一,必是难得平允,望宸衷详酌。①

缘役法一事而攻击章惇的文字还很多,难以尽举。仅就这两段材料来看,其中就充满着诸多荒谬不堪和语无伦次之处。章惇实事求是地指出差、募两法的利害得失,并提出一些建议,论者何以竟将其与"小人"联系起来,认为是"处心积虑,欲以倾光",是"有伤于国体""有误于陛下",是"专欲求胜"、越权论事呢?尤其重要的是,尽管旧党深知章惇言之有理,难以与其辩论,深知骤复差役法会有明显的弊端,但有不少旧党成员仍然随声附和司马光,要求恢复差役法,如刘挚、王岩叟、朱光庭等人即是如此。其他一些心存异议的官员也不是人人都坚决支持复行差役法的,但他们往往在政治上与司马光保持一致,而只是在具体细节上提出不同看法。如苏辙,客观而论,他对役法一事有着较为深刻的了解,而且也提出过一些中肯意见,但在与章惇进行的役法之争中,他发表了这样的看法:"且差役之利,天下所愿,贤愚共知,行未逾月,四方鼓舞,惇犹巧加智数,力欲破坏。"因此他要求罢免章惇,无使其以巧智害国事②。由此也可看出,苏辙在政治品格上远逊其兄苏轼。

章惇等与司马光为首的旧党进行的役法之争,虽然给章惇及新党带来了一系列的打击,但实际上,正因为章惇对司马光强有力地进行辩驳,宋廷也终于没有完全按司马光的意志行事,而且,以后的历史也表明,章惇的意见仍然对宋廷制定役法政策有着潜在的影响——尽管它不为旧党所承认。对于司马光在"元祐更化"中的政治表现,稍后有所清醒的旧党同僚不乏微词,南宋时的朱熹更

---

① 《长编》卷367,元祐元年二月丁亥条。
② 《长编》卷369,元祐元年闰二月丙午条。

是对其有着深刻的认识。他一方面说"温公可谓知、仁、勇。他那活国救世处,是甚次第! 其规模稍大,又有学问,其人严而正";但另一方面又对其学生评价司马光"力行处甚笃,只是见得浅"表示赞同,在另一场合还明确申斥司马光"于事不甚通晓。如争役法,七八年间直是争此一事。他只说不合令民出钱,其实不知民自便之。此是有甚大事? 却如何舍命争!"①朱熹是南宋博学而阅历丰富的智者,也是元祐旧党在道义上的支持者,此说是值得玩味、令人深思的。

冒着政治上的极大风险,反对将新法不问是非、武断废罢者,远不止当时尚在朝廷的章惇、蔡确等人,地位不显但坚决为新法而抗争的也大有人在。时为军器监丞的王广渊之子王得君即其一。据《长编》卷371元祐元年三月辛未条载:

> 先是,得君上书言:臣伏睹先帝在御二十年,忧劳万机,宵旰无倦,更易庶政,修明百度,盖将措天下于无事之地,跻斯民于仁寿之域,则先帝之心,固无负于天下。然而奉法之吏,其间有不能宣究圣泽,违迕指意,故于推行之际,不无偷弊……近日言事之臣,又复不能体悉圣心,遂以先帝之法,一切为非,指斥点尘,无所不至……臣伏惟先帝更新法度之意,姑谓时变所当然,有所未至,陛下今日正革而去之,非特陛下成先帝之美,是亦先帝所望于陛下如此,今建言者不深惟本末,乃斥先帝以苛名,而自沽讦直之誉。陵土未干,肆为丑诋,传播四方,人情痛惜,书之史册,又将谓何?

---

① 《朱子语类》卷130《本朝四·自熙宁至靖康用人》,第3103页。

又张商英屡被旧党斥为奸诈反复、见风使舵的无耻之徒,但在"元祐更化"势不可挡之时,他仍然以"三年无改于父之道"的古训为根据,强烈反对废除新法①。元祐三年(1088)初,旧党内部一分为三,展开激烈的洛、蜀、朔党争,苏轼为了攻击对方,也曾披露过这样一件事:"近闻疏远小臣张行者,力言其弊(按指复行差役法之弊),而谏官韩川深诋之,至欲重行编窜。"②按张行,遂宁人,张述之从孙,曾反复进言元祐年间复行差役法之弊端。可见新党内部并不像旧党所说的那样,皆为见利忘义、随波逐流的"小人",在旧党倒行逆施的过程中,他们一直坚持着自己的看法,进行着顽强的抗争。

但总体看来,新党为反对武断废除新法而进行的种种抗争并没有任何实际效果,只是招致了旧党日益升级的倾轧。在太皇太后高氏的全力支持下,旧党在短短的时间内将所有新法废之殆尽,完成了所谓"元祐更化"。尽管如此,新、旧二党围绕新法的废存而展开的激烈论争,不论是就各自的主观动机还是就各自采取的论争方式而言,是非曲直都显而易见。旧党是为了发泄积愤、排除新党而反对新法,故在争论中往往避实击虚、强词夺理、无视国情;新党集团虽然不无政治上的考虑,但高太后在政治上的向背使蔡确、章惇等人深感大势已去,因此他们并没有企求在最高统治集团获得与旧党分庭抗礼的地位,而只是依据新法、旧制的利弊得失,基于赵宋王朝的长远利益而力为辩驳。

如果考察一下当时的历史事实,我们或可对新法废存之争的性质有进一步的明确认识。贯穿熙丰一代的新法,以改变宋王朝"积贫""积弱"的严重局面,实现"富国强兵",使赵宋王朝长治久

---

① 《长编纪事本末》卷94《变新法》。
② 《长编》卷408,元祐三年二月丙戌条,第9930页。

安为目的。然而由于种种原因,不仅王安石等人制订、推行新法的主观设想未能完全如愿以偿,而且在推行过程中又滋生出不少新的弊端。如推行青苗法,即出现"计息推赏,否则废黜,官吏畏罪希进,所散唯恐不多"的现象①;行市易法时,"比之市易原条,自相违越""或朝买一贯,暮作一贯三百出卖,日逐将官本变转,殊不体己"②;免役等法在施行中除"吏缘为奸"之外,还在客观上带来另一消极影响,即钱荒之患。苏辙曾说:"自熙宁以来,民间出钱免役,又出常平息钱。官库之钱,贯朽而不可较;民间官钱,搜索殆尽。市井所用,多私铸小钱。"③即反映了这种情况。总之,变法并没有实现熙宁之初构织的理想蓝图。

然而,新法对社会生产和社会生活的积极作用毕竟还是主要的。首先,正如一些论者(包括基本否定新法的论者)所指出的那样:新法达到了富国的目的。"迨元丰间,年谷屡登,积粟塞上,盖数千万石。而四方常平之钱,不可胜计。"④又据毕仲游称:"诸路所积之钱粟一归地官,使经费可支二十年之用。"⑤正因为有如此丰厚的物质基础,才对部分官员的心理产生了积极的影响。如元祐之初,户部尚书李常就"自乞捍边",他解释说:"昔先帝(按指神宗)勤劳累年,储蓄边备。今天下常平、免役、坊场积剩钱共五千六百余万贯,京师米盐钱及元丰库封桩钱及千万贯,总金银谷帛之数,复又过半,边用不患不备,此臣所以敢辞大计之责,而愿守边

---

① (宋)赵与时:《宾退录》卷1,中华书局1983年点校本。
② (宋)吕陶:《净德集》卷1《奏为茶园户暗折三分价钱令客旅纳官充息乞检会前奏早赐改更事状》。
③ 《苏辙集·栾城集》卷38《乞借常平钱买上供及诸州军粮状》,第670页。
④ (宋)陆佃:《陶山集》卷11《神宗皇帝实录叙论》。
⑤ 《宋史》卷281《毕仲游传》。

也。"①这清楚地反映出,熙丰时期的理财之策不可轻易一笔抹杀。

神宗元丰间虽曾有过灵武之役、永乐之战的两次惨败,但这并不意味着"强兵"的目的完全没达到。范育曾长期镇守西北边境,智勇兼备,多次给西夏以重创,他对旧党消极的对夏政策予以严厉斥责,同时也对神宗经营熙河郡之功极为称赞:"恭惟神宗皇帝奋神武之略,资天下富强之势,开置熙河数郡。当其经营之始,不无劳人费财之患。积累于今,二十余年,其郡邑既已雄盛,人民既已富庶,法令既已整备,边势既已盛强,兵日益减,费日益省,谷日益贱,其规模之宏远,可以保万世之安矣!"②强兵之效,跃然纸上。

宋神宗、王安石一再标榜便民,新法贯彻,的确也部分地达到了便民的目的。如宋廷推行农田水利法数年,即大见成效③。吴充曾大肆攻击淤田,而据一寺僧云:"旧有田不可种,去岁以淤田故,遂得麦。"④都水丞范子渊以浚川杷治河,屡为文彦博所嘲弄,而此法亦使"水悉归故道,退出民田数万顷"⑤。有些水利工程不仅收效于当时,而且永远利于后世。据今人深入调查,现"福建莆田县的木兰陂,就是当时修建的最宏伟的水利工程之一,它不仅是九百年前'熙宁变法'的一件实物见证,而且九百年来一直对福建沿海四大平原之一的兴化平原的农业生产发挥着巨大效益"⑥。又如免役法,虽然司马光试图以权势压迫章惇等人,强行废除此法,但有人称,自该法推行后,"减定役人,皆是的确数目,行之十年,并无阙

---

① 《长编》卷407,元祐二年十一月附。
② 《长编》卷460,元祐六年六月丙午条。
③ 可参阅邓广铭先生《中国十一世纪的改革家——王安石》第6章第2节。
④ 《长编》卷221,熙宁四年三月戊子条。
⑤ 《宋史》卷313《文彦博传》。
⑥ 陈长城、蒋维锬:《王安石变法与木兰陂》,载《福建论坛》1984年第4期。

事"①,并且还出现了"熙宁免役之法,独不及海外四州,民破家相望"②的情形。

正因为熙丰变法收到了如上所述及的已然之效,所以章惇、蔡确等人在政治气候已经明显逆转之后,仍然置个人的政治命运于不顾,同控制朝政,但又不习民情的旧党诸人进行了针锋相对的论争。

旧党虽然在新法废存之争中倚仗高太后的支持,对新法极尽非毁、攻击之能事,并在一年多时间内迅速恢复了"祖宗之法",但此后的历史事实也同样反过来对旧党所为进行了无情的否定,并对这场新法废存之争的是非给予了公正的裁决。如废去免役法后,司马光要求在五日内恢复差役法,并对知开封府蔡京如期在开封、祥符两县按旧制差人充役极表赞赏③,王岩叟等人也盲目加以附和:"司马光上章复差法,非司马光所造之法,乃是祖宗百余年行之已便之法。祖宗时人情熙熙,天下安治,只以行此法。后因王安石误朝廷,行雇法,遂至纷然。祖宗之法,莫此最好。"④司马光为了证明他恢复差役的正确性,在复行此法已致朝野纷然的情况下,仍杜撰出一些感人情节:"陛下幸用臣言,悉罢免役钱,依旧差役。诏下之日,中外欢呼,往来之人,闻道路农民迭相庆贺云,今后这回快活也!然则此令之下,深合人心,明白灼然,无可疑者。"⑤

但事实并非如此,始终不渝追随司马光的刘挚就透露了当时的真实情况,他说:"昨差役初行,监司已有迎合争先、不校利害、一

---

① 《长编》卷367,元祐元年二月丁亥条。
② 《宋史》卷406《崔与之传》。
③ 《邵氏闻见录》卷11。
④ 《长编》卷390,元祐元年十月壬寅条,第9484页。
⑤ 《长编》卷367,元祐元年二月丁亥条,第8838页。

概定差,一路为骚动者。"①一些地方官或深入实地考察过民情的朝廷官员也从不同角度证实了复行差役之害。元祐三年,苏轼就上疏极言差役之弊,他说"农民在官,贪吏狡胥,百端蚕食,比之雇人,苦乐十倍",尤其是"下户一年所费,有用数年役钱者,有用数十年役钱者,其等渐降,其害愈深"②。中书舍人曾肇奉使契丹时,亦"有雄州、瀛州百姓各陈述差役不便事","各称今日应役费用,多于往时出钱者"③。又据《长编》卷424元祐四年三月己亥条所载旧党官员、御史中丞李常奏章:

> 今自改更以来,日见未便。户部虽巧为损益,以求可行,犹朽木粪土,本根不善,终不能必当。四海之人,形声靡和,嗷嗷莫诉,而陛下曾未之察也。

更具讽刺意味的是,旧党的"仁惠之政"复行至元祐末年,又有人萌发了对熙丰新法的眷眷之思。元祐六年七月御史中丞赵君锡在他的奏疏中曾有如下的一段话:

> 臣窃惟元祐初年,惩散敛常平钱斛之弊,专用籴粜为常平法。然自更制之后,州县官吏,风靡宽缓,政事苟且,虽有上条,止同虚文。民间每遇丰稔,不免为豪宗大姓乘时射利,贱价收蓄;一有水旱,则物价腾踊,流亡饿殍不可胜计。而官司谨守,多熟视诏条,恬不奉行。……然比岁以来,物力凋散,甚

---

① 《宋史》卷340《刘挚传》,第10855页。
② 《长编》卷408,元祐三年二月乙酉条,第9930—9931页。
③ 《长编》卷408,元祐三年二月附,第9944页。

于熙宁、元丰之间,至人心复思青苗之法行而不可得。①

仅据以上的事实,已足可说明:新、旧党围绕新法废存所进行的激烈斗争,充分反映出章惇、蔡确等人强敏的政治才能、求实的政治作风和一定的社会责任感;同时也充分反映出司马光为首的旧党集团刚愎自用、狭隘偏激的政治品格。旧党虽然倚赖高太后的支持而在争端中获胜,但恢复那一套"祖宗之法"的结果,是给宋王朝的统治带来了新的社会混乱。

二、有关台谏的控制与反控制之争

宋神宗去世后,在高太后的全力支持下,北宋王朝最高统治集团内部很快就出现了巨大的人事变动。元丰八年(1085)四月,即神宗去世的次月,资政殿大学士、银青光禄大夫、知扬州吕公著兼侍读;资政殿大学士、大中大夫司马光起知陈州;秘书少监孙觉兼侍讲;奉议郎、真定府路安抚司勾当公事孙升为监察史;朝奉郎刘挚、宣德郎张汝贤为吏部郎中;朝奉郎、集贤校理梁焘为工部郎中;奉议郎黄庭坚为校书郎。旧党势力开始重新抬头。五月间,资政殿大学士、通议大夫司马光代章惇为门下侍郎,旧党其他成员如苏轼、文彦博、程颐、吕公著、吕大防等或被优宠,或被量移,或起复。六月,资政殿大学士、提举崇福宫韩维起知陈州;奉议郎、知定州安喜县事王岩叟为监察御史。旧党官员纷纷还朝,旧党集团势力扶摇直上②。

---

① 《长编》卷462,元祐六年七月辛巳条。
② 《长编纪事本末》卷95《用旧臣上》。

旧党集团虽然在三个月内政治地位发生了巨大变化，但当时蔡确、章惇等仍在朝廷，无论在废除新法还是在排斥新党方面，都不能得心应手、为所欲为。而要达到上述目的，旧党必须迅速将旧党成员安插于朝廷各要害部门，尤其是彻底控制台谏。对此，吕公著有着十分清醒的认识：

> 先帝新定官制，设谏议大夫、司谏、正言之官，其员数甚备，伏乞申敕辅弼，选忠厚骨鲠之臣、正直敢言之士，遍置左右，使掌谏诤，无空要职，益广言路。又御史之官，号为天子耳目，而比年以来，专举六察故事……伏乞尽罢察案，只置言事御史四人或六人。仍诏谏官、御史，并须直言无讳，规主上之过失，举时政之疵谬，指群臣之奸党，陈下民之疾苦。言有可用，不以人微而废言；令或未便，不为已行而惮改；所言无取，姑亦容之，以示明盛之世，终不以言罪人。若缄默巽懦、畏避不言者，明正其罚。①

在这篇疏中，吕公著违背神宗任用台谏的本来意愿，要求"尽罢察案"，以"规主上之过失，举时政之疵谬，指群臣之奸党，陈下民之疾苦"为台谏职掌，他的用意十分清楚，即任用旧党成员为台谏官，专事攻击新党、新法。

元丰八年六月，当高太后遣宦官梁惟简询问为拯民于疾苦，"更张何者为先"时，吕公著历数新法之弊后复指出："广开言路，登用正人，此最为当今急务。"尚虑高氏深居九重，"未能尽知人才"，他又不厌其烦地荐举了一大批旧党成员，连具体的职务安排也考

---

① 《宋朝诸臣奏议》卷53《上哲宗乞选置台谏罢御史察案》。

虑甚周：

> 臣伏睹秘书少监孙觉方正有学识，可以充谏议大夫或给事中；直龙图阁范纯仁劲挺有风力，可充谏议大夫或户部右曹侍郎，使议青苗、免役、市易等法；礼部侍郎李常清直有守，可备御史中丞；吏部郎中刘挚资性端厚，可充侍御史；承议郎苏辙、新授察官王岩叟并有才气，可充谏官或言事御史。①

高太后将吕公著此札子付司马光，并要求其"详所陈更张利害，有无兼济之才，直书当与不当以闻"，司马光立即上疏，表示了与吕公著完全相同的看法：

> 公著所陈，与臣所欲言者正相符合，盖由天下之人皆欲如此，臣与公著但具众心奏闻耳！②

司马光复上一疏，对吕公著业已举荐或未举荐的旧党成员再加以胪列，呈与高太后。

是年九月，朝奉郎、秘书少监刘挚为侍御史，司马光、吕公著如愿以偿。刘挚上任之后，与司马光、吕公著配合默契，立即上疏提出了增设谏官的要求③。十月，高氏采纳刘挚的建议，诏"仿《唐六典》置谏官，其具所置员以闻"④。在高太后与司马光、吕公著的策划下，宋廷以"中旨"除朝议大夫、直龙图阁、知庆州范纯仁为左谏

---

① 《长编》卷357，元丰八年六月戊子条。
② 《长编》卷357，元丰八年六月戊子条。
③ 《长编》卷359，元丰八年九月己酉条。
④ 《长编》卷360，元丰八年十月癸酉条。

第三章 元祐新、旧党之争

议大夫,朝请郎、知虢州唐淑问为左司谏,朝奉郎朱光庭为左正言,令三省、枢密院同进呈①。

由于高太后与司马光等将控制台谏视作对付新党的一个重要步骤,故始终未让蔡确、章惇参与其事,也未按惯例遴选台谏官员,新党当然不可能在事先有所知晓、获得发表任何意见的机会,其结果自然是旧党完全控制了台谏。但此事马上遭到了知枢密院章惇的抨击。据《长编》卷360元丰八年十月丁丑条:

> 太皇太后问:"此五人何如?"执政对:"协外望。"
>
> 章惇曰:"故事:谏官皆令两制以上奏举,然后执政进拟。今除自从中出,臣不知陛下从何知之?得非左右所荐?此门不可浸启。"
>
> 太皇太后曰:"此皆大臣所荐,非左右也。"
>
> 惇曰:"大臣当明扬,何以密荐?"由是吕公著以范祖禹、韩缜,司马光以范纯仁亲嫌为言。
>
> 惇曰:"台谏,所以纠绳执政之不法。故事:执政初除,亲戚及所举之人见为台谏官,皆徙他官。今皇帝幼冲,太皇太后同听万机,当动循故事,不可违祖宗法。"
>
> 光曰:"纯仁、祖禹作谏官,诚协众望,不可以臣故,妨贤者进,臣宁避位。"
>
> 惇曰:"缜、光、公著必不至有私,万一他日有奸臣执政,援此为例,引亲戚及所举者居台谏,蔽塞聪明,非国之福。"

如同章惇驳斥司马光论役法一样,旧党为控制言路而采取的

---

① 《长编》卷360,元丰八年十月丁丑条。

措施亦"被他一一捉住病痛,敲点出来"①。对台谏的控制与反控制,是章惇与高太后—司马光集团的争论焦点,而章惇又是通过荐举台谏官的"故事"、宋王朝设置台谏的本意对旧党集团荐举台谏官的做法进行反击,遂致高太后与司马光等人陷入了无可奈何的窘境。最后,在高太后的主张下,部分地更改了成命,以范纯仁为天章阁待制,范祖禹为著作佐郎。章惇的抗争无懈可击,遂使司马光、吕公著的计划暂时未能完全实现。

这一事件发生之后,司马光、吕公著的追随者立即纷纷另找理由,对章惇进行反击。如侍御史刘挚说:

> 三省、枢密院同取旨者,似止于差除帅臣、边镇大吏,内臣近上差遣而已,今差谏官、罢侍讲,不委枢密院,何为而预也?……今废置官吏,陛下大政,而三省之事,枢密院本非其职,逾法出位,横造议论,公然犯分。②

监察御史王岩叟也是以此理由攻击章惇的:

> 风闻章惇于帘前问陛下御批除谏官事,曲折再三,语涉轻侮,外庭传闻,众所共愤。谨按:差除谏官,自属三省,无所预于密院,而惇不循所守,越职肆言,乃敢如此。③

刘挚、王岩叟奏疏中尚有大量意在挑拨的言辞,不须一一列举。在

---

① 《朱子语类》卷130《本朝四·自熙宁至靖康用人》中朱熹论章惇与司马光争役法语。
② 《长编》卷360,元丰八年十月己丑条,第8627—8628页。
③ 《长编》卷360,元丰八年十月己丑条,第8628页。

第三章 元祐新、旧党之争

他们对章惇的指责中,最大的理由是"逾法出位""公然犯分""越职肆言",殊不知实际上,"令三省、枢密院同进呈"是太皇太后的旨意①,而非章惇"公然犯分"。

新、旧二党有关台谏之争,是两大集团在事关双方力量消长的权力之争方面的缩影,根据其斗争的手段,其是非曲直也不言自明。朱熹认为元祐诸臣之所以要将章惇逐出朝廷,乃是因为章惇与司马光争役法事②,其实那只是问题的一部分,全面说来,则是在权力之争中,章惇始终扮演了一个强硬的角色,不仅善于抓住问题的要害,而且敢于据理力争。如果新党在朝廷的权力依旧,则一切"更化"均将受阻,这对于有着积年之愤,而终于可以一朝获伸的旧党来说,是难以容忍的。于是,台谏之争后,攻击新党成为旧党集团的首要任务。

三、旧党对新党的倾轧

在太皇太后高氏垂帘听政的八年中,旧党对新党的打击始终如一,未曾有丝毫放松。根据政治斗争的发展起伏看,其间旧党对新党的残酷倾轧又先后出现过两次高潮:第一次出现在"元祐更化"之初,以新、旧党有关新法废存和权力之争为背景;第二次出现在元祐四年(1089)上半年,以"车盖亭诗案"为导火线。

在神宗逝世后的头几个月内,由于旧党在朝廷立足未稳,他们对于打击新党是心有余而力不足的。随着旧党势力向最高统治集团各要害机构不断渗透,旧党排斥打击新党的节奏也逐渐加快。

---

① 《长编》卷360,元丰八年十月丁丑条,第8606页。
② 参阅《朱子语类》卷130《本朝四·自熙宁至靖康用人》。

元丰八年(1085)八月,时为监察御史的王岩叟抛出了第一篇措辞严厉、语气尖刻的弹文,他说:

> 臣昨在外方,闻皇帝陛下即政之始,太皇太后垂帘之初,内批废罢京师民情不便十余事及屏黜宋用臣等数人,中外喧呼,交相庆快。又协天下之望,登用忠贤,以辅大政,人皆谓积年之弊,指日可除。而七月于今,未闻勇决,犹郁天下之望,何也?盖忠贤少而奸邪众,阴为朋党沮隔于其中耳!……不屏群邪,太平终是难致,臣愿陛下奋然独断,如听政之初,……则天下之大体无事,陛下高枕而卧矣。①

王岩叟进呈此疏的时间距神宗去世仅五个月,随之,旧党对新党的诋毁和攻击纷至沓来,其手法、言辞之刻毒,日甚一日。

当蔡确、章惇等人对旧党企图控制台谏的方式及武断废止新法的做法表示非议后,旧党对新党的倾轧马上升级。监察御史王岩叟说,章惇"既不能荐贤以助国,见陛下用贤,又从而忌嫉之、沮抑之,臣不知惇何心以事陛下",要求罢黜,"以严臣职,以重主威"②。左司谏苏辙攻击"左仆射蔡确险佞刻深,以狱吏进;右仆射韩缜识暗性暴,才疏行污;枢密使章惇虽有应务之才,而其为人,难以独任""张璪、李清臣、安焘,皆斗筲之人,持禄固位",请予以罢黜,"上以肃正群臣异同之论,下以弹压四海奸雄之心"③。左正言朱光庭论奏"章惇罔欺肆辨,韩缜挟邪冒宠"④。侍御史刘挚找不

---

① 《长编》卷359,元丰八年九月戊午条,第8601页。
② 《长编》卷360,元丰八年十月己丑条,第8629页。
③ 《长编》卷367,元祐元年二月丙戌条,第8820页。
④ 《长编》卷367,元丰八年十月己丑条,第8630页。

到借口攻击宰相蔡确,遂以其于神宗灵驾进发前"不曾入宿"为由,定下了"慢废典礼,有不恭之心"①的罪名。朱光庭还将司马光、范纯仁、韩维誉为"三贤",将蔡确、章惇、韩缜斥曰"三奸",声称"今日治乱安危之所系,惟在陛下退三奸、进三贤一举措之间尔"②。

刘挚等人在挖空心思地非毁、辱骂、弹击新党之时,门下侍郎司马光也督促高太后尽快罢黜敢于据理力争的蔡确、章惇等人。据《长编》卷361元丰八年十一月丁巳条:

> 司马光言:臣闻两贵之不能相事,两贱之不能相使,此乃物理自然,人情之常也。……臣窃惟皇帝富于春秋,太皇太后亲临万机,事无大小,皆委于执政,垂拱仰成。万一群臣有所见不同,势均力敌,莫能相一者,伏望陛下特留圣意,审察是非。

其言下之意,显然是求高太后坚决将蔡确、章惇、韩缜等人逐出朝廷。

为与司马光密切配合,刘挚、王岩叟、朱光庭、孙觉等或竭力搜寻章惇、蔡确的传闻逸事,任意穿凿发挥,加以弹奏;或以抽象、空泛的语言极行丑诋,甚至为了激起高太后对新党的憎恨,王岩叟还诬章惇对高太后垂帘听政不满,"乞付有司治正惇罪"③。同时,旧党还直接利用宋代帝王厌恶臣僚分朋结党的独裁心理,攻击章惇、蔡确"固结朋党",认为二人"自陛下进用司马光、吕公著以来,意不以为便,故确内则阳为和同,而阴使惇外肆强悍,凌侮沮害",进而

---

① 《长编》卷360,元丰八年十月己丑条,第8629页。
② 《长编》卷368,元祐元年闰二月己丑条。
③ 参阅《长编》卷361,元丰八年十一月丁巳条所载监察御史王岩叟语。

张大其辞说:"今中外以谓确与惇不罢,则善良无由自立,天下终不得被仁厚之泽。"①新党已经遭到了无所不至的攻击。

元祐元年闰二月,旧党集团对新党的打击立即见效:宰相蔡确罢知陈州;知枢密院章惇罢知汝州。蔡、章二人被贬离朝廷,标志着旧党在最高统治集团彻底取新党而代之。接着,又先后劾罢韩缜、安焘、张璪、李清臣、林希、张商英等。此后,蔡确以所谓"凶险奸贪",先后被贬徙毫州、安州、邓州等地;章惇虽未辗转奔波,但亦数为言者所弹治。其他所谓"群小"的境遇,也极为艰难。至此,元祐之政完全由旧党把控。

元祐四年上半年,旧党掀起了第二次倾轧新党的高潮。此时,新法早已荡然无存,旧党对新党的打击不再是为了排斥新法,而是为了巩固其政治地位。

随着旧党在两派相争中取得绝对优势,宋王朝的内政外交完全任其支配。台谏、侍读之选,亦尽由旧党成员充任,新党成员虽未成为阶下囚,但大多数贬居散地,丧失了参预朝政的客观条件。然而,旧党依然认为,如果不对新党施之以更严厉的打击,那势必有可能会给旧党专主朝政带来巨大的潜在威胁,刘挚的一段话表露了这种心理:

> 臣虽至愚,尚能臆度知之,夫前日之事,乃前日之人所缘而进者也,政在则人存,政异则人息。今譬之芝草也,枝叶虽除,根株尚在,能保其不复生乎?前者二三大臣之朋党,皆失意怏怏,自相结纳,睥睨正人,腹非新政(按指元祐之政),幸朝廷之失,思欲追还前日之人,恨不能攘臂于其间也。今布列内

---

① 《长编》卷362,元丰八年十二月甲戌条所载侍御史刘挚语。

第三章 元祐新、旧党之争

外缙绅之间,在职之吏,不与王安石、吕惠卿,则与蔡确、章惇者,率十有五六,此臣所以寝食寒心,独为朝廷忧也。①

专凭"臆度"而上疏论奏变法派人物和新法的,远不止刘挚一人②,这就更加重了新、旧党之间的对立情绪。当时的情况是,高太后—司马光集团不问青红皂白,武断废去新法之后,整个社会政治生活和经济生活陷入一片混乱之中,如改变以经义取士而使投试者难以适应,强行复差役之法,而致充役者深感不便,等等。从刘挚所云"前者二三大臣之朋党""腹非新政"可知,显然新党在这时并没有乘机展开任何活动。而刘挚等人却无视"元祐更化"给社会生活带来的消极影响,没有对旧党自身的政治实践作丝毫的反省,反而歪曲事实,说新党"皆失意怏怏,自相结纳,睥睨正人,腹非新政",又借故掀起了再一次打击新党的狂潮。

所谓"车盖亭诗案"实际上是此时旧党为彻底根除新党,利用高太后对蔡确的不满情绪而捕风捉影、蓄意制造的一起重大迫害事件。据《长编》卷427元祐四年五月辛巳条,引发此案之"吴处厚者,尝从蔡确为山陵司掌笺奏官,处厚欲确以馆职荐己,而确不荐用,由此怨确,故缴进确诗",诬蔡确被贬谪安州时,"不自循省,包蓄怨心,实有负于朝廷,而朝廷不知也。故在安州时,作《夏中登车盖亭》绝句十篇,内五篇皆涉讥讪,而二篇讥讪尤甚,上及君亲,非所宜言,实大不恭"③。

吴处厚笺释蔡诗的动机,除因蔡确不荐举他为馆职而进行报

---

① 《长编》卷423,元祐四年三月甲申条。
② 参见《长编》卷418,元祐三年十二月甲午条所载苏轼语;《长编》卷422,元祐四年二月己巳条所载刘安世语。
③ 《长编》卷425,元祐四年四月壬子条。

复外,显然是还想通过诬陷蔡确,献媚于旧党,获得一官半职。司马光之追随者梁焘、刘安世、吴安诗、王岩叟等欲加新党之罪,正患无辞,"自吴处厚奏至,皆舞手蹈足相庆,不食其肉,不足以餍,不复以人主好恶、朝廷纪纲、天下风俗、国家人才为念"①,遂对蔡确借题发挥,肆意进行攻击。李焘《续资治通鉴长编》卷425至卷428中,只有比例甚小的文字涉及其他,绝大部分文字都是弹劾蔡确的。兹举左谏议大夫梁焘的一段话为例:

> 臣近以蔡确怨望,见于诗章,包藏祸心,合党诞妄,上欲离间两宫,下欲破灭忠义,清议沸腾,中外骇惧,以为确不道不敬,罪状明白,……贴黄:吴处厚孤寒小官,不畏大奸,独以君臣大义纳忠朝廷,是能不亏臣子之节。窃恐党人反谓处厚险薄而以为罪,如此则是朋奸罔上,伏望圣慈深察其言,以辨邪正。②

旧党几乎无不是以这种手段、这种言辞来攻击蔡确及其他新党成员的。像吴处厚这样的无耻之徒,连后来对新党新法充满偏见的《宋史》都将其列入《奸臣传》,而在梁焘等人的笔下,却成了"不畏大奸,独以君臣大义纳忠朝廷"的正人君子。

旧党之所以如此不顾一切地攻击蔡确,其目的即是要置蔡确于死地,对整个新党群体予以毁灭性的打击。元祐四年五月,蔡确被再责授左中散大夫、守光禄卿,分司南京。但梁焘、吴安诗、刘安世、朱光庭、傅尧俞、范祖禹等人仍"以为责轻",认为"谓确可诛者,

---

① 《长编》卷426,元祐四年五月庚辰条。
② 《长编》卷425,元祐四年四月壬子条。

第三章 元祐新、旧党之争

天下之公议也;谓确可恕者,奸党之私言也""确包藏大恶,积有岁年,天所不容,因诗发见,若今日苟行宽假,不正显戮,则后日之恶可胜言哉",要求高太后"断在不疑,投之远裔,以消群慝,以戒天下万世为臣之不忠者"①。于是同月,再贬蔡确英州别驾,新州安置。据《庆元条法事类》卷75《编配流役》条,新州在当时属十三个"远恶"州军之一。自仁宗即位之初寇准雷州之贬、丁谓崖州之贬以来,蔡确成为70年间被放逐岭南的第一人。元祐八年,蔡确死于新州贬所。

随着蔡确放逐岭南,旧党官员愈加如痴如狂,倾轧新党的触角伸到每一个角落。校书郎、集贤校理李德刍转都官员外郎,右司谏吴安诗论其"往任宗正司,凭藉王安石气焰,后为王珪耳目",遂复为校书郎②;知郓州蒲宗孟被旧党借故弹奏,特降授中大夫③;朝散大夫、卫尉卿王子韶为刘安世所攻,权知沧州④;章惇、黄履、邢恕被攻击"日与蔡确朋比为奸",此"四人者,在元丰之末,相为交结,号为死党。惇、确执政,唱之于内;履为中丞,与僚属和之于外;恕立其间,往来传送。天下之事,在其掌握,公然朋比,傍若无人"⑤。元祐四年十二月,章惇屡被弹劾后降授通议大夫、提举杭州洞霄宫⑥,黄履被贬徙越州、舒州、洪州、苏州、鄂州、青州等地⑦,邢恕本来已经先后由右司员外郎、起居舍人黜知随州,改汝、襄、河阳,此时,亦

---

① 《长编》卷427,元祐四年五月丙戌条。
② 《长编》卷425,元祐四年四月甲子条。
③ 《长编》卷427,元祐四年五月乙酉条。
④ 《长编》卷427,元祐四年五月庚寅条、辛卯条。
⑤ 《长编》卷428,元祐四年五月丁酉条。
⑥ 《长编》卷436,元祐四年十二月丁酉条。
⑦ 《宋史》卷328《黄履传》。

再以"确罢宰相,恕造作奸言"之罪,"责监永州酒"①。凡属曾经涉及新法新党者,全被扯入蔡确之党中,在滥加引申下迭遭贬谪。据王明清《玉照新志》卷1载,吕大防、梁焘、刘安世还分别籍定王安石亲党吕惠卿、章惇以下30人,蔡确亲党安焘、曾布以下60人,榜之朝堂。一直到元祐之末,新党及与新党有牵挂者,均被严加防范。

在这场迫害狂潮中,梁焘、刘安世、吴安诗等对一些稍有异议的同僚也采取同样手段进行攻击,即令是在攻击新党过程中一度志同道合的一些旧党人物,因为发表了一些不同看法,此时也遭到了无情贬责。例如,蔡确的责命下达时,中书舍人彭汝砺封还辞头,不肯草制,被攻击为"居侍从论思之列,不以君亲为念,沮格诏旨,奋力营救"②"并无学术,妄自尊大,诞谩愚人,以邀虚誉……每怀蔡确私恩,朝夕望其复至"③;曾肇被说成是"尤险诈,变态百出"④;范纯仁更被当成与彭汝砺、曾肇、李常等朋比为奸,营救蔡确的幕后指挥⑤。结果,彭汝砺备受攻击之后,先是称疾归第,后被罢知徐州;李常罢兵部尚书出知邓州;曾肇出知颖州;范纯仁亦随之罢相。因为蔡确一案,"宰执、侍从以下,罢者七八人,御史府为之一空"⑥。在高太后的直接支持下,梁焘、刘安世等在倾轧新党的过程中,已经到了顺我者存、逆我者黜,不论是非的地步。

以上是旧党在元祐时期对新党进行大规模倾轧的基本状况。

---

① 《宋史》卷471《邢恕传》。
② 《长编》卷427,元祐四年五月辛巳条。
③ 《长编》卷427,元祐四年五月辛巳条。
④ 《长编》卷427,元祐四年五月辛巳条。
⑤ 参阅《长编》卷426,元祐四年五月庚辰条中右正言刘安世语。
⑥ 《宋史》卷341《傅尧俞传》。

综观赵宋开国以来的历史,上述情况实为元祐以前北宋政治史上仅见的惨痛事实。

反观熙丰时期,如前文已经提及,变法派却并没有可能对反变法派进行规模如此之大的政治迫害。整个熙丰一代,宋神宗始终主持朝政,虽起用王安石展开声势浩大的变法运动,但对反变法派始终保持了宽容的态度。程颢说变法之初,曾"并用君子、小人"①,指的就是这种情况。只是当变法遭到保守派的激烈反对,变法难以展开时,宋神宗才不得不听任王安石起用一批年轻有为的官员进行变法,王安石曾以"异论宗主""赤帜"等语形容过司马光,但此乃实情。变法派也对反变法派进行过弹劾,但相对来说,较为温和、中肯。变法派包括王安石本人也不止一次地以"朋党"二字加于保守派,但那是指其动辄联合起来反对新法而言,况且,王安石、曾布、吕惠卿以及章惇、蔡确从没有对他们采取过严厉手段。刘挚于熙宁中力反新法,大谈所谓"义""利""君子""小人",章惇却还称他"为人平直"②,蔡确说刘挚"尝异论",也并不否认其为"善士"③。对刘挚的评价如此,对司马光、吕公著、文彦博等人更是如此,毫无迫害之意。至元丰七年(1084)末,神宗意欲在最高统治集团内部掺用反变法派,蔡确虽不赞成,也只是以"国是方定,愿少迟之"进行劝阻,似乎也从没有产生将反对变法者置于死地的想法。

在元祐时期旧党对新党的残酷倾轧中,最高统治集团内部也确曾有人反对过于极端的做法,但对此也需要进一步作些分析。

首先,应当承认,反对置蔡确于死地的范纯仁、彭汝砺、曾肇等

---

① 《邵氏闻见录》卷15。
② 《长编》卷334,元丰六年四月己巳条。
③ 《长编》卷334,元丰六年四月己巳条。

人原本与整个旧党集团浑然一体,他们在反对新法、排斥新党的大方向上是一致的。熙宁间范纯仁为成都路转运使时,就拒不推行新法;后提举西京留司御史台,与一批保守派元老大臣交游甚厚,政治上颇相投合,还与司马光组织了所谓"真率会",《宋史》称"纯仁素与光同志"①,这是确实可信的。又如彭汝砺,熙宁九年(1076)为御史时,就曾建议开言路②,熙宁十年十月,又上疏复论时政之非③,其措辞之激烈程度虽不及司马光等人所云,但其倾向性也十分明显。这些人在"元祐更化"之初受到司马光、吕公著等人的看重而进入朝廷,仅据此,我们就不难判明其基本政治主张。

他们反对走极端,一则是与司马光等人的刚愎自用略有不同,他们在反对新党集团的同时,也看到了新法的一些长处,由此认为推行新法者不尽是奸邪小人;二则也是为自身的政治命运着想。范纯仁在蔡确被责授英州别驾、新州安置后说道:"此路荆棘七八十年矣,奈何开之,吾侪正恐亦不免耳!"④这句话后来确为历史所应验,而范纯仁所云也确实反映了部分人反对重责新党的原因。又范纯仁此语系对主张严厉打击新党的吕大防所说,其中用了"吾侪"二字,显然也显示出范纯仁是为整个旧党集团的前途和命运着想的。

其次,元祐时期的朝廷中,持论较为公允者,只占少数。旧党集团中,司马光虽已在元祐元年九月作古,但为其所倚重的元老派同僚及其追随者遍布朝廷,为打击新党而摇旗呐喊者不可胜数,仅主要者即有文彦博、吕公著、刘挚、王岩叟、朱光庭、吕大防、刘安

---

① 《宋史》卷314《范纯仁传》。
② 《长编》卷279,熙宁九年十一月癸丑条。
③ 《长编》卷285,熙宁十年十月乙巳条。
④ 《长编》卷427,元祐四年五月丁亥条。

第三章　元祐新、旧党之争

世、梁焘、傅尧俞、苏辙、王觌、范祖禹等人。在高太后的全力支持下，他们形成了一个强有力的主宰朝政的集团。在这个严整的阵营面前，范纯仁等人显得极不相称。

第三，出现于元祐时期的一些正直中肯之论，并未对整个旧党集团的极端偏激的行为起到任何作用。范纯仁、彭汝砺、王存、李常、盛陶等人试图劝止对蔡确进行残酷迫害，但迅即被罢黜，这种情况本身就是明证。总之，无情打击新党是旧党在元祐时期的一贯做法，少数持异议者并没有起到任何作用。

第三节　元祐之政剖析

在宣仁高太后的竭力支持下，旧党集团几乎全部废除了推行长达17年之久的新法，恢复了实施于熙宁以前的各种旧法，又在官僚队伍中对新党进行了全面、彻底的清洗，代之以清一色的反变法派。那么，整个元祐时期旧党集团的全部政治活动及其实际社会效果如何？这无疑可以让我们从一个非常重要的角度进一步认识元祐时期新、旧党争的性质。

自北宋末年起，大多论史者不仅对元祐之政予以肯定，而且还予以很高评价。司马光去世后，黄庭坚为之撰挽词，其中即有"元祐开皇极，功归用老成"等语[1]。南宋王称撰《东都事略》，其中亦有论曰："哲宗皇帝爱自冲年，嗣膺大历。是时宣仁共政，登进忠贤，以安天下，故元祐致治之盛，庶几仁宗。"[2]宋仁宗统治的40多

---

[1] （宋）黄庭坚:《黄庭坚全集》卷12，刘琳等点校，四川大学出版社2001年版，第142页。
[2] 《东都事略》卷9《哲宗纪》，第70页。

年是否为盛世,仕于仁宗一朝的众多官僚士大夫对时政的痛切指陈已经充分证明仁宗朝为苟安之世,而非所谓盛世,但由以上的议论可以看到,一些古代史家和众多官僚士大夫显然是以元祐之政作为盛世来看待的。降至明代,张溥作《宋史论》,竟认为"宋代称治,莫盛于元祐,为之主者,宣仁高太后也"①,将元祐时期推为有宋320年的极治之世,这便大有问题了。下拟从元祐时期最为突出的冗官、吏治问题及所奉行的民族政策入手,作些分析。

一、冗官、吏治问题

官吏冗滥是历代专制独裁统治必然的痼疾,北宋王朝的中央集权、君主专制的程度超过前代,因而从宋太宗开始,官吏冗滥一直是统治者最感头痛的问题之一。庞大的官僚集团如同一个巨大的毒瘤,在宋王朝的统治机体上不断扩展,吞噬着每一个稍有活力的细胞,给北宋王朝统治带来了极大灾难。

元祐时期的冗官之弊更是空前严重。元祐元年(1086)的下半年,右司谏苏辙就披露道:

> 今之士大夫列于版籍者,可谓至冗矣!京官自承务郎至朝议大夫,凡二千八百余人,选人一万余人,大使臣二千五百余人,小使臣一万三千余人,举天下之员阙不足以充入仕之人。②

---

① (明)张溥:《七录斋合集》卷3《宣仁之诬》,曾肖点校,齐鲁书社2015年版,第332页。
② 《长编》卷386,元祐元年八月辛亥条,第9400页。

宋廷面临着严重的阙少官多的矛盾。据苏辙说，元祐元年八月，"已使元祐四年夏秋季阙，官冗之患，亦云极矣！"苏辙在指陈此事时，将产生冗官之弊的原因归于神宗时天下官吏争诵律令。不可否认，元祐之初的这种现象不是一朝一夕形成的，但苏辙实际上似有意掩盖旧党主政后冗官急剧增加的事实。

元祐三年五月，苏辙以六曹的设官情况为例，将神宗统治时期与元祐之初作了比较："先帝法唐之政，专用六曹，故虽兼置寺监，而职业无几，量事设官，其间盖有仅存者矣。顷元祐之初，患尚书省官多事少，始议并省郎曹，所损才一二耳，而寺监之官，如鸿胪、将作，旧不设卿、丞者，纷纷列置，更多于旧。"①这才是元祐时期的真实情形。元祐三年十一月，御史中丞李常则更明确指出：

> 臣伏见尚书、吏部四选官共三万四千余人，入流名品几七八十数，官滥员冗，无甚于今。窃以内外阙次，固有常限，入官注拟，浩然无穷。守候差遣，须近二年方得一阙，交承期限复又二年有余，投状争诉，日有数十，士检凋坏，职此之由，不澄其源，日益以甚。②

旧党集团支配下的宋廷内，冗官现象已成为举朝公认的重大问题。但是，宋廷对这种可怕的局面并没有采取任何的措施进行遏止，冗官继续在大幅度增加。据《长编》卷430元祐四年七月末所载殿中侍御史孙升上疏：

---

① 《长编》卷410，元祐三年五月丙午条，第9401页。
② 《长编》卷417，元祐三年十一月乙丑条，第10129页。

旧中书提点堂后官、主事共十七人，今三省录事、都事、主事共三十人；旧录事、主书守当官二十九人，今三省令史、书令史、守当官共一百四十三人；旧守阙守当官四十二人，私名八十五人，今三省守阙守当官二百六十四人，破食贴房近五百人不在其数。入流之滥，近世所未有也！

从以上所举的几段材料来看，元祐时期冗官现象是触目惊心的。又据《宋史》卷158《选举志》载：

初，选人改官，岁以百人为额。元祐变法，三人为甲，月三引见，积累至绍圣初，待次者二百八十余人。诏依元丰五日而引一甲，甲以三人，岁毋过一百四十人，俟待次不及百人，别奏定。

为何元祐时期冗官队伍膨胀的速度如此之快，从而导致员阙与待阙之间的反差如此之大？其根本原因即在于旧党东山再起后，为在政治上站稳脚跟、扩大影响，采取了一系列特别的措施。

一是设立所谓"诉理所"，将熙宁、元丰间黜责者尽行"昭雪"放罪。诉理所于元祐元年闰二月因三省提议而设立，委御史中丞刘挚、右谏议大夫孙觉看详。旋由管勾看详诉理所建议，限熙宁元年（1068）正月至元丰八年（1085）三月间命官、诸色人被罪者于半年内进状①。元祐元年八月，即期限已满时，又采纳右正言王觌建议，将期限展至元祐二年三月②，使大量的反变法者及因他事被罪者复

---

① 《宋会要辑稿》职官三，第3093页。
② 《宋会要辑稿》职官三，第3093页。又见《长编》卷384，元祐元年八月辛卯条，第9369页。

第三章 元祐新、旧党之争

起,重新涌入官僚队伍,并以此作为一个优越的政治条件围绕一官半职而展开角逐。由哲宗元符元年(1098)新党主政后,置看详元祐诉理所,重得罪者830家可知①,元祐中被"昭雪"的这批人为数不少。

此外,许多在熙宁、元丰间并未在政治上受挫,只是不赞成推行新法者为旧党所看重,也或则由布衣除官,或则得超擢。理学奠基人之一程颐就因司马光、吕公著屡次荐举,由布衣而除宣德郎、通直郎崇政殿说书②;元祐二年四月,徐州布衣陈师道为亳州司户参军充徐州州学教授,乃是因为有苏轼、傅尧俞、孙觉等人的联名举荐,而举荐的理由除了"文词高古""安贫守道",很重要的一条则是陈师道曾拒绝追随章惇③;又如武进人丁骘,"自行新法,即不肯为知县",王觌先荐他为太常博士,后又因元祐元年九月朱光庭、王觌迁司谏,左、右正言阙而不补,丁骘骤擢右正言④。

其次,高太后垂帘,旧党实际主持朝政的元祐朝廷,为了笼络人心,显示元祐之政是"仁惠之政",多方面敞开着入仕的大门。元祐二年三月监察御史上官均说:"今之入流可谓冗矣! 其别有进士,有资荫,有摄官,有特奏名,有胥吏,有纳粟……无甚幸进者,莫如进士。然三年一取士,进士登第者仅五百人,而年老举人每次推恩者,不减四五百人,至于资荫、胥吏之类,计三年之间,又不知授官凡几人。以此较之,特奏名与夫资荫、胥吏之类,在籍者常多于进士。"⑤上官均所指出的现象在宋代具有普遍性,同时更反映了元

---

① 《类编皇朝大事记讲义》卷20《小人陷君子》,第353页。
② 《长编》卷373,元祐元年三月辛巳条,第9029页。
③ 《长编》卷399,元祐二年四月己巳条,第9726—9727页。
④ 《长编》卷402,元祐二年六月戊申条,第9790页。
⑤ 《长编》卷397,元祐二年三月附,第9679页。

祐时期的情形。

哲宗继位后,由旧党主持的贡举考试共有两次。元祐三年三月,取进士、及第、出身、同出身、诸科明经共581人,赐特奏名进士、武举、诸科举人进士等共533人①;同月数日前,"试武举进士,射艺于崇政殿,推恩补官者十有五人"②。元祐六年三月,赐进士、诸科及第、出身、同出身、假承务郎、文学总602人;特奏名进士,诸科出身、假承务郎、京府助教、文学323人,武举进士23人③。这两次开科取士的数额无疑也是惊人的。元祐三年三月的权知礼部贡举是翰林学士苏轼,同知贡举为吏部侍郎孙觉和中书舍人孔文仲,开试之前,他们曾上疏反映一些情况,从中颇可看出当时宋廷的旨趣:

> 臣等自入贡院,四方免解举人投状称今来是龙飞榜,乞为敷奏法外推恩者,不可胜数,臣等一切不行。兼不住有经朝省下状,蒙送下本院只是坐条告示。近准圣旨,依逐举体例,下第举人各以举数,特奏名,已约计四百五十人。今日又准尚书省札子,取前来圣旨,特奏名外各递减一举人数,若依此数,则又添数百人。虽未知朝廷作何行遣,不当先事建言,但恐朝命已行,即论奏不及。④

由此可见,大幅度地增加特奏名数额原是高太后与旧党集团收买人心、扩大统治基础的既定方针。放榜之后,苏轼亦有长篇文字对

---

① 《长编》卷409,元祐三年三月己巳条、庚午条,第9958页。《皇宋十朝纲要》卷11所载数额不同,亦不详,今从《长编》。
② 《长编》卷409,元祐三年三月癸亥条,第9954页。
③ 《长编》卷456,元祐六年三月辛巳条、癸未条,第10924、10925页。
④ 《长编》卷408,元祐三年二月乙巳条,第9941页。

此次取士的结果进行总结。他说:

> 祖宗旧制:过省举人,一经殿试,黜落不少。……而近岁流弊之极,杂犯亦或取录,遂使过省举人,便同及第,纵使纰缪,亦玷科举,恩泽既滥,名器自轻,非祖宗本意也!自来过省举人,限年累举,积日持久,方该特奏名恩。今来一次过省,殿试不合格,当年便得进士出身,此何义也!……窃谓累举奏名,已是滥恩,而经明行修,尤是弊法。其间权势请托,无所不有,侵夺解额,崇奖虚名,有何功能?①

由此又可看到,元祐朝廷不仅一如既往地贯彻了其既定方针,而且在正奏名进士的录取过程中,也为收揽人心,大开入仕之门。

贡举之外,宋廷还通过制举的形式扩充官僚队伍。据《长编》卷399元祐二年四月丁未条:

> 诏:……先皇帝兴学校、崇经术,以作新人材,变天下之俗,故科目之设有所未遑。今天下之士,通于经术而知所学矣,宜复制策之科,以求拔俗之才,裨于治道。盖帝王之道,损益趋时,不必尽同,同归于治而已。今复置贤良方正能直言极谏科,自今年为始,令尚书、侍郎、两省谏议大夫以上,御史中丞、学士、待制各举一人,不拘已仕未仕,以学行俱优、堪被策问者充。

这道诏令体现了旧党的要求和愿望,其执行的结果,自然是一些

---

① 《长编》卷409,元祐元年三月附,第9959—9960页。

"已仕未仕"之人对高太后和旧党感恩戴德,皈依元祐之政,同时也更加剧了员、阙之间的矛盾。

在上官均所说的常超过进士人数的三种类型中,除特奏名有案可稽外,每年由资荫、胥吏等门径入仕的人数究竟有多少,我们难以准确把握。据张希清先生推断,宋代平均每年门荫补官者不下500人①,但元祐时期每年的平均数很可能远远超过此数,原因仍在于广施恩泽是高太后及旧党集团董理朝政的重要政治手段。元祐元年三月,"门下、中书外省修定起居郎、舍人、左右司员外郎补荫条",其为高太后所批准而付诸实施②。当旧党正在进行"元祐更化",朝野内外诸事纷繁时,宋廷对起居郎、舍人、左右司员外郎的资荫标准也专门制订条例,可见高太后及旧党集团对此是何等重视!因此,荫补入仕的人数之众,是可想而知的。

至于宗室子弟的出仕或转官,更是受到莫大重视。元祐元年五月,扬王赵颢、荆王赵頵迁居外第,高太后"幸其第,诏颢二子、頵七子并特转一官"③。神宗时宗室出仕仍有着种种规定和限制,例如熙宁间曾特别制订了宗室子弟出仕考试法,其在元祐时也逐渐废弛。元祐三年三月,"诏罢别考校祖宗袒免亲试法"④。宋廷对宗室出仕的优惠政策,同样也成为冗官剧增的重要因素。元祐六年五月,"四选宗室已未有差遣,共一千四百八十余员"⑤。

其三,则是旧党内部的许多人竟为子孙谋求官职差遣。旧党头面人物如文彦博、吕公著、韩维、吕大防、范纯仁等人,或直接为

---

① 张希清:《论宋代科举取士之多与冗官问题》,载《北京大学学报(哲学社会科学版)》1987年第5期。
② 《长编》卷373,元祐年三月甲申条,第9037页。
③ 《长编》卷378,元祐元年五月己巳条,第9175页。
④ 《长编》卷409,元祐三年三月癸亥条,第9954页。
⑤ (宋)庄绰:《鸡肋编》卷下,萧鲁阳点校,中华书局1983年版,第98页。

第三章 元祐新、旧党之争

子弟亲戚谋官求职，或借他人之力奔走张罗，当时人多有章疏对此进行揭露①。真所谓子弟亲戚，布满要津。尤为值得重视的是，早在神宗元丰四年十一月，神宗下诏"自今堂选、堂占悉罢，以劳得堂除者，减磨勘一年"②，将堂除的名目罢去。而旧党集团主政后，却重新恢复此法，用以滥除子弟亲戚。司马光的学生、时为右正言的刘安世对此有非常细致的陈述，兹赘引如次：

> 右正言刘安世言：臣伏见祖宗已来，执政大臣亲戚子弟，未尝敢授内外华要之职，虽有合得陈乞差遣，亦止是闲慢监当局务。原其深意，盖为父兄已居柄任，而京师之官多是要剧，为大臣者，既不能人人为朝廷推至公之心，振拔滞淹，提奖寒素，而贪权好利，多为子孙之谋，援引亲属，并据高势，根连蒂固，更相朋比，绝孤寒之进路，增膏粱之骄气，浸成大弊，有不胜言。是以祖宗立法，务加裁抑，上下遵奉，莫敢或违。……陛下践阼之初，励精求治，划革侥幸，一本至公，躬行法度，不欲有毫发之累，此天下之人所共闻见。在位之臣，化上之德，谓宜尽忠交儆，务为正直，而庙堂之上，犹习故态，子弟亲戚，布满要津，此最当今大患也。臣条列其弊，屡欲面奏，偶以秋暑尚盛，伏恐久烦圣览，用此未敢请对。然近来差除尤多，不协物论，是以不避烦渎圣聪，须至具章疏论列。
>
> 臣伏见太师文彦博之子及为光禄少卿、保雍将作监丞，孙永世少府监丞，妻族陈安民迁都水监丞，女婿任元卿堂差监商税院，孙婿李慎由堂差监左藏库。或用恩例陈乞，而此两处皆

---

① 《长编》卷356，元丰八年五月庚戌条，第8517—8519页；《长编》卷431，元祐三年八月辛丑条，第10407页。
② 《长编》卷320，元丰四年十一月戊申条，第7730页。

非陈乞之所当得也。司空吕公著之子希勣今年知颍州,才及成资,召还为少府少监;希纯去年自太常博士又迁宗正寺丞;女婿范祖禹与其妇翁共事于实录院,前此盖未尝有;而次婿邵鬺为开封府推官,公著才罢仆射,即擢为都官郎中;外甥杨国宝自初改官知县,又堂除太常博士,未几又擢为成都府路转运判官;杨怀宝亦自常调堂除差知咸平县;妻弟鲁君贶今年自外任擢为都水监丞;姻家张次元堂除知洺州,胡宗炎擢为将作少监,马传正自冗官得大理寺主簿。其间虽或假近臣论荐之名,皆公著任宰相日拔擢为授也。官教之职,旧系吏部依法选差,近方收为堂除,而公著首用除其孙婿赵演。宰相吕大防任中书侍郎日,堂除其女婿王谠京东排岸司,妻族李栝知洋州,李机知华州。范纯仁拜相之初,即用其姻家韩宗道为户部侍郎,妻族王古右司员外郎,王毅近自常调堂差知长垣县。门下侍郎孙固之子朴判登闻检院。臣闻鼓院、检院乃天下诉冤之地,岂可使执政子弟为之?熙宁初,尝以宰相子曾孝宽判鼓院,是时言者以此弹奏,即令罢免,而公亮陈乞监皮角场,此近例也。孙固及左丞王存、右丞胡宗愈姻家,欧阳棐除馆职未及一月,又授职方员外郎,宗愈之弟宗炎近除开封推官。然王存除欧阳棐外,未闻其人,及中书侍郎刘挚亦未见所引私亲,而二人者,依违其间,不能纠正,雷同循默,岂得无罪?臣之所陈,皆彰明较著,士大夫所共知,其所不知者,又不可以悉数。

臣窃谓二圣临御,于兹四年,未尝以名器少私于宗族、外家,而大臣所为,乃反若此,上下恬然不以为怪,此臣之所甚惧也。……今上等知州、通判,在京寺监、官教,畿内知县之类,号为优便者,尽属堂除,虽资任未至甚高,固若不足置于论议,而常调之人一蒙选用,即今后每任例得朝廷差除,不复归吏部。以此较之,侥幸不细。况有司员多阙少,四方寒士,羁旅京师,待次选部,往往逾岁未得差遣,及其注授,又守二年远阙,则世禄权要之家何幸,而疏远平进之士何独不幸也!

臣伏见自来畿内知县,皆选试吏能之地。近闻以宣德郎王毅知长垣县,士大夫皆谓毅素号阘冗,亡状特甚,止缘范纯仁妻族之故,遂有此命,中外传播,莫不骇笑。欲望圣慈特令追寝外,其间人材粗堪,或到官已久,未至旷职,固难追改,臣亦不敢上烦朝廷,必令并罢。但以执政大臣不避亲嫌,不畏公议,众论喧然为之不平者久矣,窃恐陛下九重深远,不能尽知,故敢略具所闻,上补聪明之万一。惟万几之暇,留神省览,仍愿陛下出臣此章,遍示三省,俾自此以往,厉精更始,庶几不废祖宗之法,而示天下以至公之道,岂胜幸甚!①

以上所引的资料虽然冗长,但很能说明问题,值得一读。四朝元老文彦博在熙宁初反对变法时曾明确要求宋神宗应该与士大夫治天下,而不是与百姓治天下,如果说文彦博的那一说法容易使人不明就里,那么,文彦博等人在元祐时期的所作所为则给"与士大夫治天下"的含义作了最好诠释。

实际上,以上所述的三方面的原因都与元祐之政的基本原则一脉相承。这个基本原则就是所谓"布德行惠",合"人心",便"人情"。梁焘曾说:"陛下更张法令,布宣恩德,中外莫不欣悦者,以其便于人情也!"②废除新法的效果绝非如此,而高太后放纵大官僚竞

---

① 《长编》卷413,元祐三年八月辛丑条,第10044—10047页。
② 《长编》卷396,元祐二年三月戊辰条,第9655页。

相为子孙亲戚谋求私利时他们的反应,却诚如梁焘所云。遵照这一原则,元祐朝廷首先"尊优老成",赋予"老成"们各种特权,致使上层的种种贪婪的行为公开化、合理化,大臣为亲属随心所欲地谋求官职,"上下恬然,不以为怪"①"凡一人进用,则内外亲戚,咸有不次之望"②。随着"元祐更化"的全面展开,随着旧党全面把持朝政,官吏冗滥、员多阙少的局面也就较前此更为严重,这并不令人感到意外。

正因为旧党集团操纵的宋王朝实行着种种"仁惠"政策,故而当员多阙少的现象十分严重时,最高统治集团的态度亦基本上表现为熟视无睹、放任自流。自太宗之后,冗官渐成显弊,但不管效果如何,真、仁、英、神诸朝都还曾试图采取一些补救措施。如真宗咸平四年(1001),裁汰诸路冗吏十九万五千余人;仁宗之世,最著名的莫如范仲淹推行"明黜陟,抑侥幸,精贡举"等措施达一年多;"治平、熙宁之间,因时立政。凡改官者,自三岁而为四岁;任子者,自一岁一人而为三岁一人,自三岁一人而为六岁一人;宗室自袒免以上渐杀恩礼"③。这些措施虽很难说起到多大作用,但总还算有些成规可依,对冗官现象也多少有些扼制。

然而在元祐时期,尽管连"深居九重"的高太后也感觉到冗官之弊,"实萃于今"④,却始终没有采取一些有效措施,稍加挽救。当一些官员连连上疏,不断指出其严重后果时,最高统治集团才以"吏部员多阙少,欲清入仕之源,救官冗之弊,裁减任子及进士累举

---

① 《长编》卷413,元祐三年八月辛丑条,第10046页。
② 《长编》卷409,元祐三年四月庚寅条,第9971页。
③ 《长编》卷419,元祐三年闰十二月庚戌条,第10149页。
④ 《长编》卷419,元祐三年闰十二月甲寅条,第10152页。

第三章 元祐新、旧党之争

之恩,流外入官之数"①,但这仅仅是一种姿态,由于顾虑到"行之则人情不悦,不行则积弊不去"的矛盾,终未能采取任何果断措施进行扼制。

据监察御史上官均说:"臣昨于去年尝具疏论官冗之弊,乞行裁省,澄清入仕之源,继闻朝旨以臣封章下给事、舍人、吏部会议,近闻已上都省,事多仍旧,或略加裁损以塞诏旨。"②这是元祐二年初的事。元祐三年闰十二月,迫于官冗之弊带来的多方面压力,高太后一再表示要率先减免本家恩泽和减少宫内开支,并专门为此下一诏,结果如何呢?据韩宗彦、苏辙、韩宗道透露:"臣等仰测圣意,克己为人,无所不至,其欲裁损宫掖浮费,与裁损私门恩泽何异?然而至今未见施行者。"③又元祐四年,朝廷"患入官之冗",欲"裁去冗占",而三省、枢密院却"添溢吏员,暗增恩例,多带请给,人人知其侥幸,莫敢谁何"④!在减免臣僚恩泽的问题上,梁焘还赤裸裸地提出"公利所得不多,人心所失已甚"⑤,与朝廷"采用忠言,讲求仁术,坐使明恩实惠遍及四海"⑥的指导思想相违背。高太后与旧党集团姑息苟且、放任自流的态度,致使元祐时期冗官增长的速度空前,"本朝以来,官冗之弊,未有如今日者也"⑦!而元祐时期"以阙计员"之流弊,又影响整个北宋后期,远播南宋⑧。

---

① 《长编》卷419,元祐元年十月丁未条所载苏轼语。
② 《长编》卷397,元祐二年三月附,第9679页。
③ 《长编》卷419,元祐三年闰十二月甲寅条,第10153页。
④ 《长编》卷430,元祐四年七月附,第10403页,载殿中侍御史孙和升语。
⑤ 《长编》卷425,元祐四年四月乙巳条,第10267页。
⑥ 《长编》卷425,元祐四年四月乙巳条,第10267页。
⑦ 《长编》卷410,元祐三年五月丙午条,第9982页。
⑧ (宋)周必大:《周益国周文忠公集》卷11《策》:"至于元祐,则以阙计员,什蓰相倍,流弊及今,抑又甚焉!"《景印文渊阁四库全书》第1147册,台湾商务印书馆1986年版,第110页。

冗官空前严重产生的第一个恶果,是冗费剧增。元祐时期,冗费与冗官始终呈现出同步上升之势。从元祐二年上半年起,宋王朝的财政状况即开始告急①。元祐三年二月,权知贡举苏轼曾对是年取士时增加数百名特奏名进士提出非议,认为是"户部以有限之财,录无用之人"②,但并未引起重视。元祐三年底,问题的严重性终于由户部尚书韩忠彦、户部侍郎苏辙、韩宗道正式反映出来,据《长编》卷419元祐三年闰十二月庚戌条:

> 窃见本部近编《元祐会计录》,大抵一岁天下所收钱谷、金银、币帛等物,未足以支一岁之出。今左藏库见钱费用已尽,去年借朝廷封桩末盐钱一百万贯,以助月给,举此一事,则其余可以类推矣!……昔祖宗之世,所入既广,所出既微,则用度饶衍,理当然尔。今时异事变,而奉行旧例,有加无损。今天下已困弊矣,若更数年,加之以饥馑,因之以师旅,其为忧患,必有不可胜言者!

这段文字是专就"今日文武百官、宗室之蕃,一倍皇祐,四倍景德"及班行、选人、胥吏之众而言的,同时也提出了渐削改官、任子、宗室恩礼的建议。同条还载有三省关于职事官公使钱大大超过前代的统计数据:"治平岁支一十六万余缗,今支七十五万余缗。"但当时的北宋最高统治集团一直未采取有效措施裁减冗官及其他恩泽,故在太皇太后高氏实际主政的八年时间内,财政状况逐渐步入十分困窘的境地。

---

① 《长编》卷398,元祐二年四月己亥条,第9718页,载苏辙语中有"国用已竭"云云。
② 《长编》卷408,元祐三年二月乙巳条,第9942页。

在专制主义中央集权制度统治下,吏治的腐败向来与冗官之弊为孪生兄弟,元祐时期剧增的冗官,同样也造成了吏治的空前腐败。本来,高太后与旧党集团推行的所谓"仁厚之政"就是吏治腐败的温床。朝廷内,"大臣皆以窃禄偷安为计,浸以成风,虽有大过,犹巧自掩盖,恐失其位"①;诸道纠监司,"一切以苟简纵弛为事,疲懦污庸之吏,视而不劾;纷纠紊缪之政,知而不察,外求宽厚之名,以要誉于一时"②,官场之风坏不堪言。

冗官的急剧增加,使吏治更加腐败。以资荫、特奏名、胥吏等途径钻进官僚队伍者,绝大多数为醉生梦死、一无所长,却谙熟官场钻营之术的无耻之徒。"以资荫任子者,非谓其才行可尚也""以特奏名授官者,非谓其才德可用也""俾胥史就任者,非谓其循法谨廉也"。③ 只是为了昭示皇恩浩荡,才让这些人进入仕籍。因而从总的情况来看,宋王朝养官甚众,但质量低劣、贪鄙不堪。"一官之阙,率四五人守之,争夺纷纭,廉耻道尽。中材小官,阙远食贫,到官之后,求取渔利,靡所不为。"④据孙觉说:"臣觉见备员吏部,亲见其害。阙每一出,争之(者)至一二十人,虽川、广、福建烟瘴之地,不问月日远近,惟欲争先注授。臣窃怪之,阴加访问,以为授官之后,即请雇钱,多者至五七十千,又既授远阙,许先借料钱,远者许借三月,又得四十余千。以贪惏无知之人,又以衰老,到官之后,望其持廉奉法,尽公治民,不可得也!"⑤元祐三年二月,苏轼等人还对不以才德授官者临政之后的情况作过一番估价:"臣等伏见恩榜

---

① 《长编》卷441,元祐五年四月附,第10625页,载御史中丞梁焘语。
② 《长编》卷392,元祐元年十一月壬午条,第9545页,载监察御史上官均语。
③ 参见《长编》卷397,元祐二年三月辛巳条,第9680页,载监察御史上官均奏疏中所云。
④ 《长编》卷408,元祐三年二月乙巳条,第9941页。
⑤ 《长编》卷408,元祐三年二月乙巳条,第9942页。

得官之人,布在州县,例皆垂老,别无进望,惟务黩货以为归计,贪冒不职,十人而九。"在宋廷已放恩榜的近千人中,没有一人不是"残民败官者"①。如此素质的官员充斥各级政府,要想使政治清明,这无异于痴人说梦。

吞食上述苦果的,归根到底不是统治阶级本身,而是以农民阶级为主体的被统治阶级。庞大的冗费开支终究出自对被统治阶级的种种盘剥;吏治的空前腐败直接给人民的生活带来了深重灾难。大贵族大官僚地主倚仗其特殊的政治地位和经济地位,自上而下地构成一个庞大的欲壑难填的嗜血集团,竭力满足各种贪欲;进入官僚队伍的中材小官,"到官之后,靡所不为"。大有之年,广大农民亦有食不果腹之忧,若水旱稍降,则饿殍载道。元祐时期,甚至出现了"人至相食"②的惨象。因此,旧史中所谓"宋代称治,莫盛于元祐"云云,纯系毫无根据的无稽之谈。

二、元祐时期的民族政策

元祐之政的另一重要内容,则是始终奉行了与旧党"所操之术"一脉相承的、在民族战争中一味含辱退让的消极保守之策。这一政策迅速导致了宋王朝军政的极端腐败,使宋方总是处于被动挨打的狼狈万状的境地。

整个元祐时期所奉行的消极政策,是旧党主要人物的一贯主张。索其源流,这种主张来自宋太宗晚期,尤其是宋真宗之世的苟安思想。仁宗时,"元昊介契丹为援,强邀索无厌,宰相晏殊等厌

---

① 《长编》卷408,元祐三年二月乙巳条,第9942页。
② 《长编》卷424,元祐四年三月乙酉条,第10250页,载彭汝砺、曾肇奏中语。

兵,将一切从之"①,即是苟安思想的典型反映。熙丰时期,反变法派发展了这种思想。富弼曾劝宋神宗"布德行惠,愿二十年口不言兵"②;直至元丰六年(1083)富弼去世时,仍遗疏请将宋方所取之地还给西夏。治平四年(1067),知青涧城种谔以计招降夏将嵬名山,复绥州,司马光、文彦博则主张弃之,以示怀柔。熙宁中,反变法派甚至连"修整器甲,简练兵伍,增筑城垒,积聚刍粮"等一些积极备战的措施也加以反对③。

当这些"老成持重"的大臣们力主此策时,辽、西夏则一直充分利用战略上的优势和宋统治者怯战避战的心理,或直接通过战争大肆掳掠人口财物,或以发动战争相要挟,实行政治讹诈,或以和议的形式获取丰厚的"岁赐"。所以元人在论及宋、夏关系时说:"概其(按指西夏)历世二百五十八年,虽尝受封册于宋,宋亦称有岁币之赐、誓诏之答,要皆出于一时之言,其心未尝有臣顺之实也。"④

以司马光为首的元祐旧党执掌朝政之后,以"不和西戎,中国终不得高枕"⑤为由,立即将素所主张的"和戎"政策付诸实施。

首先是罢黜了熙丰时期参与边事的官员。元丰八年五月,即神宗去世、高太后垂帘后两个月,许将由兵部侍郎罢知成都府,吕惠卿从太原府徙江宁府。沈括于元丰间经营西北,曾参与许多重大军事活动,辇运粮饷,治理军队,颇有建树,西夏的军事要塞浮图、吴堡、义合即被沈括出兵智取。由于永乐之败的株连,沈括在

---

① 《宋史》卷312《韩琦传》,第10223页。
② 《苏轼文集》卷18《富郑公神道碑》,第534页。
③ 参见《历代名臣奏议》卷330《御边》,第4270页。
④ 《宋史》卷486《夏国传下》,第14030页。
⑤ 《长编》卷365,元祐年二月壬戌条,第8754页,载司马光与三省、枢密院手书中语。

神宗时就已贬为均州团练副使。元祐之初被旧党攻击为"希功赏，欺罔朝廷，为国生事，取怨外夷"①，屡遭弹奏。旧党集团对生者尽情贬谪，对死者亦不放过，王韶、蔡挺、种谔等人经营边塞，屡建奇功，均为不可多得的将才，即使享年不到元祐，仍蒙受了各种骂名。

其次是对元祐时期所委官员进行严厉的钳制。章楶以直龙图阁知庆州之后，鉴于西夏贪得无厌，以为"不有惩艾，边不得休息"，乃略违宋廷"戢兵"之令，出兵攻讨，但旋即被调离边疆，权户部侍郎②。又范育知熙州时，屡次上疏建议宋廷防患于无形，制胜于未然，不能将许多战略要塞和膏腴之地赐予西夏，竟一再遭到弹劾，"熙河帅臣与其将吏，不原朝廷之心，侥求尺寸之利，妄觊功赏，以害国事，深可疾也"③，亦被调离前线。对于宋廷差往前线的将领，旧党亦要予以严厉的钳制。《长编》卷444元祐五年六月末附御史中丞苏辙云：

> 臣闻朝廷欲遣孙路以点检弓箭手为名，因商量熙河界至。臣观孙路昔在熙河，随李宪等造作边事，由此蒙朝廷擢用，深恐路狃习前事，不以夏人逆顺利害为心，而妄图兰州小利，以失国家大计。伏乞明赐戒敕：若因界至生事，别致夏人失和，劳民蠹国，罪在不赦！

按照苏辙的说法，划界一事只能由西夏主宰，从其所欲。元祐六年（1091），诸路沿边探知夏国梁乙逋将领黄河南北人马，"扬言谋欲犯边"，形势咄咄逼人，宋廷却反诏令边将"不得先自张皇，希功赏，

---

① 参见《长编》卷381，元祐元年六月甲寅条，第9283页，载文彦博攻击边臣奏章。
② 《宋史》卷328《章楶传》，第10589页。
③ 《长编》卷444元祐五年六月附，第10688页，载苏辙语。

引惹生事"①,使戍边的将领只能接受宋廷拙劣的遥控,不能根据敌情变化,相机行事。

第三,是将元丰时期宋方将士经血战所得的战略要地拱手送还西夏。弃地之议,始于元丰八年之末,大盛于元祐初年。司马光、文彦博、韩维、刘挚、王岩叟等人不仅屡次上疏,要弃掉米脂、义合、浮图、葭芦、吴堡、安疆、质孤、胜如等军事要塞,而且要弃掉对宋方来说战略地位十分重要的河、湟等地。虽经变法派和部分边将的坚决反对,但最后终将米脂、浮图、葭芦、安疆四寨弃与西夏,宋方丧失了这几个足以牵制西夏进犯的战略据点②!

早在元丰八年十月,韩维就说过,朝廷既乏"沉谋重望之臣为之统御",亦无"忠义拳勇之将出当战斗",更少"干事宣力之臣促办粮馈",而且"兵械皆捐弃之余,帑庾有乏绝之忧"③,宋方一直穷于应付西夏的攻扰。那么,究竟是何原因驱使旧党力主放弃这样一些战略要地呢?

有论者认为,司马光等人之所以主张弃地与敌,"主要着眼于宋王朝的长远统治""争取政治上的主动和国内的安定",实际情况却并非如此。我们且先引述几则旧党官员的弃地之说,再作论证。

曾劝高太后治理天下不必过于高远、只须便于人情的韩维提出的五大理由是:一曰"嗣皇(按指哲宗)赐地之意,实为先志(即神宗本意)";二曰得地愈多,费用益广,于国无益;三曰朝廷若欲再兴师旅,"收复灵夏之地,则存之可也",今以"清静为心,仁惠为政",不再兴兵,故不必保留所获之地;四曰弃地可使西夏怀恩于宋廷;

---

① 《长编》卷465,元祐六年闰八月壬戌条,第11101页。
② 参见邓广铭先生《中国十一世纪的改革家——王安石》,第193—196页。
③ 《长编》卷360,元丰八年十月己丑条,第8623页。

五曰讲求"礼义恩信","与其所欲,以成吾所不欲,则敌人服"。因此必须放弃元丰中所得之地。①

司马光认为宋廷兵临西夏,乃是因为宋神宗见夏国主秉常为臣下所囚,才"兴兵致讨",其实并不想开拓边疆,而只是"诸将收其边地,建米脂、义合、浮图、葭芦、吴堡、安疆等寨,此盖止以借口,用为己功,皆为其身谋,不为国计",又"窃闻此数寨者,皆孤僻单外,难以应援。田非肥良,不可以耕垦;地非险要,不足以守御。中国得之,徒分屯兵马,坐费刍粮,有久戍远输之累,无拓土辟境之实""闻此数寨之地,中国得之,虽无所利;敌中失之,为害颇多""不若今日与之之为便也"!

司马光不仅根据上述内容说明米脂等寨不可不弃,而且还从赵宋王朝的前朝故事中找来了例证:"李继迁俶扰西陲十有余年,关中困弊。真宗皇帝即位,赦其大罪,割灵夏等数州,除其子赵德明为定难军节度使,由是边境安宁者四十年,此乃前世及祖宗之成法,非无所依据也。"既然"秉常之罪不大于继迁""米脂等寨不多于灵夏",为何不能"悉如旧规,废米脂、义合、浮图、葭芦、吴堡、安疆等寨,令延、庆二州悉加毁撤",将"夏国旧日之境并以还之"呢?②

文彦博则说,"今若推朝廷恩信,因秉常诉求而赐与之",则可以"怀服外夷之心,光大朝廷之德",若西夏"感戴恩德,三数年间方且保无事"③。

王岩叟说,"初无二寨(葭芦、吴堡),国家何所少?后有二寨,

---

① 参见《长编》卷365,元祐元年二月壬戌条,第8749—8752页,载司马光奏疏中所云。
② 参见《长编》卷365,元祐元年二月壬戌条,第8751页。
③ 《长编》卷381,元祐六年六月甲寅条,第9283页,载文彦博奏疏中语。

第三章 元祐新、旧党之争

国家何所增?所增者,惟百姓之病,而朝廷之忧耳",因此,"弃之不足惜"。①傅尧俞进而声称:"大率昨来新取者城寨皆可废,不独此二寨也。"其理由是:"陛下欲养民,足国用,则须皆弃置此等为患害之地,乃可以内得休息,不然,后患无穷,又终不可保。"②

旧党诸人弃地的理由,实际上大同小异,并无二致。归纳起来,不外如下几点:一、神宗本人无意开拓疆土,只是若干边将为希功赏,才兴事造端,筑堡设寨;二、元丰所得之地"田非肥良""地非险要",劳民伤财,得之无益;三、朝廷方行"仁惠之政",只宜以礼怀柔,不能兵戎相见;四、如不弃地与敌,战争不息,后患无穷。

那么,司马光等人所举述的理由是否能够成立?宋神宗熙丰时期的指导思想与元祐时期的民族政策本风马牛不相及,旧党却将弃地予西夏说成是神宗之志。司马光大概忘了,他自己就曾谈及:"神宗继统,材雄气英,以幽蓟云朔沦于契丹,灵武西河专于拓跋,交趾日南制于李氏,不得悉张置官吏,收籍赋役;比于汉唐之境,犹有未全,深用为耻,遂慨然有征伐开拓之志。"③司马光的这一段话,对神宗之志的理解并不够深切。实际情况是神宗有鉴于"岁输五十万于契丹,而俯首自名曰'纳';以友邦之礼,礼元昊父子,而输缯帛以乞苟安"④的积弱之势,才采取一些军事行动的。但不管如何,"征伐开拓"乃神宗所欲,这一点已被司马光讲得十分清楚。元丰时宋方发动灵武之役与永乐之战,损兵折将数十万人,这另当别论,但若将宋神宗兴师西夏看成是因秉常为臣下所囚,北宋欲靖平西夏内乱而采取的军事行动,从而认为"赐地之说,实为先志",

---

① 《长编》卷393,元祐元年十二月庚子条,第9559页。
② 《长编》卷393,元祐元年十二月庚子条,第9560页。
③ 《长编》卷363,元丰八年十二月己丑条,第8689页。
④ 《宋论》卷6《神宗》,第118页。

这是难以成立的。

关于第二个问题,元丰所得之地是否系无用之地?亦非如此。司马光等所丢弃的米脂一寨,即"正当冲要,南直绥德,北捍银夏",又"智固(质孤)、胜如、努扎,实为控扼西人咽喉之地,我得之则足以制贼,彼得之则足以困我。故无智固、胜如,则兰州必危;无努扎,则定西必危。兰州、定西危,则熙河常有动摇之忧,而贼势益强,可以肆为边患,故其力争者,盖以此也"①。同旧党之武断废罢新法一样,司马光、韩维等不谙边事,却硬要将这些战略地位十分重要的军事要塞拱手送给西夏。司马光既然说"敌中失之,为害颇多",适足反证"中国得之",必然为利颇多,则其"无所利"云云,显然也是自相矛盾的。此外,司马光还要将河、湟等地也弃掉,只是因为孙路晓之以利害,据理力争,乃止②。

至于旧党关于朝廷方行"仁惠之政",只能以礼义怀柔西夏,不弃地则战争未已的说法,那就更为荒唐了。元祐元年七月,宋王朝明确表示愿以遣返永乐之役中被夏人掳去的"见存汉人"为条件,将米脂等寨交给西夏,并有朝廷"于尺寸之地,复何顾惜"③等语,宋廷可谓仁矣!而西夏却并未因朝廷之"贵义而不尚功,敦信而不求利",米脂等寨唾手而得,便停止了对宋的进犯,恰恰相反,它充分利用宋方厌战怯战心理,变本加厉地展开了攻势。元祐二年,旧党正沉溺于洛、蜀、朔党争时,西夏兵马则屡犯宋方城堡;元祐五年七月,西夏在分划地界时,以武力相要挟,先起事端,攻破宋智固、胜如两个重要的军事据点④。此后"累年入寇边鄙,侵侮无厌,意谓

---

① 《长编》卷452,元祐五年十二月壬辰条,第10845页。
② 《宋史》卷332《孙路传》,第10687—10688页。
③ 《长编》卷382,元祐元年七月癸亥条,第9313页。
④ 《长编》卷445,元祐五年七月乙亥条,第10715页。

朝廷惮于用兵,所求必如所欲"①,西夏遂能战则战,不能战则和,完全掌握了主动权。

据《长编》卷460元祐六年六月丙午条,知熙州范育云:

> 去年六月中,(西夏)举兵攻智固、胜如二堡,朝廷姑务涵容,止令婉顺商议。后来又降指挥,令赴延安会议,夏人辄敢拒违朝命,妄称延州无可断之理,及称本国所差官,已令发赴熙河兰岷路,就六处城寨界首相会。又指延安府所差官就智固、胜如等堡,及隆诺特取直等事以为翻覆,及南朝昏赖。又云,如南朝实有就和之意,请勿再说及隆诺特堡上取直及二堡之事。言词简慢不逊,全无恭顺之体。朝廷方且指挥许令遣官赴熙河商量,而夏贼遂举兵十余万众入寇。

元祐六年闰八月"夏人以十五万众入寇,围麟州及神木等寨,诸将不敢与战,蕃、汉居民为所杀掠,焚荡庐舍,驱虏畜产甚众。"②元祐七年自春及夏,西夏"屡寇绥德,复以重兵压泾原之境五十余日,肆其毒螫,无所顾惮。又于没烟峡口筑垒自固,将为家计于此,而数令劲骑窥伺边隙,贪噬之势,未有已时"③。总之,宋廷力图以仁义怀柔西夏,实际上却连文彦博所希望的"三数年可保无事"的目的也没达到,西夏反认为"南朝昏赖",得寸进尺,频频南犯。

在南方,旧党亦不顾荆湖北路转运判官毛渐的坚决反对,弃掉了渠阳,而"渠阳既弃,蛮复大入钞略,覆官军,荆土为大扰"④。这

---

① 《长编》卷466,元祐六年九月壬辰条。
② 《长编》卷465,元祐六年闰八月壬午条,第11115页。
③ 《长编》卷474元祐七年六月壬申条,第11308页。
④ 《宋史》卷348《毛渐传》,第11040页。

一切都雄辩地证实,以礼义怀柔作为弃地的理由是何等荒谬不堪!元祐时期司马光、文彦博等人弃地的举措,除大不利于宋王朝的长远统治之外,是丝毫也没有争取到政治上的主动和国内安定的,更怎能被认为是"一个比较切实稳妥的办法"呢!

继此之后,宋王朝军政愈益不修、武备愈益废弛,暴露出严重的边防危机。元祐六年十月,熙河兰岷路经略使范育对所辖地区情形的描述,即典型地体现出宋方边备的一般状况。据《长编》卷467元祐六年十月甲申条:

> 今臣所统兰州至定西城,定西至秦州隆诺堡三百里之间,惟有一城,贼寇无所限隔,通谷大川,可长驱而入。前日贼常攻兰州,又攻定西,幸其不为深入计,顿兵坚城之下,故无功而还,使其深入,将何以御之?

北宋王朝疆域广阔,周边民族关系错综复杂,其边防之状如是,不能不令人惊骇!元祐后期,鉴于边疆的严峻形势及部分将帅的强烈呼吁,宋廷也时或采取过一些应对之策,但因为其指导思想已如上述,没有也不可能在根本上有所作为。对此,朱熹说:"元祐诸贤议论,大率凡事有据见定底意思,盖矫熙丰更张之失,而不知其堕于因循。既有个天下,兵须用练,弊须用革,事须用整顿。如何一切不为得!"因此,他认为,"元祐诸贤,多是闭著门说道理底"[1]。朱熹所云可谓一语中的,揭露了事实真相。

宋方奉行消极防守的畏避之策,使战争的主动权牢牢掌握在西夏手中,使边疆人民蒙受了巨大战争灾难。如"陕西、河东诸路,

---

[1]《朱子语类》卷130《本朝四·自熙宁至靖康用人》,第2801页。

每探知西贼大兵入寇,即起遣人户清野坚壁、专为守计。近来贼情狡狯,每欲犯边,即所在虚声,令诸路分兵,处处为备。薨出一路,或示形于此,却往他路;或大举入寇,以重兵分守城寨,使汉兵不敢轻出,而遣钞骑四散掳掠。……又西贼每举兵犯塞,必虚张声势,动称数十万,边将不过闭壁自守,坐观焚掠。纵有战兵在外,既不能遏其奔冲,亦未尝出奇掩杀,致贼往来坦然,若涉无人之境。"[1]这就是旧党集团在民族关系中采取姑息忍让消极保守政策的严重后果。

宋王朝元祐时期内政外交中最具特色的冗官、吏治问题和军事政策的实施结果表明:旧党集团以病态的狂热驱逐新党、废去新法之后,其所主持的元祐之政并非旧党自我粉饰的所谓"圣政日新,超越前古",宋王朝的统治并未出现一派纪纲严明、弊绝风清、边尘无警、黎民康乐的大好景象,恰恰相反,因旧党奉行苟简因循的"仁惠之政",赵宋王朝的统治危机日益加深。正如元祐六年七月贾易所概括的那样,"天下大势,可畏者有五:……一曰上下相蒙而毁誉不以其真;二曰政事苟且而官人不任其责;三曰经费不充而生财不得其道;四曰人才废阙而教养不以其方;五曰刑赏失中而人心不知所向"[2],内政方面危机重重。与之同时,宋王朝也已经难以有效抵御少数民族政权的侵扰,只是更加深深地陷入积弱之势。

第四节　元祐新、旧党争的历史后果

元祐新、旧党争是处于北宋后期的一个重要历史事件,对元祐

---

[1]《长编》卷480,元祐八年正月庚寅条,第11419—11420页。
[2]《长编》卷461,元祐六年七月己未条,第11015页。

之后北宋历史的发展乃至南宋政治、经济、军事、观念认知等多方面均产生了广泛而深远的影响。以下择其要者,加以论述。

一、导致了最高统治集团内部朋党倾轧的恶性循环

《长编》卷387元祐元年九月丙辰条载有如下一事:"始,(司马)光当国,悉改熙宁、元丰旧事。或谓光曰'旧臣如章惇、吕惠卿辈,皆小人,他日有以父子之义间上,则朋党之祸作矣。'光正色曰'天若祚宋,必无此事。'遂改之不疑。"司马光是一个杰出的编年史家,但他的行政能力、政治洞察力以及把握历史发展趋向的能力惊人地低下。"元祐更化"中新、旧党争所产生的消极影响,旋即给北宋历史发展带来了灾难性的后果。自元祐新、旧党争之后,迄"靖康之难"徽、钦二帝被金人俘掳北去,北宋的政治舞台再也没有平静过。不论是新党、旧党的主要人物,还是那些分别依附于新党、旧党,或者假托新党、旧党的官员,均各立其说,酿成了一次次官僚士大夫间的激烈缠斗,分别以"哲宗绍述"、向后垂帘、崇宁党禁、钦宗继统为标志,构成了四次规模巨大的政治动荡。

这四次大规模错综复杂、动人心魄的政治变故,伴随并推动北宋王朝一直走到尽头。综观这个恶性系列连锁反应的全貌,元祐新、旧党水火不容、阵线分明的激烈争斗,始终是影响全部政治风云变幻的一个极其重要的环节,以后的政治斗争尤其是朋党倾轧中,无论是哪一派,或者打着哪一派招牌的势力得势,其党同伐异的形式,似都可溯源至元祐时期。

试看:元祐之初,旧党设立看详诉理所,"凡得罪于元祐之间

者,咸为雪除。归怨先朝,收恩私室""呼吸罪党,用为己助"①,以此扩充自己的实力。元符中,新党则针锋相对,仿其形式再设立看详诉理所,复对元祐中昭雪者依原断施行惩戒;绍圣间,新党以文彦博之子文及甫提供的素材为依据,罗织成"同文馆之狱","将锻成废立之事,以杀(刘)挚等,并以悖逆坐司马光、吕公著,甚至欲追废宣仁后"②,也不过是元祐间在高太后支持下,旧党罗织"车盖亭诗案"的翻版而已;元祐之后,各派经常牵强附会、强词夺理、构造罪名,也渊源于元祐时期旧党动辄发掘"微言大义",罗织罪状;最严重的是,绍圣时期新党胪列元祐党人73名,徽宗时蔡京擅权,出现震惊朝野的"崇宁党禁",将司马光等309人载入"元祐奸党"之籍;乃至直到南宋宁宗统治时期,宋廷仍采取籍党禁锢的方式打击赵汝愚、朱熹等人。追根溯源,都不过是沿用了元祐旧党首先发明、使用的斗争手段——元祐时期,吕公著、梁焘、刘安世等人曾籍定王安石亲党吕惠卿、章惇以下30人,蔡确亲党安焘、曾布以下60人,"榜之朝堂"。因而,王明清据此说,认为绍圣、崇宁之祸,"祸根实基于元祐嫉恶太甚焉"③。邵雍之子邵伯温是为旧党集团摇舌鼓唇、歌功颂德的著名人物,在其著述中留下了大量诬枉不实的文字,但在谈到元祐党人所为对后世的影响时,也不得不承认"刘挚、梁焘、王岩叟、刘安世忠直有余,然疾恶已甚,不知国体,以贻后日缙绅之祸,不能无过也"④。

由元祐新旧党争造成的这个恶性系列连锁反应所引起的强大

---

① 《长编》卷499,元符六年六月壬寅条,第11886页,载御史中丞安惇奏疏中语。
② (清)赵翼:《廿二史札记》卷26《同文馆之狱》,王树民校证,中华书局1984年版,第565页。
③ (宋)王明清:《投辖录·玉照新志》,朱菊如、汪新森点校,上海古籍出版社2012年版,第45页。
④ 《宋史》卷433《邵伯温传》,第12853页。

冲击波,猛烈地冲击着北宋王朝日渐衰落的机体,从内部不断腐蚀和瓦解着北宋王朝的统治。

首先,残酷而反复的朋党倾轧使北宋王朝的国家机器无法正常运转,日渐陷入瘫痪状态之中。一般说来,一套国家机器的正常运转,至少应该具备如下两个最基本的条件:一是相对稳定,并在一定程度上符合当时政治需要和时代发展要求的经国之制;二是贯彻执行这一经国之制的相对稳定的权力机构。然而,自元祐新旧党争始,这两个最基本的条件却根本无法得到保证。

元祐时期,司马光及其追随者无视社会现实,断然废去已经推行长达17年之久的全部新法,将弊端丛生的"祖宗旧制"重新搬出并强行实施了八年多。绍圣、元符中,宋哲宗亲政后,马上又踢开元祐之政,"绍述"神宗政事。尔后,国策的反复与政治风云的变幻同步进行,主政的一派均将排斥对立面作为当务之急,所采取的统治政策几乎完全成为朋党之争的附庸和工具。绍圣时,由于章惇等人的作用,新党采用的统治之术虽然力图"绍述"熙丰之政,但也明显表现出这一特点。哲宗"绍述"宋神宗故事七年,当哲宗去世、宋徽宗继位后,向太后垂帘听政。由于向太后在政治上倾向于元祐党人,北宋王朝最高统治集团内部立即又掀起了一场否定绍圣之政的轩然大波。也许向太后和业已成年的宋徽宗无力驾驭或厌烦了旷日持久的朋党之争,不久,宋廷以"元祐绍圣均为有失,欲以大公至正消释朋党",乃改元"建中靖国"①,作出了试图平息朋党之争的若干姿态。但荒淫无耻、性行"轻佻"的宋徽宗,已经不能并且也根本不想去设法收拾和扭转政令烦苛、民不堪扰、风俗险薄、法不能胜的糟糕局面,又重新打出了"崇宁"这一绍述神宗政事的

---

① 《宋史》卷471《曾布传》,第13716页。

旗号。蔡京"久在朝廷,专以轻君罔上为能,以植党任数为术,挟绍述之说,为自便之计,稍违其意,则以不忠不孝之名加之,胁持上下,决欲取胜而后已"①,致使朝野内外,怨声鼎沸。因而宋徽宗统治时期,尽管"绍述"神宗熙宁政事之声高唱入云,但宋王朝此时实施的基本国策,不仅丝毫不能与熙丰之政相提并论,而且也完全不能与宋哲宗亲政以后的"绍述"同日而语。迨靖康改元,宋王朝只具游丝之气,无论施行何种统治术,一切都无可挽回了,但朋党倾轧丝毫没有停息。

自元祐至靖康,国是凡四变,无论哪一派得势,所有官员都浸润在一种波谲云诡的官场气氛中,从北宋王朝的中枢机构到诸路监司,整个官僚系统也根本无法保持相对的稳定。从"佐天子、总百官、平庶政,事无不统"的宰相到朝廷一般官员,从主管一路民政、军政的行政长官到知州、知县,随着政治舞台上的风云变幻,官员们旋起旋落,或褒或贬,或擢或黜,很少有较长时间专于其职的。在这种情况下,官员们当然也不可能专注于国计民生。

如旧党成员苏辙,元祐六年(1091)位居尚书右丞,进门下侍郎。绍圣中,即落职知汝州。不久,被先后贬徙袁州、筠州、化州、雷州、循州等地。徽宗即位之初,又徙永州、岳州,虽于向后垂帘时一度转官,蔡京当国后又贬知许州②。新党中如曾布,元祐初知太原府,历真定、河阳及青、瀛二州。绍圣初,拜同知枢密院,进知院事。徽宗即位,拜右仆射。崇宁中因与蔡京产生矛盾,罢为观文殿大学士、知润州。尔后,又先后落职提举太清宫,太平州居住;降司农卿,分司南京;责散官,衡州安置;责贺州别驾,又责廉州司户;后

---

① (宋)罗从彦:《豫章文集》卷9《陈瓘论蔡京》,见罗训森主编:《中华罗氏通谱》(第3册),中国文史出版社2007年版,第1995页。
② 《宋史》卷339《苏辙传》。

徙舒州,大观元年卒于润州①。总之,凡卷入朋党纷争漩涡中的官僚士大夫,几乎没有一个在仕途上"善始善终"。蔡京之子蔡絛在目击北宋后期"朝野日鹜党仇,更相反复"的局势后,说当时"士大夫进退之间,犹驱马牛,不翅若使优儿街子,动得以指讪之"②,实非虚妄之言。

北宋王朝权力中枢和地方的各级官僚机构,自然也难以各司其职,正常地发挥作用。"户部实主邦计,尚书、侍郎、郎中、员外,未闻精择久任,惟见屡迁数易"③,这是元祐时期旧党排斥新党时的情况。在激烈的党争中,宋廷甚至还出现了刻意将缺乏吏干的官员安置于国家要害部门的荒诞不经之事。据《长编》卷371元祐元年三月辛未条:

> 吏部侍郎李常为户部尚书。常,文士,少吏干,或疑其不胜任,以问司马光,光曰:"使此人掌邦计,则天下知朝廷非急于征利,贪吏望风搯克之患,庶几少息也。"

司马光这段话,再一次充分表现了他缺乏政治家的资质和才能。而从这件事更可看出,北宋王朝最高统治集团内部党同伐异的消极影响是何等巨大!

"台谏者,人主耳目之官",在正常情况下,对维持北宋王朝统治具有一定意义。但由于台谏在朋党倾轧中一直处于举足轻重的位置,一直充当着党同伐异的打手和工具,故上台的一派或将台谏

---

① 《宋史》卷471《曾布传》,第13716—13717页。
② 《铁围山丛谈》卷2。
③ 《长编》卷372,元祐元年三月壬申条。

官之任免权牢牢控制在手,以便倾轧异党之用,或因自己的政治需要,干脆"窒息"其职能,使之不能发挥任何作用。按惯例,御史中丞以下应设侍御史、殿中侍御史、监察御史共八员,两省谏官谏议大夫而下有司谏、正言共六员。绍圣四年(1097)九月,"谏官、殿中皆止一人"①,直到元符二年(1099)五月,御史台以下仍止三员,两省谏官"止有一员"②。

此外,还有一种情形,即因为臣僚朋比为党,聚讼纷纭,朝廷很难产生统一的决策,而纵使形成了统一决策,也难以贯彻执行。崇宁五年(1106)宋廷下诏"毁石刻,除党籍,与天下更始,而有司以大臣仇怨,废锢自如"③。宋徽宗实际上并无所谓"更始"之意,而有司则又可以自行其是。朋党交相纷争、彼此残酷倾轧气氛笼罩下的宋王朝各级官僚机构总是处于一种扑朔迷离的状态中,显然,置身于这种政治环境中的各级官员是不想也不可能有所作为的。各级官员在政治漩涡中深感前途叵测,也逐渐失去稳定的心理。暂时落魄者处心积虑地利用一切可能的机会和条件,试图让最高统治者扭转斗争锋芒,以期重返政治舞台;暂时得势的一派也无不怀着惶恐异常的心理,或则力图置对方于死地,或则挖空心思广施韬略,恪守己见,固宠保位,以免一旦政治形势发生变化,对方以其道还治其身。

元祐年间旧党集团不遗余力地打击新党,但其本身也始终惶惶不可终日。司马光去世后,旧党内部立即陷入一片惶恐和慌乱中,如旧党骨干王岩叟即借他人之语表现出无限的忧虑,"光死,……窃闻百姓相与忧曰:吾君能不忘光之言乎?能求其类而用

---

① 《长编》卷491,绍圣四年九月癸亥条。
② 《长编》卷510,元符二年五月辛未条,载右正言邹浩奏疏中语。
③ 《宋史》卷356《张根传》。

之、使持循其法乎？又忧曰：奸人无乃复将为朋、动摇正论，以欺吾君乎？"认为当务之急是"果于去奸，审于进贤"，因为这将关系到"朝廷轻重、天下安危、生灵休戚"①；御史中丞刘挚竟借此作为痛击新党的机会，对张璪、安焘、李清臣等人进一步大加弹奏，要求高太后"常以辨别邪正、保邦爱民为念"②；右正言王觌也同样因之对宰相之选深表关注，他称司马光去世后，"奸邪倾险之人，则方且私相庆快也，非徒庆快之而已，又觊幸非光比者入而为相，则庶几得以复逞其私焉，然则陛下命相可得而不谨哉"③！旧党官员在无情打击新党的同时，无法摆脱的惶恐心理也日益加重，为自保计，只能变本加厉地对新党进行打击。

直到元祐五年，当有人建议适当引用新党，"以平旧怨"，进行所谓"调停"时，苏辙等人仍反复"论其非"，坚决反对"君子""小人"并用④。高太后去世后，旧党更是惶恐不已，"中外议论汹汹，人怀顾望，在位者畏惧，莫敢发言"，范祖禹言称，元祐凡九年间，"群小怨恨，亦为不少，必将以改先帝之政、逐先帝之臣为言，以事离间"，建议有如是者，应将其"付之典刑"⑤。

但历史并没有依照旧党官员的主观愿望发展。宋哲宗亲政后，旧党集团终于迎来了更加猛烈、更加疯狂的报复性打击。据称章惇入相后，认为"司马光奸邪，所当先辨，势无急于此"⑥。在施政过程中，开科取士，以能诋毁元祐之政为准绳，否则不能题名金

---

① 《长编》卷387，元祐元年九月丙辰条。
② 《长编》卷387，元祐元年九月癸亥条、丙寅条。
③ 《长编》卷387，元祐元年九月癸亥条、丙寅条。
④ 《苏辙集·栾城后集》卷13《颍滨遗老传下》。
⑤ 《宋史》卷337《范祖禹传》。
⑥ 《宋史》卷349《陈瓘传》。

榜①;擢升官职,亦须曾参与过反对元祐之政,否则不为当政者所延纳。张舜民元符中除直龙图阁权知青州,御史中丞邢恕等劾其"在元祐间踪迹驳杂""但闻助奸,不见正论"②,任命遂作罢;旧党罗织"车盖亭诗案"时,盛陶多有中肯之论,亦因曾"协比权臣、排毁旧弼",出知和州③;李之仪曾为苏辙所引荐擢用,被斥为"奸臣心腹之党"而罢免④。如此等等,不一而足。

新党绍圣时所为,必欲给旧党以毁灭性的打击,但宋哲宗去世后,新党集团中许多人也因之极感恐慌。蔡卞等人一再告诫新即位的宋徽宗以及向太后,"惟是先帝法度政事当持守""臣等皆神宗拔擢,惟谨守神宗法度"⑤。另一方面,则也对旧党臣僚攻击不已,绍圣时的新党与元祐时的旧党具有完全相同的恐惧心理。迄至徽、钦两朝,各派政治力量不断发生着变化,但这种心态没有改变。

多变的政治风云和残酷激烈的朋党倾轧使政治空气极度紧张,得势者随时随地攻击对立面,亦无时无刻不在提防遭到他人弹劾。曾布与哲宗有一段对话,对此有着淋漓尽致的表露:

> (曾)布又问上:"近日议论者莫亦以臣为党助元祐之人否?"上曰:"岂有此理,卿何可加以此?"布曰:"臣固自知于元祐之人无一毫干涉,然见其变乱是非如此,臣亦不敢自保。"上笑曰:"无之,岂得有此。"⑥

---

① 参见《宾退录》卷10;《宋史》卷328《李清臣传》。
② 《长编》卷496,元符元年三月乙丑条,载御史中丞邢恕等语。
③ 《长编》卷514,元符二年八月壬申条,第12308页。
④ 《长编》卷511,元符元年六月甲午条。
⑤ 《长编》卷520,元符三年正月庚辰、辛巳条,第12368、12371页。
⑥ 《长编》卷488,绍圣四年五月辛未条,第11582页。

处于如此精神状态下的官僚士大夫潜心于国计民生,真正地"奋身许国",显然是不可能的。

综上所述,元祐新、旧党争对北宋后期政治产生了巨大影响,而在此次党争中处于主动地位的旧党应负有重大的历史责任。旧党将新党一律当作唯利是图的"小人",予以残酷的打击,将新法一概视作病民伤国之法,予以彻底废除,在北宋王朝历史发展的重要关口埋下了后患无穷的祸根,从而直接或间接地导致了政治上的长期动乱。这一段历史表明:在复杂的政治生活中,最高统治集团如果缺乏政治上的远见卓识和经邦治国的才能,仅靠最高统治者的主观政治向背,仅凭借着自我标榜对皇权怀有所谓耿耿忠心,恣意对其他政治势力进行残酷倾轧,这不仅无济于事,而且贻害无穷,最终会逐渐进入万劫不复的境地。

二、导致了仕风的全面颓败

以司马光为首的元祐旧党集团开启对新党的残酷倾轧之后,朝野内外官僚士大夫的精神面貌呈现出鲜明的时代特征。

如前文所说,元祐时期旧党主持朝政,为了有效地打击新党,曾不择手段地网罗力量,壮大阵营。"置诉理所,许熙宁以来得罪者自言",并将这批得到昭雪的官员立即超擢任用,这显然使荐举和考课的意义完全丧失。朝廷择台谏之官,只要其人是司马光门下士,且素亲厚者,或坚决站在元祐党人一边者即可。熙宁时期拒行新法的小官,亦可得到特殊奖掖,获得要职。宋廷曾诏令"堂除差遣除在京职事官外,并替成资阙"[1],而得堂除差遣者只能是在政

---

[1]《长编》卷368,元祐元年闰二月庚寅条。

治上与旧党保持一致的官员。当时,两制、侍从以上还可以十科之目荐擢官员,即所谓"连名荐士",而实际上,"被举之士,未必皆贤,朝廷不复铨量,往往即加擢任,遽离常调,遂得美官"①。这样就在客观上给朝野士大夫造成了这样一种感觉:只要明确表示投入旧党怀抱,身居显官者,则可固宠保位;官职卑下不显者,则可骤获美官厚禄。于是,大批投机钻营之徒,利用这一可乘之机,争先恐后,蜂拥而上。哲宗绍圣元年(1094)四月,左司谏翟思说"元祐大臣招权市恩,旧系铨注者,多归堂除,奔竞请托,恬以成风"②,这不是没有事实依据的。元祐末期,御史中丞赵君锡也不得不承认:"士大夫无廉隅,以奔竞干求成风,上之人取士亦系于憎爱,勤于丐请,或强讦把持,往往得所欲,而恬默守道之士,多以不知见遗。"③这些论奏都反映了当时的实际情况。

元祐旧党不惜败坏仕风,主要是为了壮大势力,排除异己。元祐四年(1089)旧党罗织成"车盖亭诗案",文彦博、吕大防等人要穷治蔡确之罪时,范纯仁上疏谈了他对此问题的看法:

> 朋党之起,盖因趣向异同,同我者谓之正人,异我者疑为邪党。既恶其异我,则逆耳之言难至;既喜其同我,则迎合之佞日亲。以至真伪莫知,贤愚倒置,国家之患,率由此也。④

范纯仁为范仲淹之子,至宋哲宗继位时,范氏家族已成为达官显贵之家,其政治趣向同于司马光为首的旧党集团,但在日渐残酷的朋

---

① 《长编》卷417,元祐三年十一月甲寅条。
② 《长编纪事本末》卷100《绍述》。
③ 《长编》卷457,元祐六年四月甲辰条。
④ 《宋史》卷314《范纯仁传》,第10288页。

党倾轧中时有较为公允的看法。这里,范纯仁讲得异常明白,旧党当时所进行的党同伐异原本是没有一个是非标准的,主要是着眼于"趣向异同",即"同我者谓之正人,异我者疑为邪党",然后占据自我标榜的道德制高点,对其他政治势力予以打击。

哲宗亲政之后,得势的新党集团以其人之道还治其人之身,官员黜陟的标准与元祐时期大体类似,朝野仕风亦同元祐。绍圣四年十一月,御史中丞邢恕与哲宗谈及当时的情况,邢恕认为:"至于今日方以主张先朝法度为言者,皆迎合邀利之言。大抵阘冗之人,固无他长,惟借此以希进。"①邢恕的这番话表明朝野官员经过在党争中形成的仕风的熏染后,许多人均善于趋炎附势、见风使舵。因而尽管新党的施政方针一反旧党苟简无为之术,有心"绍述"熙丰政事,但除以较大的代价换取西北边陲的一些军事胜利之外,其他方面的社会效果并不显著。

迨向后垂帘,崇宁党禁之变故迭起,无数的官员已是完全依据最高统治集团趣向决定其安身立命之所,更是毫无是非标准可言。直到金人的战鼓业已敲响时,情形依然如是。钦宗即位之初,左谏议大夫冯澥奏曰:"臣窃听近日朝廷议论,观士大夫之趋向,駸駸复偏于元祐,鼓唱应和,渐不可解,则义理又将不得其中,而政治又将不得其平矣!"②这种情形与朋党政治下的恶劣仕风有着密切关系。

与朋党倾轧相伴随的"推恩"之策,也是促使元祐之后仕风败坏的一个因素。这里所谓"推恩"并不是有宋一代施行的"恩荫"之制,而是北宋后期政治生活的特殊产物。在残酷的朋党之争中,一派势力倚仗皇权暂时得势,则力图置对立面于死地,或将其编管于

---

① 《长编》卷493,绍圣四年十一月丁卯条。
② (宋)汪藻:《靖康要录笺注》卷7,靖康元年五月十三日记事,王智勇笺注,四川大学出版社2008年版,第782页。

某一边远州郡之中,其子孙也随之受到株连,遭到种种迫害。一旦国是大变,暂被排斥的一方卷土重来,其官职不仅迅速得到恢复,其子孙也相应地得以享受种种特权。"推恩"即是施"恩泽"于生者,并追赠死者以荣名,借以象征这一派在政治上大获全胜。

"推恩"对仕风的严重影响,主要表现于获恩者十分冗滥。连曾布也说:"大约绍圣推恩旧人,多过当。如蔡确、李定辈,既已复官职,并遗表恩泽亦不减,李定家京官三人。"①一些地方官为了表示政治上的向背,亦时或承望朝廷风旨,大力称荐曾经受过迫害者的后代,供朝廷超擢。钦宗时,有臣僚上言,"凡在元祐党籍,皆一时名流,愿一洗之,悉追还旧职,与合得恩泽"②,宋廷在戎马倥偬中仍忙于此事。南宋初,宋廷诏"元祐石刻党人官职、恩数追复未尽者,令其家自陈"③,竟出现了"有司无限制,自陈者纷至"④的情形。

以下,再想就仕风的颓败与军政之间的关系作些考察。北宋之后,曾有许多人指出"元祐绍圣,一反一复,而卒为金人侵侮之资"⑤的事实,但并未对靖康之变的成因作深入细致的分析。我们如果从整体上去考察这段历史,便不难发现,在复杂的政治斗争对军政的影响中,仕风的作用实在不可小觑。

贪鄙龌龊的仕风弥漫军队后,军队亦变成了藏污纳垢之所。走马承受,"凡遇军行,多以亲戚请托,侥幸功赏,欺罔百出"⑥。虽然这种情形并非始于元祐,从元祐时期起,各种腐败的现象空前严重却是事实,"边上功状多虚,或以易为难,或夺甲与乙,广张俘级,

---

① 《长编》卷487,绍圣四年五月己未条。
② 《靖康要录笺注》卷5,靖康元年四月二十五记事,第689页。
③ 《宋史》卷25《高宗纪》,第464页。
④ 《宋史》卷390《张纲传》,第11952页。
⑤ 《宋史》卷436《儒林传》。
⑥ 《长编》卷368,元祐五年闰二月丙申条,第8879页。

习以为常",如帅臣据实复奏,"则侥幸者不悦,颇有谤言"①。由此可以想见军队的腐败程度。

毫无疑问,这种情况严重影响了军队的士气,极大地降低了军队的战斗力。加之领兵戍边的将领多为唯利是图的庸才,一遇敌兵进扰,或避战,或溃退,束手无策。败兵之将,还常常欺骗朝廷,掩盖事实真相。如元祐二年,"夏贼犯镇戎,所杀掠不可胜数,或云至万余人,而边将乃奏云野无所掠"②,使宋廷连战争的实情也难以知晓。

宋王朝豢养的庞大军队在战争中往往不堪一击,却在激化内部阶级矛盾中起到重要作用。杨时曾经对此作过真切的反映:

夫军政不修,无甚于今日,闽中盗贼,初啸聚不过数百而已,其后猖獗如此,盖王师养成其祸也。贼在建安几二年,无一人一骑至贼境者。王师所过,民被其毒,有甚于盗贼。百姓至相谓曰:"宁被盗贼,不愿王师入境。"③

"王师"有甚于"盗贼",这充分显示出颓败的仕风又是何等深刻地影响着军政!又李纲在谈及用兵与士风(即仕风)之关系时说:"夫用兵之与士风,似不相及,而实相为表里。士风厚则议论正而是非明,朝廷赏罚当功罪而人心服。……数十年来,奔竞日进,论议徇私,邪说利口,足以惑人主之听。元祐大臣,持正论如司马光之流,皆社稷之臣也,而群枉嫉之,指为奸党。颠倒是非,政事大坏,驯致

---

① 《长编》卷478,元祐七年十月辛酉条,第11384页。
② 《长编》卷419,元祐三年闰十二月丙午条,第10145页。
③ (宋)杨时:《杨龟山集》卷20《答胡康候其八》。

靖康之变,非偶然也。"因而他强烈要求采取切实措施,"变革士风"①。李纲所说的"士风"或许比"仕风"所囊括的内涵还要丰富,但二者在实质上是完全相同的。司马光为代表的元祐旧党是否可被称曰"社稷之臣",这另当别论,但李纲关于用兵与仕风之间关系的说明,是发人深省的。

---

① 《宋史》卷359《李纲传下》。

第四章　元祐时期的洛、蜀、朔党争

在宋哲宗继位后的前八年中,太皇太后高氏实际上主宰朝政。在纷纷还朝后的旧党进行所谓"元祐更化",并以种种形式对新党进行倾轧打击的同时,旧党内部也分成几大派别,进行着紧锣密鼓的争斗,这就是所谓"洛、蜀、朔党争"。"洛党者,以程正叔(颐)侍讲为领袖,朱光庭、贾易等为羽翼;川党者,以苏子瞻(轼)为领袖,吕陶等为羽翼;朔党者,以刘挚、梁焘、王岩叟、刘安世为领袖,羽翼尤众。诸党相攻击而已。"①分析这一现象出现的原委,剖明其纷争的具体内容及其与新、旧党争之关系,不仅可以进一步洞察见称于史册的元祐之政的实际内容和发展轨迹,而且还可以从一新的角度看出元祐新、旧党争的性质。

---

① 《邵氏闻见录》卷13,第146页。

第一节　洛、蜀、朔党争起因辨析

一、有关洛、蜀党争起因的文献记载

要了解洛、蜀、朔党争的起因,弄清洛、蜀二党交争缘起是关键。关于这一问题,宋代史乘和后世论者多认为乃苏轼与程颐因司马光丧葬事失欢所致,但诸家所记又略有不同。邵博《邵氏闻见后录》卷20:

> 司马丞相薨于位,程伊川主丧事,专用古礼,将祀明堂,东坡自使所来吊,伊川止之曰:"公方预吉礼,非'哭则不歌'之义,不可入。"东坡不顾以入,曰:"闻'哭则不歌',不闻'歌则不哭'也。"伊川不能敌其辩也。

而张端义《贵耳集》卷上载:

> 元祐初,司马公薨。东坡欲主丧,遂为伊川所先,东坡不满意。伊川以古礼敛,用锦囊囊其尸,东坡见而指之曰:"欠一件物事,当写作信物一角'送上阎罗大王'。"东坡由是与伊川失欢。

邵博所载只是说苏轼不拘古礼而戏谑程颐,而在张端义笔下,则成了苏轼争主丧权不得而刻意讥辱之。《二程集·河南程氏外书》卷11《时氏本拾遗》曰:

温公薨,朝廷命伊川先生主其丧事。是日也,祀明堂礼成,而二苏往哭温公,道遇朱公掞(光庭),问之,公掞曰:"往哭温公,而程先生以为庆吊不同日。"二苏怅然而反,曰:"鏖糟陂里叔孙通也。"自是时时谑伊川也。

《长编》卷393元祐元年十二月壬寅条载殿中侍御史吕陶辩朱光庭劾苏轼时,述其事又有不同:

明堂降赦,臣僚称贺讫,两省官欲往奠司马光。是时,程颐言曰:"子于是日哭则不歌,岂可贺赦才了却往吊丧?"坐客有难之曰:"孔子言'哭则不歌',即不言'歌则不哭',今已贺赦了,却往吊丧,于礼无害。"苏轼遂戏程颐云:"此乃柱死市叔孙通所制礼也。"众皆大笑,其结怨之端盖自此始。

其他一些史籍对此事亦有录载,文字大同小异,不复赘举。以上所举的有关苏、程矛盾的四种记载中,前三种记载可能出自传闻,唯一切近事实者,当推吕陶所云。因苏、程失欢之事发生时,吕陶正供职台谏,又陈述此事的时间是元祐元年(1086)十二月,离事情发生的元祐元年九月只有三个月之隔,加之吕陶一些与此相关的文字,均意在消除隔阂,上述所云恐不会远离事实。

二、苏、程矛盾成因及其性质

尽管前述诸家所云不尽相同,但可以肯定,苏轼因司马光丧葬一事讥讽过恪守古礼的程颐,是确有其事的,苏、程之间也确因此事"失欢",然而,是否就可以说,此事即绵亘整个元祐年间的洛、蜀党争的终极原因呢?不少人的回答是肯定的。直到清代,著名学者钱大昕仍以为如此①。值得怀疑的是,其一,就事论事,苏轼不过是开了个略重的玩笑,何以就由此而在政治上导致了一场规模巨大的矛盾冲突?宋江少虞编《宋朝事实类苑》,卷63至卷67列"谈谐戏谑"170余事,其中若干戏谑之事远比苏轼讥程颐为甚,何以又没有一例能导致如此重大的政治后果呢?其二,元祐之初,司马光、吕公著等一再将程颐作为丰德硕学之逸民加以荐举,迨程颐充任崇政殿说书之后,当时的御史中丞刘挚不无非议,曾专就程颐之事发表过长篇议论,其中有云"自古以来,先生处士皆盗虚名,无益于用,若颐者,特以迂阔之学邀君索价而已",奏请罢之,"试之以西京教授"②。刘挚此疏的分量无疑也远比苏轼的讥讽要重,何以没有由此而引起一场轩然大波呢?可见,包括钱大昕在内的许多论者仅注重了表面现象,似没有把握洛、蜀党争的内在动因。

当然,不满意既往的结论,试图对洛、蜀党争作出新的解释者也大有人在。如何满子先生即从苏轼反道学的角度对洛、蜀党争进行了探讨,认为"道学与反道学,乃是洛蜀党争的根源",只是"两派政治上的倾轧,掩盖了这一思想斗争的重大意义"③,何满子先生这一看法,突破了老生常谈,颇有见地。的确,就洛、蜀二党党魁程颐、苏轼而论,前者为讲求道德性命之学的理学家,以理学的奠基人载入史册,后者则是雄视千古的文豪,豪迈倜傥,以卓绝的文学

---

① 参见(清)钱大昕《潜研堂文集》卷2《洛蜀党论》,见《嘉定钱大昕全集》,凤凰出版社2016年版,第54页。
② 《长编》卷373,元祐元年三月辛巳条,第9032页。
③ 何满子:《元祐蜀洛党争和苏轼的反道学斗争(上)》,载《松辽学刊(社会科学版)》1984年第2期。

成就名世,二人学术路径不同,思想风格迥异,乃至人格特征、政治社会伦理、生活作风、行为方式诸方面均各具特色。

程颐早年游太学答胡瑗问颜子所好何学时,就曾鄙视务为文者:

> 后人不达,以谓圣本生知,非学可至,而为学之道遂失。不求诸己,而求诸外,以博闻强记、巧文丽辞为工,荣华其言,鲜有至于道者,则今之学,与颜子所好异矣。①

其所云虽为泛指之言,但可反映出,苏轼正是程颐深不以为然的"鲜有至于道者"之一。理学的集大成者朱熹对苏氏之学的攻击也可说明一些问题,"二苏以精深敏妙之文,煽倾危变幻之习",又说他"早拾苏(秦)张(仪)之绪余,晚醉佛老之糟粕",且尝与其门徒说:"苏氏之学,坏人心术,学校尤宜禁绝。"②朱熹还直接对苏、程之争发表过看法:"东坡与伊川是争个甚?只看这处,曲直自显然可见,何用别商量?只看东坡所记云,几时与他打破这'敬'字!看这说话,只要奋于捋臂,放意肆志,无所不为便是。"③据此可见,苏、程之矛盾确有一定的思想根源。

但是,能否将苏、程之间的矛盾以及洛、蜀党争看成是道学与反道学之争,恐需作进一步的推敲。理学(亦即道学)作为宋学当中一学术流派,是二程逝世之后,其及门弟子和私淑弟子们弘扬师

---

① 《宋史》卷427《程颐传》,第12719页。
② 《鹤林玉露》甲编卷2,第33页。
③ 《朱子语类》卷130《本朝四·自熙宁至靖康用人》,第3110—3111页。

说而逐步形成的,时间相当于南宋前期,即12世纪中叶①,而在宋哲宗即位的元祐之初,理学流派还处于孕育和发展过程中,影响其实并不大,换言之,理学在此时尚远未形成气候。既然如此,苏轼似不可能将理学作为一特别的学术流派来加以反对。

台湾雷飞龙先生亦认为:"苏轼之所以谓程颐为奸邪,主要是由于他反对道学。"②为了说明这一论点,雷文引用了若干事实,最为核心的是苏轼自己的两则议论,其一引自《应诏集》卷6《中庸论上》:

> 甚矣道之难明也!或论其著者,鄙滞而不通;论其微者,汗漫而不可考。其弊始于昔之儒者,求为圣人之道而无所得,于是务为不可知之文,庶几乎后世之以我为深知之也。后之儒者,见其难知,而不知其空虚无有,以为将有所深造乎道者,而自耻其不能,则从而和之曰然,相欺以为高,相习以为深,而圣人为之道日以远矣。自子思作《中庸》,儒者皆祖之,以为性命之说,嗟夫!子思者,岂亦斯人之徒欤!

其二引自《宋史》卷338《苏轼传》:

> 夫性命之说,自子贡不得闻,而今之学者,耻不言性命,读其文,浩然无当而不可穷,观其貌,超然无著而不可把,此岂真能然哉?盖中人之性,安于放而乐于诞耳,陛下亦安用之?

---

① 参阅邓广铭先生《略谈宋学——附说当前国内宋史研究情况》,载《宋史研究论文集》,浙江人民出版社1987年版。
② 雷飞龙:《北宋新旧党争与其学术政策之关系》,载《政治大学学报》第11期,第229—230页。

初看起来,这两段材料似乎可作为苏轼反对道学、摈斥程颐的有力证据,其实也并不尽然。前者系苏轼经欧阳修推荐,参加制科考试时所进呈,时间是仁宗嘉祐六年(1061)①;后者则是神宗熙宁四年(1071)苏轼对王安石欲"变科学,兴学校"而发,旨在反对"乡举德行而略文词""专取策论而罢诗赋""兼采誉望而罢封弥""经生不贴墨而考大义"。不论就苏轼撰文时间,还是就其针对对象来说,两段材料与程颐及其道学均无直接关系,恐怕难以据此解释哲宗元祐元年(1086)出现的苏、程矛盾及之后的洛、蜀党争。将以上两段文字综合起来考察,它们主要反映了苏轼在宋学勃兴的情况下对整个学风的不满,而并非仅仅将矛头指向尚处于萌芽发展状态中的理学。

至于苏轼在元祐初对程颐个人的种种鄙夷之举,笔者认为,与其说是自觉意义上的反道学,倒不如说是对程颐外在的矫情饰伪的行为深恶痛绝。苏轼自称"素病程颐之奸,形于言色"②,此处所谓"程颐之奸",笔者认为不是指其学术,而是指其进入朝廷后的为人处世。按程颐原本布衣,因王安石变法期间与司马光、吕公著等反变法派人士的政治观点完全契合,且私交甚好,才被司马光、吕公著力荐,元丰八年(1085)十一月以汝州团练推官充西京国子监教授。次年三月,历承奉郎、秘书省校书郎、宣德郎而遽除通直郎、崇政殿说书,得以成为皇帝的侍从和老师。其间,程颐屡擢屡辞,迨擢至经筵,方称"臣未敢必辞"③。赴任之后,又时为怪诞诡秘、悖于常情之举,常有妄自尊大、故弄玄虚之言。他所首先强调的,

---

① 参阅曾枣庄《苏轼评传》所附年谱,四川人民出版社1981年版,第309—318页。
② 《长编》卷461,元祐六年七月癸亥条,第11020页。
③ 《长编》卷373,元祐元年三月辛巳条,第9029页,载程颐疏中语。

即是要复讲官坐讲之制。嗣后,"以师道自居,每侍上讲,色甚庄,继以讽谏,上畏之",装腔作态,连三朝元老文彦博也不能与之相伯仲①。哲宗于宫中折一树枝,程颐责之以"方春万物发生之时,不可非时毁折"②。又据《长编》卷373元祐元年三月辛巳条:

> 颐闻帝宫中盥而避蚁,因讲毕,请曰:"有是乎?"帝曰:"然,诚恐伤之耳。"颐曰:"推此心以及四海,帝王之要道也。"

程颐诸如此类的言行,固然是所谓"动遵礼度"的产物,但与其由布衣而"一步登天"的短暂仕宦生涯也不无关系。这些言行被倜傥放达、质性自然的苏轼讥刺诋毁,"形于言色",也就毫不足怪了。而上述诸端与理学本身是没有必然联系的,同为理学奠基人之一的其兄程颢,虽无供职朝廷的这番经历,但与程颐的举止言行大相径庭,这便是最好的说明。因此,认为反对道学与维护道学是苏、程矛盾及洛、蜀党争的主要原因,这显然过高地估计了洛、蜀党争中苏轼活动的哲学意义和社会历史意义,也与道学产生、形成和发展的历史进程不符。

三、洛、蜀党争产生的主要原因

笔者以为,洛、蜀党争产生的主要原因来自政治方面。

从整个政局看,元祐之初,宋廷不仅有着适于滋生新的朋党倾轧的土壤,而且聚集了一大批热衷于弹劾论奏、吹毛求疵的台谏官

---

① 《邵氏闻见录》卷14,第154页。
② (宋)无名氏:《道山清话》,中华书局1985年版,第3页。

员。旧党内部不论哪一派成员，很少有真正的经邦治国之才，却喜论奏、善攻讦，以言事为高，借之以表现对北宋王朝和高太后的耿耿忠心。且不论何事，均可断以己意，喋喋不休地恣加论说，不达到目的不罢休，大大地发扬了仁宗、英宗以来台谏官的恶劣风气。在对新法、新党的攻击排斥中，高太后—司马光集团正是利用台谏的这种特殊政治作用，达到了"更化"的目的，反过来，台谏之风也因最高统治者的变相鼓励、纵容，得到进一步的恶性发展。朱光庭、贾易、苏轼、苏辙、吕陶、孔文仲、刘挚、王岩叟、刘安世、梁焘、杨康国、赵挺之、韩川等，几乎全是此种类型的官员。

只有程颐仕途简短，略有例外，但这并非说明程颐就完全是一个甘于坐而论道、具有另一套作风的人物。哲宗元祐二年（1087）八月，左谏议大夫孔文仲说程颐曾讽劝其协助贾易攻击吕陶，又举出若干事实说他"日跨匹马，奔驰权利，遍谒贵臣，历造台谏"。[①] 孔文仲为了攻击程颐，所说或有张大之嫌，但不论如何，程颐与"元祐更化"的主持者司马光、吕公著以及许多台谏官员关系至为密切，并参与了当时宋廷最高统治集团内部的许多重大活动，这都是有案可稽的。由此可见，程颐在元祐之初司马光当政的政治气氛中，也颇为自如。宋廷内部既有在打击新党的过程中形成的特殊政治气氛，又有一大批能攻善守的"正人""君子"，当新党被排除净尽之后，统治集团内再度出现纷争之势，也就带有某种必然性了。

洛、蜀党争的直接成因，则是苏轼等人触犯了司马光、吕公著为代表的旧党正宗势力。

高太后对苏氏兄弟始终抱有好感，是因为其文采过人、声名远

[①]《长编》卷404，元祐二年八月辛巳条，第9830页。

扬,但并没有在政治上视为主要靠山。她所倚重者,是司马光、吕公著等人为代表的势力集团。这个集团包括司马光居洛15年间来往密切的一批同僚挚友、服膺司马光道德学术的保守派官员以及囿于地域偏见的司马光眼中的所谓"北人",该集团内部在政治意向上相对一致。在司马光的一手操纵下,程颐在短短数月中由布衣被擢为皇帝的老师,这在两宋320年间绝无仅有。程颐与吕公著亦相交甚厚,熙宁八年(1075),吕公著那篇攻击新法的《应诏上神宗皇帝书》就是程颐代写的①。司马光元祐元年九月去世后,吕公著独当国,仍将程颐视为"智多星"②。朔党领袖刘挚被吕公著举为侍御史时,司马光则将其作为侍御史的第一人选,刘挚置身台谏后,又按司马光、吕公著的意图,将朱光庭、王岩叟引为言官③。而朱光庭与程颐同籍,一并受过胡瑗的熏陶,对程颐的学行颇为推崇,《河南程氏外书》中卷1、卷2就收录有朱光庭的《朱公掞录拾遗》《朱公掞问学拾遗》。不仅朱光庭与程颐有如此关系,朔党头面人物王岩叟、刘安世也受过程颐的影响,《程氏外书》《程氏粹言》中二人问学于程颐的记录就不少。而太皇太后高氏倚司马光、吕公著为国家栋梁,在人事安排上,对与之关系亲厚者,亦优先予以考虑。如元祐三年,司马光既殁,太皇太后问吕公著:"光门下士,素所厚善可任台谏者,孰当先用?"公著以安世对,刘安世遂被擢为右正言④。这批人以司马光、吕公著为中心,逐渐织成了强大而严密的势力网络,把持着朝政。

---

① 《二程集·河南程氏文集》卷5,第529页。
② 《二程集·河南程氏文集》卷11《时氏本拾遗》,第416页,中有"吕申公为相,凡事有疑,必质于伊川"云云。
③ 《宋史》卷340《刘挚传》。
④ 《长编纪事本末》卷105《刘安世任谏职》。

虽苏轼、苏辙也曾被司马光、吕公著相继引荐,但他们之间既无深厚的私交,治学道路各不相同,政治见解亦不尽吻合,政治上并无多少合作基础可言。只是因为苏氏兄弟在熙丰年间一直激烈反对变法,司马光、吕公著为了最大限度地网罗力量,以对付新党新法,才有那番举动。

在司马光集团炙手可热的情况下,苏氏兄弟,尤其是苏轼,非但未顺势牢固地依附之,还时或与之分庭抗礼,提出自己对时局和时政的不同理解和看法,如司马光武断地改募役为差役时,苏轼即与之发生过严重的争执①。苏轼不仅在役法问题上不赞同司马光所为,而且当"光又以(王)安石私设《诗书新义》考试天下士,欲改科举,别为新格"时,苏辙亦提出异议,而"(司马)光皆不能从"②。与此相反,朱光庭、刘挚、王岩叟、傅尧俞等人即始终唯司马光之言是听,亦步亦趋、奉若神明。政见上的歧异,已经在二苏与司马光、吕公著及其亲信之间设下了无形的鸿沟。尤其令司马光之追随者不能容忍的是,苏轼竟然一再狎侮司马光及其属下。据蔡絛《铁围山丛谈》卷3:

> 东坡公元祐时既登禁林,以高才狎侮诸公卿,率有标目殆遍也,独于司马温公不敢有所重轻。一日相与共论免役、差役利害,偶不合同。及归舍,方卸巾弛带,乃连呼曰:"司马牛!司马牛!"

当时司马光由洛返汴不久,誉满京华,而苏轼敢于因议役法与之意

---

① 参见《宋史》卷338《苏轼传》。
② 《宋史》卷339《苏辙传》。

见相左而呼之曰"司马牛",这无疑是司马光的党羽及其门生故吏断难忍受的。苏轼鄙视程颐,视之为"奸邪",恣意戏谑,对其门人朱光庭也不例外。《二程集·河南程氏外书》卷11《时氏本拾遗》载:

> 朱公掞(光庭)为御史,端笏正立,严毅不可犯,班列肃然。苏子瞻语人曰:"何时打破这'敬'字!"

朱光庭自入台谏后,在排击新党的过程中,一直充当着打手的角色,是司马光、吕公著培育出的又一只"殿上虎"。苏轼一再摧辱其师程颐,已深为所忌,而此次又直接将矛头对准作为天子耳目之官的朱光庭,这显然有如虎口拔牙。于是,元祐元年底,朱光庭、贾易以苏轼试"馆职"策题为幌子,开始对其进行攻击,洛、蜀党争终于由之展开。

如果说以上的事实还不足以说明洛、蜀党争的起因,那么,我们可进一步从苏轼自己的言论中找到佐证。当时身陷党争之中而无力自拔的苏轼,在给友人杨元素的一封信中曾对其屡遭弹奏的原因进行过明确的说明:

> 某近数章请郡未允,数日来杜门待命,期于必得耳。公必闻其略,盖为台谏所不容也。昔之君子,惟荆(王安石)是师;今之君子,惟温(司马光)是随。所随不同,其为随一也。老弟与温相知至深,始终无间,然多不随耳。致此烦言,盖始于此。然进退得丧,齐之久矣,皆不足道。老兄相知之深,恐愿闻之,

不须为人言也。①

在这封信中,苏轼说明了其想离开朝廷的原因是遭到了台谏官的弹劾,而被弹劾的原因则是屡屡不赞同司马光所为——"致此烦言,盖始于此"。苏轼与司马光为代表的旧党主流集团因为政治上的原因而相互纷争的情形十分清楚。

洛、蜀党争的起因明了之后,朔党的出现及参与纷争的原因,也就昭然若揭。朔党虽因地域概念而相对自成系统,但由于洛、朔二党本属于同一大的势力圈,因而在洛、蜀党争愈演愈烈的过程中,朔党始终站在洛党一边,对蜀党进行夹击。元祐六年十月,御史中丞郑雍、殿中侍御史杨畏论奏右仆射刘挚及尚书右丞苏辙时,郑雍曾开具刘挚党人 30 名,他们是:王岩叟、刘安世、韩川、朱光庭、赵君锡、梁焘、孙升、王觌、曾肇、贾易、杨康国、安鼎、张舜民、田子谅、叶伸、赵挺之、盛陶、龚原、刘概、杨国宝、杜纯、杜纮、詹适、孔谔、朱京、马传庆、钱世雄、孙路、王子韶、吴立礼②。其中王岩叟、刘安世、韩川、王觌、杨康国、赵挺之等均属参与攻击蜀党者,被视为洛党羽翼的朱光庭、贾易也赫然在目,这一事实正好反过来印证了我们对洛、蜀朔党争起因的分析。

---

① 《苏轼文集》卷 55《与杨元素二首》,第 1655—1656 页。
② 《长编》卷 467,元祐六年十月癸酉条,第 11152 页。

第二节 洛、蜀、朔党争的主要内容与性质

一、洛、蜀、朔党争的过程及主要内容

洛、蜀、朔党争基本上贯穿于整个元祐时期,元祐元年(1086)末围绕苏轼为试"馆职"所撰策题产生的纷争是三党冲突的第一个重大回合,也是北宋最高统治集团内部党同伐异之势不可扼制的一个重要表现。

哲宗元祐元年九月苏轼为翰林学士后,为学士院试馆职,曾与翰林学士邓温伯共撰策题三首,第一、二首为温伯所作,第三首系苏轼所为,皆由苏轼书进,最后经"御笔"点用第三首即苏轼所撰的那首。策题中有云:"国家承平百年,六圣相授,为治不同,同归于仁。今朝廷欲师仁祖之忠厚,而患百官有司不举其职,或至于偷;欲法神考之励精,而恐监司守令不识其意,流入于刻。夫使忠厚而不偷,励精而不刻,亦必有道矣。"[1]撇开苏轼在熙丰时期的反变法活动,客观而论,苏轼在该题中所忧虑与彷徨之事,正是当时有识之士密切关注的重大问题。但程颐的门徒朱光庭、贾易等为达到从政治上搞垮苏轼之目的,将这个值得深入思考的严肃命题加以歪曲,加以穿凿,用为攻击苏轼的重要把柄。左司谏朱光庭是这样进行攻击的:

> 臣以谓仁祖之深仁厚德如天之为大,汉文不足以过也;神

---

[1] 《苏轼文集》卷7《试馆职策问三首》,第210页。

考之雄才大略如神之不测,宣帝不足以过也。……今来学士院考试,不识大体,以仁祖难名之盛德,神考有为之善志,反以"偷""刻"为议论,独称汉文、宣帝之全美,以谓仁祖、神考不足以师法,不忠莫大焉。伏望圣慈察臣之言,特奋睿断,正考试官之罪,以戒人臣之不忠者。①

在这篇奏章中,朱光庭首先将宋仁宗、宋神宗推上历代名君望尘莫及的位置,然后认定"偷""刻"二字是苏轼对仁宗、神宗的概括,最后定下了苏轼为臣不忠的罪名。此类攻击手法,与朱光庭等人攻击新党的手法,毫无二致。如果说苏轼所撰策题意在讥讽神宗,那么朱光庭、王岩叟等人非毁神宗之罪则有过之而无不及,因为其攻击新党的大量奏疏,实际上也是对神宗的诽谤。况且,"(苏轼)以谓仁祖、神考不足以师法"云云,乃是朱光庭的牵强附会,实际上也可说是他本人对仁宗、神宗的诽谤。

也许太皇太后高氏也觉得朱光庭所说纯系捕风捉影,遂下诏特赦苏轼之罪。"光庭又言轼罪不当放,其言攻轼愈峻,且称轼尝骂司马光及程颐。"②朱光庭逻辑混乱的罗织之言,自然马上引起了苏轼的急切辩白与有力反驳:

臣之所谓"偷"与"刻"者,专指今之百官有司及监司守令不能奉行,恐致此病,于二帝何与焉?至于前论周公、太公,后论文帝、宣帝,皆是为文引证之常,亦无比拟二帝之意,况此策问第一、第二首,邓温伯之词,末篇乃臣所撰,三首皆臣亲书进

---

① 《长编》卷393,元祐元年十二月壬寅条。
② 《长编》卷393,元祐元年十二月壬寅条,第9564—9565页。

入,蒙御笔点用第三首。臣之愚意,岂逃圣鉴?若有毫发讽议先朝,则臣死有余罪。①

苏轼在辩驳中并没有使用任何尖刻的字眼,但其内在的说服力显然与朱光庭的奏章形成鲜明的对照。但高太后的态度和苏轼的辩驳激起了朱光庭等台谏官的更大反弹②。朱光庭自元丰末供职台谏以来,以同样的手段攻击新党,为"元祐更化"倾注了全部心力,同时也与整个司马光集团结下了牢不可破的利害关系。当其处于不利地位时,自然很快得到了休戚相关的同僚们的大力声援。"御史中丞傅尧俞、侍御史王岩叟相与言朝廷命令反复,是非颠倒,不可不辩。又恐遂逐光庭,则所损益大,因欲于未逐前早救之,乃各上疏,论轼不当置祖宗于议论之间,犹未显斥其有讥讽意也。"③随之,如同倾轧新党时的状况一样,旧党各派相互之间开始了绵延不息的缠绕攻击,在攻击中所使用的言辞也日益尖刻。

当高太后"以学士为是,以谏官为非"的态度进一步明确后,王岩叟则再次上疏说:

> 臣窃伏思陛下至公至明之初心,必无所惑,应有奸言邪说,颠倒是非,变乱白黑,以移陛下之意者。自古奸人之心,利在人主不纳谏而忠臣杜口,则欲以行其私,非有忠于社稷之志也。此理易明,岂终能欺陛下?陛下略加静思,则得之矣。臣观汉唐以来至于本朝,策问不可胜数,无有此体。陛下博览文

---

① 《长编》卷393,元祐元年十二月壬寅条,第9565页。
② 《长编》卷393,元祐元年十二月壬寅条,第9565页。
③ 《长编》卷393,元祐元年十二月壬寅条,第9565页。

史,试取而比类之,轼之罪不难见矣。①

假若当时高太后顺从傅尧俞、王岩叟等人的意愿黜责苏轼,假若不再有人为苏轼辩护,也许事态会渐趋平息——当然其代价是真正的是非颠倒、白黑变乱。然而傅、王等人忿而上疏后,"疏入,不报"②。高太后则谕曰:"此小事,不消得如此。"③侍御史吕陶则不避与苏轼有乡曲之嫌,上疏指出以策题攻击苏轼不当。于是,傅尧俞、王岩叟重演仁宗以来台谏习用的伎俩:家居待罪,伏俟谴斥,以相要挟。无奈高太后始终不为所动,直到元祐二年二月,左司谏朱光庭被遣往河北路视灾,为此事而展开的纷争才暂告一段落。

然而,洛、蜀、朔党争并未从此停息,此后以更加复杂的形式继续进行。洛、朔二党以策题事攻击苏轼未能奏效,旋即发动台谏官另找事端攻击蜀党。元祐二年三月,侍御史王岩叟、右司谏王觌、殿中侍御史孙升、监察御史上官均等抓住苏轼建议复行买田募役一事,连篇累牍地上疏论奏④。次月,监察御史张舜民因论事而罢,"台谏纷然,共议营救",吕陶则以为"舜民之罢不当救",也遭到侍御史杜纯、右司谏贾易等人的激烈攻击,最后竟以吕陶罢左司谏,出为京西转运使而告结束⑤。所谓蜀党也未因此而善罢甘休,同样从多方面继续同洛、朔二党展开角逐。

三党之间的纷争展开后,有关各党成员黜陟升降的明争暗斗

---

① 《长编》卷393,元祐元年十二月壬寅条,第9567—9568页。
② (宋)彭百川:《太平治迹统类》卷23《元祐党事始末上》,江苏广陵古籍刻印社1981年版,第1页。
③ 《长编》卷394,元祐二年正月辛未条,第9598页。
④ 参见《长编》卷397,第9670—9694页。
⑤ 《长编》卷403,元祐二年七月乙丑条,第9815页。

在相互倾轧中占有显著的位置。元祐二年八月,程颐罢崇政殿说书而权同管勾西京国子监。程颐之罢并不是蜀党排挤的结果,其主要原因是程颐晋身经筵后,妄自尊大、故弄玄虚、越权犯分,才引起了高太后、哲宗乃至部分官员的极大反感,但左谏议大夫孔文仲以大量事实论其"人品纤污,天资险巧,贪黩请求"①,无疑也起了一定的作用。《长编》卷409元祐三年三月戊辰条并附有孔文仲《旧传》和《新录》的有关记载,《旧传》有"宰相吕公著谓为苏轼所诱胁论事,皆用轼意"等语,《新录》则辩曰"吕公著之言恐未必有此"。尽管孔文仲攻程颐是否为苏轼所使尚难考知,但孔为著名的"江西三孔"之一,在文学上亦颇负盛名,在三党的互相倾轧中站在苏轼一边,这并不奇怪。元祐二年十月左司员外郎朱光庭除太常少卿,孔文仲也屡有文字论列,以为除之不当②。

元祐六年正月,左朝散郎、集贤殿修撰、知亳州朱光庭被除为给事中后,遭到了御史中丞苏辙的强烈反对,其言辞几同谩骂:

> 窃见新除给事中朱光庭智昏才短,心狠胆薄,不学无术,妒贤害能,本事程颐,听颐驱使。方为谏官,颐之所恶,光庭明为击之,……据其人物鄙下,实污流品,况给事中专掌封驳,国论所寄,今朝廷以私光庭,上则污辱国体,下则伤害善类,伏乞追寝成命,别付闲局,以厌公议。③

又元祐七年三月,宋廷欲除程颐以馆职、判登闻鼓院,当进呈除目时,苏轼则以"颐入朝,恐不肯安静"为理由,说服了高太后,使程颐

---

① 《长编》卷404,元祐二年八月辛巳条,第9829页。
② 《长编》卷407,元祐二年十一月乙卯条,第9894—9896页。
③ 《长编》卷454,元祐六年正月丙戌条,第10889—10890页。

不得入朝,而以直秘阁判西京国子监①。

另一方面,在党同伐异的过程中,为确保自身的政治地位,苏轼、苏辙也不得不竭力援引、保护同党。洛、朔二党为削弱蜀党势力,曾对苏轼荐举的一批官员逐个加以非毁、攻击,苏轼则急忙上疏抗辩道:"臣所举自代人黄庭坚、欧阳棐,十科人王巩,制科人秦观,皆诬以过恶,了无事实。"②苏辙为御史中丞时,也充分利用可以荐举台谏官的权力,极力把以言事被责降的同党、前左司谏吕陶重新引入台谏。

洛、朔二党对蜀党的排斥和攻击同样是针锋相对、无孔不入。元祐六年二月,龙图阁学士、御史中丞苏辙为中大夫、守尚书右丞,龙图阁学士、吏部尚书苏轼为翰林学士承旨。左司谏兼权给事中杨康国首先以中立不党的口吻加以论奏,认为苏辙有嫌隙于群臣,"欲安静则不宜用辙",建议"追寝新命"③。高太后未予理睬。洛、朔二党十分清楚,苏辙只要跻身执政,就会给他们带来多方面的不利。当此之际,杨康国一改不偏不倚的面目,力请罢免苏辙,疏中有云:

  今豺狼当路,奸恶在朝,臣若持禄取容,畏惮缄默,不为陛下言之,则是臣有负陛下任使矣!臣何面目复见陛下乎?……臣今所言,上可以系朝廷安危,下可以系生民休戚,此事甚大,不可不虑也!④

---

① 《太平治迹统类》卷25《程颐出处本末》,第7页。
② 《长编》卷415,元祐三年十月己丑条。
③ 《长编》卷455,元祐六年二月癸巳条,第10903页。
④ 《长编》卷455,元祐六年二月丁未条,第10908页。

面对杨康国等人的激烈论奏,苏辙一面予以反驳,同时也不得不按惯例乞求外任,但高太后不允,杨康国、徐君平二人反倒被罢言职。然而事情并未因此了结。同年八月,侍御史贾易对苏氏兄弟及其党人进行了更为猛烈的攻击:"原轼、辙之心,必欲兄弟专国,尽纳蜀人分据要路,复聚群小俾害忠良,不亦怀险诐、覆邦家之渐乎?"①不惜使用各种龌龊污秽之语,必欲去苏轼、苏辙而后快。

朔党领袖刘挚于元祐二年五月已擢任尚书左丞,由于职能所限,他不便直接介入纷争,但一直利用其地位,充当着洛、朔二党的保护伞。元祐二年,因言事不当,傅尧俞出知陈州,王岩叟出知齐州,梁焘出知潞州,张舜民通判虢州,贾易出知广德军后,刘挚便极力为上述诸人辩护:"今尧俞等皆有骨鲠之大节,公论所重,邪党所畏,况当陛下明辨忠邪、汲汲进贤之日,而反使数人流落外郡,为奸邪所使,臣实痛惜。"他还特意对贾易攻击蜀党予以表彰:"贾易极论朋党事,甚有本末,不避仇怨,为国家分别是非,人臣所难。"②要求高太后对此数人特降中旨,付之三省,次第召还。

在洛、蜀、朔党争影响下,与三党并无干系的官员也时常被人为地推入纷争的漩涡中。如元祐六年八月,贾易罢侍御史,高太后认为宇文昌龄可补贾易之阙,而吕大防、刘挚寻同入札子,称"昌龄清修诚实,可副圣择,然是川人,与苏辙同乡里,连姻亲。昨日攻苏氏兄弟甚急,自罢丞杂及轼出外任,人情方似定叠,若忽以昌龄补台端,必又纷纷,上烦圣听"。于是,宇文昌龄补侍御史事作罢③。由吕、刘所云即可知,宇文昌龄并没有与三党之争发生任何联系,那么,这种做法的一个必然结果,是所有川人感到其命运只能与蜀

---

① 《长编》卷463,元祐六年八月己丑年,第11057页。
② 《长编》卷406,元祐二年十月癸卯条,第9889页。
③ 《长编》卷464元祐六年八月癸卯条,第11083页。

党相浮沉,而不得不牢牢依附之,从而使党争进一步复杂化、扩大化。后来,连苏颂、范百禄等人也身不由己地被卷入川党之列。

洛、蜀、朔党为人事纠纷投入了大量的精力,即令在论及邦国大计时,也常常是为了攻击异己。"买民田以募役人"的主张是苏轼于元丰八年(1085)十二月提出的①,元祐二年二月,苏轼坚持认为此法尚可推行,于是在缴进前状的同时,还鉴于范纯仁之弟范纯粹讲此事尤为精详,荐之于朝。苏轼在役法屡议不决时提出其主张,这是无可厚非的。然而时值洛、蜀、朔党议大作,王岩叟、王觌、孙升、上官均等台谏官员马上将此事用为攻击苏轼的工具之一。侍御史王岩叟如此论奏苏轼:

> 伏见苏轼建议乞尽发天下所积常平宽剩钱斛三千万贯、石,买田募役,欲卓然立一大事,自陈"五利""二弊"。臣窃考"五利"皆难信之辞,"二弊"皆必然之理,然未足以尽也,臣与士大夫深究其说,又得十弊为陛下列之。②

王岩叟讥苏轼"欲卓然立一大事",武断认为苏轼所云"五利""皆难信之辞",复列"十弊"以为佐证,似乎颇重国事,其实不然。让我们再看看王岩叟此疏赖以立言的理论依据:

> 陛下之所恃以为国者,祖宗之成法也。成法之中,天下共以为利而不可改者,莫大于差役之法,陛下复之,而行之方几日,今率然献议而欲变之。③

----

① 《苏轼文集》卷 26《论给田募役状》,第 768 页。
② 《长编》卷 397,元祐二年三月附,第 9682 页。
③ 《长编》卷 397,元祐二年三月附,第 9684 页。

第四章　元祐时期的洛、蜀、朔党争

只此一段奇谈,我们即可看到,王岩叟是步司马光之后尘,以祖宗之法为最佳护身符,在那里"闭著门说道理底"①。究其主要目的,则是攻击苏轼,国事之争自然也就沦为排除异己的另一种形式。

最能说明问题的是,直到元祐六年,买田募役之事早已烟消云散,洛党中的贾易仍抓住此事,强词夺理地对苏轼进行攻击:

> 先朝行免役,则以差役为良法。及陛下复行差役,轼则以免役为便民,至敢矫称先帝之意,欲用免役羡钱尽买天下附郭良田以给役人。向使朝廷轻信而用之,则必召乱,赖言事者排其谬妄,圣明察见其倾邪,故斥其说而不用也。②

十分清楚,贾易所感兴趣的不是役法本身,更不是国计民生,而是此事可用为弹击之资。洛、蜀、朔党争中所涉及的政事之争,几乎均与以上所述的情形相同。

二、洛、蜀、朔党争的手段及其性质

我们在既已明了三党之争的主要内容以后,尚有必要对其相互倾轧时采取的手段进行简略的归纳:

第一,罗织罪名。元祐元年末开始的围绕苏轼试馆策题而形成的纷争,即是最为突出的一例。之后,类似的事件也频有发生。元祐二年(1087)十二月,监察御史杨康国、赵挺之便再次据文字罗

---

① 《朱子语类》卷130《本朝四·自熙宁至靖康用人》,第2801页,载朱熹斥"元祐诸贤"语。
② 《长编》卷463,元祐六年八月己丑条,第11056页。

织苏轼之罪。赵挺之疏中云:"近日学士院策试廖正一馆职,乃以王莽、袁绍、董卓、曹操篡汉之术为问。……今二圣在上,轼代王言,专引莽、卓、袁、曹之事及求所以篡国迟速之术,此何义也!公然欺罔二圣之聪明而无所畏惮,考其设心,罪不可赦,轼设心不忠不正,辜负圣恩,使轼得志,将无所不为矣。"[1]侍御史王觌亦借以弹劾苏轼"习为轻浮,贪好权利",建议"朝廷或未欲深罪轼,即宜且与一郡",逐出朝廷[2]。元祐六年,时任侍御史的贾易为达到击垮苏氏兄弟的目的,竟挖掘出苏轼六年前(即元丰八年五月)题于扬州僧寺的诗句"山寺归来闻好语,野花啼鸟亦欣然。此生已觉都无事,今岁仍逢大有年",加以笺释,诬苏轼旨在庆幸神宗去世;又论其作吕大防左仆射麻词,以神宗比周厉王,予以严厉的抨击[3]。此类事例还可举出若干。苏轼的罪名是否名符其实,不仅高太后心中有数,恐怕连攻击者自己也是十分清楚的。但对台谏官来说,罗织他人罪状不为罪,且可以由此制造纷扰让苏轼自己乞求补外,因此洛、朔二党始终乐此不疲。

第二,以朋党之名加诸对方。洛、蜀、朔三党的名目早在宋时就被载入史籍,我们至今仍以之为对象进行研究,然而在当时,所谓"君子"之党与"小人"之党的名实已乱,故无论哪一派均不承认自己结有朋党,而都是自诩为"君子",以朋党或"小人"之名对对方进行攻击的。个中奥秘,仍在于朋党素为宋最高统治者之大忌,对被攻击者冠以朋党之名,可以引起最高统治者的警觉,置对方于死地,故而"党人""朋党"等语几乎成为攻击者的口头禅。

第三,尖刻的辱骂和人身攻击。如孔文仲攻击程颐"人品纤

---

[1] 《长编》卷407,元祐二年十二月丙午条,第9915页。
[2] 《长编》卷408,元祐三年正月丁卯条,第9923页。
[3] 《长编》卷463,元祐六年八月己丑条,第11055页。

污,天资险巧""秽滓班列"①;苏辙斥贾易若程颐之"家奴","附上罔下,背公死党""欲盗敢言之名,以欺中外,奸险之迹,欲盖弥彰"②;贾易将苏辙比作唐代阴结权幸以求宰相的皇甫镈,说他"原貌深情,险于山川,诐言殄行,甚于蛇豕""将肆其毒以害忠良而启危乱",将苏氏兄弟在朝比作"豺狼当路"③;等等。

  以上三种攻击手段,原本为元祐旧党倾轧新党时所使用,但在旧党内部的纷争中,竟也被奉为相互攻击的主要方式。

  综上所述,我们可对洛、蜀、朔党争的性质作出如下的结论:首先,三党之争是在"元祐更化"所造成的特殊政治气氛中,由元祐诸"君子"刻意酿成的内讧。根据纷争的主要内容、特点以及实际的政治后果可知,这场规模巨大、延续甚久的内部冲突毫无意义可言。其次,参与洛蜀朔党争的官员在攻击对立面时绞尽脑汁,却很少有人切切实实地做几件有益于国计民生的事情——实际上,在这种剑拔弩张的政治气氛中,任何人想有所作为都是不可能的,况且整个旧党集团本来就主张一切因循祖宗之法,反对任何有为之举。第三,洛蜀朔三党几乎将所有精力都消耗在内争上,此乃元祐时期朝政腐败、国事不振的重要原因。

第三节　洛、蜀、朔党争与新、旧党争之关系

  考察元祐时期洛、蜀、朔党争与新旧党争之间的关系,这是探

---

① 《长编》卷404,元祐二年八月辛巳条,第9829页。
② 《长编》卷406,元祐二年十月甲申条,第9878页。
③ 《长编》卷463,元祐六年八月己丑条,第11054页。

讨这一阶段政治发展史时不容回避,也颇有意义的内容。

一、后世关于洛、蜀、朔党争的评说

三党之争在元祐诸"君子"之间出现,这一贯穿了几乎整个元祐年间的政治现象颇给后世正统史家和士大夫们评价"元祐更化"和元祐党人带来了一些疑惑或困难。于是,各种有关洛、蜀、朔党争的史论、史评便纷然涌现。站在元祐党人的立场上,以惋惜的笔触试图作出一些分析论证者有之,如清人方宗诚的《洛、蜀党论》①、钱大昕的《洛、蜀党论》②;以元祐党人为君子,但又直言不讳地加以批评者有之③;置历史事实于不顾,将洛、蜀、朔三党之争的出现归咎于新党者有之,明末清初的吕留良就是这样认为的,他在《元祐三党论》中说:

> 呜呼! 党之为党,果何如哉? 盖熙丰诸人闷郁于下,怨入肝髓,日窥伺间隙以求其志,于是阳附于君子之门,而阴构夫党锢之祸,洛、蜀、朔之名成,而熙丰之党进矣。或曰:三党之名,盖诸子互相訾击而成也,于熙丰何有焉? 吾尝读程、苏之书矣,其议不合,非无黑白之迹,是非之分也,然究未尝以党相目,且诸君子不以党加于熙丰之间,而以党加于垂帘之际,一何惑也,若曰转三党者为之也,此正熙丰诸人所谓阳附而阴构

---

① (清)方宗诚:《柏堂集·前编》卷1,见《清代诗文集汇编》,上海人民出版社2010年版,第59页。
② 《潜研堂文集》卷2,第30页。
③ 《类编皇朝大事记讲义》卷20《诸君子自分党》,第348页,引邵伯温语云:"元祐之自为党,皆出于私者也。"

者矣。

这种观点虽然不着边际,但也从另一角度督促我们弄清一个不容忽视的问题:洛、蜀、朔党争与新、旧党争出现在同一时空范围内,二者之间的关系究竟如何?

二、洛、蜀、朔党争与新旧党争之关系

从时间上看,洛、蜀、朔党争与新、旧党争是交错进行的。元祐时期的八年当中,根据政治斗争的起伏发展,党争大致可分为如下四个阶段。元丰八年(1085)三月宋神宗去世到元祐元年(1086)十二月为第一阶段。这一阶段,整个元祐旧党集团主要是集中全部精力诋毁、废除新法,排斥新党集团,暂时还处于相对统一的状态。元祐二年正月到元祐四年三月翰林学士苏轼为龙图阁学士出知杭州属于第二阶段。这两年多时间内,旧党对新党的打击仍在继续,然而政治斗争的主要内容已经明显地表现为洛、蜀、朔三党之争了。第三阶段是从元祐四年四月吴处厚引发蔡确"车盖亭诗案"到元祐六年二月龙图阁学士、御史中丞苏辙为中大夫守尚书右丞,龙图阁学士、吏部尚书苏轼为翰林学士承旨。其间,旧党为彻底杜绝新党死灰复燃,再一次集中所有力量对新党势力进行了大规模的清扫和打击。此后直至元祐末,旧党重又堕入"内讧"之中,是为第四阶段。不过,最后这一阶段中,各派力量有所消长,政治格局发生了一些微妙的变化:洛、朔二党完全合流;蜀党(川党)的涵盖面较以前更为宽泛;在诸党的夹缝中又出现了一股对各党均加以抨击的台谏势力;另外,哲宗亲政前夕,新党势力也有逐渐向朝廷渗透的迹象。

仅通过对元祐时期政治斗争发展脉络的简单勾勒，我们就可清楚地看到，所谓洛、蜀、朔之争乃熙丰诸人阴构云云，根本不能成立。综合考察各阶段政治斗争的实际内容，我们还可看到：

第一，具有弹奏癖、攻讦癖的元祐"君子"们尽管在内讧中同样使用了对付新党的手段，但他们均始终清醒地意识到，真正的政治上的威胁来自作为共同对立面的新党方面，而不是来自旧党内部。因此，当三党纷争展开后，只要新党势力稍有抬头的迹象，三党成员马上就调整斗争的聚焦点，一致将矛头对准新党。元祐四年旧党再度对新党进行打击时，其政治态度的变化即十分明显。这次打击新党的原因，并非是新党官员正在采取什么措施，以图卷土重来，而是旧党集团担心已被贬逐的新党有逐渐还朝的可能。最早对此高度关注，督请旧党集团所有官员注意者，大概还是苏轼。元祐三年十二月，他在论江宁府司理参军、郓州州学教授周穜请以故相王安石配享神宗时云：

> 臣观二圣嗣位以来，斥逐小人如吕惠卿、李定、……宋用臣之流，或首开边隙，使兵连祸结；或渔利榷财，为国敛怨；或倡起大狱，以倾陷良善，其为奸恶，未易悉数，而王安石实为之首。今其人死亡之外，虽已退处闲散，而其腹心羽翼，布在中外，怀其私恩，冀其复用，为之经营游说者甚众，皆矫情匿迹，有同鬼蜮，其党甚坚，其心甚一，而明主不知，臣实忧之。……朝廷近日稍宽此等，……此等皆民之大贼，国之巨蠹，得全首领，已为至幸，岂可与寻常一眚之臣，计日累月，洗雪复用哉！①

---

① 《长编》卷418，元祐三年十二月甲午条，第10140页。

其时正值旧党内部纷争激烈,苏轼处境狼狈之际,也许苏轼怀有转移洛、朔二党视线的思想动机,但不管如何,这段材料足以说明了当时苏轼对新党的政治态度。

此后,朔党刘安世、刘挚等人也相继提出了与苏轼完全相同的看法①。据《长编》卷422元祐四年二月己巳条,右正言刘安世云:

> (蔡)确之朋党大半在朝,夙夕引领以俟复用,若使渐得亲近,广为歧路,异日盗权乱政,无不由此。

又《长编》卷423元祐四年三月甲申条载中书侍郎刘挚云:

> 夫前日之事,乃前日之人所缘而进者也,政在则人存,政异则人息。今譬如之芟草也,枝叶虽除,根株尚在,能保其不复生乎?前者二三大臣之朋党,皆失意怏怏,自相结纳,睥睨正人,腹非新政(按指元祐之政),幸朝廷之失,思欲追还前日之人,恨不能攘臂于其间也。今布列内外,缙绅之间,在职之吏,不与王安石、吕惠卿,则与蔡确、章惇者,率十有五六,此臣所以寝食寒心,独为朝廷忧也。

苏轼、刘安世、刘挚等人对当时政治局势的见解完全相同,这不是什么巧合,而是根本政治利害关系一致的必然反映。在这种思想的支配下,旧党内部各派的攻讦立即平息下来,全力对新党势力展开了新的攻势。此时苏辙已为户部侍郎,其他如刘安世、梁焘、吴

---

① 元祐三年十二月,刘安世就与苏轼一起论列周穜事,但当时安世所言只限于周穜一人,立意不如苏轼之深远。

安诗、傅尧俞、朱光庭等人,则无不加入攻击新党的行列。这里可清楚地看出,热衷并擅长于党同伐异的旧党"君子"们对矛盾的主次、各类政治斗争得失大小的把握十分明确和准确。在洛、蜀、朔党争与新旧党争这两种类型的党同伐异中,后者才是至关重要的。

尤能说明问题的是,当元祐四年四月旧党将矛头转向新党时,名列朔党、曾据文字罗织苏轼罪名的给事中赵君锡居然还就苏轼出知杭州事提出异议:

苏轼乞外任,遂除杭州……二圣临朝,首被拔用,轼亦感激非常之遇,知无不言,言之可行,所补非一,故壬人畏惮,为之消缩,公论倚重,隐若长城,诚国家雄俊之宝臣也。今轼飘然去国,则险邪之党,必谓朝廷稍厌直臣,奸臣且将乘隙侵寻复进,实系消长之机。①

因此赵君锡"伏望收还轼所除新命,复留禁林,仍侍经幄,以成就太平之基"。三党之争与新、旧党争之关系何其分明!

元祐末期,我们可再度看到类似的情形。旧党执政,攻讦于纤细之末,导致了治国理政的人才极其缺乏,导致国事日非,宋廷不得不试图有限制地掺用熙丰遗才。由于此举事关整个旧党集团在政治上的共同利益,于是,反目为仇的旧党诸人也马上抛却前嫌、握手言欢,共讨对付新党之策。如在李清臣、蒲宗孟的任官问题上,苏辙与王岩叟即密切磋商、配合默契,多方予以反对。据《长编》卷465元祐六年闰八月甲子条:

---

① 《长编》卷425,元祐四年四月癸卯条,第10266页。

第四章 元祐时期的洛、蜀、朔党争　　231

及帘前,大防奏请诸部久阙尚书,见在人皆资浅未可用,又不可阙官,须至用前执政。上有黾勉从之之意。辙遂言:"前日除李清臣,给谏纷然,争之未定,今又用宗孟,恐不便。"太皇太后曰:"奈阙官何?"辙曰:"尚书阙官已数年,何尝阙事?今日用此二人,正与去年用邓温伯无异,此三人者非有大恶,但与王珪、蔡确辈并进,意思与今日圣政不合。见今尚书共阙四人,若并用似此四人,使互进党类,气势一合,非独臣等奈何不得,亦恐朝廷难奈何矣!"

既然旧党内部有着如此切身的共同利害关系,那么旧党中是否有人对内部的纷争提出看法呢?有的。元祐六年八月,朔党领袖刘挚就曾说过:"伏见苏轼、赵君锡、贾易、郑雍辈皆是善人端士,忠于朝廷,陛下擢用至此。他日得力可用之人,今来却自相攻残,徒快小人意,臣深惜之。"[①]寥寥数语,便将旧党的政治态度以及整个旧党与新党的关系道破无遗。

第二,即令在洛、蜀、朔党争最为激烈的阶段,三党成员也仍未忘却对新党势力的排斥和打击。如元祐二年九月,程颐刚罢经筵,三党之争方兴未艾,御史中丞胡宗愈、左谏议大夫孔文仲、侍御史王觌、左司谏韩川竟也同进密疏,认为建宁军节度副使、建州居住吕惠卿许泰州居住为不当,疏称:"惠卿操心贪险,为性凶邪,奸言足以鼓扇群小,险横足以胁持上下。方其执政之时,引援凶人布列中外,残党尚未衰息,忽闻引置惠卿于江淮之间,群小莫不鼓舞相庆。兼惠卿凶残忍诟,贪冒无厌,既得近地,必须日夜呼召党与,力

[①] 《长编》卷463,元祐六年八月壬辰条,第11069页。

肆营求,造作讹言,谋害朝政,凶人渐长,其势可忧。"①胡宗愈徘徊于蜀、洛二党之间,后被刘安世指为苏轼之党而频遭弹劾,孔文仲属蜀党,王觌韩川为洛、朔二党中人,然此数人在旧党内部纷争十分激烈时,一方面相互之间各有所恃,彼此攻击;另一方面则又联合起来,对新党大动干戈。又元祐六年八月,洛、朔二党忙于倾排苏轼兄弟及秦观等人时,也未忘却清洗曾参与新法者。安焘于神宗元丰六年除同知枢密院事,元祐四年六月丁母忧去位。焘既除丧,执政拟用之,御史中丞赵锡君旋疏论"前知枢密院安焘不可复用"。元祐六年闰八月,遂除焘为右正议大夫、观文殿学士、知郓州②。此等事例甚多,举不胜举。

第三,洛、蜀、朔党成员均以善于抉幽发微,攻人暧昧隐私为其特色,而所有参与新法者既已一律被定性为不义、无耻、不见利不动的"小人",与新党无缘并深恶痛绝之,则是所有三党成员赖以立朝的一个先决政治条件,因此,已经失势的新党成员欲与三党中任何人产生政治上的瓜葛,都是绝不可能的。《长编》卷445元祐五年七月乙丑条载:

直龙图阁、知苏州王觌为礼部侍郎,寻改江淮荆浙等路发运使。觌尝语同列以蔡确有功于国,御史中丞苏辙劾奏之,故有是命。

王觌名列朔党,在反新法、排新党的政治斗争中为整个旧党集团立下很多功劳,也曾参与排击蜀党。苏辙劾王觌显然是未忘前嫌,不

---

① 《长编》卷405,元祐二年九月辛酉条,第9868页。
② 参见《长编》卷465,元祐六年闰八月癸亥条,第11050页。

第四章 元祐时期的洛、蜀、朔党争　　233

无报复之意。王觌说"蔡确有功于国",这实在说不上他与蔡确有任何实质性的牵连,充其量只不过是王觌道出了一句众所周知的实话而已,而王觌就因此丧失了还朝为礼部侍郎的机会。由此可以想见,三党之中若有人冒当时之大不韪,延纳交结新党人物,其境遇将是可想而知的。

事实上,我们的确也难以找到有关洛、蜀党成员与新党相串通的材料。在前所述及的三党相互攻讦的过程中,各党成员为寻找攻击的口实而费尽心机,而史料对这方面的情形却毫无反映,这绝非他们彼此有所忽略,有所隐讳,而恰恰说明,所有旧党成员与新党是泾渭分明、毫无干系的。元祐六年,已致位宰相的刘挚被台谏交相弹奏,罪状之一是曾接见章惇子弟及与邢恕通书,刘挚虽也承认"臣元识章惇子弟,向因其登科调官来谢,曾一例随众接见。邢恕近过城外,曾一次有书来往,只是叙寒温、问安否",但对所谓笼络邢恕、章惇等人之语,始终矢口否认①,最后仍因此事而罢相。

通过以上三方面的分析,我们可以看到,洛、蜀、朔党争泛滥于旧党内部,但与新党无任何直接联系。洛蜀朔三党之争与新、旧党争交叉进行,但在整个政治格局中,前者属次要矛盾或可称曰旧党内部矛盾,后者则属主要矛盾,旧党内部的三党之间可以妥协,整个旧党集团与新党则毫无妥协余地。同时,通过旧党对新党反复无情的打击,我们还可间接地发现,自司马光去世后,新、旧党争已经完全丧失了所谓政见之争的成分,变成了旧党对新党随意的残酷倾轧。

---

① 《长编》卷467,元祐六年十月壬午条,第11159页。

第五章　从哲宗"绍述"到"建中靖国"
——新、旧党争的发展演变

从宋哲宗亲政开始"绍述"一直到宋徽宗即位后的"建中靖国",这一时期在最高统治集团内部出现的政治斗争,包含有太皇太后高氏去世后哲宗亲政所导致的政治变故和哲宗去世、向太后短暂垂帘时期所出现的政治动荡。承继元祐时期北宋政治的非理性发展,哲宗亲政之后一直到宋徽宗即位之初的向后垂帘,北宋统治集团内部出现的政治斗争进一步非理性化,从而使北宋王朝一步一步地迈向了灾难的深渊。

第一节　新党的复起

一、哲宗亲政前夕的政治形势与旧党的对策

就北宋统治集团内部的矛盾发展及其对北宋历史的影响而

言,如果说宋神宗去世后的政治形势还有可能产生两种结果,那么,经过元祐旧党集团元祐年间的八年折腾之后,北宋政治舞台就只能出现一种结局,即最高统治集团的纷争与倾轧迅速白热化,从而使北宋王朝的统治危机不断加深。当然,这一切都发生在新党复起并支配朝政之后。

新党的复起,早在宋哲宗元祐五年(1090)即已微露端倪。据《长编纪事本末》卷91《调停》所载:

> 时宰相吕大防与中书侍郎刘挚建言,欲引用元丰党人,以平旧怨,谓之"调停",太皇太后颇惑之。

吕大防与刘挚为什么会主动找高太后谋求与新党妥协,而高太后也"颇惑之",不再强烈反对呢?这是一件值得注意的事情。元祐五年,吕大防、刘挚正执旧党之牛耳,出此策恐也多少是从政治发展的全局来考虑问题的结果,当然,他们更多地则是考虑到自己及其子孙的政治命运。但是,这一设想并未得到所有旧党成员的认同,苏辙就是激烈反对此举的一员。他认为,吕、刘二人"皆持两端,为自全计",又认为新、旧党同朝共事,有如"冰炭同处,必至交争,薰莸共器,久当遗臭",极力反对,遂使"参用邪正之说衰矣"①。苏辙此时的政治观念再次突显了与其兄苏轼政治品格与知人论世上的差异。

至元祐末期,北宋王朝政治形势的发展愈趋微妙。一度以垂帘听政而呼风唤雨的太皇太后高氏、几乎所有的旧党成员、新党成

---

① 《苏辙集·栾城后集》卷13《颍滨遗老传下》,第1027页;亦可参见《长编纪事本末》卷9《调停》,第3149页。

员以及众多的首鼠两端之辈,均感觉到了山雨欲来,新党随时可能复起的政治气氛。哲宗元祐八年八月,太皇太后高氏在垂危之际,她告诫范纯仁、吕大防等人:

> 老身殁后,必多有调戏官家(按指哲宗)者,宜勿听之,公等亦宜早求退,令官家别用一番人。①

高太后垂帘八年有余,历经各种矛盾与纠纷,上述所云并非戏言。次月,太皇太后崩驾,元祐党人的政治支柱与心理支柱随之坍塌。于此所谓"君子小人消长进退之际,天命人心去就离合之时",翰林学士兼侍讲范祖禹曾试图为维护元祐政局作最后的努力,他挺身而出,上奏哲宗:

> 今必有小人进言曰:太皇太后不当改先帝之政,逐先帝之臣。此乃离间之言,不可不察也,……太皇太后因天下人心欲改,故与陛下同改之,非以己之私意而改也。既改其法,则作法之人,及主其法者有罪当逐,陛下与太皇太后亦以众言而逐之。其所逐者,皆上负先帝,下负万民,天下之所仇疾,众庶所欲同去者也。②

同先前论奏新党的奏章相比,范祖禹的语气明显地有所缓和。其中,他特意将废新法、逐新党与宋哲宗联系起来,希望宋哲宗能维持既有的政治局面。吕陶也随之上疏,重申此意。整个旧党集团

---

① 《长编纪事本末》卷91《宣仁垂帘》,第2902页。
② 《长编纪事本末》卷91《宣仁垂帘》,第2904页。

的惶惑、不安与忧虑,溢于言表。

但是,整个局势并没有按旧党所期望的方向发展。就在范祖禹、吕陶上疏之后,杨畏即上疏请"更法立制,以垂万世;乞赐讲求,以成继述之道",又遵哲宗之命,"即疏章惇、安焘、吕惠卿、邓温伯、李清臣等行义,各加题品,且密奏书万言,具言神宗所以建立法度之意,乞召章惇为宰相,上皆嘉纳焉"①。随后,李清臣、邓温伯、翟思、上官均、周秩、刘拯、张商英等相继还朝,章惇被任命为宰相。经过一系列人事上的调整,元祐九年四月,哲宗诏改是年为"绍圣元年",所谓"绍圣",即要绍述其父神宗所施行的全部新法,宋廷终于又形成了一朝天子一朝臣的全新政治格局。

二、新党重新得势的诸多原因

新党集团之所以能在沉沦八年之后复起,原因是多方面的。大体说来,其原因有如下数端。其一,高太后的逐渐衰老与宋哲宗的日渐长成。大宋江山绝不可能长久由一个深居后宫的老太后去掌控,这一点,已到垂暮之年的高太后是十分清楚的。而更重要的是,十岁坐上皇位的宋哲宗已经逐渐长大,在高太后垂帘听政的过程中不断滋长的反叛心理与日益成熟的帝王心态无不使其念及神宗统治时期施行的新法。其二,如前所述,元祐时期政治、经济、军事等方面均已出现严重危机,当时在朝的旧党官员除沉溺于党同伐异之外,在国计民生、内政外交方面毫无建树,旧党政治主张已难以维持下去。其三,从元祐初年的"更化"一直到罗织"车盖亭诗案",旧党对蔡确及整个新党集团进行了一次次斩草除根式的打

---

① 《长编纪事本末》卷101《逐元祐党人上》,第3213页。

击,蔡确被贬死新州,其他绝大多数新党成员也多次遭到贬责。但这种过于残酷、名不副实的党同伐异,也已经为新党的复起埋下了伏笔。

元祐年间,旧党集团倚仗太皇太后高氏的绝对权威,为所欲为,严重地刺激了逐渐长成的宋哲宗,这是被处于政治斗争狂热中的所有旧党成员忽略的问题。王夫之对此有论云:"(元祐党人)拥女主以行其志,后(按指高太后)一日不死,天子一日隅坐画诺,如秉笔之内竖,奉教而行。"①这的确是宋哲宗在元祐间处境尴尬的真切反映。在当时的所有政治活动中,几乎所有旧党官员完全漠视了宋哲宗的存在。元祐八年(1093),宋哲宗业已18岁,元祐党人中却绝少有人提出"复辟"的建议,这不能不使哲宗对高太后以及整个旧党集团产生严重反感、厌恶乃至仇恨的情绪。哲宗亲政之后即马上罢免宰相吕大防,其主要原因,就是"大防当宣仁圣烈皇后(按即高太后)垂帘时,位首相逾六年,上春秋既长,大防……未尝建议亲政"②。不难想象,宋哲宗对整个旧党集团是耿耿于怀的。

旧党集团所有官员非常希望维持元祐政局和既有的权力体系,但在另一方面,也不能不正视宋哲宗迟早会君临天下这一事实,因而他们也力图按其自身的政治需要、政治信条对哲宗进行多方面的调教。元祐四年,右谏议大夫范祖禹曾上疏乞"正君心":

> 天下治乱,出于君心。君心一正,则万事无不正。……臣愚伏望太皇太后陛下,日以祖宗之艰难,治天下之勤劳,万民之疾苦,群臣之邪正,政事之得失,说谕皇帝,存之于心。若皇

---

① 《宋论》卷7《哲宗》,第140页。
② 《长编纪事本末》卷99《朋党》,第3176页。

帝陛下圣心晓然,明于邪正是非,他日众说不能惑,小人不能进,则万事定矣。臣窃熟思,莫大于此。①

诸如范祖禹等人在做侍读、侍讲时究竟给哲宗灌输了哪些内容,我们不得其详,但据上引可以肯定,旧党教导宋哲宗的基本指导思想,即主要是防止哲宗亲政后政局出现反复。

为达到这一目的,旧党臣僚的用心是极为深远并且是多方面的。例如,旧党在为哲宗择立皇后的问题上,也颇费了一番心思。起初,吕大防等人与高太后均曾有从高、向二族中择女为后的考虑,这其实也是试图进行政治联姻,以影响宋哲宗未来的政治倾向,只是因为"高家诸女少得合相法者,或有疾病,未应采择",向家亦无堪择之女,乃作罢。元祐七年,由高太后作主,吕大防、韩忠彦、苏颂、王岩叟、苏辙、刘奉世、梁焘等具体操办,为哲宗择立了孟元之孙女孟氏做皇后。其实,孟氏之立仍是旧党与高太后综合各方面的因素,反复权衡利弊的结果。

以上所述的内容无不体现了旧党在政治上的良苦用心,然而这一切非但没有获得预期的结果,反而使哲宗滋生了更强烈的忿躁和逆反心理。故蔡絛记哲宗与元祐臣僚之关系时说:"上所以衔诸大臣者,匪独坐变更,后数数与臣僚论昔垂帘事,曰'朕只见臀背'。"②哲宗不仅对旧党成员极为不满,即令对高太后,亦颇有怨愤之情:

宣仁在宫中,每语上曰:"彼大臣奏事,乃胸中且谓何,奈

---

① 《历代名臣奏议》卷2《君德》,第21页。
② 《铁围山丛谈》卷1。

无一语耶？"上但曰："娘娘已处分,俾臣道何语？"如是益恭默不言者九年。①

哲宗始终"恭默不言",是对高太后不满的一种明确表现形式。而高太后察觉到哲宗与之所想所思大异其趣,并有"绍述"熙宁、元丰政事之意图后,更是"皆不肯放下",不愿撤帘还政,"哲宗甚衔之"②。高太后去世后,哲宗对高太后的不满情绪自然也全部转移到了旧党臣僚身上。范公偁《过庭录》有一段文字对此述之甚详。"元祐八年季秋二日,忠宣、吕汲公、安厚卿秉政。宣仁圣烈皇后寝疾,中外忧惶。三公诣阁门乞入问疾,诏许之。至御榻前,障以黄幔。哲庙黄袍幞头立榻左,三臣立右。汲公进问曰:'太皇太后圣躬万福。'后曰:'老婆待死也。累年保佑圣躬,粗究心力,区区之心,只欲不坠先烈,措世平泰。不知官家知之否？相公及天下知之否？'辞气愤郁。吕公未及对,哲庙作色叱曰:'大防等出。'三公趋退。相顾曰:'吾曹不知死所矣。'"哲宗对元祐诸臣的厌恶之情溢于言表。

同时,旧党臣僚在元祐间的全部政治活动及其实际结果,也是宋哲宗弃旧党用新党的一个重要原因。当哲宗年幼之时,固然不可能对神宗坚决扶持的变法有太深的理解,但随着年龄的增长、阅历的增加,通过耳闻目睹旧党的所作所为,尤其是"元祐更化"带来的新的社会政治混乱,哲宗不能不产生其他的想法。《长编纪事本末》卷100《绍述》条载有绍圣元年三月乙酉哲宗试进士一策云:

---

① 《铁围山丛谈》卷1。
② 《朱子语类》卷127《本朝一·哲宗朝》,第3047页。

朕惟神宗皇帝躬神明之德，有舜禹之学，凭几听断。十九年之间，凡礼乐法度，所以惠遗天下者甚备。朕思述先志，拳拳业业，夙夜不敢忘。今博延豪英于广殿，策之当世之务，冀获至言以有为也。夫是非得失之迹，设施于政而效见于时，朕之临御几十载矣，复词赋之选而士不加能；罢常平之官而农不加富；可雇可募之说杂而役法病；或东或北之论异而河患滋；赐土以柔远也，而西北之侵未弭；弛利以便民也，而商贾之路不通，至于吏员猥多，兵备刓阙，饥馑荐至，寇盗尚蕃，此其故何也？夫可则因，否则革，惟当之为贵，夫亦何必焉。子大夫其悉陈之无隐。

此策虽为李清臣所作，但毫无疑问也代表了宋哲宗的心声。所以当门下侍郎苏辙以"臣伏见御试策题，历诋近岁行事，有欲复熙宁、元丰故事之意"而进行强谏时，哲宗丝毫未予理睬。及苏辙上殿面见哲宗时，"上益怒"，切责苏辙以神宗比作汉武帝，"声甚厉"[1]。宋哲宗的这种强硬政治态度和强烈的倾向性情绪，显然不是在一朝一夕形成的。元祐时期的八年当中，旧党"皆与王安石已死之灰争是非，寥寥无一实政之见于设施"[2]，致使北宋王朝内政紊乱，军备不修，士风愈趋腐败，而这一切，也潜移默化地影响、形塑着宋哲宗的政治倾向，随着哲宗亲政的实现，旧党集团的政治命运也就决定了。

此外，新党集团在元祐时期的八年中所受到的不应有的诬蔑和残酷打击，也为新党重返政治舞台提供了政治资本。新党集团

---

[1] 《长编纪事本末》卷100《绍述》，第3183—3184页。
[2] 《宋论》卷7《哲宗》，第142页。

内部固然有投机取巧、见风使舵的无耻之徒,但并非人人都是道德败坏、见利忘义的所谓"奸邪",最重要的是,新党官员大多具有较强的行政能力,宋神宗恩威并用,驾驭有术,一方面严厉扼止一些新党官员的不法行为,另一方面又使之得以人尽其才,有所建树。因此,作为一个整体的新党集团,在熙丰一代的积年奔走之中,自有功不可掩的事实。如果说神宗统治年间收到了部分"富国强兵"之效,那么,这毫无疑问是离不开新党集团的。

但是,司马光及整个旧党集团完全置此而不顾。对于新法,旧党采取异常简单粗暴的方式,武断予以全部废除;面对新党,旧党集团以"君子"自居,一概将新党斥为"奸邪""小人",采取歪曲事实、牵强附会、罗织罪名等手段予以严厉打击,以致出现了将蔡确贬死新州的"车盖亭诗案"。

其实,早在元丰之末,当司马光"徒恃愚氓浮动之气,迁客跃起之情"(王夫之语),采取各种极端做法之时,保守派集团内部也有人预感到了将来有可能出现的严重政治后果。据《河南程氏外书》卷12《传闻杂记》:

> 元丰八年,神宗升遐,遗诏至洛。……兵部问:"今日朝廷之事如何?"宗丞曰:"司马君实、吕晦叔作相矣。"兵部曰:"二公果作相,当何如?"宗丞曰:"当与元丰大臣同。若先分党与,他日可忧。"

此处的"兵部"为韩宗师,"宗丞"即程颢。程颢在熙宁初曾参与变法,后因反对者纷纷而退出,与司马光相知、交契甚深。当司马光果真作相,以"母改子"的诡辞为托而废除新法、打击变法派时,复有人产生与程颢同样的感觉并向司马光提出质疑:

或谓光曰:"熙、丰旧臣,多险巧小人,他日有以父子义间上,则祸作矣。"光正色曰:"天若祚宗社,必无此事。"于是天下释然,曰:"此先帝本意也。"①

为何程颢认为司马光等人主政后"当与元丰大臣同",不然则有"他日之忧"?又为何在司马光进行"元祐更化"时有人担心有他日之祸?既然废罢新法为"先帝本意",那么神宗又为何至死不改变已行之法并坚持任用新党?不管以上的记载以何等方式加以遮掩和穿凿,我们仍可从中获知:新党并非等同于旧党所说的"奸邪之党",新法亦并非尽为残民之法,旧党对新党、新法的过激做法悖于情理且极不明智。以司马光的一贯言行论,不能认为其擅变国是、打击新党集团全为不负责任之举,但所谓"天若祚宗社,必无此事"云云,实乃不知所以的荒诞不经之语。在此种谬论支配下的种种荒唐举动,终于促成了宋哲宗亲政后政局的巨大反复。

新党复起之后,迅速确定了其政治活动的总体政策。《宋宰辅编年录校补》卷10绍圣元年四月壬戌条转引《丁未录·陈瓘传》:

绍圣初,章惇以宰相召,道过山阳,与陈瓘适相遇。惇素闻瓘名,独请登舟,共载而行,访以当世之务,曰:"计将安出?"瓘曰:"请以所乘舟为喻,偏重其可行乎?或左或右,其偏一也。明此,则可行矣。"惇默然未答。瓘复曰:"上方虚心以待公,公必有以副上意者。敢问将欲施行之序,以何事为先?何事当急?谁为君子?谁为小人?谅有素定之论,愿闻其略。"

---

① 《宋史》卷336《司马光传》,第10768页。

惇复伫思良久曰:"司马光奸邪,所当先辨,无急于此。"

所谓辨司马光之"奸邪","无急于此",实际上就是要将打击旧党集团作为当务之急。不管这段记载有无缘饰不实之处,从以后局势发展的情况看,新党基本上是按此方案行事的。

第二节 新党对旧党的报复性倾轧

一、新党对旧党倾轧的开始

从时间上看,新党对旧党的报复性倾轧与无情打击,始终贯穿了哲宗亲政后的绍圣、元符约七年时间。其间,虽然新党集团内部出现了一些分歧,但这种格局总体上并没有改变。在这场大规模的党同伐异中,凡在元祐时期论奏过新党、参与过废罢新法的元祐党人几乎无一幸免。

太皇太后高氏去世后的元祐八年(1093)九月到绍圣元年(1094)四月是新党打击旧党的准备阶段。在这一阶段中,新党集团与宋哲宗齐心协力,完成了以下两件事:第一,将新党群体渐次复官,召入朝廷,控制朝政;第二,作好了打击旧党集团的舆论准备。

绍圣元年二月,按照御史杨畏的密疏所荐,哲宗首先起用李清臣为正议大夫、守中书侍郎,邓温伯为右光禄大夫、守尚书左丞。次月,王安石之婿蔡卞用为中书舍人。四月,宋廷为迅速排斥旧党,扭转元祐政局,在任命章惇作相的同时,安排翟思、上官均、周秩、刘拯、张商英、来之邵、郭知章等人占据了台谏,对旧党集团的大规模弹奏、攻击也随之展开。

闰四月间,监察御史刘拯弹劾工部尚书李之纯做御史中丞时,阿附苏轼,李之纯降授宝文阁待制差知单州;刘拯复弹劾苏轼"敢于私忿,形于诏诰中,厚诬丑诋""于先帝不臣",苏轼本已落职知英州,诏"合叙复日未得与叙复";左正言上官均论奏前宰相吕大防"天资强狠,怀邪迷国,尝与御史中丞苏辙阴相党附,同恶相济",请求宋哲宗"出自睿断,特加施行,以明示朝廷好恶,判别忠邪"①。至此,经过宋哲宗与新党官员的密切磋商、周密策划和精心安排,一边倒的政治局势已经不可逆转。但此时,因为新党刚返回朝廷不久,诸事仓皇,加之先站稳脚跟的现实考虑,故新党对旧党的弹劾和打击还显得笼统和抽象。相应地,对旧党官员的处置也还不是那么严酷。

从哲宗绍圣元年五月开始,新党集团已从纷乱中理出头绪,即开始了具体而有针对性的打击。新党首先抓住元祐时期弃地与敌的事实进行弹奏。《长编纪事本末》卷101《逐元祐党人上》:

甲寅,殿中侍御史郭知章言:"先皇帝辟地进壤,扼西戎之咽喉,如安疆、葭芦、浮图、米脂,据高临下,宅险遏冲。元祐初,用事之臣委四寨而弃之,外示以弱,实生寇心。乞检阅议臣所进章疏,列其名氏,显行黜责。"

章惇等人于是开列出司马光、文彦博以下11名主张弃地与西夏者的姓名,分为"暗不晓事、妄议边计者"和"傅会大臣"者,奏请哲宗予以治罪。

---

① 《长编纪事本末》卷101《逐元祐党人上》。

新党的报复,在围绕蔡确贬死新州一事进行的弹奏上表现得最为明显。《长编纪事本末》同卷载:

> 六月甲戌,御史中丞黄履言:"观文殿大学士、知永兴军吕大防,观文殿学士、知青州刘挚,资政殿学士、知郓州梁焘当垂帘日,俱为柄臣。焘先鼓唱邪说,吴居(处?)厚继陈注,刘安世等遂共攻之,执政既主于中,仍(乃?)投蔡确岭外,累遏恩沛,不令生还,家有慈亲,终不得见,死非其辜,中外愤叹。……窃谓遭横逆者既伸忠愤,力排陷者未正典刑,宜加显斥,以允公议。"

蔡确贬死新州一事,是关系到北宋后期政局演变的重大事件之一。当宋廷作出判决时,范纯仁曾对吕大防说过:"公若重开此路,吾辈将不免矣。"①范纯仁当时还因反对将蔡确贬往岭南而被罢免,但他的预感在几年之后就变成了现实。此后,众多的元祐党人纷纷被贬往岭南,这些就是宋廷比照旧党对蔡确的判决而作出的黜责。

新党赖以重返宋廷的重要原因是他们参与了宋神宗亲自主持的变法运动,那么,打击"元祐更化"的始作俑者,便也被视为理所当然。于是,张商英弹章称:

> 司马光、吕公著、吕大防、刘挚等援引朋党,肆行讥议。至如罢免役法,则曰只有"揭簿定差"四字;下诏求直言,则专赏讪谤之人;置诉理所雪罪犯,则画自熙宁元年以后;弃渠阳州县,则甘言猥语,无所不至。凡详定局之所建明,中书省之所

---

① 《宋宰辅编年录校补》卷9,元祐三年四月辛巳"范纯仁右仆射"条。

勘会,户部之所行遣,言官之所论列,词臣之所诰命,指摘抉剔,鄙薄嗤笑。①

虽然新党集团旨在对旧党进行报复,但张商英以上所举述的,是元祐中确曾有过的事实。

二、党祸的升级

司马光、吕公著、刘挚、刘安世、王岩叟、梁焘、苏辙等人在元祐年间对新党进行过无所不至的攻击、弹奏,乃至无所不用其极的辱骂、丑化和诋毁,此时,新党也变本加厉地进行了报复。以下略举数人遭到攻击和贬责的情形,以明绍圣间的朋党倾轧之酷烈。

司马光、吕公著　司马光与吕公著分别去世于元祐元年(1086)和元祐四年。绍圣初,左司谏翟思论奏"司马光、吕公著首发事端",请追夺其赠官、美谥。御史中丞黄履论奏司马光"深藏祸戾,追怨先朝,凡有所行,皆为非是";监察御史周秩记奏吕公著"当司马光释憾于先帝"时,"不能救正",令有关州县拆毁坟场碑楼,磨毁奉敕所撰碑文②。司马光"诡激之行,以盗虚声,挟矫诬之言,以惑愚众",特追贬清海军节度副使,并追夺遗表、致仕子孙亲属所得荫补陈乞恩例③;又以吕公著"资赋阴险,世济奸回,盗窃虚名,昧冒休宠",追贬建武军节度副使。

刘挚　绍圣初,来之邵劾其在元祐间"首引凶徒王岩叟、朱光庭","相与诬毁缔构,尽力排逐"新党,夺职知黄州。旋再贬光禄

---

① 《长编纪事本末》卷101《逐元祐党人上》。
② 《长编纪事本末》卷101《逐元祐党人上》。
③ 《长编纪事本末》卷102《逐元祐党人下》。

卿、分司南京,蕲州居住。绍圣四年(1097),再以"趋操回邪,性资险谲,向由言路,力附党魁,唱和奸谋,毁黩先烈",责授鼎州团练副使,新州安置①。是年岁尾死于新州贬所。次年七月,诸子并勒停,永不收叙。

刘安世 刘安世为司马光的学生。元祐中弹击新党无所不至,有"殿上虎"之称。绍圣初,落宝文阁待制、降授左承务郎知南安军。绍圣三年八月,再贬少府少监、分司南京。同月,以"在元祐中构造诬谤,靡有不至",责新州别驾,英州安置。不久,又移送高州安置②。

王岩叟 王岩叟死于元祐七年。绍圣初,以与刘挚"同恶相济",追夺所赠官。绍圣四年二月,以其"资险狡之智,而济以敢为,挟凶邪之权,而为之死党",追贬雷州别驾③。

梁焘 梁焘为蔡确"车盖亭诗案"的主要罗织者之一。蔡确贬新州后,梁焘得以升为御史中丞。绍圣初,降授左中散大夫知鄂州。绍圣三年,再贬少府监,分司南京。绍圣四年,以"向附凶渠,擢在谏职,阴与子婿构造邪谋,诋诬先朝",责授雷州别驾,化州安置。据载,"焘时贬化州,分其子孙一半在郓梁,有幼子八岁,孙三岁。至潭州,为知州喻陟所逼,家人数日环聚泣别"④。

其他人如范祖禹、苏轼、苏辙、王巩、范纯仁等人也遭到了程度不同的厄运。旧党首要人物的命运如是,凡参与过元祐时期政治活动、倾向于元祐党人、与元祐党人稍有瓜葛者,甚至与旧党无涉者,也纷纷罹祸。据《长编》卷496元符元年三月甲戌条载:

---

① 《长编纪事本末》卷102《逐元祐党人下》。
② 《长编纪事本末》卷102《逐元祐党人下》。
③ 《长编纪事本末》卷102《逐元祐党人下》。
④ (宋)孙升述、刘延世:《孙公谈圃》卷中,百川学海本。

> 权吏部尚书叶祖洽言:"伏见太常寺定到韩缜谥,议申尚书省部复议。按缜在先朝,擢于罪废之余,致位枢机之地,其受先帝恩德为不浅矣。然垂帘之初,内则交结张茂则、梁惟简以取宰相;外则附司马光辈,逐蔡确为自安之计。至于更改法度,缜尝阴致其力,凶虐贪秽之迹,暴著中外,'庄敏'美谥,非缜所宜。"诏更不定谥。

韩缜其人,元祐党人亦称之"才鄙望轻",虽曾在高太后垂帘时官至宰相,但"出入将相而寂无功烈,厚自奉养,世以比晋何曾"①,是一个无足称道的人物。新党认为不该予以"庄敏"的谥号,显然是有道理的,但说他"附司马光辈",为"元祐更化"而"阴致其力",则明显有牵强附会之嫌。

为了将曾攻击过新党、新法者网罗无遗,在宋哲宗的支持下,章惇等还采取了两个极为严厉的措施,施之于旧党。其一是编类元祐臣僚章疏,其二是成立所谓"管勾看详诉理所"。

所谓编类元祐臣僚章疏,即是将元丰八年(1085)四月之后所有攻击新党、新法的章疏,加以排比编类,以便据此论罪。据史载,此一措施是应蹇序辰的建议而施行的:

> 疏言:"朝廷前日正司马光等奸恶,明其罪罚,以告中外。……然踪迹深秘,包藏祸心,相去八年之间,盖已不可究质。其章疏案牍,散在有司,若不汇辑而藏之,岁久必致沦弃。愿悉讨奸臣所言所行,选官编类,入为一帙,置之一府,以示天

---

① 《宋史》卷315《韩缜传》。

下后世大戒。"遂命序辰及徐铎编类。由是缙绅之祸，无一得脱者。①

按蹇序辰此疏上于绍圣四年三月，而据《宋史》卷18《哲宗纪》载，早在绍圣元年五月，宋廷即下令"编类元祐臣僚章疏更改事条"。但蹇序辰是此事的具体负责人，这是有案可稽的。

绍圣二年十二月，曾布、章惇鉴于受到黜责的元祐旧党仍有漏网者，征得哲宗同意，又拟将三省与枢密院所存元祐臣僚章疏一起编类②。绍圣三年正月，"礼部员外郎徐君平详定枢密院承旨，自元丰八年至元祐九年（按亦即绍圣元年）四月终臣僚疏及陈请事逐各类编，申纳枢密院中"。据当时的殿中侍御史陈次升披露，在编类元祐臣僚章疏时，还曾"厚赏以购藏匿，采之舆论"，搜集散布在官僚士大夫之间的元祐章疏③，此一活动一直持续到元符三年哲宗去世。

究竟有多少人因元祐中所上章疏被编类而罹祸，这是难以一一稽考的。据元符末向后垂帘后韩忠彦所云：

哲宗即位，尝诏天下实封言事，献言者以千百计……前日应诏者大抵得罪。④

这里韩忠彦所说的"哲宗即位，尝诏天下实封言事"一事，是指高太后垂帘听政、元祐党人主政之初，宋廷下诏求直言，进行"更化"的

---

① 《宋史》卷329《蹇序辰传》。
② 《长编纪事本末》卷101《逐元祐党人上》。
③ 《长编纪事本末》卷101《逐元祐党人上》。
④ 《长编纪事本末》卷102《逐元祐党人下》。

情形。但韩忠彦所指似乎尚未包括此后一直到元符末上章疏者在内。以下仅就所见及者,略举数例如下:

绍圣四年十二月,秘阁校理刘唐老以"元祐奸党,时出险言"被贬责。

元符元年(1098)二月,张舜民以"在元祐间踪迹驳杂"被弹劾。

同年七月,刘挚、王岩叟以"前后论事,包藏奸心,最为凶悖",范祖禹、刘安世、朱光庭以"累疏诬罔圣德,阴蓄邪谋",均再遭重贬。

同年九月,秦观以"附会司马光等,同恶相济",移送雷州。

同年同月,孔平仲以"党附元祐用事者,非毁先朝所建立",落秘阁校理,送吏部与合入差遣。

同年十月,朝散郎汪衍、瀛州防御推官余爽以"元丰末各上书诋诬先朝"等罪,被除名勒停。

同年十一月,王巩以元丰末"累上书议论朝政""欲尽变更先朝法度",张保源以元祐中"累上书议论朝政,附会奸臣",均被贬责。

元符二年(1099)五月,陈次升因哲宗"览其元祐间所上章疏","观其微意,极甚奸邪,附会权臣,诋毁先政",被贬①。

以上均为比较典型的事例。不难看出,绍圣元符时期编类元祐臣僚章疏,是北宋政治史上又一起极其严重的政治事件,如果说元祐旧党罗织"车盖亭诗案"导致了绍圣、元符间新党的疯狂报复,那么,新党发明的编类章疏的手段、大规模地残酷打击旧党,则使两派之争彻底丧失了"调停"的任何可能性。

新党采取的另一打击旧党的手段,是针对元祐时旧党所设立的"诉理所",成立的所谓"管勾看详诉理所",将熙丰时期因反对变

---

① 以上事例均见《长编纪事本末》卷102《逐元祐党人下》。

法而被神宗贬责、元祐时被旧党放罪的反变法派官员重新治罪。时任御史中丞的安惇在其中起了重要作用,他在给哲宗的奏疏中说:

> 伏思神宗皇帝励精图治,明审庶狱,天下莫不知之。而元祐之初,陛下未亲政事,奸臣乘时议置"诉理所",凡得罪于元丰之间者,咸为雪除,归怨先朝,收恩思(私?)室,傥出奸意,不可不行改正,欲乞朝廷委官将前元祐中"诉理所"公案看详,如合改正,即乞申明得罪之意,复依元断施行。

宋廷即下诏由蹇序辰、安惇负责此事,将"元状陈述及诉理语言于先朝不顺者,具职位、姓名以闻"①。按元祐旧党设立"诉理所"始于元祐元年闰二月间。《宋会要辑稿》职官三:

> 哲宗元祐元年闰二月四日,三省言:元丰八年三月六日赦恩已前命官、诸色人被罪,今来进状诉理,据案已依格法,虑其间有情可矜恕,或事涉冤抑、合从宽减者,欲委官看详闻奏。

当时负责看详的官员是刘挚和孙觉。能够申状诉理的对象包括熙宁元年(1068)正月至元丰八年三月间被罪的命官、诸色人;受理进状的期限为半年,同年八月间又因右正言王觌奏请,将受理期限顺延半年。元祐旧党的用意非常明显,一则是旧党还朝之后,迫切需要扩大其阵营;二则也是显示旧党奉行的是"仁惠"之政,扩大政治影响。他们丝毫没有顾忌到熙丰时一些人的获罪,完全是出自神

---

① 《宋会要辑稿》职官三,第3093页。

宗旨意这一事实,而以派划线进行"雪除",这就为新党反其道而行之留下了绝好的口实。

新党之成立"看详诉理所"较之编类章疏稍晚(即在元符元年六月中),因此极有可能是蹇序辰等在编类元祐臣僚章疏时,发现有众多被罪者在元祐初申请"雪除"的进状,然后商之于其他新党成员后,建议成立机构进行重新审理的。而安惇时为御史中丞,是负责此事的当然人选。

由于安惇等人的重新"看详",元祐初被"雪除"者再次获罪。如郑侠,因"上书谤讪朝政",反对变法,神宗时数次被贬责,元祐初放罪。绍圣初则认为"元祐元年除雪不当",诏"元祐指挥更不施行,并令改正。郑侠追毁出身以来文字,除名勒停,依旧送英州编管,永不量移"①。据曾布称,自新党置局看详元祐中诉理文字之后,共"取索到理诉者凡八百九十七人"②,实际重新得罪的人数,没有确切的记载。元符三年元月向氏垂帘后,有人估计"缘诉理被祸者,凡七八百人"③。

遭受打击的不仅仅是元祐初的上书投诉者,元祐初负责看详"诉理所"的元祐党人自然也因之再次受到惩治。据《长编》卷507元符二年三月己未条:

> 御史中丞安惇言:"元祐初,奸臣置诉理所将熙宁、元丰以来断过刑名,辄行奏雪,曲陈事理,讪谤先朝,归怨君父,……所有原看详官刘挚、孙觉、胡宗愈、傅尧俞,管勾文字叶伸、苏嘉、朱光裔、吴俦、陈郛等,罪迹显著,义不可容。……"诏朝奉

---

① 《长编纪事本末》卷102《逐元祐党人下》。
② 《长编》卷499,元符元年六月壬寅条。
③ 《长编》卷499,元符元年六月壬寅条。

大夫致仕叶伸特降三官,陈郢、吴俦、苏嘉、朱光裔并特勒停。

新党除利用绍述神宗政事、恢复施行新法的旗号对旧党进行残酷打击外,也仿效元祐党人,往往抓住一些偶然性的事端,对旧党毫不留情地予以弹击。所谓"同文馆之狱",即是仿旧党罗织"车盖亭诗案"而制造的一起重大迫害事件。《长编》卷490绍圣四年八月丁酉条对此事本末所载甚明:

> 承奉郎、少府监主薄蔡渭奏:"臣叔父硕曩于邢恕处,见文及甫元祐中所寄恕书,具述奸臣大逆不道之谋。及甫乃文彦博爱子,必知当时奸状。"诏翰林学士承旨蔡京同权吏部侍郎安惇,即同文馆究问。

蔡渭,即蔡确次子,其奏中颇含深意。蔡确被贬死新州,其罪名是"怨望作诗,无人臣敬顺之礼"等①。事实上,蔡确一案的处理结果还与元丰之末的皇位继承问题有密切关系。根据有关材料来推断,在神宗去世之后,宋廷内部似乎存在一场围绕皇位继承问题而展开的斗争,最终虽然还是由延安郡王赵煦登上了皇位,但这一斗争还是留下了严重的隐患。蔡确为首的新党全被赶出朝廷之后,朝野流传着蔡确有定策之功的说法,这就牵涉到了太皇太后高氏与宋哲宗之间的关系,因而当"蔡确诗谤"出现后,高太后已决心利用此事将蔡确置于死地,高太后曾明确称:"蔡确不为渠吟诗谤讟,只为此人于社稷不利,若社稷之福,确当便死。"②所以蔡渭所奏,既

---

① 《长编》卷426,元祐四年五月戊寅条,载梁焘、吴安诗、刘安世语。
② 《长编纪事本末》卷107《蔡确诗谤》。

第五章 从哲宗"绍述"到"建中靖国"——新、旧党争的发展演变

有借此进行打击报复的动机,又有表彰其父"定策"之功的用意。

蔡渭疏中提到,元祐中文及甫寄给邢恕的书信,里面有"司马昭之心,路人皆知,又济之以'粉''昆',朋类错立,欲以'渺躬'为甘心快意之地"等语,这件事当然引起宋哲宗的高度重视。立案之后,文及甫称"司马昭"为刘挚,"粉昆"为王岩叟、梁焘,而"渺躬"则是指宋哲宗,并告以其父文彦博临终之际,"屏左右","独告以挚等将谋废立,故亟欲罢平章事"①。这件事是否确有其实,恐怕也只能成为千古疑案。此狱罗织而成后,"问其证验,则俱无有也"②。

然而此事因蔡渭引发之后,马上成为新党攻击旧党集团的极好借口。哲宗又应蔡京之建议,派了蹇序辰和一名宦官联合审讯,但也未能查出任何线索。时隔不久,涉案者雷州别驾梁焘卒于化州,鼎州团练使刘挚卒于新州。元符元年五月,宋廷下诏:

> 刘挚、梁焘,据文及甫、尚洙等所供语言,偶逐人皆亡,不及考验,明正典刑。挚、焘诸子并勒停,永不收叙。③

至此,经过一番折腾和对刘挚等人子孙的严厉打击,"同文馆之狱"不果而终。

需要稍作探究的是:文及甫之父文彦博,本是旧党集团的重要人物,文及甫亦与新党并没有太密切的联系,为何会协助新党打击刘挚等人呢?《长编》是这样解释的:"及甫除都司,为刘挚论列;又挚尝论彦博不可除三省长官,故止为平章事。彦博致仕,及甫自权

---

① 《长编》卷490,绍圣四年八月丁酉条。
② 《长编》卷490,绍圣四年八月丁酉条。
③ 《长编纪事本末》卷107《刘文书狱》。

侍郎以修撰守郡，母丧除，及甫与恕书，论请补外，因为躁忿诋毁之辞。"①照此说来，文及甫是因自身利益受到损害，加之对刘挚等怀恨在心而出此举的。根据前后的史实来判断，这一解释似可成立。那么，文及甫所为大致相当于元祐中吴处厚所为，而"同文馆之狱"也可相仿于元祐中的"车盖亭诗案"，新党在此事上大做文章，其目的也是置刘挚等人于死地，给予整个旧党集团以毁灭性的严厉打击。

三、哲宗"绍述"时期党同伐异的特点

对比一下元祐时期的党同伐异，我们可以清楚地看到，新党对旧党的残酷倾轧具有强烈的报复性色彩。《宋史》卷340《刘挚传》：

再贬光禄卿，分司南京，蕲州居住。将行，语诸子曰："上用章惇，吾且得罪。若惇顾国事，不迁怒百姓，但责吾曹，死无所恨，正虑意在报复，法令益峻，奈天下何！"

刘挚并不是什么具有政治眼光、舍身为国、胸怀博大的政治家，元祐年间在打击新党时不遗余力，在国计民生方面并无建树，《宋史》在此处利用野史的曲笔，将刘挚的形象塑造得如此完美，不足为信。至于说章惇作相后"意在报复"，这却也是一点不假的。

"意在报复"的不仅是章惇，而是整个新党集团。即令是在哲宗亲政后期"阴持两端"的曾布，在绍圣初报复旧党的心态也十分清楚。吕大防等人遭贬之后，曾布反对予以量移，他对哲宗称："蔡

---

① 《长编》卷490，绍圣四年八月丁酉条。

确五年不移,惠卿十年止移得居住处,吴安厚等十年不与知州军,此皆元祐中所起例,自可依此。"①可谓以眼还眼,以牙还牙。如前所述,元祐中旧党设立"诉理所",将熙丰中因反对新法而得罪者尽皆放罪,新党则针锋相对设立"管勾看详诉理所",使元祐初昭雪者重新获罪;元祐中旧党罗织成"车盖亭诗案",新党则也相应地制造了"同文馆之狱";元祐中刘挚、梁焘、吕大防分别以王安石、蔡确为党魁,籍王安石亲党30人、蔡确亲党60人,"榜之朝堂"②,绍圣初,新党亦籍定元祐党数十人;旧党在弹劾论奏时常有牵强附会、诬罔辱骂之语,新党在绍圣、元符中打击旧党时亦有深文周纳、极尽丑诋之言。凡此种种,即如王夫之所云:"绍圣之所为,反元祐而实效之也。"③

新党在这种报复心理的支配下,其所作所为往往达到了异常残忍的程度。据说,章惇在贬逐元祐党人时,曾经以被贬逐者的姓名定贬所。如苏轼贬往儋州,是因为苏轼字子瞻,"瞻"类"儋";苏辙贬往雷州,是因为"雷"字下有"田","田"字近于苏辙字子由之"由";黄庭坚贬往宜州,是因为"宜"字类黄庭坚字鲁直之"直";刘挚贬往新州,是因为"新"字近于刘挚字莘老之"莘"④。刘安世被贬逐时,情形稍不同,据张邦基载:

> 绍圣初,逐元祐党人。禁中疏出当责人姓名及广南州郡,以水土美恶系罪之轻重而贬窜焉。执政聚议,至刘安世器之

---

① 《宋宰辅编年录校补》卷10,绍圣元年三月乙亥"吕大防罢相"条,第615页。
② 《玉照新志》卷1;又参《宋宰辅编年录校补》卷8,元祐元年闰二月庚寅"蔡确罢相"条,人数有异。
③ 《宋论》卷7《哲宗》,第141页。
④ 参见《鹤林玉露》丙编卷5《苏黄迁谪》,第315页。

时,蒋之奇颖叔云:"刘某平昔人推命极好。"章惇子厚以笔于"昭州"上点之云:"刘某命好,且去昭州试命一回。"①

置人于必死之地而近于戏谑,这种情况在前此的北宋史上也是从不曾有过的。

这一场大规模的残酷倾轧的另一个特点,那就是目的异常明确:彻底摧毁整个旧党集团。元祐时旧党对新党的迫害与打击,虽然也出现了将蔡确置于死地的情形,虽然也花样迭出,但可以肯定,旧党在那场如醉如狂的迫害中,其政治目的,并不是将整个新党集团的成员全都置于死地,而是运用那一套荒谬不堪的"君子""小人"观,要使"君子居于内""小人居于外"。但经过元祐年间的打击与迫害后,随着矛盾的不断激化,新党的指导思想就完全不一样了。

据《宋宰辅编年录校补》卷10绍圣四年正月庚戌"李清臣罢中书侍郎"条:

蔡硕女婿文康世尝与硕言:"刘唐老谓文及甫曰'时事中变,上台当赤族其他执政,奉行者当枭首,从官当窜岭南'。"

刘唐老所云绝非耸人听闻之语,根据元祐中旧党的表现,如果旧党有机会复起,刘唐老所云就有可能成为现实。这一点,章惇、蔡京、蔡卞等人是异常清楚的。故新党在打击旧党时采取了一切可以采取的手段,以求彻底摧毁旧党,消除刘唐老所说的那种局面出现的可能性。

---

① (宋)张邦基:《墨庄漫录》卷1,见《宋元笔记小说大观》,第4646页。

在当时,将人犯贬往岭南,实际上与处以极刑无异。"问翁大庾岭头住,曾见南迁几个回?"苏轼的这一句诗,是对流放岭南结局的真实写照。于是,新党几乎将所有活着的旧党重要人物都贬到了岭南的远恶州军。刘挚,贬死新州,"家属徙英州,凡三年,死于瘴者十人"①;梁焘,贬死化州,家属于昭州居住;刘安世,先贬英州,后移高州、梅州;苏轼,贬英州,后又责降惠州,再贬儋州;苏辙,贬雷州;范祖禹,历永州、贺州、宾州而至化州;王巩,编管广西全州;秦观,编管雷州;郑侠,贬英州;吕大防,贬循州,于赴贬所途中病故。如此众多的臣僚被贬往岭南,在整个中国古代的党祸史上也是绝无仅有的。毫无疑问,章惇等是想将旧党彻底铲除,以绝后患。

新党对元祐党人中的死者进行追贬,对生者也极尽摧残之能事,基本达到了早已确定的目的。但又担心元祐党人的后裔有朝一日复起,会以同样的方式惩治新党,于是,元祐党人的后裔也遭到了厄运。绍圣四年(1097)正月,宋廷下诏:

> 应绍圣二年十二月十五类定姓名责降人,宫观、居住及勒停、安置、分司、散官,子、孙、弟、侄各不得住本州;邻州内子孙,仍并与次远路分合入差遣;已授未赴并见在任人并罢。②

按绍圣二年十二月十五日所定责降人有哪些,史载不详。但据上引诏书,可知这批责降人不在少数,至少应包括了旧党集团的主要人物,对这些人物的子弟进行如上的禁锢,是新党实行釜底抽薪、

---

① 《宋史》卷340《刘挚传》。
② 《长编纪事本末》卷102《逐元祐党人下》。

试图永绝后患的一招。

绍圣四年二月,章惇等认为"司马光、吕公著倡为奸谋,诋毁先帝,变更法度,罪恶至深。及当时凶党同恶相济,首尾附会之人,偶缘今已身死,不及明正典刑,而亡殁之后,尚且优以恩数及其子孙、亲属与见存者,罪罚未称,轻重不伦"①,追夺了司马光、吕公著以下一大批元祐党人子孙、亲属的遗表、致仕恩例,这就将大批元祐旧党的后裔和亲属逐出了官僚队伍。章惇、蔡卞等人的这一举动,不仅极为残酷地打击了旧党,也为蔡京以后的胡作非为开了先例。

如同元祐时期有高太后的支持,旧党才能对新党进行残酷倾轧一样,之所以绍圣、元符间北宋最高统治集团内部的朋党倾轧达到如此酷烈、残忍的程度,也是因为有宋哲宗充当新党集团的坚强后盾。

宋哲宗虽与新党臣僚之间是天尊地卑的君臣关系,考虑问题的出发点、方式或不尽相同,但在对元祐旧党予以严厉打击这一点上,是完全契合的。宋哲宗除不堪忍受司马光等人所谓"母改子"的逻辑,要竭力进行"子继父",再现皇权至高无上的权威外,还鉴于种种皇位几近不保的疑似之迹,而对元祐旧党耿耿于怀,宋哲宗对于旧党臣僚的仇恨心理,并不亚于章惇等人。绍圣初,时逢大恩礼,有人问哲宗可否牵复贬谪的旧党官员时,"上应声曰'莫不可牵复'"②。这里的"莫不可牵复"并不是现代汉语中的否定之否定句式,表示可以牵复,而是不可牵复。又如宋廷编类元祐臣僚章疏、降罪元祐党人时,据说曾布曾以"人情不安",试图劝止施行,哲宗即反问道:"若有罪,如何只为有赦榜,更不可行?"③绍圣四年,刘

---

① 《长编纪事本末》卷102《逐元祐党人下》。
② 《长编纪事本末》卷101《逐元祐党人上》,第3238页。
③ 《长编纪事本末》卷101《逐元祐党人上》。

挚等人已贬往岭南,曾布建言"宜稍徙善地""感召和气",哲宗则说:"刘挚等安可徙?"连在岭南就近作些调动的建议也"极难之"①。在王岩叟的处置问题上,哲宗更明确地说:"岩叟用心极可罪,当时贬蔡确,意不在确,盖有倾摇之意。"又说"王岩叟、朱光庭辈凶慝日肆,无所忌惮""岩叟尤凶肆,所言皆可怪,至谓曾肇为奸臣之弟"②。哲宗黜责元祐党人的态度异常坚定与明确,而不是像后世一些史家所说的那样:"痛贬元祐党人,皆非上本意。"③如果宋哲宗不持有如此强硬的态度,新党对旧党的打击肯定不会如此严酷。

绍圣、元符时期党祸如此之烈,也与新党赖以打击旧党的理由有关。元祐时期,旧党弹劾新党时,其拿手好戏就是连篇累牍地大谈"辨邪正"、斥"群小"等一些空洞无物的"君子"理论。在涉及一些实质性的问题时,无不躲躲闪闪、转弯抹角,乃至于言不由衷、信口开河,如司马光将弃地与西夏说成是神宗的本意,即属此类。不过,在弹奏新党官员时,旧党集团也不得不顾忌到宋神宗乃是新党、新法的后台。而在绍圣、元符时期,不论弹奏者的主观动机如何,其理由都是堂而皇之的,"毁黩先帝,变乱法度",这两点足以使旧党敛口结舌。新党以神宗为矛而击旧党之盾,这就使得新党在打击旧党时显得义理俱在、无所畏惧。

后世有人认为,之所以出现绍圣、元符间新党对旧党集团疯狂进行打击迫害的惨祸,是因为旧党集团在元祐年间对新党打击不力。如明人方鹏在谈及这一事件时有云:

---

① 《长编纪事本末》卷107《刘文书狱》。
② 《宋宰辅编年录校补》卷10,元祐七年五月丙午"王岩叟罢签书枢密院事"条,第599页。
③ 参阅《宋宰辅编年录校补》卷10,绍圣元年三月乙亥"吕大防罢相"条,第615页。

> 使元祐之去小人犹绍圣之攻君子,深恶痛绝而不使之复用,防危虑患而不敢以自安,则岂有绍圣之祸哉![1]

这完全是一种基于所谓"君子""小人"之说的隔靴搔痒之论。导致绍圣之祸的绝非什么元祐年间"君子"去"小人"不力,恰恰相反,绍圣之祸正是来自以这种荒谬不堪的"君子""小人"观作为理论基础的政治实践。像司马光这类"执拗"、治国乏术且又自以为是的"君子"还朝主政,这就在很大程度上决定了绍圣之祸不可避免,同属旧党集团的程颐、范纯仁等人元祐时对时局的判断和预料,对理解北宋王朝政局的演变过程及其历史成因是有一定意义的。

假使司马光及整个旧党集团在主政之后,能真正以国事为重,放弃偏见和成见,兴利除弊,实事求是,含容新党,化解矛盾,建立起一种正确的导向,也许北宋王朝的统治将是另外一番情景,而元祐臣僚后来也绝不会遭到如此残酷的迫害。遗憾的是,元祐党人摆出一副与新党势不两立的姿态,不问青红皂白地对新党大加挞伐,最终导致北宋王朝统治在治乱攸关的十字路口贻误乱中求治的良机,步入了歧途。因此,王明清认为绍圣之祸,"根实基于元祐嫉恶太甚焉"[2]。庄绰则明确说,元祐党人之祸,是因蔡确贬死新州一事而起[3]。明代的李贽在谈及北宋的党祸时也说:"党籍祸兴,元祐诸君子安能辞其责也。"[4]王明清、庄绰、李贽等人也是基于"君子""小人"观而立论的,甚至也带有明显的偏见,但也较为客

---

[1] (明)方鹏:《责备余谈》卷下《元祐斥逐小人》。
[2] 《玉照新志》卷1。
[3] 《鸡肋编》卷下。
[4] 《藏书·世纪》卷8《求治真主》。

观、委婉地谴责了旧党之所为,对党祸的成因提出了较为客观公允的看法。

第三节 哲宗"绍述"

所谓"绍述",即是宋哲宗亲政后在政治上所宣告的继承和光大其父宋神宗熙宁、元丰变法力求图强的所有国策,亦即全面恢复神宗时施行的新法。

一、李清臣、邓温伯与哲宗"绍述"

哲宗亲政之后不久,宋廷立即开始着手颠覆元祐政局,奉行"绍述"神宗政事的政策。而李清臣、邓温伯在这一重大的事变中起了至关重要的作用。

李清臣,字邦直,早年以博学、能文和节操名闻士林,深得韩琦、欧阳修的赏识。神宗时参与变法,元丰末官拜尚书右丞。"元祐更化"时,旧党集团对"熙丰法度,一切厘正,清臣固争之",因与旧党成员持不同看法而被贬出朝廷[①]。邓温伯,即邓润甫,神宗时参与变法,时有异同之论,凡事有着自己的想法和见解。他曾率台谏官极论宦官李宪措置熙河之事,又"因论奏相州狱,为蔡确所陷,落职知抚州",在熙宁、元丰时期的变法运动中也因政见不同而历经坎坷。元祐中,又因"梁焘论其草蔡确制,妄称有定策功",黜知亳州。史称:"哲宗亲政,润甫首陈武王能广文王之声,成王能嗣

[①]《宋史》卷 328《李清臣传》。

文、武之道,以开绍述。"①

宋哲宗元祐九年(1094年,亦即绍圣元年)二月,根据杨畏的密荐,哲宗起用李清臣守中书侍郎、邓温伯守尚书左丞,酝酿重行熙丰之政。当时恰遇三年一度的开科取士,为了给"绍述"制造声势,使朝野得知"绍述"之意,哲宗特请李清臣撰试进士策。李清臣对神宗熙丰19年间所行礼乐、法度进行了高度颂扬,对元祐实行"更化"而"士不加能""农不加富""可差可募之说杂""河患滋""羌夷之侵未弭"等,进行了全面的抨击,并要求参与考试的士子"陈之无隐"。结果,"专取主熙宁、元丰者"毕渐以下600人②,正式确立了哲宗绍述熙宁、元丰政事的国策。

同年四月,御札改"元祐九年"为"绍圣元年"并要求"布告多方,咸体朕意"③,为期七年的"绍述"正式开始。

绍圣元年四月,复行免役法,"诏府界诸(路)免役法并依元丰八年见行条约施行,仍自指挥到日为始"④;同月,废元祐堂除之制,"诏有司依祖宗以来中书差除,立为定法,余归铨曹,用元丰中选格注授"⑤。

闰四月,罢元祐中司马光创置的十科举士法;恢复神宗元丰年间一年四试的太学补外舍法;依元丰官制,厘正元祐以来浸已变乱者。

同年七月,令刑部、大理寺依元丰选试推恩法立条。

同年九月,罢制科;府界诸路置广惠仓,由户部按元丰敕令

---

① 《宋史》卷343《邓润甫传》,第10912页。
② 《长编纪事本末》卷100《绍述》,第3179页。
③ 《长编纪事本末》卷100《绍述》,第3188页。
④ 《长编纪事本末》卷100《绍述》,第3189页。
⑤ 《长编纪事本末》卷100《绍述》,第3190页。

立法。

绍圣二年三月,复神宗以文散官定为寄禄法。

同年七月,复青苗法。

绍圣三年七月,复保马法。

绍圣四年二月,援神宗时例,罢元祐所置春秋科。

同年十二月,复市易法。

此外,在其他许多相关政策的细节方面,哲宗与新党也渐次恢复了神宗之制。从形式上看,这次自上而下在全国范围内进行的绍述,已经至为全面了。剔开党同伐异的因素不论,章惇、曾布、蔡卞等人在哲宗支持下的绍述,是元祐间旧党集团以偏见改成法、唯务苟且因循的必然产物和逻辑结果,换言之,绍述之政是针对元祐间的许多弊端和新的社会问题而出台的。李清臣所撰试进士策中指出的问题,是旧党不得不承认且难以回答的问题,当然也带有明显的时代烙印。如果说这些问题失之笼统,存有偏见,那么我们可以随便举出一个反例,《宋史》卷158《选举志》:

> 初,选人改官,岁以百人为额。元祐变法,三人为甲,月三引见,积累至绍圣初,待次者二百八十余人。诏依元丰五日而引一甲,甲以三人,岁毋过一百四十人,俟待次不及百人,别奏定。

这是一个量化的实例,见载于《宋史》,恐不会对旧党存有偏见。借此可以看出,宋哲宗亲政后在新党集团的支持下所进行的"绍述",是有其社会现实作为依据的。

但是,绍圣之政在仓促之间全盘推翻弊端百出的元祐之政,并不能证实绍圣、元符之政如何美满。哲宗"绍述"的社会效果还主要取决于新党集团在新的时期所进行的政治实践。为了较为客观地估价哲宗"绍述"的社会效果,我们不妨从政治实践的主体——哲宗与新党集团入手,进行一些讨论。

《长编》在神宗逝世条之后,引用了史臣对神宗的一段评论:

> 圣学高远,言必据经,深造道德之蕴,而详于度数。每论经史,多出人意表。间日一御迩英讲读,虽风雨不易。禁中观书,或至夜分。在东宫素闻王安石有重名,熙宁初擢辅政,虚己以听之。……励精求治,如恐不及,总览万务,小大必亲。遇休暇,犹间御殿决事,或日昃不暇食,两宫遣人趣之。……虽治尚严整,知勇果断,而造次必以仁恕。……每当用兵,或终夜不寝,边奏络绎,手札处画,号令诸将,丁宁详密,授以成算。……恩威相济,人不敢不尽力。……欲先取灵、夏,灭西羌,乃图北伐,积粟塞上数千万石,多储兵器以待。……在位十有九载,兴为建立,法三代,由汉以下,陋而不取。而谦冲退让,去华务实,终身不受尊号,此诚帝王之盛德也。①

此处引用时,略去了一些与本书论旨无关的文字。据该条所附夹注,知这一评价出自元祐史官之手,则更具说服力。绍圣史官因"所记圣德"未尽,加以补充而"具于卷末"者,不再赘引。仅根据以上的评价,我们对神宗可获得如下认识:一、好学沉思,经世之学博洽;二、"励精求治",锐意于开拓进取;三、精通君王南面之术,驭臣下有方;四、力图通过用兵夏、辽,扭转积弱之势;五、"去华务实"。这些评价虽也有粉饰,但基本上是中肯的。

---

① 《长编》卷353,元丰八年三月戊戌条。

如果将宋哲宗与之相比较,则无论在哪一方面均难以与宋神宗相提并论。偏见十足的《宋史》作者为哲宗作"赞",所表彰的,均是宣仁太后高氏垂帘八年间的"政迹",而于哲宗本人,非但认为乏善可陈,而且还明确地予以否定①。我们虽难以简单地接受"熙、丰旧奸""媒蘖复用,卒假绍述之言,务反前政,报复善良"的看法,但可论定:哲宗算不上一个贤明的君主。

宋哲宗成长于不正常的政治气氛和政治环境中,上有高太后越俎代庖发号施令,下有元祐诸臣的曲意教导,其政治性格早在元祐的八年中即被严重扭曲,滋生出强烈的偏见和逆反心理。亲政之后,虽也站在帝王的角度考虑过国计民生,但没有也根本不可能像神宗那样心地专一,着眼于宋王朝的内忧外患,力图有所作为,而主要是想尽快地踢开新党,恢复帝王至高无上的尊严和权威,也可以说,其"绍述"的动机不够纯正。仅此而言,无论哲宗所主持的"绍述"多么全面,对于国计民生来说,"绍述"的社会效果就已打了几分折扣。

辅佐哲宗进行"绍述"的大臣,如章惇、曾布、李清臣、邓温伯、蔡京、林希、张商英、邢恕等人,均是神宗变法时的重要人物,即如《宋史》所说的"熙、丰旧奸"。但时移世异,其所作所为,也远不能与熙宁、元丰时期同日而语。

之所以如此,首先是因为哲宗与新党重新构成的君臣关系格局难以同熙丰时相比,新党的所有成员当然也不可能尽力为国计民生而奔走。宋哲宗不正常的心态、鉴别和驾驭人才的能力较差,都成为影响这一格局的重大因素。其次是新党内部的变化。宋神宗熙宁之初有才识德行过人的王安石全力辅佐,而哲宗亲政之后,

---

① 参阅《宋史》卷18《哲宗纪》。

新党诸人"无安石博闻强识之学、食淡衣粗之节"①,加之经过历时八年的"元祐更化"之后,新党中许多人在政治热情、处世哲学、主观追求等方面也有了较大的变化。再次,他们同宋哲宗一样,同样也怀有强烈的复仇心理。章惇尚未还朝即明确申明要以"辨奸邪"为当务之急,其实,这也是新党还朝之后的共同愿望,而由章惇一语道破而已。因此,由这样一个官僚集团进行的所谓"绍述",要想获得满意的社会效果,也是不可能的。

二、哲宗与新党集团的"绍述"

从形式上看,哲宗与新党集团在绍述神宗政事方面确实也倾注了一定的心力。

绍圣元年(1094)七月,户部尚书蔡京言:"神宗皇帝熙宁之初,将欲有为于天下,得王安石而任之。于是置条例司,选天下英材,设官分职,参备其事,兴利补弊,功烈较著……今日正当参酌旧例,考合得宜,以称陛下追述先志之意,以成足国裕民之效。然事之可兴者方且毛举,岂臣单力所能胜任?伏望圣慈检会熙宁中置条例司故事,上自朝廷大臣,下选通达世务之贤,同共考究,庶几成一代之业,以诏万世。"根据蔡京的建议,哲宗仿神宗熙宁初设制置三司条例司,专门置局讲求绍述事宜,并由张康国、邓洵武"看详利害事以闻"②。

另有材料显示,同司马光为首的旧党集团不一样,新党还曾在绍述神宗之法的过程中吸取了元祐之政的某些长处。《宋史》卷18

---

① 《宋论》卷7《哲宗》,第136页。
② 《长编纪事本末》卷100《绍述》。

《哲宗纪》：

> （绍圣二年）八月癸酉，章惇等进《新修敕令式》。惇读于帝前，其间有元丰所无而用元祐敕令修立者，帝曰："元祐亦有可取乎？"惇等对曰："取其善者。"

"绍述"中最大的难题是如何对待神宗朝所立之法。如同一个人不能两次踏进同一条河流一样，经过元祐历时八年的"更化"，神宗时所行之法被拦腰斩断，即令没有元祐之政，熙丰之法也会有发展变化，也需要因时因地制宜进行调整。因此，显而易见，哲宗与新党集团是不可能完全照搬熙丰之法的。哲宗与新党集团经过无数次的切磋、商讨乃至争论，直到绍圣四年三月间，哲宗才表示：对于神宗旧制，"不第不失大意可矣"[①]。在损益先朝之法的问题上，哲宗君臣也终于有了较为明晰的思路。客观而论，上述做法和指导思想是有助于继承熙丰之法的基本精神，克服元祐之政的弊端，并有可能形成一套具有时代特点、有利于北宋王朝统治的绍圣之制的。

但遗憾的是，由于宋哲宗与新党集团的主观动机和主要精力并不是专注于国计民生，由于高度紧张的政治气氛影响，那些好的想法和指导思想并没有在当时的社会生活中产生切切实实的影响。尤其应该指出的是，由于新旧两党势同水火的政治格局已经形成，哲宗与新党集团不得不将倾轧旧党置于首要地位，然后才有所谓"绍述"之举。诚如曾布的一段文字所云：

---

① 《长编纪事本末》卷100《绍述》。

曾布具札子言："毁废先朝法度之人既已黜逐,则前日之良法善政当次第讲求,增损施行,而国论未尝及。"又言："政事非得人不能举,若但以私爱憎喜怒为意,则人才必难进。今既不能公选人才,则政事何从而举?若不稍复可行之法度,则是先朝政事不可行,若不可行,则毁废之人何以得罪?"①

这段文字也许是曾布个人对时局的理解或看法,在一定程度上体现了他个人的政治品格,但也在客观上道破了哲宗亲政后新党控制宋廷的执政逻辑。按曾布的说法,元祐党人,即所谓"毁废先朝法度之人"既然已经黜逐,那么就应该考虑逐渐恢复神宗政事,这样,"毁废之人"才有得罪之由。无论如何,得到哲宗支持的新党集团最终还是将恢复熙丰新法纳入到了议事日程。以下仍拟就役法的变更情况,深入地探讨一下哲宗"绍述"的利弊得失。

役法是北宋王朝治国理政的重要法律法规之一。尽管役法在熙丰、元祐时期几经变更,但新、旧二党无不对此极为重视。神宗、王安石是如此,元祐初司马光等人是如此,哲宗亲政后新党也是如此。绍圣元年四月,即宋哲宗亲书御札改元"绍圣"的当月,最高统治集团便开始讨论废除差役法、复行免役法的问题:

绍圣元年四月四日,三省言："役法尚未就绪,欲令户部长贰同详定,以郎官郭茂恂、陈祐之为检详官。"
上曰："止用元丰旧法而减去宽剩钱,百姓何有不便耶?"
范纯仁曰："四方各不同,须因民立法,乃可久也。"

---

① 《太平治迹统类》卷24《元祐党事本末下》。

上曰："令户部议之。"①

按自神宗、王安石改差为募之后，免役法推行了将近20年，司马光上台后，坚持要"直降敕命，应天下免役钱一切并罢，其诸色役人，并依熙宁元年以前旧法人数，委本县令佐亲自揭五等丁产簿定差"②。因为司马光的政治地位和影响，最终造成了整个元祐一代"可差可募之说杂而役法病"的混乱局面，所以在绍圣之初，役法一事被列为"绍述"的首要内容。但时隔宣仁太后主政的九年，改差为募后情形有了哪些发展变化，如何解决章惇当初与司马光辩役法所说到的下户一律纳钱、有钱荒之患这两个问题？宋哲宗与新党集团虽就改差为募的衔接问题作了一些安排，并对宽剩钱和五等人户蠲减役钱作出了具体规定，但并没有对那些重大问题进行认真推敲，探讨解决的办法。上引材料中有哲宗曾"令户部议之"之语，时在绍圣元年四月四日。同月十八日，殿中侍御史井亮采上疏云：

陛下修复先帝役法，宜令郡县一依元祐未改以前法令，则可以速慰天下之望。至于立定宽剩钱分数，或免下户出钱，此在朝廷一言，自可就降诏旨，不必取索看详。③

大概井亮采这一建议为宋廷所采纳。此后第八天，宋廷下诏："府界诸路复免役法，并依元丰八年见行条约施行，仍自指挥到日为

---

① 《宋会要辑稿》食货六五，第7832页。
② 《长编纪事本末》卷108《差役》，第3499页。
③ 《宋会要辑稿》食货六五，第7832页。

始。"①这种做法同司马光在元祐时期的做法一样,显然也过于简单草率。

熙宁时所行诸法,在神宗时便已作过部分调整,其调整的方向与目的,则是尽可能为赵宋王朝积累财富,即如旧党所攻击的"聚敛"。所以神宗元丰八年(1085)十月知吉州安福县上官公颖曾说:

> 臣先于六月初四日献书,……内一件为免役取民之制,未究。臣窃怪耆、壮、户长法之始行也,皆出于雇。及其既久也,耆、壮之役,则归于保甲之正长;户长之役,则归于催税甲头。往日所募之钱,系承贴人及刑法司人吏许用,而其余一切封桩。若以为耆、壮、户长仍可以废罢,即所用之钱,自当与百姓均减元旧额,今则钱不为之减,又使保、正长为耆、壮之事,催税甲头任户长之责,是何异使民出钱免役而又使之执役也!②

上官公颖的奏疏反映出,一部分本已交纳过免役钱的职役,又无偿地转嫁到了其他执役对象身上,而官府则隐占了所交纳的免役钱。元祐之初,刚还朝主政的旧党尚未将彻底罢免役法提到议事日程时,曾局部地采取了一个权宜之计:"诏府界诸路耆、户长,壮丁之役并募充,耆长许第三等,户长第四等,以上应等第给钱。其旧以保正代耆老、催税甲头代户长,承贴人代壮丁,并罢。"③绍圣初,宋廷则依户部看详役法所言,诸路"并依元丰条,以保、正长代耆长;甲头代户长;承贴人代壮丁"④,全部恢复了元丰时的隐占役钱

---

① 《宋会要辑稿》食货六五,第7833页。
② 《长编纪事本末》卷108《差役》,第3491页。
③ 《长编纪事本末》卷108《差役》。
④ 《宋会要辑稿》食货六五,第7835页。

之法。

非常明显,绍圣初哲宗与新党集团并没有继承熙宁变法的精神,而是"绍述"了元丰之制的弊端。如果新党集团心知其弊,而却刻意废元祐之法、复元丰之法,那么由此可见,"绍述"的基本原则则是以派划线,而不是择善而从。

同时,有材料表明,时为户部尚书的蔡京还往往利用绍圣之初的政治气氛,压制人言,强行恢复神宗元丰役法。

> 户部尚书蔡京言:"体访得京东、西路提举常平司下诸州相度役法,不遵元丰条例,辄用元祐差法。乞下本司官分析以闻。"①

此处的"分析"一词,看似与现代汉语中的"分析"一词的含义相近。但在宋代,此语毋宁说是一政治术语,多在有人违法、犯罪的场合下使用。蔡京即是认为京东西路提举常平司"不遵元丰条例",已经构成罪行,才使用此语的。

当时新党控制的台谏,也往往漠视急骤恢复免役法所遇到的具体问题,漠视官员因长期以来役法变化不定而产生的困惑,而动辄以神宗时实施的条例施压。复据《宋会要辑稿》食货六五:

> 殿中侍御史郭知章言:"今朝廷推行免役法,访闻诸路提举官未能熟究利害,曲意观望,或知宽民而不知害法。臣愚以为役法宜一以元丰初敕为准。"

---

① 《宋会要辑稿》食货六五,第7836页。

由于宋廷已经有了先入为主的成见,即完全以神宗朝所行条贯为准,因而平心静气地检讨各朝役法得失、发表不同意见的官员,动辄受到政治上的惩治。绍圣三年五月,左正言孙谔曾对役法发表过如下看法:

> 窃惟免役者,一代之大法。在官之数,元丰多,元祐省,虽省,未尝废事也,则多不若省;散役人之直,元丰重,元祐轻,虽轻,未尝废役也,则重不若轻。然则元丰不及元祐之法欤?大纲立矣,随时不能无损益者,众目也。数省而直轻,则民之出泉者易;民之出泉者易,故法可久也![1]

孙谔,字元忠,与彭汝砺相友善,元祐、绍圣时均多有正直不偏之论。从上引材料看,孙谔只是就役法而论役法,并没有政治上的向背,但即刻遭到了蔡京的罗织与抨击:

> 看详谔以为"元丰多,元祐省""元丰重,元祐轻""多不若省""重不若轻",则是谔以谓元丰之法不若元祐明矣!而文其奸言,以为随时损益者,妄也。苟以为随时损益,则元丰之法未必是,而元祐之法未必非矣!谔于陛下追绍之日,敢为此言,臣切(窃)骇之。……且免役法自去年五月复行至今将一年,天下吏习而民安之,而谔以为"宿弊不革"者,谓熙宁、元丰之时也,以先帝有为之时为"宿弊之法",则元祐之变法为革弊,而陛下今日亦不当绍而复之也。……是欲伸元祐之奸,惑

---

[1] 《宋会要辑稿》食货六五,第7836页,以《长编纪事本末》卷100《绍述》条参校。

天下之听。①

由于蔡京的附会与罗织,孙谔终因此而被逐出朝廷,差知广德军。"元祐更化"之初,司马光一人自以为是,要武断废除免役法,章惇与之发生过激烈的辩论,虽然章惇也遭到过王岩叟等人的附会和攻击,但吕公著、苏辙等人也还多少承认过章惇所云有一定的道理,而且旧党内部范纯仁、苏轼、苏辙等也还较为慎重地探讨过二法之间的利弊得失。但绍圣之初,朝臣已不被允许对役法一事提出任何不同的看法,正所谓"凡有人言及朝廷政事所未安,即便以为非毁先朝,党助元祐"②。

因此,新党内部基本上也没有人对役法提出过不同看法。极个别有不同意见者,同样也被作为异端邪说者看待,并横遭指斥。如侍御史董敦逸因揭露过蔡京在元祐之初知开封府时,曾投机迎合司马光,于五日内废雇复差,"只祥符一县,数日之间,差拨役人一千一百余人",以及绍圣以来"江西吏人除重法案外,元无雇钱,近来一例创行支给,以百姓之脂膏,填群吏之沟壑"的事实,并称蔡京近日"又坏先帝之法"。但是,在蔡京的巧言曲辩与蛊惑之下,宋哲宗不仅未追究蔡京所为,反而一再责令董敦逸"分析"上述事实"所得来处,诣实以闻,不得辄隐"③。于是,这种做法使得新党内部几乎所有臣僚不再理会免役法是否有不完善之处,不再理会复行新法之后的利弊得失,不再考虑当时的各种实际情况,而只是一味地盲目附和宋廷已下之令。因此,绍圣年间复行免役法后,不仅

---

① 《宋会要辑稿》食货六六,第7918页。
② 《长编纪事本末》卷100《绍述》,第3202页。
③ 《宋会要辑稿》食货六六,第7919页。

没有解决神宗时推行免役法的弊端,不仅没有扭转"元祐更化"给宋代社会造成的混乱状况,而且又给宋代社会带来了新的严重问题。

以上是通过"绍述"免役法一事对哲宗亲政之后"绍述"神宗政事进行的个案分析。从中可以看到,宋哲宗亲政之后进行的所谓"绍述"具有如下几个特点:一、对神宗政事的"绍述"过于简单、草率;二、"绍述"所注重的主要是形式而不是内容;三、"绍述"中丝毫不允许异论者存在;四、"绍述"并不是绝对的,一方面虽然部分地吸收了"元祐更化"时期的法令,但另一方面,神宗元丰中偏离熙宁立法本意的部分内容,也被再次搬上历史舞台,并加以发展。

为防止以偏概全,兹将上述特点在绍述过程中的表现进一步作些申论。

据《长编纪事本末》卷100《绍述》条:

> (绍圣二年)六月乙酉,诏:元祐初减定除授正任已下俸禄,递损物数不多,有亏朝廷优异之礼。其见行条令,悉宜罢去,并依元丰旧制,其宗室公使并生日所赐,自依元祐法。

此诏颇可看出绍圣之政的旨趣。神宗时增加俸禄是为所谓"养廉"提供物质条件,且比较注重以法制相制约,元祐初"减定除授正任已下俸禄",多是表面文章,且多为刻意反元丰之所为。而此时,宋哲宗已非宋神宗,此时的政治环境已非元丰时的政治环境,其施行结果自然也大异其趣,"绍述"此法加剧了统治集团的腐败,断无可疑。颇具意味的是,"其宗室公使并生日所赐,自依元祐法",新党将旧党和元祐之政视作寇仇,元祐时优渥宗室的有关法令却反被承继下来。这表明了绍圣之政的一个重要方面,即"绍述"在一定程度上成了统治集团追求自身物质利益的幌子。

哲宗"绍述"多注重形式,这在恢复"元丰官印契书"方式上表现得尤为突出,绍圣元年二月,详定敕令所言:

> 京东、河北、河东转运司奏:元丰官印契书既有法式,而纸札厚大,不容奸伪。元祐之初,有司观望,申请废去,天下契书奸巧之弊,复如往时。今乞依元丰条例,委得经久,于民有利。①

此段材料附注引《新录》辩曰:"小人观朝廷之向背,揣所乐闻,驰骛迎合,非无耻者,孰能之?方'绍述'之说兴,虽契券、纸札之厚薄大小,亦妄述利害,以济其谀,可见一时在位者,小人之多也!"《新录》的作者是以异常愤懑的心情辩说此事的,其所以愤懑,就因为在作者看来,此事并不那么重要,而却有小人"妄述利害,以济其谀"。

在这种形势下进行的"绍述",不仅舍弃了神宗所行之法中尚有可称的内容,而且还引发了新的社会混乱。绍圣四年九月,权殿中侍御史蔡蹈论及新党绍述市易法时有云:"元祐大臣欲变先朝良法,思有以干百姓之誉,故凡民所欠负,一切蠲免。……绍圣以来,察见用事者之奸,即行催理,今已累年,空有姓名挂于文书,追扰纷纷,终无益于事。"②而新党唯务求同排异,吏治的更加败坏也在所难免,"大抵阘冗之人,固无他长,惟借此(按指绍述)以希进",于是,赞同"绍述"、鼓吹"绍述",成为众多官员赖以获得官职的捷径,连宋哲宗也感觉到,当时的官僚士大夫"多只是迎合"③。

---

① 《长编纪事本末》卷100《绍述》。
② 《长编》卷491,绍圣四年九月乙卯条,第11649页。
③ 《长编》卷493,绍圣四年十一月丁卯条,第11698页。

综上所述,哲宗和新党集团在内政方面的"绍述",虽也颇费了一番人力和财力,但基本上没有取得可供称道的社会效果。时人安焘曾有一疏对"绍述"进行过评论,他说:

> 自绍圣、元符以来,用事之臣,持绍述之名,诳惑君父,上则固宠位而快恩仇,下则希进用而肆朋附。彼自为谋则善矣,未尝有毫发为公家计者也。夫听言之道,必以其事观之。臣不敢高谈远引,独以神考之事切于今者为证。熙宁、元丰之间,中外府库,无不充衍,小邑所积钱米,亦不减二十万。绍圣以还,倾竭以供边费,使军无见粮,吏无月俸,公私虚耗,未有甚于此时,而反谓绍述,岂不为厚诬哉?①

时移而事异,这样的比较未必能从根本上说明问题,更何况从中也可明显地看出成见与偏见。但有一点可以肯定,绍述、元符之政是远不能与熙宁、元丰之政同日而语的。

绍圣、元符时期,宋哲宗和新党集团唯一可以聊以自慰的,是在军事方面取得了北宋历史上前所未有的战绩,尤以在对西夏的战争中所取得的战果最为可观。

元祐时期,司马光、文彦博等人将宋方经血战所得的众多形胜之地"赐还"西夏,"启宠纳侮",造成了"羌夷之侵未弭"的局面。绍圣时期,宋哲宗与新党绍述神宗的战略方针,重新采取积极进取而非消极防御的对夏政策。绍圣元年五月殿中侍御史郭知章奏:"先皇帝辟地进壤,扼西戎之咽喉,如安疆、葭芦、浮图、米脂,据高

---

① 《宋史》卷 328《安焘传》。

第五章 从哲宗"绍述"到"建中靖国"——新、旧党争的发展演变

临下,宅险遏冲。元祐初,用事之臣委四寨而弃之,外示以弱,实生寇心。"①并要求"显行黜责"弃地者,这标志着绍圣君臣将要对西夏采取强硬态度。

绍圣二年正月,"诏定缘边城堡、镇寨"②,进一步为用兵西夏作准备。自司马光、文彦博、苏辙等力主弃掉安疆等四个军事要塞后,西夏一直利用宋廷消极避战的苟安心理,得寸进尺地向北宋方向扩张,遂要求与宋重新划分疆界。早在元祐五年(1090)六月,殿中侍御史上官均对此就曾有如下议论:

> 自陛下临御以来,……务以息兵养民为事,……然自朝廷纳西夏贡使,复与岁赐,恩礼不为不厚,而戎人骄恣,傲然无怀服之意,遣使请地,邀求无已。乃知非恩之不至、待之不勤,其弊在于姑息之太过耳。③

绍圣二年八月,宋廷已决意绍述神宗之志,用兵西夏,因而断然中止了在熙河等路与西夏划分地界,"开边自此始"。

在此后的一系列对夏战争中,宋廷主要采取两种方式对付西夏,即"浅攻"与"进筑"。所谓"浅攻",即是根据夏人的具体情况,"不限时月,选遣精锐兵将,前去痛行讨荡,使贼界兵不解严,人户不敢安居,耕种免致秋成,更为边患";④所谓"进筑",即是通过军事行动,夺取一些军事要冲和形胜之地,并就地修筑城堡、镇寨,屯兵驻守,使之成为钳制西夏进犯和进一步进攻西夏的据点。

---

① 《长编纪事本末》卷101《逐元祐党人上》,第3219页。
② 《长编拾补》卷12,绍圣二年正月乙卯条,第160页。
③ 《历代名臣奏议》卷332《御边》。
④ 参见《长编》卷485,绍圣四年四月乙酉条,第11519页。

早在神宗元丰年间的灵武之役后,李宪就曾提出过这一方略,但因种种原因,当时未曾被宋廷采用。此策确为制服西夏的有效办法,自绍圣中北宋对夏开战之后,"浅攻"与"进筑"均连连得手。绍圣四年四月,熙河路筑成金城关,河东路筑成葭芦寨,刘安统制兵马修浮图寨;稍后,章楶领兵修成平夏城、灵平寨。葭芦、浮图两寨均为元祐时宋廷"赐"予西夏之地,此时通过用兵而重归于宋并得到重新修复。据枢密院所奏报,浅攻之策施行后,北宋亦获得较大战果:

> 自(绍圣)二年八月以后,诸路出界浅攻,除硬探斩获首级更不计数外,鄜延、环庆、泾原、河东四路,共获一万一千六百五十级。鄜延五百九十三、环庆四千六百九、泾原二千一百九、河东三千三百四十五。①

元符元年之后,沿边诸路力行进筑之策,所筑边寨、城堡迅速增加。元符元年二月,泾原路筑成高平堡,环庆路筑成新平城、横山寨。三月,鄜延路筑成兴平城,泾原路筑成九羊寨、石门堡。四月,鄜路修成开光堡、临夏城,河东路进筑榆木川寨、宁川寨。五月,环庆路筑成横山寨通寨堡。六月,河东路筑成神泉寨。此后,北宋军队继续进筑,战果仍甚可观。据统计,"自(绍圣)三年秋,迄元符二年冬,凡陕西、河东建州一,军二,关三,城九,寨二十八,堡十"②。宋方取得了自宋仁宗统治时期与西夏发生战争以来最为辉煌的战绩,达到了宋神宗竭力想达到而终未能达到的战略目的。

---

① 《长编》卷485,绍圣四年四月丙申条,第11533页。
② (清)吴广成:《西夏书事》卷33,龚世俊校证,甘肃文化出版社1995年版,第378页。

北宋实施浅攻和进筑之策,最大的成功是基本上掌握了横山一线的制控权。《宋史》卷335《种谔传》:

> 横山延袤千里,多马宜稼,人物劲悍善战,且有盐铁之利,夏人恃以为生,其城垒皆控险,足以守御。

以前西夏之所以能操制宋夏战争的主动权,除其他因素之外,其据有横山一线的战略要地也许是最重要的原因,因此西夏兵马进可攻,退可守,而北宋西北边陲却门户洞开,凡战事一起,只能百计招架,而无还手之力。绍圣、元符间的成功进筑,则使横山一线的众多兵家必争之地易手,西夏不仅由此丧失了驱兵进犯北宋的地利,而且其自身亦有存亡之忧。至此,西夏不得不遣使乞和,宋夏之间的战略态势发生了根本性的转变。这在北宋历史上确为绝无仅有的事件,因而宋哲宗与章惇、曾布谈论起这一情形,志满意得的自豪之情溢于言表。据《长编》卷506元符二年二月甲申条载:

> 上以西人叩关请命,甚悦。辅臣皆言:"祖宗以来,边事未尝如此,元昊猖狂,朝廷之遣使告北敌,令指约。今其计穷引咎,可谓情见力屈,朝廷威灵固已震动远人,兼边事自尔收敛,于公私为利不细。"

元符二年五月,满朝文武大臣也因之受到了宋哲宗的嘉奖。

在北宋凌厉的攻势下,西夏所面临的局势愈趋严重,元符二年九月,西夏再次遣使赴宋谢罪,其表辞曰:

> 伏念臣国起祸之基,由祖母之世。盖大臣专僭窃之事,故

中朝兴吊伐之师,……矧惟前咎之所由,蒙睿聪之已察;亦或孤臣之是累,冀宝慈之垂矜。特纳赤诚,许修前约,念赦西陲之弊国,得反政之初愿,追烈祖之前猷,赐曲全之造,俾通常贡,获绍先盟,则质之神灵,更无于背德,而竭乎忠荩,永用于尊王。①

此时的宋廷,则以从未使用过的语气向西夏国主乾顺"赐"诏云:"省所上表,具悉尔国乱常历年于此,迨尔母氏,复听奸谋,屡兴甲兵,扰我疆场,天讨有罪,义何可容?今凶党歼除,尔既亲事,而能抗章引愿,冀得自新。朕喜尔改图,姑从矜贷。"②宋廷此诏,结束了宋夏关系史上宋方屈辱、被动的状态。宋哲宗不由得兴奋异常,称"西人未尝如此逊顺",曾布亦云:"元祐中固不论,元丰中表章,极不逊,未尝如今日屈服也!"③

此后,西夏一再表示愿向北宋俯首称臣。在北宋一朝320年历史中,宋王朝先后与党项、契丹、女真、蒙古等民族政权发生过和战关系,北宋最高统治者唯有这一次畅快淋漓地满足了自尊心,而此事竟出现在宋哲宗"绍述"期间,这不能不说是一个奇迹。

第四节　向后垂帘与"建中初政"

元符三年(1100)正月,宋哲宗赵煦去世。由于哲宗无子,兄终弟及,端王赵佶继承了皇位。次年,改元"建中靖国"。从元符三年

---

① 《长编》卷515,元符二年九月庚子条,第12240页。
② 《长编》卷515,元符二年九月丁未条,第12240页。
③ 《长编》卷515,元符二年九月丁未条,第12240页。

到建中靖国元年(1101),两年的时间并不算长,但其间经历了哲宗去世、徽宗继统、向后垂帘、元符上书、"建中靖国"等重大事件,并终于孕育出"崇宁"政局,成为各种矛盾发展演变过程中的又一关键时段,实乃北宋王朝走向垂危直至覆灭的重要环节之一。

一、绍圣、元符以来统治集团内部各派势力的消长

哲宗去世之后,政治局势又随之出现了短暂的反复,但这一次的情形与神宗去世时的元丰之末和高太后去世后的元祐之末稍有不同。前两次的政局反复主要是由宣仁太后和宋哲宗个人的政治向背直接导致,而这一次,向太后的政治向背固然起到了较大作用,但也与绍圣、元符以来各种势力的消长有着重大关系。

先看新党方面的情况。

哲宗绍圣初,整个新党集团打击旧党、奉行"绍述"的态度是明确而一致的。"(李)清臣首倡绍述,(邓)温伯和之"[1],开启了绍述神宗政事的局面。随之,曾布与章惇还朝之后,起初也还算配合默契。绍圣元年(1094)四月,旧党吕大防、苏辙等被罢免之后,章惇入相,当时为翰林学士的曾布为之撰写了一篇评价极高的制词,其中有云:

> 具官章惇器博以大,志刚而明,才之所施,则酬酢万变而无穷;学之所造,则贯通百家而不惑。蚤席华省,浸登近班。自结圣神之知,荐跻丞弼之地。佑我昭考,格于丕平。肆予缵服之初,身任受遗之托。定策社稷,底宁邦家。……期共恢于

---

[1] 《长编纪事本末》卷101《绍述》。

远图,尚无替于先烈。亟共尔位,终底厥成。①

这篇制词虽为代哲宗而作,但字里行间也表现出曾布与章惇在政治态度上的高度一致性。同时,这篇制词也无异于一篇绍述神宗政事的宣言书和动员令,起了召唤所有新党官员起而推翻元祐之政的重要作用。由于曾布、章惇的核心作用,加之宋哲宗的全力支持,新党很快重新聚集起来。此外,蔡卞、蔡京、林希等人的共事也均颇为融洽。相似的遭遇、共同的命运,以及还朝之后政治上的共同利害关系,使整个新党集团暂时构成了一个休戚相关、荣辱与共的统一体。

但是,这种状况并没有维持多久,如同熙宁时变法派产生分裂,元祐时旧党内部出现洛、蜀、朔党争一样,绍圣间新党集团也很快出现了内部矛盾,新党势力也随之出现了新的分化和组合。曾布、章惇、蔡京、蔡卞等在内部冲突中均充当了主要角色。新党的分裂既有政治上的原因,也有个人原因。由于新党内部的矛盾冲突对元符之末政局变幻影响甚剧,以下将以曾布的政治活动为线索对其进行一番考察。

绍圣初,无论是从言论还是从行动来看,曾布的政治态度均是十分明确的,那就是给旧党以坚决打击,并努力绍述神宗政事。但没过多久,曾布的政治活动与政治态度表现得极为矛盾和乖戾。一方面,他力主打击元祐党人,绍述神宗政事,旧党诸人遭黜责后,他认为:"蔡确五年不移,惠卿十年止得移居住处,吴居厚等十年不与知州军,此皆元祐中所起例,自可依此。"②以此鼓动宋哲宗严厉

---

① 《宋宰辅编年录校补》卷10,绍圣元年四月壬戌"章惇左仆射"条。
② 《长编纪事本末》卷101。

惩处元祐党人。《宋史》卷319《刘奉世传》:

> 绍圣元年,……(刘奉世)过都入觐,欲述朋党倾邪之状。帝将听其来,曾布曰:"元祐变先朝法,无一当者,奉世有力焉,最为漏网,恐不足见。"①

此记载也足可看出曾布对旧党严密防范的政治态度。又绍圣四年五月文彦博去世时,曾布对哲宗云"老而不死,终被谪命乃即世""臣常以为背负先帝,莫如此人"②,此语也不可谓不刻薄。《长编纪事本末》卷101《逐元祐党人上》:

> (绍圣二年)十二月乙酉,曾布言:"文彦博、刘挚、王存、王岩叟,皆诋訾先朝,去年施行元祐之人,多漏网者。"惇曰:"三省已得旨编类元祐以来臣僚章疏及申请文字,密院亦合编类。"上以为然。

曾布的意思,即是将漏网者清查出来,予以治罪。是时,曾布为同知枢密院事,三省与枢密院一并编类元祐臣僚章疏之议,布实为始作俑者之一。绍圣三年四月中,曾布对宋哲宗云:"司马光之徒,内怀怨望,每事志于必改,先帝以纯臣之礼待之,而用心如此,其为背负先帝,情最可诛。"③以上都足以证明,曾布对旧党的打击毫不手软。

---

① 附《宋史》卷319《刘敞传》内。
② 《宋宰辅编年录校补》卷10,绍圣四年二月甲申"前太师致仕文彦博降授太子少保致仕"条。
③ 《长编纪事本末》卷130《久任曾布》。

但在另一方面,曾布又往往貌似大公至正,发出与章惇等人不同乃至完全相反的论调。上引材料说明,绍圣时期的编类元祐臣僚章疏,曾布实为主要策划者之一,但在另外的场合,他又说"施行元祐之人,殊无伦理""方今编排章疏,中外人情不安,恐难施行"①,表示出与前述完全不同的态度。绍圣四年五月,曾布又以"爱惜人材"为由,要将旧党分子孙觉、李常荐入朝廷。吕大防、刘挚南贬,曾布还曾提出要"稍徙近地",以"感召和气"。绍圣四年十月,建议将陈瓘用为台谏或侍从官。降至元符之末,曾布则干脆直接建议哲宗引用元祐党人。

与之同时,曾布在一些场合,尤其是与宋哲宗单独交谈时,又屡屡对章惇、蔡卞、蔡京以及新党中其他人表示不满乃至直接进行抨击。绍圣四年九月,曾布独对事,称"臣度章惇、蔡卞,必不能为陛下更修政事,进退人材"②。稍后又说"与章惇、蔡卞议论不同之人,便指为异论"③,攻击章、蔡二人动辄以朋附元祐党人之名排斥异己。又据《长编》卷498元符二年五月癸酉条:

> 布曰:"陛下睿明天纵,士类之福。若以一言之差,便废一人,则何可胜废?兼惇实有此论议,如与司马光争免役事,为天下所称,然其言亦未尝以免役为是,但云当徐议改更,不当暴废尔!"
> 上云:"方泽诚可罪,只是惇门下人,故主张他。"
> 布曰:"泽本惠卿亲党,然惇于惠卿亲党过于己亲党,无不主张者。"

---

① 《长编纪事本末》卷101《逐元祐党人上》。
② 《长编》卷491,绍圣四年九月癸亥条。
③ 《长编》卷492,绍圣四年十月甲午条。

上曰:"何故?"

布曰:"此陛下所素知,惠卿作执政时,惇乃门下士……"

以上的事实表明,随着元祐旧党被贬逐殆尽,曾布与章惇、蔡卞、吕惠卿等人之间也逐渐产生了严重的分裂。在与哲宗的对话中,曾布则隐伏着深刻的言外之意。元符二年二月,曾布还对哲宗云:"章惇、蔡卞施行元祐人,众论皆以为过当,然此岂为诋訾先朝,大抵多报私怨耳。"①这里,曾布则完全将自己置于新党之外,俨然以中立不党之面目对章惇、蔡卞进行指责。

曾布的这些矛盾表现,招来了后世的不同评价。如缪荃孙认为"其论至公""较之惇、卞之徒,究属天良未昧"②,给予一定程度的好评;而另则有人认为"绍圣初,元祐党祸起,布知公论所在,故对上之语,多持两端"③,意在说明其恶不减章、蔡,只是善于文饰,城府更深。如何正确地评价曾布,不仅涉及曾布个人的功过是非,而且还涉及一系列事件的性质判断。

笔者认为,在曾布的政治活动中,始终贯穿着一套其独创的官场哲学,即在君臣之间、同僚之间,始终适度地保持一定的政治张力,并不断地随政治环境的变化加以调整,从而使自己立于不败之地,兼而达到个人政治上的目的。他的所有矛盾表现,都是由此而产生的。

宋徽宗建中靖国元年(1101)中,曾布之弟曾肇曾给时为宰相的曾布修书一封,信中首先肯定了"兄与惇、卞异趋,众所共知"的

---

① 《长编》卷506,元符二年二月乙未条。
② (宋)曾布:《曾公遗录》跋,台湾文海出版社《宋史资料萃编》第四辑影印藕香零拾本,第378页。
③ 参见《曾公遗录》跋,第378页。

事实,要求他引用善人(按指元祐党人),扶助正道,并指出如若不然,"曾氏之祸"将不可逃。曾布在复信中谈了对当时局势的看法,并告知自己能在政局迭变、朋党相倾的复杂形势中成为不倒翁的奥秘:

> 自熙宁立朝,以至今日,时事屡变,惟其不雷同熙宁、元丰之人,故免元祐之祸,惟其不附会元祐,故免绍圣之中伤,坐视两党之人反复受祸,而独泰然自若,其自处亦必粗有义理,以至处今日风波之中,毅然中立……元祐及惇、卞之党,亦何能加祸于我者!恐未至贻家族之祸,为祖考之辱,而累及亲友也。①

曾布这一篇不可多得的道白,为我们通过现象了解曾布其人,了解当时的仕风,不啻提供了一把钥匙。曾布所说的处乱世而不败的"义理",即是那一套官场哲学、为官之道。由于遵循了这一套"义理"和官场哲学,因此,曾布力主打击元祐党人,却又在打击的程度和方式上提出不同意见;力主绍述神宗政事,却又保留因时"损益"的观点;无数次在哲宗面前巧言诋毁章惇等人,离间章惇与哲宗之间的关系,却又时或对章惇有一两句公道之语。曾布力主"绍述"和打击旧党,是为了迎合哲宗,得到重用;而在其间所发的异论,则是为日后的"毅然中立"作准备。我们固然不能抹煞曾布的某些"公允"言行有一定的实际意义,但必须看到,曾布这些行为的根本目的,只不过是将自己打扮成一个无所党同、无所依附的中正不倚之士,"坐视两党之人反复受祸,而独泰然自若"而已!

---

① 《长编纪事本末》卷130《久任曾布》。

第五章　从哲宗"绍述"到"建中靖国"——新、旧党争的发展演变

"中正不倚"只是相对于新、旧两党而言,而对于皇权,曾布却是挖空心思委身于斯、竭力效忠的。曾布深知君臣相处之三昧,故而处心积虑要使哲宗相信他是忠贞不贰之臣、孤立不党之士,试看曾布与哲宗的如下一段对话:

> 上曰:"大臣所见,岂可不言?言之何害?"
> 布曰:"臣每蒙陛下开纳如此,益不敢循默,然愿陛下更赐采纳。臣自初秉政,即尝奏陈以谓先帝听用王安石,近世罕比,然当时大臣,异论者不一,终不斥逐者,盖恐上下之人与安石为一,则人主于民事有所不得闻矣,此何可忽也。"
> 上曰:"冯京辈皆是。"
> 布曰:"非独京辈,先帝曾谕臣:王珪虽不言,亦未必不腹诽也。今三省无一人敢与惇、卞异论者。"

在以上对话中,他反复告诫哲宗"以先帝御安石之术为意"①。向哲宗进此君人南面之术,无疑是曾布委身于哲宗的最佳方式,此种方式可谓一举三得:可获得哲宗的充分依赖;可以客观上收到离间哲宗与惇、卞关系之效;可为自己仕途的进一步通显打下基础。曾布的这种用意极为明显。

曾布既然想要扮演这样一个角色,那么他也就必然在新党内部寻找矛盾,偶尔制造矛盾,而与其他新党官员处于若即若离甚至敌对状态。至哲宗去世,曾布与章惇之间的矛盾终于发展到了你死我活的程度。据曾布自己的记载,向太后垂帘之后,他曾与向太后论及章惇数事,认为"今日事不成,惇与(梁)从政皆怀家族之忧,

---

① 《长编》卷488,绍圣四年五月辛未条。

惇为首相从政握亲兵,内怀反侧,但无能为尔"①! 曾布此语的用意异常卑劣。"今日事不成",系指章惇曾反对立端王赵佶为帝而未成功;"内怀反侧",即是认为章惇有不臣之心。曾布能以此中伤、诬诟章惇,可以看出,二人之间的冲突已是异常尖锐、激烈。曾布与蔡京、蔡卞之间的关系,也处于非常紧张的状态,所以向太后垂帘之后,他一再要求将蔡京、蔡卞逐出朝廷。

新党的其他人之间,如章惇与蔡京之间,章惇与蔡卞之间,邢恕与林希之间也同时存在着各种各样的矛盾和斗争。章惇与蔡京之间的矛盾,据陈瓘说是因为章惇没有委用蔡京为执政,不论如何,蔡京确曾在哲宗面前拨弄是非,并明确声称"惇与臣异"②。章惇与蔡卞之间,也不时进行着明争暗斗,绍圣四年十月委任御史中丞时,章惇主邢恕,而蔡卞则主安惇,各自为说③。总之,绍圣初相对统一的新党集团,在哲宗去世后已经逐渐分化成众多的小宗派团体。

在新党内部令人眼花缭乱的斗争中,曾布老谋深算,逐渐操制了斗争的主动权。在哲宗去世的前后,曾布决定利用其平日积累的政治资本,适应新的政治形势,主动抛弃昔日的新党同僚,引用元祐党人或倾向于元祐党人的官员。韩忠彦与陈瓘等人进入朝廷,曾布在当中也起了较大作用。元祐党人韩忠彦被任命为宰相后,当时的给事中刘拯认为韩为外戚,不当为相,曾布则以为刘拯为"蔡卞门下士",要求予以黜责④。此后,曾布利用其技高一筹的政治手腕,乱中取胜,在其他新党成员纷纷被逐出朝廷的情况下,

---

① 《曾公遗录》卷9。
② 《长编》卷490,绍圣四年八月癸未条。
③ 《长编》卷492,绍圣四年十月壬寅条。
④ 《长编纪事本末》卷120《逐惇卞党人》。

他却再一次立于不败之地,登上了宰相的位置。

在绍圣、元符时期,元祐旧党方面的情况却并没有如此复杂。

经过六年多的全面清洗与残酷打击,整个旧党集团已经基本上被瓦解。更重要的是,真正的元祐党人,即经历过熙丰变法、参与过"元祐更化"的旧党主要人物,大部分已经先后相继去世。

其中,司马光去世于元祐元年(1086);文彦博去世于绍圣四年;孙固去世于元祐五年;韩维去世于元符元年(1098);吕公著去世于元祐四年;滕甫去世于元祐五年;冯京去世于绍圣元年;杨绘去世于元祐三年;李常去世于元祐五年;吕大防去世于绍圣四年;刘挚去世于绍圣五年;郑雍去世于元符元年;朱光庭去世于绍圣元年;范祖禹去世于元符元年;彭汝砺去世于绍圣二年;王岩叟去世于绍圣元年。哲宗去世时还活着的元祐党人中,不少人也已进入风烛残年。苏颂、范纯仁、苏轼等三人,在宋徽宗即位的第二个年头,即建中靖国元年也先后作古。这些人均为元祐旧党的中坚人物,他们的去世,已经决定了旧党不再有可能形成昔日的阵势,与新党集团相抗衡。而所有旧党成员的子孙,则因屡屡受到政治上的株连,在仕途上并没有太大的发展。

当然,这并不表明元祐旧党的影响完全消失。绍圣、元符间新党对旧党的残酷迫害,固然也直接削弱了旧党的势力,但另一方面,因为章惇、蔡卞同元祐党人一样采取了极端的做法,"凡有人言及朝廷政事所未安,即便以为非毁朝廷,党助元祐,因此斥逐者不一"①,一部分所谓"正直自守之士",也被推到元祐党人一边,形成政治上的合流。此外,老一辈元祐党人的门生故吏、元祐党人的子弟亲属中也有不少人自然将自己划归旧党阵营,这些人虽没有政

---

① 《长编纪事本末》卷100《绍述》条中曾布语。

治上倒海翻江的影响和能力,但对政治局势发展的方向或多或少地产生着一定程度的影响。

二、向氏垂帘后的北宋政局

神宗向皇后,系故宰相向敏中之曾孙女。史称其在神宗元丰末年,曾"赞宣仁后定建储之议",拥立哲宗继承皇位,元祐中被尊为皇太后[1]。同高太后一样,其政治倾向是反对变法、不支持新党的。

元符三年(1100)正月,宋哲宗仓促病逝,时年 25 岁。哲宗去世之前未能留下任何有关皇位继承问题的文字依据,把这一事关重大的难题留给了向太后、章惇、曾布、蔡卞等人。据《长编》卷520元符三年正月己卯条:

> 宰臣、执政至帘前,皇太后哭谕宰相章惇等,惇等皆哭。皇太后曰:"邦家不幸,大行皇帝(按指哲宗)无子,天下事须早定。"惇厉声曰:"在礼律,当立同母弟简王。"皇太后曰:"神宗皇帝诸子,申王虽长,缘有目疾,次即端王当立。"惇又曰:"论长幼之序,则申王为长,论礼律则同母之弟简王当立。"皇太后曰:"俱是神宗之子,岂容如此分别。于次端王当立……"于是知枢密院事曾布曰:"章惇未尝与众商量,皇太后圣谕极当。"

蔡卞、许将也随之附和曾布,"惇默然",端王赵佶继位成为了事实。

曾布等人拥立的这位端王赵佶,即是后来的宋徽宗。根据以

---

[1]《宋史》卷243《后妃传下》。

上记载可见，促成宋徽宗上台的因素有二，一是向太后个人的向背，二是新党内部的激烈争斗，而曾布在其中起到了至关重要的作用。前者奠定了向太后在宋徽宗继位之后的特殊地位，使其成为继宣仁高太后之后又一位垂帘听政的太后，后者则导致了章惇与曾布日后截然相反的政治命运。"轻佻，不可以君天下"①，章惇对宋徽宗的这一评价恐怕是当时满朝文武周知的事实。如果说蔡卞、许将所云是一种无可奈何的附和，那么，曾布所为则完全是为在政治上击垮章惇而有意识进行的政治投机，也是他独特的为官之道与官场哲学的又一次生动具体的展现。此后，获取"定策之功"的曾布，屡次在徽宗面前提及此事，力图煽起徽宗对章惇的仇恨，其种种卑劣的做法，则是这一政治投机的延伸。

端王赵佶生于神宗元丰五年（1082）十月，即位时已 18 岁。赵佶做了皇帝之后，为了给向太后以情感上的回报，乃"命中使宣辅臣，面谕请皇太后权同处分军国事"②，并在由翰林学士蔡京炮制的"遗制"中特别补充了这一条。随之，北宋王朝再一次出现了母后临朝的情形。向太后垂帘，为曾布之类的野心家提供了不可多得的可乘之机，也给元祐党人以及倾向于元祐旧党的臣僚提供了展开活动的契机。

由于哲宗元符三年初北宋王朝面临的一切与元丰八年神宗去世后的情形具有惊人的相似性，所以经历过"元祐更化"的大多数新党官员马上进入了高度紧张的政治气氛中。据《长编》卷 520 元符三年正月庚辰条：

---

① 《宋史》卷 22《徽宗纪》，第 417—418 页。
② 《长编》卷 520，元符三年正月己卯条，第 12357 页。

曾布白上(按指徽宗)曰:"大行不幸弃天下,陛下入继大统,惟于事两宫当尽礼。"上曰:"此固当尔。"蔡卞曰:"天下大计已定,惟是先帝法度政事当持守。"布曰:"事止有是非,若所持守于公议为是,孰敢以为不然者。"

复据《长编》卷520元符三年正月辛巳条:

曾布曰:"大行虽不幸早弃天下,然今上嗣立,皆神宗之子,亦古所罕有。"章惇曰:"神宗留意政事,更张法度,为万事之利,此福报也。"蔡卞曰:"臣等皆神宗拔擢,惟谨守神宗法度,所以报德。皇太后必尽知神宗政事本末。"惇又曰:"神宗政事如此,中间遭变乱,可为切齿!"

从这两段记载中可见,章惇、蔡卞对此时的局势是异常担忧的。为避免"元祐更化"、新党遭到打击的历史重演,他们在徽宗继位伊始就直截了当地几次谈及此事,唯恐国是有变,政局再次出现反复。而相比之下,曾布的心情却是较为轻松的。在此前的几年中,他成功地自我塑造了一个中立不党之士的形象;"定策"之时,他又在关键时刻迎合向太后,拥立了宋徽宗;之后,在他的一手协调下,宋廷确立了"奏事,先奏皇帝,次覆奏太后"[1]的"定式",即令来日太后还政于朝,徽宗独断政事,他仍可立于不败之地。此时的曾布,可以说是春风得意、踌躇满志、有恃无恐的。所以,当蔡卞明确提出要固守"先帝法度"时,他却别具一番意味地认为"事止有是非",坚持要以公议为是。

---

[1] 参见《长编》卷520,元符三年正月庚辰条,第12370页。

随着事态的发展,章惇、蔡卞等人深所忧惧的局面也正在悄悄逼近。向太后垂帘的同月,宋廷"遣使劳问范纯仁于永州"①,接着,"上批付三省:以尚书及从官阙,令与枢密院参议,具前执政十人、余可充从官者二十人姓名进入"②。经过一番酝酿与磋商,韩忠彦、李清臣、黄履、陆佃、郭知章、曾肇、龚原等人得到擢升,重返朝廷。这当中,韩忠彦乃韩琦之子,官历熙宁、元丰、元祐、绍圣、元符,其政治态度与元祐旧党一致,但才能、识见、政绩与其父相去甚远;郭知章、黄履本参与过新党的政治活动,曾为曾布所称道,又因事被挤出朝廷;陆佃、曾肇、龚原等原在新、旧两党秉政时均为所用,但时或能坚持自己的观点。不久,吴安持、邹浩、蒋之奇、陈瓘、龚夬等也先后被起用,整个局势迅速发生重大变化,旧党卷土重来的态势日渐明显。

元符三年二月,范纯仁、吕希纯、王觌、韩川、刘奉世、唐义问、吴安诗、吕希哲、吕希绩、吕陶、苏轼、刘安世等元祐党人分别得到牵复和量移③。几乎与之同时,韩琦之子韩忠彦与章惇并相,章惇的地位开始动摇。次月,陈瓘为左右言,龚夬为殿中侍御史,邹浩为右正言,台谏基本上为倾向元祐党人的官员所控制,并且宋廷再次下诏叙复元祐大臣,形势愈加明朗化。

紧接着,曾布之弟、中书舍人曾肇入对,建言"明诏百官,下及民庶,使得极言时政,无有所隐",根据曾肇的建议,宋廷下诏:"凡朕躬之阙失,或左右之忠邪、政令之否臧、风俗之美恶、朝廷之德泽有不下究,闾阎之疾苦有不上闻,咸听直言,毋有忌讳。"④毫无疑

---

① 《太平治迹统类》卷24《元祐党事本末下》。
② 《长编》卷520,元符三年元月丙戌条。
③ 《太平治迹统类》卷24《元祐党事本末下》。
④ 《长编纪事本末》卷123《编类元符章疏》。

问,此诏与神宗去世后高太后主政时期所谓下诏求直言的用意完全一样。为确保言者无后顾之忧,激励敢言之气,韩忠彦还建议解散编类元祐臣僚章疏的机构,将已经编定成册的章疏"纳入禁中"。这些建议都得到采纳,北宋官僚集团内部再一次开始了直言朝政阙失的活动。据载:"诏下,投匦者日千百人。"①其中一部分人还因"上书可采"直接得以擢升。

关于上书直言朝政阙失的具体人数,据宋徽宗崇宁元年九月开具的"元符臣僚章疏姓名"我们得知:"正上"者有钟世美、乔世材等6人;"正中"者有耿毅、宗雨等13人;"正下"者有许奉世、宇文邦彦等22人;"邪上尤甚"者有范柔中、邓考甫、封觉民等39人;"邪上"者有梁宽、曹兴宗、谢潜等41人;"邪中"者有赵越、朱光裔、王忠恕等150人;"邪下"者王革(原按:《十朝纲要》作"王华")、张諟、朱肱等112人,共计583人,入"邪等"者共542人②。

上书入"正上"者,有邓绾之子邓洵武;入"正中"者,有元祐党人孙觉;入"邪上尤甚"者,有吕惠卿之弟吕谅卿;入"邪上"者有元祐党人陈师锡;入"邪中"者,有元祐党人吕陶、张耒,徽宗即位初引用的任伯雨以及邵雍之子邵伯温。③

由宋廷对上书人所划的不同等次可知,此次上书者所陈述的内容颇为驳杂,对时政的看法也颇不一致。元祐党人孙觉被列入"正中",而吕惠卿之弟吕谅卿则被列入"邪上尤甚"。就所陈述的内容看,有"昌言谠议,指陈阙失"者,有"陈父子兄弟继述友恭之义者""有附会奸慝,诬毁先帝(按指神宗)政事者",总之是"言有浅

---

① 《东都事略》卷48《曾肇传》。
② 《长编纪事本末》卷123《编类元符章疏》。
③ 参见《长编纪事本末》卷123,第3822—3835页。

深,罪有轻重",并非千篇一律。① 不论如何,这足以说明,元符三年初的诏求直言,仍然得到了朝野的高度重视与响应。

另一方面,宋廷也大张旗鼓地开始了对章惇、蔡卞等人的弹奏。最早论奏章惇的,是做了左正言的陈瓘,时为宋廷下诏求直言的当月,即元符三年四月,弹章称:

> 臣伏见左仆射章惇,独宰政柄,首尾八年,迷国误朝,罪不可掩;天下怨怒,丛归一身。自陛下临御以来,海内之人,欲甘心于惇者,如猬毛而起。②

章惇反对徽宗即位,宋徽宗是早就耿耿于怀的,但一时找不到借口,又欲佯示大度,故章惇几次自求罢免也未能获准。此时,台谏公开进行弹奏,表明章惇的厄运已经降临。此外,台谏对蔡京、蔡卞、邢恕等人的弹击也相继展开。如元符三年五月,龚夬弹奏蔡卞:

> 伏见尚书左丞蔡卞操心深险,赋性险邪,始自阿附权臣,致位二府,既而渐盗威福,中分国柄,曩怨宿仇,阴加报复,不附己者,弃斥无余。止缘为王安石之婿,妄谓尽传安石之学,以欺朝廷。③

诸如此类的弹奏,一直持续到章惇等人被赶出朝廷才稍息。

---

① 《长编纪事本末》卷123,第3835页。
② 《长编纪事本末》卷120《逐惇卞党人》,第3727页。
③ 《长编纪事本末》卷120《逐惇卞党人》。

从表面上看,哲宗元符三年正月以来,宋廷内部的斗争似乎是神宗元丰八年以后新、旧党争的重演,其实不然,这一场斗争犬牙交错,有着诸多的矛盾交汇其间,远非元丰末年的朋党倾轧那样泾渭分明。

政局的再一次反复源于向太后的政治向背,这是无疑的。是年六月向太后还政于徽宗之后,向太后开创的政治格局也继续维持了一段时间。在这一阶段中,新旧党争的余绪缠绕是矛盾的主线,但其中也贯穿着两种次要矛盾的斗争和冲突:宋徽宗与章惇之间因皇位继承而产生的矛盾,曾布为彻底击垮来自新党内部的政敌所进行的斗争。

宋徽宗与章惇之间的矛盾是容易解决的,随着章惇及与章惇过往较密者被贬出,此种矛盾即可烟消云散。但曾布与新党内部政敌的斗争较为复杂。向太后垂帘之后,曾布一直巧妙地利用宋徽宗与章惇的矛盾,借助陈瓘、任伯雨、陈师锡、邹浩等倾向于元祐党人者的势力,或明或暗地对章惇、蔡卞、蔡京及其团伙进行着排挤。即如徽宗崇宁元年闰六月殿中侍御史钱遹所说:"力援元祐之奸党,分别要途;阴挤绍圣之忠贤,远投散地。"①章惇等是否为"忠贤"另当别论,但曾布确曾对其进行过"明挤"和"阴挤"。迨章惇等被贬出朝廷之后,他又不失时机地提出"元祐、绍圣均为有失,欲以大公至正消释朋党"②的政治主张,并最终爬上了宰相的位置。

向太后垂帘之后宋廷再一次出现纷乱之局,是北宋后期周期性的朋党倾轧的必然结果,但曾布个人的作用也不容忽视。

---

① 《长编纪事本末》卷130《久任曾布》。
② 《宋史》卷471《曾布传》,第13716页。

第五章 从哲宗"绍述"到"建中靖国"——新、旧党争的发展演变

三、昙花一现的"建中初政"

旧史上所说的"建中初政",主要是指宋徽宗即位之后建中靖国(宋徽宗的第一个年号)元年这一年内的政治状况。如果考虑到"建中初政"的酝酿期,则还可上溯到元符三年(1100)末。

元符三年十月,曾布做了宰相,宋廷有诏云:

> 永惟神考,新一代之典型,以遗后人,间者任事之臣,用意或过,朕所不取。为政用人,朕无彼此之间;斟酌损益,惟义所在。嘉与有位,共图康功,以成继述之美。自今有曲学偏见,妄意改作,规营国事,当与众弃之。①

此一诏令的出现,是各种矛盾进一步交织发展的产物。如宋廷真按诏令中所云去做,如朝野官僚士大夫能围绕这一目的精诚协作,对于长期陷入朋党倾轧的宋代政治来说,确为一大幸事,但实际上已经毫无可能。

在此之前的大半年时间内,新党中章惇已数被责命,先后被黜知越州,责授武昌军节度副使,潭州安置;尚书左丞蔡卞,元符三年五月罢为资政殿学士知江宁府,同年九月,又屡因台谏弹奏,落职提举洞霄宫,太平州居住;蔡京则于元符三年三月罢知太原府,十月,再出知永兴军。其他一些人,如董必、舒亶、路昌衡、吕嘉问、张商英等,相继被贬出朝廷。曾布所谓"绍圣之党"基本上被清洗干净。

---

① 《太平治迹统类》卷24《元祐党事本末下》。

当"绍圣之党"落难之时,"元祐之党"则相继还朝,在北宋王朝最高统治集团内部成长起来。此时,韩忠彦与曾布并相,即所谓"左右置相,东西分台"。占据台谏位置的龚夬、陈瓘、任伯雨、丰稷、陈师锡、陈次升等,显然也是坚决站在元祐党人一边的。这股势力的膨胀,势必要重建元祐政局。

　　除"绍圣之党"和"元祐之党"外,也还有一些真正置身于两党之外的官员,提出一些公允的意见。如陆佃曾说:

> 近时学士大夫,相倾竞进,以善求事为精神,以能讦人为风采,以忠厚为迟重,以静退为卑弱。相师成风,莫之或止,正而救之,实在今日。神宗延登真儒,立法制治,而元祐之际,悉肆纷更。绍圣以来,又皆称颂。夫善续前人者,不必因所为,否者赓之,善者扬焉。元祐纷更,是知赓之而不知扬之之罪也;绍圣称颂,是知扬之而不知赓之之过也。愿容谋人贤,询考政事,惟其当之为贵,大中之期,亦在今日也。①

　　陆佃本是王安石的学生,由于他始终坚持按自己的思路去思考问题,坚持自己提出的看法,不盲从权威,不阿附于某派,故既被新党冷落,也不见容于元祐。宋徽宗即位之后,他仍能保持清醒的头脑,正确估价元祐、绍圣以来的功过是非。以上这些难能可贵的一家之言,代表了当时一部分有识之士的共同看法。显然,这类看法也多少会给力图走极端的官僚士大夫们以适当的钳制。

　　基于以上的情势,宋廷由曾布主持,确立"元祐、绍圣均为有失,欲以大公至正消释朋党"的国策。十一月,诏"以来年改元'建

---

① 《宋史》卷343《陆佃传》,第10919页。

中靖国'"①。曾布在一次与宋徽宗的交谈中曾具体地进行过如下的开陈：

> 陛下欲持平用中,破党人之论,以调一天下,孰敢以为不然? 而偏见异论之人,各私其党,又有报复怨仇之意,纷纷不已,致圣意厌恶,此诚可罪。然元祐、绍圣两党,皆不可偏用,……缘此等人在朝,决不免怀私挟怨,互相仇害,则天下士类为之不安;士类不安,则朝廷亦不安矣。愿陛下深思熟计,无使此两党得志,则和平安静,天下无事,陛下垂拱而治矣!②

曾布的这一段话,可以看成是对"建中靖国"的注释。

宋廷这一国策的制定,似乎给北宋王朝消除朋党、稳定政局带来了一线希望。但是,这张政治蓝图很快就被撕毁。即令在"建中靖国"这一年内,"以大公至正消释朋党"的政治构想,实际上也没有明显的建树和收效。其主要原因,是当时的最高统治集团内部所有的官僚士大夫,实际上已经陷入了非此即彼的境地。从建中靖国元年(1101)六月起,北宋王朝终于再次钻进了"绍述"神宗政事的胡同。是年十一月,诏改次年为"崇宁元年",表明宋廷再度开始"绍述"神宗政事。昙花一现的"建中靖国"正式"寿终正寝"。

其实,这一结局是必然的。

第一,北宋的官僚政治已经进入了一个周期性动荡的怪圈,所谓"建中靖国"只是一厢情愿,是根本无法实现的。

这个怪圈的入口处,则仍是所谓"君子""小人""正人""邪人"

---

① 《太平治迹统类》卷24《元祐党事本末下》。
② 《长编纪事本末》卷130《久任曾布》。

那一套荒谬不堪的理论。自熙宁变法之后,当时的反变法派——后来的元祐党人发明了一种弹击变法派亦即新党的办法,这就是"辨邪正"。按照这种怪诞、奇特的思维逻辑,一旦认定某人是"奸邪",则要予以坚决的排斥和打击,一旦认定某一批人是"群枉""群奸""群邪""群小",也采取同样的方式进行处置,当然,其所作所为,也毫无可取之处。行之将近 20 年的熙丰新法,就是这样被彻底否定的。走极端和不可调和,是这种思维方法的显著特点。建中靖国时,这种思维逻辑又开始在旧党残余势力中泛滥开来。《宋史》卷 319《曾肇传》:

> 时论者谓元祐、绍圣,均为有失,(肇)兄布传帝命,使肇作诏谕天下,肇见帝言:"陛下思建皇极,以消弭朋党,须先分别君子、小人,赏善罚恶,不可偏废。"开说备至。

又任伯雨亦持有与之相差无几的看法:

> 建中靖国改元,当国者欲和调元祐、绍圣之人,故以"中"为名。伯雨言:"人才固不当分党与,然自古未有君子小人杂然并进可以致治者。"①

按照这种观点,要"消弭朋党"、要"致治",就得先"辨邪正",辨完"邪正"后就得"赏善罚恶"、扶"正"驱"邪",只有将"小人"之党彻底排斥,由"正人"主政,才能"消弭朋党"而"致治"。从理论上看,这些说法不能说完全没有道理,但是,这套理论与现时政治不可调

---

① 《宋史》卷 345《任伯雨传》。

和的矛盾、专制君主的主观随意性、是非含混的政治气氛等,使得辨别的标准谁也无法确定,这一荒谬逻辑与元祐旧党的所作所为是完全一脉相承的。由此而导致的政治活动,不能"消弭朋党",而只能使统治集团内部的矛盾复杂化、扩大化,而以绝对的一边倒告终,"元祐更化"的实施后果即是明证。

在北宋乃至整个中国古代的官僚政治体制中,有没有"君子""小人"存在?答案是肯定的;在任用官员时要不要辨别"君子""小人"?答案仍是肯定的;绍圣、元符以来新党内有没有"小人"?答案也还是肯定的。但是,所谓"君子""小人"之说,只能在一定程度上被赋予伦理的意义,而不能以之作为品评人物的政治标准。以此来标识一个政治群体,其结果必然是激起一系列重大的政治动荡。况且,自诩与"小人"如同冰炭不可同器的"君子""正人",也并非全为道德上的楷模,也并非全是治国平天下的杰出人才。所以,建中靖国元年前后曾肇、任伯雨、龚夬、陈瓘等人的政治主张如能付诸实施,其结果也只能是激化党争,而不是"消弭朋党"。

事实上,当元祐旧党残余势力"辨邪正"的呼声日高时,事态正悄悄地向扩大党争的方向发展。建中靖国元年七月,曾布在给曾肇的信中清楚地说明了这一变化过程:

> 上践阼之初,深知前日之弊,故尽收元祐窜斥之人,逐绍圣之挟怨不遣者,欲破朋党之论,泯异同之迹,以调一士类。而元祐之人,持偏如故,凡论议于上前,无非誉元祐而非熙宁、元丰,欲一切为元祐之政,不顾先朝之逆顺,不恤人主之从违,必欲回夺上意,使舍熙丰而从元祐,以遂其私志。致上意愤郁,日厌元祐之党,乃复归咎于布,合谋并力,诡变百出,必欲

逐之而后已,上意益以不平。①

元祐党人的极端言行,使一度表面上热衷于"建中靖国"、试图再一次成为不倒翁的曾布也逐渐丧失了"消弭朋党"的信心。后来,为了抵御元祐党人,曾布则干脆放弃了最初的设想,"渐进绍述之说",重新回到了绍圣之政的轨道上。所以朱熹说:"曾子宣(布)初亦未尝有甚恶元祐人之意。被陈莹中(瓘)书之后,遂乘势作起徽宗攻治之。"②这种局面,在一定程度上也是元祐党人逼出来的。

第二,当时的宋统治集团中难以找到真正能够"建中靖国"的大臣。

要收拾当时的纷乱之局,必须由一二位贤明通达,胸怀广阔,专注于国计民生,能为新、旧二党所倾服而又对宋徽宗有较大影响力的大臣出任宰相,但在当时,这一条件是不具备的。宋徽宗"左右置相",用的是韩忠彦和曾布,而"左仆射韩忠彦性柔懦,天下事多决于右仆射曾布"③。所谓"柔懦",原是才、德俱疏的代名词。即便是这样一个庸懦无能的韩忠彦,其政治倾向性却也是十分明显的。《宋史》卷312《韩忠彦传》:

>徽宗即位,以吏部尚书召拜门下侍郎。忠彦陈四事:一曰广仁恩,二曰开言路,三曰去疑似,四曰戒用兵。

这样一个人物,走的基本上是元祐党人的路径,连"建中靖国"的提法也不会太感兴趣。

---

① 《长编纪事本末》卷13《久任曾布》。
② 《朱子语类》卷130《本朝四·自熙宁至靖康用人》。
③ 《太平治迹统类》卷24《元祐党事本末下》。

第五章 从哲宗"绍述"到"建中靖国"——新、旧党争的发展演变

那么,曾布又如何呢? 曾布是"建中靖国"的倡导者,亦颇有资历,按理是最佳人选。其实更不然。首先,尽管曾布在绍圣、元符间有诸多"异论",并在徽宗即位之后竭力将他自己与"绍圣之党"(曾布用语)区别开来,但其他人,特别是元祐党人并不是这样看的。陈次升弹奏曾布时有云:

> 臣窃以正而不挠,乃可以任天下之重;公而不私,然后服天下之心。……伏见右仆射曾布,性禀奸邪,心怀凶险,……今独归罪章惇,未知布之所职何事?①

曾布对此显然难以正面作出回答,因为他不仅在神宗时积极参与了变法活动,而且哲宗亲政之后的确一直参与排击旧党,奉行"绍述",曾布试图抹掉这一段历史的行动无疑是徒劳的。元符三年四月,曾布在极力排斥蔡京时有"中外善人君子郁塞已久"云云②,就前后的语气看,他是将自己归于"中外善人君子"之列的。不仅元祐党人对此颇为鄙弃,蔡京的门人对此也不无讥刺之语。叶梦得曾说:"建中靖国初,有前与绍圣共政者,欲反其类,首建议尽召元祐诸流人还朝,以为身谋。"③旧党对曾布招徕元祐党人也并不领情,张舜民曾作打油诗予以嘲弄:"扇子解招风,本要热时用;秋来挂壁间,却被风吹动。"③所以,要调合"元祐之党"与"绍圣之党",曾布是难以服众的。而按旧党的政治性格,他们也决不会听命于曾布,与之相安无事。

---

① 《历代名臣奏议》卷180《去邪》,第2367—2368页。
② 《长编纪事本末》卷120《逐惇卞党人》,第3727页。
③ (宋)叶梦得:《避暑录话》卷3,见《历代笔记小说大观》,上海古籍出版社2007年版,第2631、2632页。

其次,就人品、德量、器识而论,曾布也难当此任。如前所述及,曾布虽时有一些貌似公允之论,但其主观动机则是"为身谋"。因此,曾布为人处世、论人论事往往有许多阴暗的东西。如与宋哲宗议论臣僚,曾布往往褒贬并用,贬中有褒,寓贬于褒,褒者可借以彰己之公允正直,贬者则足以致人于不测之地。因而无论从何种意义上讲,只要曾布作相,就不可能"建中靖国"。

第三,宋徽宗本人对"建中靖国"亦无太大兴趣,不可能以所谓"大公至正消释朋党"。在向太后还政之前,范纯仁之弟范纯礼在元符三年上半年就根据宋徽宗的言行对曾布说过:"上有所涵蓄,恐撤帘后必更有所为。"④更有何为?当然是再行"绍述"。又当时的右正言陈祐称,元符末,"有旨令臣与任伯雨论韩忠彦援引元祐臣僚事。……今绍圣人才比肩于朝,一切不问;元祐之人数十,辄攻击不已,是朝廷之上,公然立党也"⑤。这足以证明,在所谓"建中靖国"出现之前,宋徽宗基本上有了既定的政治向背。从元符末到崇宁元年(1102),在不到两年的时间内,政治局势能从向后垂帘的短期反复过渡到再次奉行"绍述",如果没有宋徽宗个人的倾向性意见,是断不会出现这种情形的。

"建中靖国"的流产,"崇宁"政局的出现,从而使北宋王朝陷入更深的泥潭中。

---

④《长编纪事本末》卷130《久任曾布》。
⑤《宋史》346《陈祐传》。

第六章 "崇宁党禁"与北宋晚期政局

"崇宁党禁"是北宋晚期政治史上最为惨痛的政治事件。这一事件与北宋晚期政治舞台上两个重要历史人物有紧密关联,这两个重要历史人物便是宋徽宗和蔡京。在两宋编年史上,宋徽宗是个别具特色的帝王;而得到宋徽宗特别看重的蔡京,则也是需要着力进行探讨的政治人物。宋徽宗与蔡京沆瀣一气,曾在历史上导演了"崇宁党禁"这一既在情理之中又不可理喻的特大政治悲剧。从此,北宋王朝在歌舞升平中走上了通往"靖康之难"的悲怆之路。近900年后探讨这两个特殊的历史人物和这一段历史,应当能得出一些新的认识。

第一节 蔡京与宋徽宗赵佶

蔡京与宋徽宗赵佶,均为北宋晚期历史上的关键性人物。自宋徽宗崇宁元年(1102)至宋钦宗靖康二年(1127)北宋灭亡的25

年间,北宋社会生活的每一个层面无不与此二人的活动及其影响密切相关,从政治史的角度看,尤其如此。

一、蔡京其人

蔡京,字元长,兴化仙游(今属福建)人,生于宋仁宗庆历七年(1047),宋钦宗靖康元年(1126)七月,被贬徙儋州,行至潭州(今长沙)因病去世。

蔡京"登神宗熙宁三年进士第,调钱塘尉、舒州推官,累迁起居郎",参与了熙丰变法。神宗去世时,官至龙图阁待制,知开封府。元祐间屡遭台谏弹击,被逐出开封,辗转供职于成德军、瀛州、成都、扬州、郓州、永兴军等地。绍圣初哲宗亲政,用为权户部尚书,复为翰林学士侍读,修国史。徽宗即位、向太后垂帘时,因"御史陈次升、龚夬、陈师锡交论其恶",一度夺职提举杭州洞霄宫。崇宁元年七月拜相,次年正月,进左仆射。其三子一孙,皆至大学士,其中"鞗尚茂德帝姬"。"帝七幸其第,赍予无算,命坐传觞,略用家人礼"①,与宋徽宗之间有着牢不可破的奇特关系。

综观蔡京拜相之前的仕宦生涯、个人素质和为人处世,似有如下几个特征:

一是其政治活动具有明显的阶段性特点。从神宗熙宁三年(1070)至哲宗即位,这十多年可以看成是蔡京政治活动的第一阶段。

在这一阶段中,因为宋神宗勤于政事,也比较善于以恩威并用的办法驾驭群臣,使人尽其才,故而不论是"君子",还是"小人",是

---

① 《宋史》卷472《奸臣二·蔡京传》,第13726—13727页。

"忠臣"还是"奸臣",基本上都能各得其所,发挥其应有的作用。蔡京在变法过程中,也还是做过一些有益的事情的,据今人考察,他主持兴修的水利工程木兰陂(在今福建省莆田县境内),至今仍在发挥着经济效益。蔡京在神宗时也曾受过降职等形式的处分,但只是缘事有失误被责,而不是他的个人品质所致。他的许多诸如文过饰非、投机取巧、无孔不入的阿谀钻营之手段,在当时还找不到施展的时机。当然,这并非说明当时就无人对其品行有所觉察,如将其弟蔡卞纳为女婿的王安石就认为,蔡京只是一"屠沽"而已,连做翰林学士的资格都没有①。

自神宗去世,旧党还朝进行"更化"至徽宗崇宁元年(1102)七月拜相,是蔡京活动的第二阶段。在这一阶段,蔡京身上的种种恶劣品质充分得以暴露,并迅速泛滥开来。这不仅是因为通过熙丰时期的政治活动,他已积累了相当深厚的政治资本,具备了主客观条件,最重要的还因为自宣仁高太后垂帘之后,无论是新党主政还是旧党主政,名实已经紊乱,是非标准已经模糊不清,极端情绪化的因素支配着宋廷,蔡京这才有了施展奸才的外在条件。

二是蔡京在官场上颇善于抓住各种机会进行投机钻营,为日后飞黄腾达创造条件。"蔡京与(蔡襄)同郡而晚出,欲附名阀,自谓为族弟"②,这只是蔡京攀援阀阅的雕虫小技。最为典型的,是蔡京在役法更改过程中的投机。《宋史》卷472《蔡京传》:

> 司马光秉政,复差役法,为期五日,同列病太迫,京独如约,悉改畿县雇役,无一违者。……绍圣初,入权户部尚书,章

---

① (宋)曾纡:《南游纪旧·蔡京一屠沽》,见(明)陶宗仪:《说郛三种》,上海古籍出版社2012年版,第787页。
② 《宋史》卷320《蔡襄传》,第10401页。

惇复变役法，置司讲议，久不决。京谓惇曰："取熙宁成法施行之，尔何以讲为？"惇然之，雇役遂定。

所以《宋史》论曰："差雇两法，光、惇不同。十年间京再莅其事，成于反掌，两人相倚以济，识者有以见其奸。"由此亦可见，蔡京与章惇、蔡卞、曾布相比，又有较大的区别，为了实现政治上的野心，蔡京是完全可以置国计民生于不顾的。

向太后垂帘之后，为了固宠保位，蔡京则采取了另一种手段进行钻营。元符三年（1100）二月，形势明显逆转。三月，蔡京出知太原府，但次月间，蔡京又还朝为翰林学士承旨。曾布对此极力反对，认为"若事变如此，善类皆解体矣"，宋徽宗则面谕以"皇太后疑蔡京不当出"①。稍后，龚夬连连弹击蔡京，而徽宗则"甚愠"，认为"夬所陈皆曾布之语也"②。曾布、龚夬等人所怀不同，但目的则一，即是要将蔡京贬出，却未能奏效。之所以如此，据陈师锡披露，是因为"（蔡京）日夜交结内侍、戚里，以觊大用。……向宗回、宗良亦阴为京助"③。如此看来，在元符之末的复杂政局中，蔡京已经在暗地里同宦官、外戚有了牢不可破的勾结。

而蔡京在崇宁时得以"大用"，史载与邓洵武有直接关系。据《宋史》卷329《邓洵武传》（附邓绾传内）：

> 时韩忠彦、曾布为相，洵武因对，言："陛下乃先帝子，今相忠彦乃韩琦之子。先帝行新法以利民，琦尝论其非，今忠彦为相，更先帝之法，是忠彦能继父志，陛下为不能也。必欲继志

---

① 《长编纪事本末》卷120《逐惇卞党人》，第3726页。
② 《长编纪事本末》卷130《久任曾布》，第4062页。
③ 《宋史》卷346《陈师锡传》，第10973页。

述事,非用蔡京不可。"京出居外镇,帝未有意复用也,洵武为帝言:"陛下方绍述先志,群臣无助者。"乃作《爱莫助之图》以献。其图如《史记》年表,列旁行七重,别为左右,左曰元丰,右曰元祐,自宰相、执政、侍从、台谏、郎官、馆阁、学校各为一重。左序助绍述者,执政中唯温益一人,余不过三四,若赵挺之、范致虚、王能甫、钱适之属而已。右序举朝辅相、公卿、百执事咸在,以百数。帝出示曾布,而揭去左方一姓名。布请之,帝曰:"蔡京也。洵武谓非相此人不可,以与卿不同,故去之。"布曰:"洵武既与臣所见异,臣安敢豫议?"明日,改付温益,益欣然奉行,请籍异论者,于是决意相京。

但是,蔡京自身善于钻营恐怕是其在政治上得以发迹的主要原因。又《宋史》卷472《蔡京传》:

> 童贯以供奉官诣三吴访书画奇巧,留杭累月,京与游,不舍昼夜。凡所画屏幛、扇带之属,贯日以达禁中,且附语言论奏至帝所,由是帝属意京。

可以说,蔡京在杭州与宦官童贯的交通,成为蔡京在政治上发迹的重要契机。时人陈瓘曾说:"京,小人也,尤好交诸宦者。"[1]蔡京的确是看准了宦官的特殊作用才与之交接的。

　　三是蔡京饱读诗书,也具有多方面的才能。北宋亡国之后,鉴于蔡京已成为妇孺皆知的乱臣贼子、祸国殃民的元凶之一,官私史

---

[1] (宋)王楙:《野客丛书》附录《野老纪闻》,郑明等点校,上海古籍出版社1991年版,第450页。

书,除一再彰明其政治上的劣迹之外,对其他方面一概弃而不言,有关这方面的材料甚少。这种状况是完全可以理解的,但这种激于义愤的做法并不利于完整地评价蔡京个人以及其他一些事件。蔡京作为一代奸臣而遗臭万代,亦必有其赖以逞奸的才能,否则,宋徽宗赵佶是不会对其恩顾不衰的。

早在神宗时,蔡京即与其弟卞同为中书舍人,后又为翰林学士兼侍读,修国史,显然他是擅长舞文弄墨的,在当时必定也有一定的过人之处和知名度。

在行政方面,早年的蔡京也具有相当过人的应务之才。宋神宗以循名责实著称于史册,要获得其好感并非易事。而蔡京则参与了宋神宗直接控制的许多重要活动,如他参与制定太学学制、编制诸路学制;曾为贡举考试的复考官;元丰五年(1082),还参与了著名的官制改革——"元丰改制";元丰六年为辽主生辰使出使辽国;还朝之后,与蔡卞同为户、礼部详定官。如果蔡京没有表现出一定的才干,宋神宗绝对不会对其如此看重。

此外,在琴棋书画、填词吟诗等方面,蔡京也远远超出一般官僚士大夫。其书画在当时肯定也达到了相当高的造诣。其次子蔡絛称"绍圣间,天下号能书无出鲁公(按指蔡京)之右""鲁公大字,自唐人以来,至今独为第一"[①]。蔡絛以"奸言文其父子之过",无耻之言通篇可见,但对蔡京这方面的介绍,应该说大抵还是属实的。当时的著名书画家米芾,与蔡京、童贯有密切的交往,在谈及书法时,却也认为自己不敌蔡京[②]。因而,蔡京与童贯在杭州交通时,"凡所画屏幛、扇带之属,贯日以达禁中",并由此得到了宋徽宗

[①]《铁围山丛谈》卷4,第53页。
[②]《铁围山丛谈》卷4,第53页。

的赏识。而后来宋徽宗之所以与蔡京狼狈为奸、无恶不作、祸国殃民,在此方面的气味相投,沆瀣一气,实为一重大原因。

宋徽宗崇宁元年七月,中大夫、尚书左丞蔡京被擢升为通议大夫、尚书右仆射兼中书侍郎,蔡京获得了数十年来梦寐以求的权力和地位。此后直到宋徽宗宣和末年,垂20余年间,蔡京虽曾三次罢相,但"屡罢屡起",宋徽宗始终与其如胶似漆、难分难解,致其权倾天下。崇宁三年五月,蔡京被封嘉国公;同年十二月,又进封卫国公;崇宁五年二月,蔡京再进封魏国公;大观三年(1109),改楚国公;政和三年(1113)十一月,进封鲁国公;政和七年进封陈国公,时距北宋王朝的覆灭不到十年。

从崇宁到宣和,蔡京在实现其政治野心的同时,也尽情地满足了各种欲望。蔡京与宋徽宗沆瀣一气、穷奢极欲,整个统治集团腐败透顶,致使北宋王朝内外交困,国是日非。当南下的金兵铁蹄叩响宋廷的大门时,蔡京的末日也终于到来。"钦宗即位,边遽日急,京尽室南下,为自全计。天下罪京为六贼之首,侍御史孙觌等始极疏其奸恶,乃以秘书监分司西京,连贬崇信、庆远军节度副使,衡州安置,又徙韶、儋二州"[①]。恶贯满盈的蔡京在赴儋州的途中,病死于潭州。据说蔡京在临去世之前数日,曾填有如下一词:"八十一年住世,四千里外无家。如今流落向天涯,梦到瑶池阙下。玉殿五回传命,彤庭几度宣麻。止因贪此恋荣华,便有如今事也。"[②]临去世之际,他仍"梦到瑶池阙下",对其昔日荒淫无耻的腐朽生活充满无限的眷念。

[①] 《宋史》卷472《蔡京传》,第13727页。
[②] (宋)王明清:《挥麈录·后录》卷8,王松清点校,上海古籍出版社2012年版,第119—120页。

二、宋徽宗赵佶

宋徽宗赵佶,神宗第11子。哲宗元符三年(1100)正月即位,靖康二年(1127)二月汴京城破,与宋钦宗一起被金兵俘虏,胁迫北行,受尽各种凌辱和折磨。南宋高宗绍兴五年(1135)四月去世于五国城,时年54岁。

宋徽宗在位26年,其在位时间在北宋历史上仅次于宋仁宗赵祯。作为一代帝王,其昏庸、腐朽在整个中国古代史上都是异常突出的。宋徽宗在位20余年间,几乎始终将国计民生置于脑后,而沉溺于荒淫无度的纸醉金迷、戏游宴乐之中。

蔡京成为北宋历史上臭名昭著的乱臣贼子,这并非全是宋徽宗宠信所致;宋徽宗赵佶20余年始终如一地宠信蔡京,却也并非全是蔡京善于"以弄臣自处"、阿谀攀附的结果。仔细考察一下这对昏君奸臣的诸多方面,我们便可发现,气味相投乃其难解难分、沉瀣一气的主要原因。

宋徽宗在诗文词赋、琴棋书画等方面也几乎是无所不通的。蔡絛介绍其在端王府的生活时有云:"国朝诸王弟多嗜富贵,独祐陵(按指宋徽宗)在藩时好玩不凡,所事者惟笔研、丹青、图史、射御而已。"[1]端王府内,亦罗致有众多在书画文词等方面有精深造诣的翰墨之士,时或相与讲论切磋,故而宋徽宗在继位之前,他这方面的禀赋,在后天也得到了良好的培养和发展。

做了皇帝之后,宋徽宗仍在这方面倾注了极多的精力。除自己耗以大量的时间吟诗填词作画外,还常延纳在琴棋书画方面享

---

[1]《铁围山丛谈》卷1,第5页。

有盛誉的儒雅之士,作"升平"之乐。元人汤垕《画鉴》云:

> 徽宗性嗜图画,作花鸟、山石、人物,入妙品;作墨花、墨石,间有入神品者。历代帝王能画者,至徽宗可谓尽意。

宋徽宗在书画方面的成就,令后世无数的丹青妙手倾倒。其于书法,自成一格,"行草正书,笔势劲逸"[①];其于绘画,则"世称绝艺"。至南宋则有人因"人间画工貌不成,君王笔下春风生"而有"恨臣不及宣政初,痛哭天涯观画图"之慨叹[②]。而宋徽宗醉心于丹青之事,即令在被俘之后也是如此。清乾隆时筑城于五国城,曾掘出宋徽宗所画鹰轴,据余嘉锡先生称:"此必徽宗在中国所画,携以自随者。"[③]

在诗文方面,吴曾有云:"徽宗天才甚高,于诗文外,尤工长短句。"[④]宋徽宗并无文字直接结集留传下来,现今相传为其所作者,多见载于宋、元人的笔记,数量不少。元人蒋子正所著《山房随笔》载其一诗云:"彻夜西风撼破扉,萧条孤馆一灯微。家山回首三千里,目断天南无雁飞。"相传为徽宗所作之此类感怀诗作甚多。这类诗章以哀婉凄绝的笔触抒发国破家亡后的真情实感,读来令人百感交集!据《雪丹脞语》载:"道君(按宋徽宗溺于道教,自称道君皇帝)喜为篇章,北狩以来,伤感时事,形于歌咏者凡百余首。以二

---

① (明)陶宗仪:《书史会要》卷6,文渊阁四库全书本。
② (宋)岳珂:《桯史》卷4《宣和御画》,黄益元点校,上海古籍出版社2012年版,第39页。
③ 余嘉锡:《四库提要辨证》卷17,湖南教育出版社2009年版,第925页。
④ (宋)吴曾:《能改斋漫录》卷16《乐府·御词》,上海古籍出版社1960年版,第485页。

逆告变,策昇(疑影印有误)炎火。"①

如果赵佶不成为宋徽宗而始终是端王,那么,凭借特有的禀赋和才华,他极有可能因艺术上的杰出成就而名垂青史。然而,赵佶不幸成为北宋的第八位帝王。

在专制独裁的政治体制下,一代帝王多一份"儒雅",具有较高的文化素养也并非是坏事,实际上,在漫长的传统中国社会,具有多种禀赋的帝王也并不在少数。但一般说来,作为一国之君,则应将主要精力放在所谓"讲求先王之至道,览观前世之成败"的王者之学上,在经邦治国方面有所建树,而不应该舍本逐末、主次颠倒。这一点,南宋陈长方在上奏中说得明白:

> 大抵人主之学,不在于博贯古今,知书之多;不在于综错辞藻,文字照人;不在于锻炼佳句,思侔鬼神;不在于笔札奇丽,虎卧龙跳。……是以人主知帝王之学,功德巍巍而兼有是数者,则为多材多艺,不知帝王之学,徒挟数事以为长,则既无益于国事,而适足以累德。②

而宋徽宗,则不仅仅主次颠倒、舍本逐末,而且放浪形骸、纸醉金迷、盘游无度,如同一个风流倜傥的方外司马,全然置国事于不顾。章惇当初称其"轻佻,不可以君天下",堪称远见卓识!

他的"轻佻"所产生的政治后果,是极为严重的。一个放荡不羁的名士难以满足的欲望,宋徽宗均着力通过所拥有的至高无上的专制权威去追求,去获得。这不仅使他的骄奢淫逸有增无减,而

---

① (宋)邵桂子:《雪舟胜雨》,见《说郛三种》卷57,第870页。
② 《历代名臣奏议》卷8《圣学》,第101页。

且为那些政治上居心叵测的不逞之徒提供了不可多得的机会。于是,童贯、蔡京、朱勔、梁师成均由此得以发迹,危害天下。

如此一来,他的艺术天赋、骄奢淫逸,以及所拥有的至高无上的皇权,交相作用,就转化成了一汪祸国殃民的祸水。而蔡京,正是着眼于宋徽宗的艺术天赋和性格特点,也利用他自己吟诗作画、舞文弄墨之所长,"以奇技淫巧荡上心,以倡优女色败君德"①,投其所好,从而与之结成了不可分离的特殊关系。宋徽宗喜诗文,蔡京则时与吟诗唱和;宋徽宗崇尚道教,"蔡京自少好方士之术"②,也成为知音;宋徽宗性喜奢靡,蔡京则为倡丰亨豫大之说。随之,筑艮岳,起花石纲,置苏杭应奉局和造作局,创宣和库存式贡司括天下之财,纷至沓来,最后终于导致了宋的亡国之灾。《宋史》在分析宋徽宗亡国的原因时说:

> 迹徽宗失国之由,非若晋惠之愚,孙皓之暴,亦非有曹、马之篡夺,特恃其私智小慧,用心一偏,疏斥正士,狎近奸谀,于是蔡京以狷薄巧佞之资,济其骄奢淫佚之志。溺信虚无,崇饰游观,困竭民力。君臣逸豫,相为诞谩,怠弃国政,日行无稽。③

这一段话是颇有道理的。在宋徽宗统治的 26 年中,他除以各种方式满足其奢欲之外,似乎从没有在经邦治国,济世安民方面认真动过心思。

---

① 《宋史》卷 356《崔鶠传》,第 11214 页。
② 丁传靖:《宋人轶事汇编》卷 13 引《坚瓠集》,中华书局 2003 年版,第 723 页。
③ 《宋史》卷 22《徽宗纪》,第 418 页。

三、宋徽宗—蔡京集团的形成

由于宋徽宗与蔡京具有如上所述的许多契合之处,再加上蔡京的极力钻营,宋徽宗重新起用蔡京只是时间上的问题了。就在蔡京交通童贯、讨好宋徽宗、图谋返朝时,宋廷内部的矛盾和斗争却也同时发生了戏剧性的变化,蔡京的前途顿时光明起来。

元符三年(1100)十月已经获取相位的曾布,在当时党同伐异的政治气氛中思图"建中靖国"、保住现有政治地位而不能,面临着屡遭弹奏的政治危机,用他自己的话说,即所谓"众人谋欲逐臣,聚其党与,复行元祐之政"①,从而与左相韩忠彦之间产生了严重的矛盾。据《长编纪事本末》卷130《久任曾布》:

> 右仆射韩忠彦累乞罢相,不许,遂般(搬)出东府,有诏押入。忠彦与曾布异议,布数倾之,故忠彦请避位。

韩忠彦"避位"不成,遂生出以蔡京钳制曾布一计。史载"忠彦怨布,于是曰:'布之自为计者,绍述耳。吾当用能绍述者胜之。'遂召京。京之用,自韩忠彦始。"②尤具意味的是,韩忠彦态度的变化,也导致了曾布的态度发生巨大变化:

> 韩忠彦欲挤子宣(曾布),遂引蔡京入来。子宣知之,反欲通殷勤于京。忠彦方遣其子迓京,则子宣之子已将父命迎之

---

① 《长编拾补》卷17,建中靖国元年六月甲辰条,第217页。
② 《宋宰辅编年录校补》卷11,崇宁元年七月戊子"蔡京左仆射"条,第701页。

于二十里外矣。①

如果说蔡京在杭州交通童贯为其还朝"大用"奠定了坚实的基础,那么,韩忠彦与曾布则各自怀着不同的政治目的,并力促成蔡京登上了权力的顶峰。崇宁元年(1102)三月,蔡京再为翰林学士兼修国史,五月擢尚书左丞,七月擢通议大夫、尚书右仆射兼中书侍郎。崇宁二年正月,蔡京为右光禄大夫、尚书左仆射兼门下郎。而韩忠彦与曾布,则分别于崇宁元年正月和崇宁元年闰六月罢相,离开了朝廷。蔡京还朝之后,经过短期的经营,地位得到了巩固,宋徽宗—蔡京集团正式形成,北宋王朝开始了长达25年的黑暗统治。

宋徽宗—蔡京集团建立之后,根据以后历史发展的实际进程看,其所采取的统治政策,主要包括了三个方面的内容:第一,借助一切手段结束既往的纷争之局,以便享受太平时光,即所谓"嘉靖天下,以隆太平";第二,继续打着奉行"绍述"神宗政事的旗号,扼杀不同意见,实行专制独裁统治;第三,竭力粉饰太平,君臣同享"升平"之乐。

第二节 "崇宁党禁"与"元祐奸党"

一、"崇宁党禁"

大规模的朋党倾轧出现在蔡京做了宰相之后,但北宋王朝最高统治集团打击元祐党人势力的迹象,早在建中靖国元年(1101)

---

① 《朱子语类》卷130《本朝四·自熙宁自靖康用人》,第3106页。

下半年曾布与韩忠彦并相时即已出现。《长编纪事本末》卷130《久任曾布》：

> （建中靖国元年）九月己未，陈瓘既黜，上谕蒋之奇、章楶曰："瓘为李清臣所使，元祐人逐大半，尚敢如此。曾布以一身当众人挤排，诚不易。卿等且以朕意再三慰劳之。"是日，布入对，留身面谢，慰劳加勤，且谓布曰："先朝法度，多未修举。"又曰："元祐小人，不可不逐。"布对曰："陛下初下诏，以为用人无彼时此时之异，若臣下便能将顺奉行，则必不至今日如此分别。"

这段记载清楚地反映了由于"元祐小人"不能"将顺"，宋廷决定放弃"建中靖国"，转而打击元祐党人的变化。是年十一月间，起居郎邓洵武进了一幅《爱莫助之图》，"其图如史书年表例"，将元祐党人与"助绍述者"分类胪列，示以"助绍述者"少而元祐党甚众。邓洵武在图中还特别指出必须以蔡京为相，据说宋徽宗是由此而决定起用蔡京的。

随着蔡京的返朝，空前规模的党同伐异立即展开。蔡京直接予以打击、迫害、惩罚的对象主要有三类：残存的元祐党人及其子孙，元符末年应诏上书"直言朝政阙失"入邪等者，所有的异议者。这场空前惨烈的政治迫害，始于崇宁元年（1102）五月。

崇宁元年四月间，翰林学士承旨蔡京"入对"，这是宋徽宗自蔡京还朝以来对他的第一次单独召见。其"入对"的内容无从考知，但根据此后宋廷对旧党骤然加剧政治迫害的现象判断，蔡京与宋徽宗所谋及的，当是有关宋廷政局发展的决策及具体措施。次月，突然有臣僚上言，提出了打击旧党的建议：

> 神考在位凡十有九年,所作法度,皆本先王,元祐党臣秉政,紊乱殆尽。朋奸罔上,更唱迭和,……皆神考之罪人也。绍圣追复,虽以窜逐,陛下即位,仁德涵养,使之自新。党类实烦,所在连结,罪废者一旦牵复,不以其渐,所与过当,又复纷然,莫之能御。内外相应,浸以滋蔓,为害弥甚。今皆坐享荣名显职,厚禄大郡,以至分居要路,疑若昔未尝有罪者,非所以正名也。

这个"臣僚"还说:

> 今奸党姓名具在,文案甚明,有议法者,有行法者,有为之唱者,有从而和者,罪有轻重,情有浅深。使有司条析区别行遣,使各当其罪,数日可毕,庶几得罪名者无所致怨,不忧后祸,观望者消于冥冥之中,天下忠臣良士,各得自尽以悉心于上,不疑复有害之者,以显神考盛德大业,以成陛下继志述事之孝,而天下可以无为而治矣!①

这一建议是针对所有元祐党人的,它昭示了一场新的政治风暴即将来临。尤其不可忽视的是,该建议谈到了通过打击元祐党人以实现"天下可以无为而治"的政治蓝图,与宋徽宗—蔡京集团以专制暴力靖平朋党的指导思想完全吻合。

根据"臣僚上言",宋廷迅速作出了反应,贬责了安焘、王觌、丰稷、陈次升、吕仲甫、李清臣等人。紧接着,又有"臣僚上言",要对

---

① 《长编纪事本末》卷121《禁元祐党人上》,第3750页。

向太后垂帘时的政治活动予以彻底否定，"窃见元符之末，帝帷同听政之日，元祐大臣乘间用事，尽复绍圣间负罪责降之人，或尽复旧官，或超授职任，不问其得罪之因，惟务合党，扶同异论"，要求对元祐大臣"削夺官职"，进行"惩戒"①。宋廷再次马上作出决策，追夺了司马光、吕公著、文彦博等数十人在元符之末所复之官。这部分人均已先后去世，因此宋廷对这部分人的追贬主要有一种象征意义，其目的是"庶其党类，知所创惩"。

当时还活着的元祐党人，如苏辙、范纯礼、刘奉世、范纯粹、刘安世等57人，自然更在痛惩之列。对其进行贬责之后，宋廷下令"并令三省籍记，不得与在京差遣"②。鉴于向太后垂帘时，旧党和倾向于旧党的官员以各种方式进行活动，并导致政局出现反复，在对"元祐之初，共成党与，变坏法度"者进行痛贬之后，宋廷对"所有元符之末，共成党与，变坏法度，复为元祐"的臣僚也进行了严厉的处罚：刘奉世、吕希纯、王觌、王古、谢文瓘、陈师锡、欧阳棐等数十人遭到贬斥，提举宫观，被剥夺了任何参与政事的权力③。元符末特别活跃的任伯雨、陈瓘、陈次升等人，还被除名勒停，编管于边远之州。据说蔡京在作相之前，邓绾之子邓洵武曾向其献过一策："先帝良法美意所以再至纷更者，以故家大族未尽灭也。"④根据给所有元祐党人以再次严酷打击的程度看，蔡京是在极力朝这方面去做的。

元符末年的上书者当中，有部分元祐旧党成员，但更多的则是政治上倾向于元祐党人者。在蔡京等人看来，这些人追步元祐，人

---

① 《长编纪事本末》卷121《禁元祐党人上》，第3752页。
② 《长编纪事本末》卷121《禁元祐党人上》，第3759页。
③ 《长编纪事本末》卷121《禁元祐党人上》，第3758页。
④ 《曲洧旧闻》卷7，第57页。

第六章 "崇宁党禁"与北宋晚期政局

数众多,不予严惩,将无有宁日。因此,这部分人也成为迫害的重点对象之一。崇宁元年八月,追夺鹿敏求、高士育等人因元符末上书所得之官。九月,中书省将所有上书者划分成"正上""正中""正下""邪上尤甚""邪上""邪中""邪下"等七个等次,登记造册,以便按不同的等次分别进行褒奖和黜责。是年十一月,宋廷下诏对"邪上尤甚"者38人、"邪上次等"者41人进行惩治,除一些"身亡""致仕""老疾"者外,全部"勒停""永不收叙",并遣送至边远州军"羁管"①。实际负责此事者,乃蔡京、强渊明、强浚明三人②。

元符末诏求"直言"时,韩忠彦曾专门针对绍圣中编类章疏以入罪一事提出过看法,并要求宋廷确保不能再有此类事件发生,而当时的向太后和宋徽宗亦曾保证:"言而失中,朕不加罪,朕言惟信,非事空文。"③不料距元符上书不到三年,宋廷言而无信,韩忠彦的担心依然成了残酷的现实。

这场大规模的政治迫害的受害者,不仅有元祐党人,以及倾向于元祐党人的大部分上书者,还包括一切与蔡京有宿怨、有异议的官僚士大夫。其中最典型的,莫如曾布。当宋徽宗起用蔡京,"绍述"的局势明朗化之时,曾布时为宰相,他协助蔡京打击旧党的政治立场异常坚定,当蔡京主持对元祐党人进行的打击时,所有的诏词都是由他草定的,以下略举一篇,以明其志:

> 昔在元祐,权臣擅邦,倡率朋部,诬诋先烈,善政良法,肆为纷更。绍圣躬揽政机,灼见群慝,斥逐流窜,具正典刑。肆朕缵承,与之洗涤,悉复收召,置诸朝廷,而缔交合谋,弥复胶

---

① 《长编纪事本末》卷123《编类元祐章疏》,第3835页。
② 《宋史》卷356《强渊明传》,第11209页。
③ 《长编纪事本末》卷123《编类元祐章疏》,第3819页。

固,唯以沮坏事功、报复仇怨为事,翕翕訾訾,必一变熙宁、元丰之法度,为元祐之政而后已!凡所论列,深骇朕听,至其党与,则迁叙不次,无复旧章。①

这篇诏词为代表宋徽宗而作,但其中也包含着他自己的主张和倾向,这是肯定的。其措辞同既往所有攻击旧党的言辞比,毫无疑问也属最激烈、尖刻的一类。即令是如此,曾布此时也遭到了弹击,而且弹击的口实也颇值得玩味:

闰六月辛酉,殿中侍御史钱遹言:"伏见尚书右仆射曾布,力援元祐之奸党,分别要途;阴挤绍圣之忠贤,远投散地,……"②

这篇奏疏的后面,则还罗列了一些曾布任人唯亲的事例,及其与韩忠彦、李清臣相勾结的情形,曾布因此在同月被罢出知润州。曾布靠"阴持两端"、玩弄权术而一再免于受祸,在蔡京返朝时还遣子迎之于20里之外,此时却难免于蔡京及其同伙的倾轧,而弹击的口实居然是"力援元祐之奸党""阴挤绍圣之忠贤",完全没有顾及曾布在崇宁上半年间对于打击元祐党人的积极态度。由此可见,蔡京一手导演的"崇宁党禁",旨在清扫一切与之相左的势力。

宋徽宗—蔡京集团对元祐党人、元符上书者以及所有的异议者进行新的一轮打击、迫害之后,为杜绝类似元符三年(1100)那样的政局反复出现,蔡京一伙力图将所有得罪之人定成铁案,其手段

---

① 《长编纪事本末》卷121《禁元祐党人上》,第3759页。
② 《长编纪事本末》卷130《久任曾布》,第4084页。

则是在宋廷及其统治区域内的各州县建立"元祐奸党碑"。

"崇宁党禁"期间,宋廷先后三次籍党立碑。第一次发生在崇宁元年九月,第二次发生在崇宁二年九月,第三次发生在崇宁三年六月。

据《宋史》卷19《徽宗纪》:

> (崇宁元年九月)己亥,籍元祐及元符末宰相文彦博等,侍从苏轼等,余官秦观等,内侍张士良等,武臣王献可等凡百有二十人,御书刻石端礼门。

是为有关崇宁元年九月第一次刻石立碑的正式记载,《长编纪事本末》卷121《禁元祐党人上》未载此事,但于九月己亥记事云:

> 御批付中书省:应系元祐责籍并元符末叙复过当之人,各具元籍定姓名、人数进入。仍常切契勘,不得与在京官差遣。

此段文字之后则列有"文臣曾任宰执官"22人、"曾任待制以上官"35人、"余官"48人、"内臣"8人、"武臣"4人的全部名单,其人数为117人,与《宋史》所云人数稍异。

最先建议籍党立碑者乃石豫,"元祐人立党籍碑,皆其疏也"[①]。宋廷在文德殿端礼门刻石立碑的目的,是定成铁案,并警告朝臣以元祐党人为戒。

为了从政治上进一步扩大影响,使"元祐奸党"天下皆知,崇宁二年九月,蔡京又主持在全国各路建立起党人碑,据《长编纪事本

---

① 《挥麈录·后录》卷7,第108页。

末》卷121《禁元祐党人上》：

> （崇宁二年九月）辛丑，臣僚上言："近出使府界，陈州士人有以端礼门石刻'元祐奸党'姓名问臣者，其姓名朝廷虽尝行下，至于御笔刻石，则未尽知也。陛下孚明赏罚，奸臣异党无问存殁，皆第其罪恶，亲洒宸翰，纪名刊石，以为天下臣子不忠之戒……欲乞特降睿旨，具列奸党，以御书刻石端礼门姓名下外路州军，于监司长吏厅立石刊记，以示万世。"

宋廷采纳了该"臣僚"建议，在诸路州军纷纷建立了所谓"元祐奸党碑"。在全国各地所立之碑，其所载人数与崇宁元年九月刻石于端礼门者有所不同，为98人，即从原籍人数中删去了"吕仲甫"以下的"余官"9名、"内臣"8名以及"武臣"4名，为何作出此种处理，原因不详。

是年十月间规定，凡入"元祐奸党"党籍者，均不能担任实际职务："应元祐系籍人并依寄禄官与请给，更不注差遣，见有差遣，人并罢。"①这样，所有入籍者实际上成了冗散之人。

宋廷第三次建立"元祐奸党碑"是在崇宁三年六月。第一、二次刻石的党籍，全为去世和健在的元祐党人，或许当时宋廷认为，对于元符末上书者以及其他人等，也需要以同样方式作一政治上的结论，于是下诏：

> 元符末奸党，并通入元祐籍，更不分三等；应系籍奸党已

---

① 《长编纪事本末》卷121《禁元祐党人上》，第3783页。

责降人,并各依旧,除今来入籍人数外,余并出籍。①

重新籍定的元祐、元符党人及上书入"邪等"者共 309 人。其中,"文臣曾任宰臣、执政官"司马光、文彦博等 27 人;"曾任待制以上官"苏轼、刘安世等 49 人;"余官"秦观、黄庭坚等 177 人;"武臣"张巽、李备等 25 人;"内臣"梁惟简、陈衍等 29 人;"为臣不忠,曾任宰臣"王珪、章惇 2 人。此次重定的"元祐奸党碑"先由"皇帝书而刊之石,置于文德殿门之东壁,永为万世子孙之戒"②,而颁行天下者,则由蔡京书之。

分别于崇宁元年九月、崇宁二年九月、崇宁三年六月所立之"元祐奸党碑",因第二、三次所立之碑曾刊布于全国各地,故流传最广。南宋高宗绍兴初年张纲奉旨"看详元祐党籍",以便"推恩"于元祐党人子孙,他所依据的元祐党籍碑名单,就分别有 98 人本和 309 人本③。

崇宁五年正月,因为"星变",宋廷再一次玩弄了"中外臣僚等并许直言朝政阙失"的把戏,中书侍郎刘逵乘时建议除毁朝堂及全国各地的"元祐奸党碑"。宋徽宗下诏云:"应元祐及元符末系籍人等,今既迁谪累年,已足惩戒,可复仕籍,许其自新。所有朝堂石刻,已令除毁。今后更不许以前事弹纠,常令御史台觉察,违者具弹章以闻。"④

蔡京等人原想"永为万世子孙之戒"的"元祐奸党碑"虽然从崇

---

① 《长编纪事本末》卷 122《禁元祐党人下》,第 3804 页。
② 《长编纪事本末》卷 122《禁元祐党人下》,第 3813 页。
③ (宋)张纲:《华阳集》卷 18《看详元祐党人状》,四部丛刊三编景明本。
④ 《宋大诏令集》卷 155《星变毁党籍石刻诏》,司义祖整理,中华书局 1997 年版,第 581 页。

宁元年九月算起,也只存在了不到四年的时间,但统治集团内部这一党同伐异的极端手段,仍然达到了蔡京等人的政治目的。此后的 20 年间,北宋的政治舞台相对沉寂下来,而宋徽宗—蔡京集团,则无所顾忌地开始了醉生梦死的腐朽统治。

蔡京试图根除一切敌对势力的另一严厉手段,则是对名入党籍者的子弟及其他血亲进行禁锢。元祐时旧党主政,主要是对新党成员进行打击和倾轧,似乎并没有危及其子弟亲戚;绍圣时章惇主政,虽株连到旧党子弟亲戚,却也没有专门制订细密的政策。但在徽宗崇宁时,对于如何处置入籍者的子弟及其他亲属,宋廷有着一整套细密而严格的规定,并根据情况不时进行修正和调整。

崇宁元年八月,诏司马光、吕公著、王岩叟、朱光庭、孔平仲等 22 人的子弟"不得与在京差遣"①。此次禁锢在建立"元祐奸党碑"之前,所涉及的人数还不算太多,并且,只是规定这些人的子弟不得在京获得差遣,他们仍是可以在地方获得差遣的。至崇宁二年三月,宋廷则进一步扩大了禁锢的范围与对象,有关规定也更加具体明确。《长编纪事本末》卷 121《禁元祐党人上》:

> 诏:应元祐及元符之末党人亲子弟,不论有官无官,并令在外居住,不得擅到阙下。今开封府界各据地分觉察,如当职官知而不纠,或不用心探缉,遂致容隐,别因事败露者,并重行黜责。其应缘趋附党人罢任在外指射差遣,及得罪停替臣僚,并依党人子弟施行。

后来,"不得擅到阙下"的对象还扩大到了入籍者的父辈与第三代。

---

① 《长编纪事本末》卷 121《禁元祐党人上》,第 3764 页。

党人子弟在地方各州军注授差遣,也有严格的规定:"合授差遣人,今后并令于所在州依条审量,具官吏保明堪与不堪。"其初出官者,"仍验付身令召保二人依条式,声说委保事因,各连家状一就缴申吏部"①。对这部分人在仕途上的晋升,宋廷则从严进行控制,"其子并亲兄弟,并与宫观岳庙差遣;内系选人者,与监当差遣,不得与改官"②。按此规定,名列"元祐奸党"者的"子并亲兄弟",不再有可能在政治上获得发展。对于一些直接涉及政权安危的重要职能部门,宋廷更是严防"元祐奸党"系籍人的子弟亲属渗透。《长编纪事本末》卷122《禁元祐党人下》:

> (崇宁)四年二月乙酉,诏:元祐奸党五服内亲属,不许保明充三卫官亲勋翊卫郎,知同保系籍元祐奸党五服内亲属而不告者,处斩。

按"三卫"系蔡京于崇宁四年仿唐制,附会"先王宿卫之意"而建立,一般由达官显贵子弟充任诸郎官,"以侍轩陛",责任重大,"元祐奸党"子弟自然在排斥之列。

在官僚政治体制中,婚姻关系往往是维持家族间门阀地位的重要纽带。为削弱"元祐奸党"势力的影响,宋廷对系籍者子弟的禁锢在婚姻上也有反映。《长编纪事本末》卷121《禁元祐党人上》:

> (崇宁二年)九月壬午,诏:宗室不得与元祐奸党人子孙及

---

① 《长编纪事本末》卷121《禁元祐党人上》,第3783页。
② 《长编纪事本末》卷121《禁元祐党人上》,第3783页。

有服亲为婚姻,内已定、未过礼者并改正。

此外,对宦官入籍者子弟也有同样的规定。崇宁三年七月,特诏宦官李偁、阎守勤"并依元祐系籍人逐次已降指挥,其子及亲兄弟并与外路远处监当差遣","内臣子并亲兄弟有系入内使臣者,并送内侍省"①。

以上这些措施,对"元祐奸党"系籍者的子弟亲属作了细密而严厉的禁锢,旨在防止"元祐奸党"后继有人、卷土重来。

以上是"崇宁党禁"的大致状况。此次党禁的指导思想,极有可能是在宋徽宗于崇宁元年四月召见蔡京时,经过细致的策划而制订出来的。自是年五月开始,每每宋廷采取一个重大的政治迫害行动之前,必定有神秘莫测的"臣僚上言",提出方向性的建议,该臣僚实际上是在给党禁的进程提供导向,这也极有可能是蔡京与宋徽宗统一认识之后一手导演出来的。"臣僚"的上言中,经常出现"天下可以无为而治""天下之气平,纷纷之论息""嘉靖天下,以隆太平"之类用语,这与宋徽宗、蔡京的主观动机完全契合。如果以上的推断不错,那么显而易见,宋廷发动长达四至五年残酷党禁的终极目的,乃在于让所有的异论者销声匿迹,以便宋徽宗—蔡京集团实行为所欲为的独裁统治。

二、"元祐奸党"考论

这里的"元祐奸党",系指徽宗崇宁三年(1104)六月重定的,将"元祐、元符党人及上书邪等事者合为一籍"的 309 人。这 309 人

―――――
① 《长编纪事本末》卷 122《禁元祐党人下》,第 3779 页。

包括了崇宁元年九月及崇宁二年九月的系籍者,故此处不再分开加以讨论。

"元祐奸党碑"自崇宁三年六月立于朝堂,并陆续建立于全国各地之后,朝野震动。京师以及各地的党人碑虽于崇宁五年正月以"星变"仆毁,但不仅宋廷保留有"元祐奸党"的档案材料,而且当时的官僚士大夫,包括"元祐奸党"后裔亦纷纷制作拓本以收藏,或录碑文和"奸党"姓名以传世,从而使元祐党籍得以流传下来。宋室南渡之后,中经丧乱,典籍荡尽,名列元祐党籍的309人中,许多人的生平事迹、出处进退已漫不可考。绍兴初,张纲上奏称元祐党籍中"有二百余人虽石刻俱存,然其姓名有不显者。及当时议论是非,为年岁深远,别无文字考究"①。

迄今为止我们所能看到的有关元祐党籍的文字材料,除见载于杨仲良《长编纪事本末》者外,还可从宋马纯《陶朱新录》、李心传《道命录》,明海瑞《元祐党籍碑考》、柯维骐《宋史新编》,清毕沅《续资治通鉴》、王昶《金石萃编》等著述中看到,全祖望所撰《宋元学案》中也有部分记载;所能看到的碑刻石物,有南宋宁宗庆元四年(1198)元祐党人梁焘之曾孙梁律重刻于今桂林市龙隐岩的《元祐党籍》,另在今广西融水苗族自治县亦有重刻本《元祐党籍》,毁于20世纪十年动乱之中②。此两处的党碑拓本,均为王昶《金石萃编》所收录。此外,晚清陆心源先生曾博考群籍,撰成《元祐党人传》10卷,尽可能地缕述了所有系籍者309人的生平事迹。但以上的这些著述终因岁月流转已久,文献典籍失传,难以将入籍者一一加以考实,甚者个别党人的姓名也未能确定。

---

① 《华阳集》卷18《看详元祐党人状》,第113页。
② 参见陈乐素《求是集》,广东人民出版社1984年9月版,第303页。

尽管如此，名列"元祐党籍"的所有重要人物、有争议的人物都是有案可稽的，我们据此足以对"元祐奸党"进行考察，并由此进一步洞察崇宁党禁的性质。

宋徽宗宣和六年(1124)十月，刘安世与胡珵谈及元祐党人事时有云"元祐党人只是九(按原作"七")十八人，后来附益者不是""今九(同前按)十七人都不存，惟某在耳"。费衮针对刘安世所云发表过如下的评论：

> 盖绍圣初，章子厚，蔡京、卞得志，凡元祐人皆籍为党，无非一时忠贤，九(同前按)十八人者可指数也。其后每得罪于诸人者，骎骎附益入籍，至崇宁间，京悉举不附己者籍为"元祐奸党"，至三百九人之多，于是邪正混淆，其非正人而入元祐党者，盖十六七也。①

又王明清亦有论曰："(崇宁时)但与元长(蔡京)异意者，人无贤否，官无大小，悉列其中，屏而弃之，殆三百余人。"②费衮与王明清以传统的"君子""小人"看待名列"元祐党籍"的官僚士大夫，这不足为怪，最主要的问题，则是未免失之浮泛和笼统，甚而费氏所云还显然与史实不合。所谓"不附己者"和"与元长异意者"，其中情况也颇为复杂，不可一言以蔽之；所谓"非正人而入元祐党者"，均属当时震动朝野的有名人，所以比例显然也没有达到十分之六七；即令是所谓"正人"，被籍入"元祐奸党"的原因也不尽相同。

据笔者的理解，刘安世说"元祐党人只是九十八人"，主要包含

---

① (宋)费衮：《梁溪漫志》卷3《元祐党人》，上海古籍出版社1985年版，第27页。"七十八人"为"九十八人"之误，宋人王应麟即已在《困学纪闻》中指正。
② 《挥麈录·后录》卷1，第45页。

三层意思:一当是指崇宁二年九月刊布于全国各地的元祐党籍人数而言;二是指元祐党人与"后来附益者"在实际从事的活动及时间上的差异;三则也暗示元祐党人与"后来附益者"在性质与知名度上的差异,而非认为98人以外的入籍者便是所谓"邪人"。

对于元祐党籍中的复杂情况,宋以后不少人曾从不同的角度,以不同的方式作过一些质疑和分析。如明代的海瑞就提出过不少问题。明代的海瑞在备录元祐党籍所列名单后,曾发表如下的议论:

> 士大夫处乱世,未有获免者也,倘偶如子瞻,或触时忌,而长厚如君实,犹且贾罪,他可知已,然予有疑焉。韩琦、富弼、欧阳修、范镇、赵抃、程颢,皆以议新法罢去,李师中谓安石眼白似王敦,吕诲、唐介、冯京亦忤安石,而不列党籍;吕公著、韩维,初时为安石延誉者也;曾布、章惇阿权膴仕;李清臣首倡绍述之说以开国衅;黄履讦垂帘之事,击吕大防、刘挚而去之;安焘依违蔡确、章惇,无所匡正;叶祖洽对策言祖宗多因循苟且之政,陛下革而新之,遂擢第一,而皆得与党人之林,是何矛盾欤?以今揣之,置韩、富、欧、范于度外者,蔡京之公评也;不贷章惇群小者,蔡京之私怨也。则夫汉有耻不与党之徒,未必皆贤,而超然评论之外,未必皆不肖矣。①

海瑞认为韩、富、欧、范、赵、程诸人未入党籍出于"蔡京之公评",这未必允当。从时间上看,上述诸人多与元祐时期的政治活动无直

---

① (明)海瑞:《元祐党籍碑考》,中华书局1985年版,第12—13页。民国时期王云五主编《丛书集成初编》时,将海瑞所著与樵叟《庆元党禁》合为一册,即第763册,1985年中华书局将该册影印单独发行。其他版本在文字上略有差异。

接关联,这是最主要的原因,而章惇之所以入党籍,除参与所有打击元祐党人的活动外,主要原因则是反对宋徽宗继承皇位,即所谓"为臣不忠"。至于海瑞谈到的有关元祐党籍中其他一些情况,确可进行一些具体分析。按诸史实,被籍入"元祐奸党"的309人,大致可分为如下几种情况:

(一)反对过熙丰变法、参加过"元祐更化",并丝毫没有改变过政治立场的元祐党人。因在"元祐之间,躐登华进,挟持亲党,鼓动群邪,肆为诋诬,以逞怨望",将"神考法度""紊乱殆尽",①而被勒入党籍。这批人以司马光、吕公著、文彦博、吕大防、刘挚、梁焘、王岩叟、傅尧俞、苏辙、刘奉世等为主要代表,这些人在熙宁时坚决反对变法,在元祐中力主打击新党、废罢新法。从仕宦生涯看,这批人资历都较深,有的在宋仁宗时就已声名卓著,他们同及第于元祐末、绍圣初的官员相比,整整相隔一个时代。刘安世所说的"元祐党人",当是指这批人。

(二)元符末向太后垂帘时还朝主政者和元符上书人。向太后垂帘后,曾任用了一批不满绍圣之政的臣僚。元符三年(1100)二月,以韩忠彦为门下侍郎,黄履为尚书左丞;四月中,韩忠彦为右仆射,李清臣为门下侍郎,蒋之奇同知枢密院事;十一月间,安焘知枢密院事,范纯礼守尚书右丞。龚夬、陈瓘、郑浩等台谏官员就是韩忠彦、黄履等与曾布一起荐举的。元符三年政局再度反复,是上述诸人在向太后支持下积极活动的结果。但是,这个因各派势力消长而拼凑成的高层领导集团,实际上是一个踪迹驳杂的班子。他们反对绍圣之政是共同的,但反对的原因不尽相同。如其中的李清臣,在宋哲宗亲政时为"首倡绍述"者,而且率先恢复青苗、免役

---

① 《长编纪事本末》卷121《禁元祐党人上》,第3749—3750页。

法,他反对章惇,只是因为不赞成其对元祐党人施行过于残酷的处罚:

> (章)惇既逐诸臣,并籍文彦博、吕公著以下三十人,将悉窜岭表。清臣曰:"更先帝法度,不为无过,然皆累朝元老,若从惇言,必大骇物听。"①

从这段材料可以看出,李清臣与其说是反对绍述之政而重返宋廷,不如说是反对章惇等人的过度报复。最重要的是,其中数人并非是为完全恢复元祐之政而受命主政的。李清臣是如此,曾布也是如此。安焘在元祐时极力反对弃地与西夏、不赞成司马光等人所为,而蒋之奇,按旧党的逻辑和价值标准,则本属新党。因此,他们是不可能为完全恢复元祐之政而竭其心智的。

即令是与旧党有着千丝万缕联系,以绍述元祐之政为己任的韩忠彦、范纯礼等人,在名德、资历及声望等方面也已不可能与司马光等一班人相提并论,又如韩忠彦因要击败曾布而引用蔡京,龚夬受曾布指使而弹劾蔡京,这显然也是老牌的元祐党人深不以为然的。所以韩忠彦等人充其量也只不过是元祐党人的末流而已,尽管他们被列入"奸党",但刘安世不予承认,这就是原因所在。

较韩忠彦等人更逊一筹,但又列入"元祐党籍"的元符上书者,其中有许多人前此无名望、无资历,甚者尚未入仕籍,这些人不为刘安世所承认,理会是理所当然之事。陆心源尽可能地为这些人作传,但终因材料不足,难窥全貌,这种现象本身已颇能说明问题。如"余官"中张保源、衡钧、衮公适、冯百药、周谊、封觉民、高公应、

---

① 《宋史》卷328《李清臣传》,第10563页。

安信之、张集、吴安逊、周永徽、张夙、王贯、鹿敏求、罗鼎臣、王拯、黄安期、于肇、胡良、寇宗颜、高遵恪、侯顾道、王交、张溥、董祥、胡潜、王守、邓允中、梁俊民、陆惠民、王阳、叶世英、张裕等,此类人数甚多,难以尽举。

这批人中有不少为崇宁初的选人,事迹不显,亦无声名,连籍贯也难以确定。陆氏也只是依《长编纪事本末》卷 123《编类元符章疏》,将其姓名摘出,略加说明,聊以充"传"。从总体上讲,这批人是反对绍圣之政的,但也未必对元祐之政有较深入的认识而一味赞同,况且,政事反复实为少许着眼于自身利益者提供了获取美官的捷径,在士风日下的官场上,这些人也未必均是为实现其政治理想而上书者。

(三)有一定的资历与名望,能对熙丰、元祐、绍圣之政的得失作出较为公允的评价者。其中最典型的莫如陆佃。陆佃早年师事王安石,他在王安石做宰相后,曾以直言新法推行之后带来的新的弊端,以及官僚士大夫中流传的有关王安石有"拒谏"之嫌的看法,受到变法派的冷落。元祐时任史官,又因修《神宗实录》与范祖禹、黄庭坚发生过严重冲突,复不为偏激的元祐党人所容。徽宗即位之初,上疏论元祐、绍圣均有所偏,提出过正确的批评意见。宋廷惩治元祐余党时,"佃为徽宗言,不宜穷治"[1],却因此而入"元祐奸党"。

前述李清臣而未尽,其实细考李清臣之生平行事,李氏亦属在朋党相倾的政治生活中能独立不倚地提出真知灼见,并身体力行的官员之一。神宗去世后,旧党还朝,炙手可热,"时熙、丰法度,一

---

[1]《宋史》卷 343《陆佃传》,第 10920 页。

切厘正,清臣固争之"①,被贬出朝廷。哲宗亲政后,李清臣首倡"绍述",这是基于对元祐之政的深刻认识,将熙丰之政与元祐之政进行比较后而在政治上作出的选择,而不是迎合时好,进行政治上的投机。在这一点上,《宋史》的作者进行了颇多的丑化和歪曲,这是有欠公允的。只是李清臣不曾料到,由他首倡的绍述逐渐演变为打击、迫害元祐党人的一种运动,而他自己,竟也成了徽宗主政后再行"绍述"的牺牲品。

元祐党籍中"待制以上官"叶涛,"王氏婿也"。曾从王安石学为文词于金陵,安焘被责降时,叶涛认为"焘在元祐时,尝诋文彦博弃熙河,全先帝万世之功,不宜加罪",仅此一事,而被"蔡京劾为党",成为所谓"元祐奸党"分子②。

(四)实为新党而入党籍者。曾布在熙宁中参与了创制新法的整个过程,"与吕惠卿共创青苗、助役、保甲、农田之法"③,是熙宁初始终认为新法可行的人物。元祐中"司马光为政,谕令增损役法,布辞曰:'免役一事,法令纤悉皆出己手,若令遽自改易,义不可为。'"④哲宗亲政后,则重又参与了"绍述"熙丰政事、打击旧党的全部活动。尽管其"阴持两端",善于政治投机,但若以新、旧党来划分,曾布毫无疑问只能划入新党分子之列,蔡京却根据其绍圣、元符间的少许"异论",根据其元符末、建中靖国元年的若干表现,将其列入"元祐奸党"中。其实,稍稍检讨一下蔡京与曾布之间的关系,即可发现,曾布入籍的真正原因有二:一是他在元符曾极力排斥过蔡京;二则是在崇宁初,他实际上仍然是蔡京通往权力顶峰

---

① 《宋史》卷328《李清臣传》,第10562页。
② 《宋史》卷355《叶涛传》,第11182页。
③ 《宋史》卷471《曾布传》,第13714页。
④ 《宋史》卷471《曾布传》,第13715页。

过程中的绊脚石,因此,曾布是作为蔡京政敌而列入党籍的。

"文臣曾任宰臣执政官"中的蒋之奇,无论如何也是不能在元祐党人之列的。蒋之奇在英宗治平末年为殿中侍御史,曾以"帷薄"事诬欧阳修,被贬。熙丰中,他不是新法的制订者,却是一位以才能著称的执法者,史称其"为部使者十二任,六典会府,以治办称"①。他推行免役、兴修水利、管理财赋,既能考虑到"便民",又能使"公私用足",故受到神宗的重用。元祐时亦因事屡遭旧党弹击。绍圣时,"尝陈绍述之言"②。按理论之,蒋之奇当属新党之列,但蔡京将其置于"元祐奸党"中。

张商英也属同类性质的人物。熙丰时,张商英参与变法,王安石在相位时,以检正中书礼房擢监察御史,后曾与刘奉世、文彦博等人发生严重冲突。元祐初进行"更化"时,张商英以"三年无改于父之道"极力反对。在哲宗亲政后,弹击元祐党人不遗余力。崇宁初因支持蔡京、赞成绍述,由尚书右丞转尚书左丞,"复与京议政不合,数诋京'身为辅相,志在逢君',御史以为非所宜言"。能在蔡京炙手可热时对其"志在逢君"的行为加以痛斥,显然张商英是有他自己的一套政治见解的。但他因此而被采摘元祐中数事,被斥为"反覆",竟然也入了元祐党籍③。王明清所谓"前日力辟元祐之政者,亦饕餍厕名",就是指曾布、张商英之类的新党官员④。

(五)不依附蔡京者。张庭坚一例颇具代表性。据《宋史》卷346《张庭坚传》:

---

① 《宋史》卷343《蒋之奇传》,第10917页。
② 《宋史》卷343《蒋之奇传》,第10917页。
③ 《宋史》卷351《张商英传》,第11096页。
④ 《挥麈录·后录》卷1,第45页。

> 初,蔡京守蜀,庭坚在幕府,与相好。及京还朝,欲引以为己用,先令乡人谕意,庭坚不肯往。京大恨,后遂列诸党籍。

又如龚原,龚原与陆佃同师事王安石,参与过变法。"司马光召与语,讥切王氏,原反覆辨救不少衰",显然是新法的坚定支持者。徽宗即位后,"陈瓘击蔡京,原与瓘善,或谓原实使之,夺职居和州",入党籍①。此外,又如范正平、李格非、陈师锡、江公望、徐勣、董敦逸等人名列"奸党",虽有其他一些罪名,但也与不依附蔡京有关系。

(六)所谓"隐王道而行私曲"的趋炎附势者。即便是在朋党相倾、是非含混的"崇宁党禁"时期,那些赤裸裸地为一己之私利而阿谀奉承,专事钻营的官员,也遭到打击。而打击的方式,则是一并纳入"元祐奸党"之中,加以惩处。元祐时,吴处厚因求官不成,缴上所笺释的蔡确诗作,引发了对北宋政局影响甚剧的"车盖亭诗案",即使当时一些旧党官员对其为人也极为鄙视。

除投机与奉迎之外,吴处厚在变法与"更化"当中无可称道者,显然是难以与元祐党人为伍的。为了给贬死新州的蔡确鸣冤,也为了给诸如此类的士类所不齿者以惩戒,宋廷则亦将其列入了"元祐奸党",此举的意义同《宋史》将其列入《奸臣传》有相近之处。"余官"中王汾,平庸不显,因"元祐更化"时乘势迎合,请赐予王安石以恶谥,入籍②。又尹焞之叔父尹材,元祐时见宋廷更改国是,以为有机可乘,以66岁高龄上章自荐,乞求官职,遗笑于士林,元祐时期即因此而被废弃,崇宁时再入党籍。

---

① 《宋史》卷353《龚原传》,第11152页。
② (清)陆心源:《元祐党人传》卷2《王汾传》,清光绪刻本。

(七)所谓"为臣不忠"者。"元祐奸党碑"末附"为臣不忠"者二人,即王珪、章惇。据《朱子语类》卷130《本朝四·自熙宁至靖康用人》,朱熹认为,这二人之所以作为"为臣不忠者"入"元祐党籍",是有其原因的:"珪无大恶,然依违鹘突;章惇则以不欲立徽宗之故,故入奸党。皆为'为臣不忠'。"章惇"不欲立徽宗"一事属实;而王珪"不欲立哲宗之意"则属一桩千古疑案。关于王珪、章惇被列入"元祐党籍",宋徽宗与蔡京也十分清楚这两人与"元祐奸党"无任何关系,只是对其施行与元祐党人相同的惩罚而已,用当时的话说,叫"依元祐奸党指挥施行"①。此二人入"元祐奸党"之中诚为不伦不类。

按入籍的原因,"元祐党籍"系籍者大体上可以划分为以上几类。对其中一些人还可稍作更为细致的区处,为行文之便,不再赘及。在以上的分类中,或以约数加以说明,或举数例以证其事,根据本章的论旨,笔者以为,这样处理即可以得出有关的结论了。

第一,由对"元祐党籍"的解析可以看出,"崇宁党禁"是宋徽宗—蔡京集团以专制暴力消弭绵延不息的新旧党之争的一种残暴方式。熙丰变法,"元祐更化",绍圣"绍述",元符上书者试图再次进行"更化",由变法与否而引起的国是迭变和大规模的朋党倾轧造成的混乱局面无有宁日,如何结束这一局面是摆在即位不久而又热衷于声色犬马的宋徽宗面前的一道难题。"建中靖国"、平息党论既然行不通,则只能用暴力予以根治,这就是宋徽宗和蔡京对这道难题的解答。

建中靖国元年(1101)七月,曾布在答其弟曾肇的书信中,谈到了徽宗即位之后"欲破朋党之论,泯异同之迹,以调一士类,而元祐

---

① 《宋会要辑稿》职官六八,第4877页。

之人持偏如故,凡论议于上前,无非誉元祐而非熙宁、元丰,欲一切为元祐之政",这段话透露出曾布政治态度发生若干变化的原因。同时他还谈到了徽宗在此情况下"意愤郁,日厌元祐之党"[①]的心态,这实际上透露出一个严重的信息:以专制暴力结束纷乱之局的设想正在孕育之中。迨蔡京还朝之后,经过二人的密切策划,这一设想则马上得到了实施。

第二,"崇宁党禁"还是宋徽宗—蔡京集团形成后树立专制权威的一种表现方式。在蔡京看来,为了建立该集团的统治权威,就必须清除所有的障碍。崇宁三年六月建立"元祐奸党碑"时,"元祐"一词实际上已从原来特定的含义中游离出来,演变成了宽泛的、只具象征意义的概念,代表着所有违背该集团意志的势力和个人。因此,不仅元祐党人以及其他一些倾向元祐党人的势力成为此次打击、迫害的对象,而且原本属于新党的一些官员,敢于公允地评价元祐、绍圣之政者,反复于两派之间的唯利是图者以及诸如王珪、章惇等人也名列党籍,成了打击的对象。在这个意义上,费衮与王明清等人并没有体会到宋廷于崇宁三年再立"元祐奸党碑"的政治内涵,故而只能在"邪正混淆"上做表面文章。明代的海瑞对曾布、李清臣、黄履、安焘、叶祖洽等"皆得与党人之林"殊觉困惑[②],其实这也是不难理解的。

[①]《长编纪事本末》卷130《久任曾布》,第4070页。
[②]《元祐党籍碑考》,第13页。

第三节　党禁之后的北宋王朝

一、北宋王朝前所未有的黑暗专制统治

如前所述,"崇宁党禁"是一次精心策划、精心布置的一场政治大迫害运动。从此后历史发展的实际情况看,党禁也的确达到了宋徽宗—蔡京集团最初设计的目的,为该集团实行黑暗、腐朽和醉生梦死的专制统治铺平了道路。

"党禁"以残暴的手段打击元祐党人及其子孙,自崇宁之后直至宣和末年宋徽宗"内禅",元祐党人及其子孙的政治活动基本上销声匿迹;"党禁"以同样的手段打击那些中立不党、敢为直言的官僚士大夫,这一类型的官员再也不向宋廷陈述其中肯的意见;"党禁"清除了蔡京的所有政敌(主要来自原新党集团),使得蔡京得以无所顾忌地与宋徽宗沆瀣一气、为非作歹;"党禁"消除了真正的希望绍述神宗政事的新党官员,从而也使得宋徽宗—蔡京集团进行的伪"绍述"畅通无阻;"党禁"将各种各样的异议者籍入"元祐奸党",也使自欺欺人的献谀之风得以弥漫朝野。总之,"崇宁党禁"为宋徽宗集团创造了能够为所欲为的政治环境和政治气氛。

宋徽宗与蔡京所奉行的"绍述"是与"崇宁党禁"同时展开的。崇宁元年(1102)七月,诏"元祐详定编敕令式并行毁弃"[1],彻底割断了与元祐之政间的联系,这一行为与章惇绍圣间"取其善者"的做法,也是大相径庭的。同月,宋廷下诏:

---

[1] 《长编拾补》卷20,崇宁元年七月己丑条,第242页。

> 朕闻治天下者,以立政训迪为先;笃孝思者,以继志述事为急……然制之必有原,行之必有序,施设必有方,举措必有术,是故俊彦不可以不旁求,法度不可以不修讲,宜如熙宁置"条例司"体例,于都省置"讲议司",差宰臣蔡京提举,遴简乃僚,共议因革,庶臻至治,以广治谋。①

这个诏令是冠冕堂皇的,所省略的文字中还罗列有当时宋王朝所面临的许多社会问题,包括"廉耻盖寡,奔竞实繁"等内容。这个仿神宗熙宁初设制置三司条例司而设置的"讲议司",先后有吴居厚、张商英、刘赓、范致虚、王汉之等人充任讲议官,以后供职的官员屡有变化,但该"讲议司"一直"讲"到北宋灭亡。宋徽宗集团标榜"绍述"、讲议"绍述",并不是讲求国计民生,并不是追求各项法令的实际社会效果,而只是因为"绍述"的招牌有着政治上的种种妙用。朱弁《曲洧旧闻》卷6有一段话说得好:

> 蔡京所建明事,凡心所欲必为而畏人不从者,多托元丰末命,或言裕陵(按指神宗)有意而未行,以此胁持上下,人无敢议者。

所以,宋徽宗在"崇宁党禁"之后的"绍述",不仅不是对宋神宗时期所行政事的"绍述",而且同章惇等绍圣时期的"绍述",也存在本质上的区别。所以王夫之对此评价说,熙丰新法,蔡京"皆故纸

---

① 《长编纪事本末》卷132《讲议司》,第4137页。

视之,名存而实亡者,十之八九矣"①。又钦宗即位之后,曾有人愤激地指斥蔡京"绍述一道德,而天下一于谄佞;绍述同风俗,而天下同于欺罔;绍述理财而公私竭;绍述造士而人材衰;绍述开边而塞尘犯阙"②,用这些话来概括宋徽宗—蔡京集团崇观之后的所谓"绍述",是再合适不过的。"绍述"完全成了该集团维护其腐朽统治的政治工具。

宋徽宗统治集团通过党禁的方式对所有敢以不同意见议论时政的官僚士大夫及其子孙予以禁锢,同时也对其他稍有异议者严惩不贷。据曾敏行说:

> 大观中,士人李彪久留太学,慷慨好直言,睹时政之弊,欲上书论其事。蔡氏之党知之,乃密以告。元长大怒,付狱推治,且谓开府尹曰:"李彪狂妄,死有余责!"人惧,莫敢救者。会张天觉(商英)代相,彪得从未减。后元长复位,欲竟其事,遂流彪于海外。③

这是一个欲言时政而未遂者的遭遇。崇宁五年正月,宋廷以星变,"中外并许直言"。二月,蔡京罢相。太庙斋郎方轸曾应诏直言上书,极言蔡京罪恶,"及京复相,上以轸奏示,京奏乞付有司推究事实,轸竟付诏狱,坐此编管岭南"④。不过,自崇宁之后,像李彪、方轸这样获罪的人数并不太多,其原因则是人们慑于"崇宁党禁",大多采取了缄口不言国事的态度,即所谓"陛下幸涤烦苛,破朋党,而

---

① 《宋论》卷8《徽宗》,第148页。
② 《宋史》卷356《崔鶠传》,第11216页。
③ (宋)曾敏行:《独醒杂志》卷8,朱杰人点校,上海古籍出版社1986年版,第151页。
④ 《宋宰辅编年录校补》卷11,崇宁五年二月丙寅"蔡京罢左仆射"条,第725页。

士大夫以议论不一,观望苟且,莫肯自尽"①。

宋徽宗—蔡京集团在施行高压政策、钳制人言的过程中,还创制了一个维护专制独裁统治的"御笔"制度。据载:

> 崇宁四年,中书奉行"御笔"。时蔡京欲行其私意,恐三省台谏多有驳难,故请直以御笔付有司;其或阻格,则以违制罪之。自是中外事无大小,惟其意之所欲,不复敢有异意者。②

从理论上讲,"御笔"制度应该是专制独裁制度发展到登峰造极之时的表现,在宋徽宗统治时期,"御笔"制度却是维护其专制独裁制度的一种病态反映。如前所述,宋徽宗赵佶其人本无帝王之资质,唯醉心于声色犬马、宴游玩好、琴棋书画之事,对他来说,军国大计之类实在是一种负担,而施行"御笔"制度,不失为从中解脱出来的一种方式。按照以前的做法,"凡军国大事,三省、枢密院议定,面奏画旨。差除官吏,宰相以熟状进入,画可,始下中书造命,门下审读。或有未当,中书则舍人封缴之,门下则给事封驳之,尚书方得奉行。犹恐未惬舆议,则又许侍从论思,台谏奏疏"③。而"御笔既行",宋徽宗则可免除众多的烦劳和纷扰;而蔡京要专权擅政,"欲行其私",这也是一种有效的途径。所以,"御笔"制度是这一对昏君奸臣协力研制出来的。宋廷实施此制之后,专制独裁的权势实际上为权臣和弄臣所分割,除蔡京可以此"行其私"之外,当时的宦官梁师成,"凡御书号令皆出其手,多择善书吏习仿帝书,杂

---

① 《宋史》卷356《张根传》,第11216页。
② 《独醒杂志》卷8,第151页。
③ 《独醒杂志》卷8,第74页。

诏旨以出,外廷莫能辨"①。不管怎样,"御笔"制度确为宋徽宗集团维护黑暗统治的又一有利工具。

宋廷在采取以上种种措施竭力打击、迫害忤其意旨者的同时,又处心积虑为其统治培养奴才和驯服工具。宰相蔡京的建议"请以学校为今日先务,乞天下并置学养士"②即是重要方式之一。蔡京这一建议的提出,很明显,是"元符上书"启发的结果。如前所述及,在元符末年500多名上书者中,占有较大比例的是资历较浅的新进之士。为了防止"元符上书"及元祐、元符之末政局反复的重演,宋徽宗—蔡京集团便以此作为稳定其统治的长策。

蔡京的培养目标明确地反映在教学内容上。崇宁元年八月由蔡京制定的学制中,有一条规定是"不得教学生非经史子书文字";同年十二月,"诏诸邪说诐行,非先圣之书并元祐学术政事,不得教授学生,犯者屏出"③。崇宁二年七月,知泗州姚孳建议:"乞天下之士皆不得在外私聚生徒,使邪说诐行无自流行。"讲议司认为:"若不许在外私聚生徒,即不系置学之处子弟无从听讲,难以施行。非先圣贤之书及元祐故事学术不许教授条禁,欲遍行晓谕,应私下聚学之家,并仰遵作上条。"④得到宋廷的采纳。

宋徽宗大观元年(1107),宋徽宗—蔡京集团还创设了一项选官制度,即所谓"八行取士"。宋徽宗在有关"八行取士"的诏书中称,"朕考成周之隆,宾兴万民以六德、六行",于是"稽《周官》之书,制为法度,颁之学校,明伦善俗,庶几于古"⑤。

---

① 《宋史》卷468《梁师成传》,第13662页。
② 《长编纪事本末》卷126《州县学》,第3916页。
③ 《长编纪事本末》卷126《州县学》,第3918页。
④ 《长编纪事本末》卷132《讲议司》,第4142页。
⑤ 《长编纪事本末》卷126《八行取士》,第3910页。

所谓"八行",即孝、悌、姻、睦、任、恤、忠、和,所有名目的确渊源于《周礼》中用以教化万民的"六行"与"六德"①。从道德层面看,如果宋廷果真想借此教化万民,"明伦善俗",成就盛世"大观",这应该说是不无意义的。但是,当联系北宋晚期政治发展进行考察时,我们则发现事情远非如此简单。要言之,"八行取士"的出台有其复杂的社会政治背景,而强烈的现实政治需要则是催生此项制度的根本原因。

有关"八行取士"的具体内容,迄今为止,我们所能见到的各种文献记载详略不一,个别地方甚至相互抵牾。按理说来,碑刻资料应该是最可靠的,但也存在着一些问题。一是因为年深月久,保存至今的碑刻内容缺损较为严重;二是依碑刻拓片而刊载、流布的文字与原刻也不尽一致。不过,通过对有关传世文献记载、碑刻资料进行认真比对和综合解读,我们仍可窥其全豹。

据《长编纪事本末》记载,宋徽宗大观元年三月颁布"八行取士"诏书后,很快即在北宋王朝统治区域内展开了声势浩大的刻石立碑活动。从时间顺序看,地方各州学最早启动此事。

(大观元年)六月庚午,御笔令诸州学以御制八行、八刑刻石。从江东转运副使家彬奏请也。

(大观元年)八月庚午,资政殿学士、中太一宫使兼侍读郑

---

① 据《周礼·地官·司徒》:"以乡三物教万民而宾兴之:一曰六德,知、仁、圣、义、忠、和;二曰六行,孝、友、睦、姻、任、恤;三曰六艺,礼、乐、射、御、书、数。"宋徽宗直接袭用《周礼》中的"六行",另取"六德"中的"忠""和"二德,拼凑成"八行"。

居中乞以所赐御书八行、八刑模刻于石,立之学宫。从之。①

以上可见,江东转运副使家彬奏请立碑于诸州学较之郑居中奏请立碑于学宫整整早两个月,这或许是清人王昶《金石萃编》所录陕西四种碑文的格式不尽一致的原因。"大观碑"的碑文由宋徽宗赵佶以"瘦金体"亲笔书写,摹写上石者则是当时享有盛名的书学博士李时雍,碑额"大观圣作之碑"六字为当时的宰相蔡京所题。从《金石萃编》还可得知,各地所立大观碑在名称上略有差异,或称"大观圣作之碑",或称"御制学校八行八刑之碑",或称"御制学校八行八刑条",等等。而大量碑刻出现的时间似主要集中在宋徽宗大观二年。王昶称,除陕西境内的四种外,其他地方也多有遗存,"此碑今存者,山左较多,河南次之"②。据现工作于文博系统的一些同仁介绍,大观碑留存至今者仍有一定数量,尽管这些碑刻因年代久远,文字有缺损,但大体上保存完好③。

在传世文献方面,《宋史·选举志》《文献通考》《宋史全文》《纪事本末》《宋会要辑稿》等均有详略不等的记载。其中《宋史全

---

① 《长编纪事本末》卷126《八行取士》,第3913—3914页。《宋会要辑稿》选举一二,第5510页,不载家彬大观元年六月奏请诸州学刻石一事,但载郑居中所请刻石事较《长编纪事本末》所载更为详细:"(大观元年)八月十七日,资政殿学士、中太一宫使兼侍读郑居中《札子》奏:'近蒙圣慈赐臣御笔八行八刑书,欲望以所赐模写于石,立之学宫,次及太学辟雍、天下郡邑,如石经比。'从之。"
② (清)王昶:《金石萃编》卷146,上海古籍出版社2020年版,第2666页。
③ 据有人调查,该碑现在国内仍存10通左右,分别保存在河北、陕西、河南、山东等地。新乡市博物馆姚香勤、河北平乡文物管理所史清君二先生曾撰文分别对新乡所存《大观圣作之碑》和平乡《大观圣作之碑》作过介绍,可参见姚香勤《〈大观圣作之碑〉与宋代教育制度》,载《燕山大学学报(哲学社会科学版)》2001年第2期;史清君《平乡大观圣作之碑》,载《文物春秋》2008年第3期。史文称:宋代立于宫学、太学、辟雍以及各郡县的"大观圣作之碑",现国内有多处遗存,其中尤以现存河北赵县的赵州"大观圣作之碑"体量最大,保存最为完好。

第六章 "崇宁党禁"与北宋晚期政局　　349

文》和《宋史·选举志》所载较为扼要;《宋会要辑稿》所载较《宋史·选举志》及《宋史全文》详细,但未涉及"八刑"内容,且在抄录过程中出现了较多错误;《文献通考》所载最为简略,其《选举考》在叙事中仅以"大观元年,诏举八行"一语带过,《学校考》中则有所展开①。因此清人根据当时所见,认为"今碑所录八行及三舍之制,较史为详"②,确为实情。但随着长期湮没不传的一些历史文献重现和刊刻,情况有了改变。在传世的历史文献中,南宋杨仲良《续资治通鉴长编纪事本末》的有关记载最有价值。该书专门列有《八行取士》一目,所载不仅本末清楚、内容翔实,而且对宋徽宗大观元年三月诏令颁布之后的实施情况也有一定的记载。兹赘引如下:

> 诏曰:"学以善风俗、明人伦,而人材所自出也。今有教养之法,而未有善俗明伦之制,殆未足以兼善天下。孔子曰'其为人也孝悌,而好犯上者,鲜矣。不好犯上,而好作乱者,未之有也'。盖设学校,置师儒,所以敦孝悌。孝悌兴则人伦明,人伦明则风俗厚,风俗厚则人材成、刑罚措。朕考成周之隆,宾兴万民以六德、六行,否则威之以不孝、不悌之刑。比已立法,保任孝、悌、睦、姻、任、恤、忠、和之士。去古绵邈,士非里选,习尚科举,不孝不悌,有时而容,故任官临政,趋利犯义,诋讪贪污,无不为者。此官非其人,士不素养故也。近因余暇,稽《周官》之书,制为法度,颁之学校。明伦善俗,庶几于古。
>
> 一、诸士有善父母为孝,善兄弟为悌,善内亲为睦,善外亲

---

① 参见(元)马端临《文献通考》卷31《选举考四》,上海师范大学古籍研究所、华东师范大学古籍研究所点校本,中华书局2011年版,第916页;卷46《学校考七》,第1344页。
② 《金石萃编》卷146,第2665页。

为姻,信于朋友为任,仁于州里为恤,知君臣之义为忠,达义利之分为和。

一、诸士有孝、悌、睦、姻、任、恤、忠、和八行见于事状,著于乡里者,耆邻保伍以行实申县,县令佐审察,延入县学,考验不虚,保明申州如令。

一、诸士八行,孝、悌、忠、和为上,睦、姻为中,任、恤为下。士有全备八行,保明如令,不以时随奏,贡入太学,免试为太学上舍,司成以下引问考验,较定不诬,申尚书省取旨,释褐命官,优加擢用。

一、诸士有全备上四行,或不全一行而兼中等二行,为州学上舍上等之选;不全上二行,而兼中等一行,或不全上三行,而兼中二行者,为上舍中等之选;不全上三行,而兼中等一行,或兼下一行者,为上舍下等之选;全有中二行,或中等一行而兼下一行者,为内舍之选。余为外舍之选。

一、诸士以八行中三舍之选者,上舍贡入外舍,在州学半年不犯第二等罚,升为内舍,仍准上舍法。

一、诸士以八行中上舍选而被贡入太学者,上等在学半年,不犯第三等罚,司成已下考职行实闻奏,依太学贡士释褐法取旨推恩;中等依太学上等法,待殿试推恩;下等依太学中等法。

一、诸士以八行中选,在州县,若太学皆免试,补为诸生之首,选充职事及诸斋长、谕。

一、诸生以八行考士,为上舍上等,其家依官户法;中下等免户下支移、折变、借借、身丁,内舍免支移、身丁。

一、诸谋反、谋叛、谋大逆(子孙同——原注)及大不恭、诋讪宗庙、指斥乘舆,为不忠之刑;恶逆、诅骂、告言祖父母、父母、别籍异财、供养有阙、居丧作乐、自娶、释服匿哀,为不孝之刑;不恭其兄、不友其弟、姊妹、叔嫂相犯,罪杖,为不悌之刑;杀人、略人、放火、强奸、盗若窃盗、杖及不道,为不和之刑;谋杀及略卖缌麻以上亲,殴大功尊长、小功尊属若内乱,为不睦之刑;诅骂、告言外祖父母与外姻有服亲、同母异父亲,若妻之尊属,相犯至徒,违律为婚、停妻娶妻,若无罪出妻,为不姻之刑;殴受业师、犯同学友至徒,应相隐而辄告言,为不任之刑;诈欺取财,罪杖,告嘱耆邻保伍有所规求,避免或告事不干己,为不恤之刑。

一、诸犯八刑,县令佐、州知通以其事自(应为"目")书于籍,报学。应有入学,按籍检会施行。

一、诸士有犯不忠、不孝、不悌、不和,终身不齿,不得入学。不睦,十年;不姻,八年;不任,五年;不恤,三年。能改过自新,不犯罪而有二行之实,耆邻保伍申县,县令佐审,听入学。在学一年,又不犯第三等罚,听齿于诸生之列。"[1]

将宋徽宗此诏置于当时的政治环境解读,至少有如下几点是显而易见的。

第一,所谓"明伦善俗"另有深意,倡导道德教化也不是颁行

---

[1]《长编纪事本末》卷126《徽宗皇帝·八行取士》,第3909—3913页。有关"八行取士"的具体内容,目前所能看到的传世文献彼此之间、传世文献与碑刻资料之间存在若干差异,笔者通过相互参照比对,认为《纪事本末》所载最为准确、最为完整,但也存在明显错误,如其中"诸犯八刑,县令佐、州知通以其事自书于籍,报学,应有入学,按籍检会施行"一语中,"以其事自书于籍"明显不通,于是根据碑刻资料进行了改正;此外,对于北宋制度史上的个别重要名称,亦采纳了当代学人的研究成果。如"借借"应为"借借",朱瑞熙先生早在20世纪80年代即作过缜密的考证,此处采纳朱说。

"八行取士"的根本目的;威之以"八刑",在宋统治区域内确立宋徽宗—蔡京集团的专制权威才是此举的核心和主旨所在。

宋徽宗于元符三年(1100)即位以来,最高统治集团内部承继哲宗元祐以来的政治格局,一直翻云覆雨、无有宁日;所有官员也因之人心浮动、人人自危、无所适从。宋徽宗与蔡京虽在崇宁年间以极端手段将奉行神宗政事的基本国策固定下来,但位极人臣的蔡京"在熙宁则奉行熙宁之法,在元祐则奉行元祐之法,在绍圣则奉行绍圣之法,国论三变而蔡京乃与之俱变"①,因而"绍述"的真正动机始终未能获得朝野认同,整个官僚队伍和社会各层面充满大量不安定因素。在这种情况下,高谈所谓"明伦善俗"和道德教化无疑是南辕北辙、隔靴搔痒,宋徽宗和蔡京对此也是心知肚明的。

宋徽宗、蔡京的高明之处,是巧借"明伦善俗"、道德教化的说辞,掩盖了树立至高无上的专制权威和培养驯服奴才的目的。在宋徽宗"八行取士"的诏令中,孝、悌二行排在最前,忠、和二行紧随其后,有关基本人伦道德的孝、悌二行似乎最被看重。其实不然,宋徽宗在诏令中引孔子之语讲得非常明白:"其为人也孝悌,而好犯上者,鲜矣。不好犯上,而好作乱者,未之有也。"之所以宋徽宗、蔡京要首先推崇"孝""悌",是因为讲孝悌者不可能犯上作乱;只要"孝""悌"成为最基本的价值观念,"知君臣之义"与"达义利之分"便水到渠成,而"趋利犯义,诋讪贪污"自然也会销声匿迹,而宋徽宗—蔡京集团的统治便可高枕无忧了。

成周是如何威之以不孝、不悌之刑,我们不得其详,但宋徽宗与蔡京是如何威之以八刑的,这有案可稽。值得玩味的是,在"八

①《类编皇朝大事记讲义》卷21《徽宗皇帝五·小人变法》,第366页。

行"的排序中,孝、悌为首;而在"八刑"当中,"诸谋反、谋叛、谋大逆(子孙同——原注)及大不恭、诋讪宗庙、指斥乘舆,为不忠之刑"则名列第一。这些都不难看出,防止犯上作乱才是宋徽宗—蔡京集团推崇孝、悌及其余六行的真正目的和核心所在。

第二,"八行取士"实际上表明宋徽宗—蔡京集团将会继续在政治上保持高压态势,从某种意义上讲,这一政策也可以说是"崇宁党禁"的延续,旨在防止朝廷出现突发性事件后朋党倾轧死灰复燃。

本无帝王之资的宋徽宗对无休无止的朋党之争已经不胜其烦,史有确载。为达到个人政治目的,蔡京在徽宗支持下直接导演了"崇宁党禁",清算、镇压了所有政敌,宋廷此时面临的最大问题是巩固既成政治格局,严防被打击禁锢的对象沉渣泛起。"崇宁党禁"时,宋徽宗、蔡京最终核定司马光、文彦博为首的309人入"元祐奸党",根据宋廷相继实施的一系列举措,受到迫害和株连者应数以千计,再加上道义上支持、同情元祐党人者,这无疑是一个庞大的群体。高太后、向太后垂帘听政时政局反复的历史表明,政治上的暂时得势并不是最后的结局,对此,"其奸又过于(曾)布"[①]的蔡京更是了然于心。

如前所述,"崇宁党禁"时的打击对象不仅仅是元祐党人,还包括曾经参与变法的章惇、曾布等人以及所有不利于宋徽宗—蔡京集团的官员。在这个庞大的政治群体中,章惇、曾布等人在政治上东山再起已无可能性,只有元祐党人及其追随者最具政治资本。因此,徽宗和蔡京要防止政局反复,就必须重点防范元祐党人及其追随者。而"八行取士"的实施,不仅可以转移朝野注意力,在一定

---

① 《类编皇朝大事记讲义》卷21《徽宗皇帝五·小人变法》,第366页。

程度上消解元祐党人的影响,而且可以直接遴选在政治上与其保持一致的奴才,扩大统治根基。

另一方面,宋徽宗—蔡京集团一如既往地直接针对元祐党人采取各种强硬举措以防微杜渐:

> 大观三年九月乙丑,御笔:"比闻诸路州学有阁藏书,皆以经史为名,方崇八行以迪多士,尊六经以黜百家,史何足言?应已置阁处,可赐名稽古。"①

这段史料清楚表明,在实行"八行取士"的同时,任何有关元祐党人的蛛丝马迹都在严格监控之中。又"政和二年,亲试举人,始罢赐诗,改赐箴。先,御史李章言作诗害经术,自陶潜至李、杜皆遭讥诋。诏送敕局立法,宰臣何执中请禁人习诗赋。又诏士毋得习史学。"马端临对此有论云:"尊经书,抑史学,废诗赋,此崇、观以后立科造士之大指,其论似正矣。然经之所以获尊者,以有荆舒之三经也;史与诗之所以遭斥者,以有涑水之《通鉴》、苏黄之酬唱也。"②马端临所论可谓一语中的,"抑史学,废诗赋"都是直接针对元祐党人的。在荐举八行过程中,凡政治上有丝毫形迹可疑者也均在排斥之列。如永新人江旿,与俞师郝"俱有诗声,酬唱甚多","崇、观间,吉守尝以八行荐于朝,不报"③。江旿并非元祐党人,甚至连元祐党人的同情者也算不上,却因"有诗声"被排斥。

元祐党人的后裔、与元祐党人具有相同价值观的士人以及元祐党人的同情者正因为洞察了宋徽宗—蔡京集团"八行取士"的玄

---

① 《能改斋漫录》卷13《赐藏书阁名稽古》,第382页。
② 《文献通考》卷31《选举考四》,第917页。
③ 《独醒杂志》卷6《江旿俞处俊俱以诗名》,第52页。

机,故对此一政策大多敬而远之,甚至不予合作。如荣州人王庠,其母亲向氏为曾经垂帘听政的向太后的姑母。宋廷实施元祐党禁时,王庠声称"苏轼、苏辙、范纯仁为知己,吕陶、王吉尝荐举,黄庭坚、张舜民、王巩、任伯雨为交游,不可入举求仕,愿屏居田里",明确表示其政治向背。其母去世后,"终丧复举八行,事下太学,大司成考定为天下第一,诏旌其门。朝廷知其不可屈,赐号处士。寻改潼川府教授,赐出身及章服,一日四命俱至,竟力辞不受。"①

如果说王庠属皇亲国戚,有恃无恐,那么其他一些人的态度更能说明问题。如台州临海人徐中行,早年曾游历开封,受到范纯仁、司马光赏识,自然在政治观点和价值观念上也受到影响。据史载:

> 崇宁中,郡守李谔又以八行荐。时章、蔡窃国柄,窜逐善类且尽,中行每一闻命辄泪下。一日,去之黄岩,会亲友,尽毁其所为文,幅巾藜杖,往来委羽山中。客有诘以避举要名者,中行曰:"人而无行,与禽兽等。使吾得以八行应科目,则彼之不被举者非人类与?吾正欲避此名,非要名也。"客惭而退。陈瓘谪台州,闻名纳交,暨其没,录其行事,谓与山阳徐积齐名,呼为"八行先生"。②

又无锡人陈敏,"尝守台州,会朝廷命郡国立元祐党籍碑,敏拒守以为不可。监司促之急,敏曰:'诬司马公为奸臣,是诬天也。'其倅卒立之,敏碎其石。或咎敏,敏曰:'我死且不辞,何劾之畏?'竟挂冠

---

① 《宋史》卷 377《王庠传》,第 11657—11658 页。
② 《宋史》卷 459《徐中行传》,13458 页。该材料中所涉时间、当事人有明显错误,但似无碍于理解徐中行事迹。

而去，自号濯缨居士。大观中，以八行搜天下士。殿选李夔，丞相纲之父也，时奉祠居梁溪，以敏行能荐于上，守令亲为劝驾。敏叹曰：'昔归今往，何出处之戾也。'弗就。"①诸如此类的例子还可举出很多。这些例子从反面充分证明了宋徽宗、蔡京颁行"八行取士"以防范元祐党人势力卷土重来的政治意图。

第三，通过诱之以利、威之以刑，有效扩大宋徽宗—蔡京集团的统治基础，搜罗和吸纳各种坚决拥护其专制统治、完全顺从其政治意志者。

崇宁年间，宋廷在官僚集团内部进行了前所未有的大清洗，在客观上造成了统治基础的薄弱，而在政治上死心塌地效命于宋徽宗—蔡京集团的官员尤为匮乏，这也是"八行取士"出笼的重要原因之一。从宋徽宗颁布的诏令中可以看出，政治上可靠，并符合八行的有关标准，由此途径进入官僚集团者获取的各种待遇是非常优厚的。"士有全备八行，保明如令，不以时随奏，贡入太学，免试为太学上舍，司成以下引问考验，较定不诬，申尚书省取旨，释褐命官，优加擢用。"如果"八行"皆备，按规定即可直接释褐命官，这对无数士人来说，无疑具有强大的诱惑力。在获得政治待遇的同时，经济地位也随之得到提升，"诸生以八行考士，为上舍上等，其家依官户法；中下等免户下支移、折变、借借、身丁，内舍免支移、身丁"。

另一方面，若有拒绝迎合、不符合其专制统治需要者，宋廷则予以严厉摈斥。饶州人万宗孟应举"八行"一事可谓经典案例：

（政和）五年六月十八日，臣僚言："昨者江南东路提举学事司言，前饶州知、通、教授、县令佐审察八行贡士，万宗孟补

---

① 《无锡县志》卷3上，见《景印文渊阁四库全书》第492册，第698页。

充上舍,升入太学。本学考验别无显迹,已行退黜。宗孟近因赴试到阙,复肆论讼。朝廷灼见狂妄,谓宗孟全无士行,寻被旨先次驳放依屏斥法。而本路当职官谬举之罪,迄今尚稽典宪。"①

由上引可知,万宗孟举八行后,经饶州知、通、教授、县令佐审察,已经获得"补充上舍,升入太学"的资格,而江南东路提举学事司却认为其"别无显迹",予以退黜;退黜后赴试到阙,则复肆论讼,被依法屏斥。因为举士不当,提举学事官降一官,知通、令佐罚铜十斤。江南东路提举学事司到底为何将其退黜,万宗孟在开封应试期间又何敢"复肆论讼",论讼的内容是什么,我们均不得而知。但有一点可以肯定,即万宗孟不甘作驯服工具和奴才,才招致了被屏斥的命运。

如果说王安石熙宁兴学、创立三舍法是为了培养变法所需要的人才,那么,蔡京崇宁兴学、创立"八行取士"则主要是为了搜罗满足其政治需要的鹰犬。该制度在实施过程中恩威并用,显然实现了蔡京等人的初衷。"崇宁、宣和之间,政在蔡京,罢不旋踵辄起,奸党日蕃,一时贪得患失之小人,度徽宗终不能去之,莫不趋走其门。"②官员的整体素质由此可想而知。不过,据有关记载,一些通过应举"八行"进入官僚队伍者也获得正面评价,如绍兴人范处厚在知南雄州时,诏下岭南举"八行","察举谭焕、欧阳珏、许牧",号为得人,其中谭焕官至朝散大夫,范处厚也因此获得美誉③。谭

---

① 《宋会要辑稿》选举一二,第 5511—5512 页。
② 《宋史》卷 351 传论,第 11114 页。
③ 《广东通志》卷 39,见《景印文渊阁四库全书》第 563 册,677 页;同书卷 44,《景印文渊阁四库全书》第 564 册,第 57 页。

焕、欧阳珏、许牧有何政绩,难以稽考。但是,鉴于崇宁五年之后的特殊政治氛围和宋徽宗—蔡京集团的主观动机,纵使应举"八行"者中有若干才智之士,绝大多数官员的素质恐怕也很难高估。南宋绍兴四年(1134),有论者认为宋高宗时石公孺以荐对,特补右迪功郎是开"侥幸之门",并称此门一开,"浸与异时八行之举无异矣"①。这显然是将"八行取士"与"侥幸之门"等同看待的。而通过"侥幸之门"进入官僚队伍的官员,绝大多数不过是宋徽宗—蔡京集团的驯服工具和奴才而已。

马端临对北宋晚期的士风及其成因曾作过概括,略云:

> 绍圣、崇观而后,群险用事,丑正益甚,遂立元祐学术之禁,又令郡县置自讼斋以拘诽谤时政之人。士子志于进取,故过有拘忌。盖言休兵节用,则恐类元祐之学;言灾凶危乱,则恐涉诽谤之语。所谓转喉触讳者也,则惟有迎逢谄佞而已。②

马端临并不完全认同"元祐之学",此语应该说是客观公允的。"八行取士"的确让宋徽宗—蔡京集团如愿以偿。

第四,宋徽宗—蔡京集团要借"八行取士"绕开传统的官场评判标准,确立另一套道德准则,构建并维护其专制统治所需要的道德体系和纲常伦理。

宋仁宗庆历年间,一代文豪欧阳修提出石破天惊的君子有党论,在理论上产生了前所未有的混乱,并由此导致一系列重大政治事变;熙宁年间,司马光则因王安石变法阐发了奇特的人才观和取

---

① 《建炎以来系年要录》卷77,第1462—1463页。
② 《文献通考》卷46《学校考七》,第1345页。

舍之术,"才德全尽谓之圣人,才德兼亡谓之愚人,德胜才谓之君子,才胜德谓之小人。凡取人之术,苟不得圣人、君子而与之,与其得小人,不若得愚人"[1],从而在政治上产生了巨大消极影响。司马光的这套奇特理论在北宋后期的政治生活中进一步衍生出动辄"辨邪正"的乱象,以致愈"辨邪正",党同伐异愈不可解,直到宋徽宗与蔡京"崇宁党禁"之后,君子、小人之辨,邪、正之辨仍莫衷一是,难解难分。然而,这套理论尽管似是而非,却始终占据着道德优势,如果按君子、小人对号入座,徽宗时期从蔡京到满朝文武,无疑只能是一筹莫展,在国计民生方面无所作为。

然而,"善父母为孝,善兄弟为悌,善内亲为睦,善外亲为姻,信于朋友为任,仁于州里为恤,知君臣之义为忠,达义利之分为和"的"八行"理论,却成功化解了所有的尴尬,并将"君子""小人"分野的道德评判标准随心所欲地玩弄于股掌之中。孝、悌、睦、姻、任、恤、忠、和,无一不有利于宋徽宗集团的专制独裁统治,也为其日后在政治上为所欲为打开了空间。

综上所述,"八行取士"是宋徽宗—蔡京集团在"崇宁党禁"之后精心设计的一种政治策略,其政治意图在于利用专制权威,利用科举、学校教育的独特功能,最大限度地网罗政治上的驯服工具和奴才,有效扩大统治基础,维护和巩固其专制统治。

宋廷施行高压政策与兴办学校培养驯服工具双管齐下,其结果是整个官僚集团彻底萎靡,吏治和士风彻底败坏。据《宋史》卷351传论:

> 崇宁、宣和之间,政在蔡京,罢不旋踵辄起,奸党日蕃。一

---

[1] 参见《资治通鉴》卷1《周纪·威烈王》,第14页。

时贪得患失之小人,度徽宗终不能去之,莫不趋走其门。

在此气氛中,其结果是朝野上下献谀之风盛行。宋徽宗尊崇道教,禁士庶以"耳""伯阳""聃"为名、字,朝廷大小臣僚亦随之务为荒诞不经之事。据吴曾所载:

> 政和八年闰九月,给事中赵野奏:陛下恢崇妙道,寅奉高真。凡世俗以"君""王""圣"三字为名、字,悉命革而正之。然尚有以"天"字为称者,窃虑一禁约。依奏。①

迪功郎、饶州浮梁县丞陆元佐也上书对诸人名用字不当事进行论奏:

> 窃见吏部左选有徐大明者为曹官,有陈丕显者为教官。盖"大明"者,文王之德;"丕显"者,文王之谟。又况"大明"者,有犯神明馆御殿。臣故曰"有取王者之实以寓其名"。窃见饶州乐平县有名"孙权"者,浮梁县有名"刘项"者,臣故曰"有取霸者之迹以寓其名"云云。……恭睹政和二年春,赐贡士第,当时有吴定辟、魏元勋等十余人,名意僭窃,陛下或降或革。②

以上的事例,系阿谀宋徽宗者所为,还有若干党附蔡京者,更是丑态百出。薛昂"与余深、林摅始终附会蔡京,至举家为京讳。

---

① 《能改斋漫录》卷13《诏禁以天字称》,第336页。
② 《能改斋漫录》卷13《禁名意僭称》,第335页。

或误及之,辄加笞责,昂尝误及,即自批其口"①;又有朱绂者,以与"元祐党籍"中朱绂同姓名,"欲希晋用,上疏自陈与奸人同姓名,恐天下后世以为疑,遂易名'谔',字曰'圣予'"。此举得到蔡京的欢心,"不次峻擢,位至右丞"②。由这样一些人所构成的官僚队伍,再也不可能为国事去出谋划策,更不可能为国事去争一短长了。

二、北宋王朝前所未有的腐败

前所未有的专制独裁必然导致前所未有的腐败。"崇宁党禁"和党禁之后持续执行的一系列专制措施,虽然使得国事日非,却为宋徽宗集团的醉生梦死创造了有利的环境和条件。据说宋徽宗与蔡京、梁师成有如下一段对白:

> 徽宗尝内宴,顾问梁师成曰:"先王乐以天下,忧以天下。今西北既宾服,天下幸无事,朕因得游宴耳。"师成对曰:"臣闻圣人先天下之忧而忧,后天下之乐而乐。"上问蔡京曰:"师成之言如何?"京曰:"乐不可极尔。"上喜曰:"京之言是也。"③

的确,及时行乐、乐以忘忧、乐以忘国直至亡国,是宋徽宗—蔡京集团的一大特色。

自蔡京丰亨豫大之说行,宋廷大兴土木,铸九鼎、建明堂、修方泽、制礼乐,以夸耀、粉饰太平,宋统治集团的奢侈、腐败达到了令

---

① 《宋史》卷352《薛昂传》,第11122页。
② 《挥麈录·前录》卷3,第20页。
③ 《独醒杂志》卷2。

人发指的程度。庄绰根据钦宗继位后放减宫女6000余人的情况估计,宋徽宗时宫女有万人之多①。这只是一方面。又据方勺《泊宅编》卷3:

> 崇观以来,天下珍异悉归禁中,四方梯航,殆无虚日,大则宠以爵禄,其次锡赉称是。宣和五年,平江府朱勔造巨舰,载太湖石一块至京,以千人舁进。是日,役夫各赐银碗,并官其四仆,皆承节郎及金带,勔遂为威远军节度使,而封石为盘固侯。

政和中,宋廷谋筑万岁山(亦即艮岳)于开封。《长编纪事本末》卷128《万岁山》引蔡絛《宫室苑囿篇》说,此山仿余杭凤凰山而筑,其最高峰九十尺,山周十余里,"飞栈、岩穴、溪涧悉备""槛泉泛流,皆昼夜不绝"。亭宇楼阁,"多以美材为楹栋,而不施五采,有自然之胜。山上下立亭宇不可胜数,有石大者高四十尺,名'神运昭功石'"。筑此山所费财力、人力之多,是难以估算的。

万岁山筑成之始,宋徽宗尽情于离宫之乐,但久而厌之,更思微行,为狎邪游。宋徽宗的荒淫无道、醉生梦死,不久表现于所谓"承平既久"的悠悠岁月,即令是金兵南来,开封告急,北宋王朝危在旦夕时也是如此:

> 金人南牧,上皇(按指宋徽宗)逊位,虏将及都城,乃与蔡攸一二近侍,微服乘花纲小舟东下,人皆莫知。至泗上,徒步至市中买鱼,酬价未谐,估人呼为"保义",上皇顾攸笑曰:"这

---

① 《鸡肋编》卷下,第68页。

汉毒也。"归犹赋诗,用"就船鱼美"故事,初不以为戚。①

宋徽宗如是,整个统治集团亦复如是。《独醒杂志》卷9:"蔡元长为相日,置讲议司,官吏数百人,俸给优异,费用不赀。一日,集僚属会议,因留饮,命作蟹黄馒头。饮罢,吏略计其费,馒头一味为钱一千三百余缗。""讲议司"是蔡京为了"绍述"而置以讲求神宗政事的机构,蔡京却也将其变成了挥霍无度的场所。

宋徽宗先后所宠信的蔡京、王黼、童贯、梁师成、朱勔、李彦,时人称为"六贼"。"六贼"及其党羽"盘据要津",在政治上招权纳贿、卖官鬻爵,无所不为,在个人生活的奢侈享乐方面,也都是达到了极点的。如童贯一家,有材料记载其"金帛宝玉,充积如山;私家所藏,多于府库"②。

蔡京为了"固宠禄,保富贵",也时出新策,以取悦于宋徽宗,"于是内兴大役,外招强敌,改定太宰、小宰之制,更立帝姬、命妇之号",③对宋徽宗来说,这些花样百出的手段都是行之有效的。为长保富贵,蔡京也曾以奢侈享乐来诱导皇太子赵桓,却遭到了痛斥:"天子大臣,不闻道义相训,乃持玩好之具荡吾志耶?"蔡京得知中书舍人兼太子詹事陈邦光"实激太子"后,便将其逐出朝廷,贬其为提举洞霄宫,池州居住。④ 自"崇宁党禁"迄宣和之末,北宋王朝就是在这样一种荒淫腐朽的统治气氛中苟延残喘。

北宋末年统治集团种种穷奢极欲的糜烂生活,是靠竭力搜刮民脂民膏来维持的。而搜刮的方式则多种多样,或设计巧取,或恣

---

① 《鸡肋编》卷中,第50页。
② 参见《靖康要录笺注》卷3,第392页,载孙觌等劾童贯奏章。
③ 《独醒杂志》卷4,第32页。
④ 《长编纪事本末》卷131《蔡京事迹》,第2225页。

意豪夺，或肆意增加苛捐杂税，或借行"绍述"进行暴敛。对于善于搜刮的邪佞之徒，宋徽宗则以嘉奖的方式加以纵容。史载：

> (蔡京)拔故吏魏伯刍领榷货，造料次钱券百万缗进入，徽宗大喜，持以示左右曰："此太师与我奉料也。"擢伯刍至徽猷阁待制。①

靠诸如此类的搜刮，宋廷获得了用于享乐的巨额财富。宋廷设立应奉局和造作局于苏、杭，以制御器，朱勔则打着"御前供奉"的旗号，明火执仗地进行掠夺，祸害整个东南。"绍述"在此时亦变成了掠夺的重要手段。宋廷除了利用方田均税法等搜刮民财，宣和六年（1124），又因故设立"免夫钱"之名目，进一步加以掠夺，"江西一道，凡赋钱一百五十七万，而漕运之费不预焉。令下之日，州县莫知所措，乃令税一千者输一万，约日而集，督责加峻。时赋敛处遽起，民间嗟怨"②。

花样繁多的搜刮，使北宋王朝统治区域内的人民已经到了走投无路的地步。官逼民反，民众只好铤而走险。宣和二年，睦州青溪县方腊聚众举事，并迅速席卷东南一带，这就是朱勔主持的应奉局、苏杭造作局盘剥压榨的直接后果。方腊的举事虽被扑灭，但其余各地的小股农民起义此起彼伏。迨宋徽宗宣和七年时，经过20多年残暴腐朽统治的北宋王朝已经完全处于风雨飘摇之中。

---

① 《宋史》卷472《蔡京传》，第13726页。
② 《独醒杂志》卷5。

第七章　靖康党论与党争的流播

宋钦宗继承皇位之后，北宋王朝已经处于风雨飘摇之中，随时会面临灭顶之灾。即令如此，宋廷内部若干官员从钦宗的政治倾向上似乎"嗅"到了又一次政局反复的可能，于是重新激活了沉寂已久的朋党之论，并一直将之持续到北宋灭亡。而在北宋王朝覆灭之后，朋党之争仍然阴魂不散，伴随着宋廷南迁，持续对南宋王朝产生着各种复杂的政治作用和影响。

第一节　钦宗继位后的严峻形势

一、金兵压境

经过宋徽宗—蔡京集团 20 余年的腐朽统治，至宣和年间，赵宋王朝的覆灭之灾随时有可能降临。迫于多种压力，宣和七年

(1125)十二月,宋徽宗赵佶"忧勤感疾"①,将皇位让给了长子赵桓,即后来的宋钦宗。次年,钦宗改年号为"靖康",是为靖康元年(1126)。

宋钦宗从其父手中接过来的赵宋江山,已经是一个千疮百孔的烂摊子。数年前方腊揭竿而起,席卷东南,此事虽经兴师动众得以最终了结,但全国各地的"盗贼"仍此起彼伏。最为严重的,是金人驱兵南下,已经势不可挡,但北宋王朝最高统治集团内部对此束手无策,狼狈万状。因此,如何使北宋王朝免于灭顶之灾,俨然成为宋钦宗即位伊始的燃眉之急。

早在宋钦宗赵桓登上皇位的前几年间,当宋徽宗集团依然处于醉生梦死的疯狂状态中时,金兵则已先后攻占了辽的东京辽阳府、上京临潢府、中京大定府、南京燕山府和西京大同府,基本上灭亡了北宋王朝的宿敌辽朝。金兵攻陷辽的中京、南京、西京是在宣和四年,即宋徽宗的离宫万岁山(艮岳)营建竣工的同一年。宣和六年,金又使西夏臣服。金的崛起可谓迅猛异常。

自宣和二年宋金"海上之盟"建立以来,透过一系列事件,金已洞悉了北宋王朝政治上的腐朽和军事上的无能。因而当金军灭辽之后,其铁马金戈复南向北宋。宋徽宗宣和七年十月,金下诏攻宋,分别由斡离不和粘罕统东西两路人马,攻打太原和燕山,宋方统兵的宦官童贯自太原逃回开封。十二月中,金兵继续南下,宋廷急遣通直郎、陕西转运判官李邺以给事中的名义使金求和。几乎与之同时,金人则遣使赴宋,称"(金)皇帝已命国相与太子郎君吊民伐罪,大军两路俱入"。而白时中、李邦彦、蔡攸等人"俱失色",不敢正面应对。当白时中问及如何才能使金人"缓师"时,金使"因

---

① 《长编纪事本末》卷146,第4584页,载逊位手诏中语。

第七章　靖康党论与党争的流播

大言曰:'不过割地称臣尔!'"①白时中等人再一次瞠目结舌。金使咄咄逼人的气势,表明了金人志在必得的信心和决心。而宋徽宗正是在这种情况下,才"忧勤感疾",决定逊位于太子赵桓的。

二、北宋王朝军政腐败不堪

国门洞开,强敌压境,宋金之间已开战端,更大规模的战事势所难免。但当时北宋王朝的军政和军备又是怎样的状况呢?早在此前,张舜民在出知定州后就上疏反映过河北一带的情形:

> 以臣观之,今日河朔之势,正如陕西宝元、康定之前,将不知兵,兵不知战,一旦仓猝,不可枝梧。边臣若预为振举,则谓之"张皇",而朝廷亦自不容;若依旧宴安,号为无事,则纲目日见颓废,有不胜举之忧。

他又进一步指出:

> 又为将者,多是膏粱子弟,畏河东、陕西不敢往,尽欲来河北。百年之间,未尝知有烽火之警,虽有出屯,不离本路,唯是优游暇日,安得不骄且惰也。②

张舜民被贬往定州在徽宗独理政事之初,看来北宋王朝在河北方面的军备不振是由来已久的。经过宋徽宗集团长时间的腐朽统治

---

① 《长编纪事本末》卷144《金兵上》,第4534页。
② 《历代名臣奏议》卷333《御边》,第4315页。

后,其情形又有何变化,这不难想象。如果说张舜民所云尚不足以说明宋徽宗统治时期河朔一带的情形,那么,李纲在钦宗时出任枢密副使后所说的一段话,则足以反映宋徽宗时期北方边备的状况:

> 臣意以谓,中国军政不修几三十年矣,阙额不补者过半,其见存者皆溃散之余,不习战阵,故令金人得以窥伺,既陷燕山,长驱中原,遂犯畿甸,来无藩篱之固,去无邀击之威。①

不过,李纲还没有谈及北宋军队内部的情况。在这方面,靖康年间有人作了更为明确、更为详尽的披露:

> 近年以来,上之帅臣监司,下之守倅将副,多违法徇私,使禁卒习奇巧艺能之事,或以组绣而执役,或以机织而致工,或为首饰玩好之事,或为涂绘文镂之事,皆公然占破,坐免教习。名编卒伍,而行列不知;身为战士,而攻守不预。至有因缘请托升迁,阶级或在众人之上。遂使辕门武力之士,困于差役之劳;末作庇身之人,复享安闲之列。所以兵阵教习之法日废,工匠伎巧之事日多。②

通过这段记载,我们可以获知:宋王朝耗费巨大财力所豢养的禁军,也多因宋徽宗集团穷奢极欲之需,转而专习"奇技淫巧"了。

宋徽宗统治下的北宋王朝一方面不修军政,武备废弛,使军队完全丧失了战斗力;另一方面则又为了粉饰太平,防止其腐朽糜烂

---

① 《历代名臣奏议》卷333《御边》,第4319页。
② 《靖康要录笺注》卷10,靖康元年八月三日记事,第1001页。

的所谓"太平之乐"受到打扰,常以"御笔"严禁臣僚通报实际的军情。宣和间,有人使金南返后透露:

> 是行回程,见虏中已载粮发兵,接迹而来,移驻南边,而汉儿亦累累详言其将入寇。是时,行人旦暮忧虏有质留之患。偶幸生还,既回阙,以前此有御笔指挥:"敢妄言边事者流三千里,罚钱三千贯,不以赦荫减。"由是无敢言者。①

这一内幕无疑更是骇人听闻的。借此可见,宣和之末,宋徽宗集团为了及时行乐,不仅将统治区域内的黎民百姓弃而不顾,而且连其自身的生死存亡也"乐"而不顾了。

有是君,亦必有是臣。宋廷派往北方镇守边关的臣僚,也大多是得过且过,只将有事当无事。靠近北界的玉田县,"自甲辰年(宋徽宗宣和六年)金人杂奚人直入城劫虏,每边人告急,宣抚司王安中则戒之曰:'莫生事。'四月之内凡三至,尽屠军民,一火而去"②。在这种情况下,金兵之大规模南犯,原也在情理之中。可以想象,宋钦宗即位之后,北宋王朝要在这样的险恶环境中迅速理顺政事,重修军政,有效地抵御南下之敌,可以说是百废待举而又刻不容缓的。

---

① (宋)确庵、耐庵:《靖康稗史笺证·宣和乙巳奉使金国行程录》,崔文印笺证,中华书局1988年版,第43页。
② 《靖康稗史笺证·宣和乙巳奉使金国行程录》,第12页。

第二节　北宋王朝垂危之际的党论

金军并没有给宋钦宗留出举行登基大典的时间。靖康元年（1126）正月间——距宋钦宗即位仅14日，金军即兵临开封城下，斡离不对宋方派遣的求和代表李悦提出了如下的议和条件：

> 金银、绢彩各以千万计，马驴骡之属各以万计；尊其国主为伯父；凡燕云之人在汉者悉归之；割太原、中山、河间三镇之地。又以亲王、宰相为质。①

次月，北宋王朝经过与斡离不反复交涉，同意割让太原、河间、中山三镇，金兵才撤离了开封。

金军退师之后，北宋君臣经过一番惊恐，稍稍获得了喘息之机。按理说来，此时宋廷的满朝文武应该上下一气，精诚团结，抓住时机，整军经武，以备不测之祸了。出人意料的是，宋廷"日罢兵，如太平无事之时"②，统治集团内部又开始了新的一轮政治混乱，开始了又一波朋党倾轧。如同此前的政局反复一样，作为北宋王朝最高统治者宋钦宗的政治倾向仍在其中起到了举足轻重的作用③。因此时北宋王朝面临的局势较前此有很大不同，且宋钦宗在位时间短暂，残酷的朋党倾轧已不可能充分展开，我们姑且称之曰

---

① 《长编纪事本末》卷145《金兵下》，第4540页。
② 《历代名臣奏议》卷347《夷狄》，第4506页，载尚书右丞李纲上疏中语。
③ 宋钦宗继位伊始便明确向元祐党人吕公著之子吕好问表明了政治向背："卿元祐子孙，朕特用卿，令天下知朕意所向。"参见《宋史》卷362《吕好问传》，第11329页。

第七章　靖康党论与党争的流播　　371

"靖康党论"。靖康党论主要是围绕三个方面展开的。

一、国是之争

面对北宋王朝随时有可能覆灭的险恶局面,又鉴于前此数十年间绵延不息的党祸所产生的巨大灾难,有的官僚士大夫开始清醒,对宋钦宗即位后的时政提出一些相对客观、公允的看法;但有的人则仍狃于陈说,以其固有的偏见对既往的派别之争随意定性,制造矛盾;更有甚者,则用一条祸国殃民的线索,将王安石与熙丰变法、章惇与绍圣之政、蔡京与崇宁党禁以及北宋王朝所面临的危局不加任何区别地简单串连起来,竭力为元祐之政正名,试图再一次在政治上草率进行全盘肯定和全盘否定。

当宋廷内部的纷争展开之后,能较为理智地评价各朝所行法制者,有当时的御史中丞陈过庭、监察御史余应求等人。余应求指出:

> 今陛下克绍太上皇之美意,已赠司马光等官及遵奉祖宗法度矣,臣愚谓:如党人之未殁与其子孙可录用者,愿令有司条具以闻。夫太祖、太宗与熙宁、元祐、绍圣之所行者,皆祖宗法也,损益因革,不可偏废,愿诏朝廷置司讲画,取其得于中者而行之。[①]

余应求是以当时北宋王朝所面临的特殊局势为背景来考虑问题的。他力图通过调和的办法解决各种矛盾,避免再出现偏执、极端

[①] 《靖康要录笺注》卷4,靖康元年三月二十五日记事,第552页。

的做法。尤其难能可贵的是,他比较委婉地将蔡京所奉行的绍述之政与前此熙丰、绍圣所行之政区别开来,进而提出了根据当时的统治需要,"取其得于中者"的取舍原则。毫无疑问,这在当时确不失为平息内部矛盾、化解内外危机的良策。

而陈过庭,则更明确地将蔡京的所谓"绍述"与熙丰完全分开,并着力鞭挞了宋徽宗—蔡京集团给北宋王朝的统治带来的深重灾难:

> 自蔡京作相二十年,假绍述之名,而无绍述之实,作威作福,纷更妄举,致使熙丰法度荡然扫地。王黼继之,七八年间,托享上为名,而无享上之实。怀奸营私,招权纳货,致使奸贼之吏,布满天下。……每建一议,立一法,未见是非利害,必立严禁,不得干与,又立重赏,许人告讦,大臣坐视而不敢言,黎庶怀愤而无所诉,监司守令观望风旨,惟恐奉行之缓,天下化之,悉为文具。①

显然,陈过庭也是希望宋廷以蔡京、王黼等人为鞭挞对象,对其他人不必过于牵强枝蔓的。当时的兵部尚书孙傅,曾给祖宗之法、熙丰之法、崇观之法下过明快的断语:"祖宗法惠民,熙、丰法惠国,崇、观法惠奸。"②此种观点博得了许多人的赞同。虽然这种说法还有值得商榷之处,但它至少使人明确了"熙丰法"与"崇观法"之间的本质区别,不无可取之处。如果当时的宋廷、绝大多数的官僚士大夫能综合以上观点,按照这种思路尽快去确立新的经国之制,以

---

① 《靖康要录笺注》卷5,靖康元年四月二十九日记事,第697页。
② 《宋史》卷353《孙傅传》,第11137页。

便应对当时面临的危局,应该说是较有可能扶大厦于将倾的。

但是,另外一些人不这样认为,其情感淹没了理智,在上疏议政中表现出严重的情绪化趋向。其中最为突出的,是程颐的学生杨时。

按杨时(1053—1135)字中立,世称"龟山先生",宋南剑将乐(今属福建)人。《宋史》本传载其"幼颖异,能属文,稍长,潜心经史",杨时应具有较好的天赋,并在青少年时期受过良好教育。宋神宗熙宁九年(1076),杨时进士及第,但此后数十年间,在仕途并无大的发展。这期间,他曾"杜门不仕者十年,久之,历知浏阳、余杭、萧山三县,皆有惠政,民思之不忘。张舜民在谏垣,荐之,得荆州教授"①。根据有关记载,杨时知浏阳县在绍圣元年(1094),除荆州教授在崇宁元年(1102),知余杭事在大观元年(1107),知萧山县在政和二年(1112)②,在波谲云诡、党争激烈的北宋政治风云中,杨时基本上未受到任何牵连。直到宋徽宗宣和之前,杨时多辗转于地方为官,可能也于任内做过若干有益之事,但声名不显,当然也一直无缘进入统治集团的政治核心。

进士及第后,杨时似乎主要将精力放在求学问道上。熙宁年间,以文彦博、司马光为首的一批坚决反对变法的元老重臣先后聚集于洛阳,一度参与变法的理学先驱程颢及其弟程颐亦跻身其间,并聚徒讲学,即所谓"时河南程颢与弟颐讲孔、孟绝学于熙、丰之际,河、洛之士翕然师之"。而杨时此时则"调官不赴,以师礼见颢于颍昌",据称"相得甚欢"③。毫无疑问,自师事程颢后,杨时的政

---

① 《宋史》卷428《杨时传》,第12738页。
② 参见(清)李清馥《闽中理学渊源考》卷1《文靖杨龟山先生时》,何乃川点校,商务印书馆2018年版,第2页。
③ 《宋史》卷428《杨时传》,第12738页。

治态度也随之受到了二程及司马光集团的深刻影响。在政治上，杨时作为一介书生，并无多少成就可言。直到宋徽宗宣和六年（1124），年逾70的杨时由蔡京指使其子蔡攸引荐，被召为秘书郎，不久迁著作郎①。

宋钦宗继位之后明确表示倾向元祐党人的政治立场，这给已经进入北宋最高统治集团的杨时提供了在政治上崭露头角的机会。杨时当即上疏，认为：

> 蔡京用事二十余年，蠹国害民，几危宗社，人所切齿，而论其罪者，莫知其所本也，盖京以继述神宗为名，实挟王安石以图身利，……今日之祸，实安石有以启之。②

杨时力图正本清源，其动机不可谓不善，但这段文字中，明显含有强烈的政治偏见，无非是沿袭并发挥了元祐党人的一套陈词滥调而已。他明知"蔡京用事二十余年"，只是"以继述神宗为名，实挟王安石以图身利"，却又对蔡京与王安石强加穿凿附会之辞，认为"今日之祸，实安石有以启之"，这种论事的方式，与元祐党人的论事方式是一脉相承的。他所提出的观点，显然不能解决当时的任何实际问题，而只会引起更多不合时宜的争端。

其实，以前杨时也曾经有过一些中肯的意见。在徽宗统治时期，他曾对熙宁之初将"祖宗之法纷更殆尽"表示过强烈的不满，但同时也对"元祐继之，尽复祖宗之旧，熙宁之法一切废革"不以为然，建议徽宗："明诏有司，条具祖宗之法，著为纲目，有宜于今者举

---

① 《宋史》卷428《杨时传》，第12739页。
② 《宋史》卷428《杨时传》，第12741页。

而行之,当损益者损益之,元祐、熙丰姑置勿问,一趋于中而已。"①但在钦宗即位,政治气氛改变之后,杨时立即抛弃了"一趋于中"的意见,摇身一变而完全成为了元祐党人的继承者和代言人。可想而知,如果杨时之流的议政者在当时得以执掌权柄,如果北宋王朝的统治尚能继续苟延,统治集团内部的朋党相倾是绝不会停止的。

与杨时持有相同看法者,在当时并不在少数。曾经"累章极论"时政,并获得"时议归重"的左正言崔鷃曾于元符末上书,极论司马光之忠、章惇之奸,入邪等,被免官,后屏居不仕十余年,钦宗时才重返朝廷。他的奏章中也始终充满着情绪化的极端言辞。他认为:

> 仁宗、英宗选敦朴敢言之士以遗子孙,安石目为流俗,一切逐去。司马光复起而用之,元祐之治,天下安于泰山。②

基于此种认识,他也将章惇、蔡京所倡之"绍述"与王安石变法紧密联系起来,加以痛斥。又如侍御史胡舜陟,上疏论及"六事",其中有云:

> 臣观今日祖宗宽大之政,泯灭而未举;王安石刻急之法,为害而未除,法度未得其正也。③

---

① 《宋史》卷428《杨时传》,第12739页。
② 《宋史》卷356《崔鷃传》,第11216页。
③ 《历代名臣奏议》卷45《治道》,第621页。

胡舜陟将崇宁、大观以来蔡京所行之法,直接视为"王安石刻急之法",对于当时的北宋王朝来说,此种诡激的言论有着极大的危害。

蔡京等"六贼"(宋徽宗实际上亦为一贼)的祸国殃民之罪是罄竹难书的。为济其奸,凡所欲为,则无不打着"绍述"的幌子进行,而实际上,则全都与王安石变法无涉,正所谓"名为遵用熙、丰之典,乃实自为纷更,未有一事合熙宁者"①。徽宗去位之后,一些官员利用当时的政治形势,对蔡京一伙进行政治上的否定,这不仅必要,而且也是必需的;王安石变法的成败得失究竟如何,鉴于这一事件所造成的深刻影响,也有必要进行客观、公正的评估;蔡京的所谓"绍述"与王安石变法之间究竟有何种联系,这也不是不可以理智地进行探讨的。然而,这些评估、探讨和批判应该不带偏见,公允、执中,这才有利于北宋王朝的统治。何况,当时"事势迫急,夷狄寇边,日有变故,乃宗社安危之秋"(李纲语)②,历史留给北宋王朝的时间已经屈指可数了。真正明智的有识之士,只能集中精力扶大厦于将倾,将既往的是是非非留待他日厘清。如果有人当此危亡之秋,漫无边际地滥加枝蔓,激于义愤而不顾事实地附会穿凿,并试图再一次诱发纷纭聚讼,其政治后果是不言而喻的。显然,杨时等人不合时宜的言行不利于此时的北宋王朝。

二、学术之辨

这里的所谓"学术",与现代意义上的"学术"在内涵和外延上均有所不同,它被当时的官僚士大夫们更多地赋予了强烈的政治

---

① 《宋宰辅编年录校补》卷13,靖康元年三月丙申"蔡京责授崇信军节度副使德安府安置"条,第841页。
② 《历代名臣奏议》卷45《治道》。

色彩,因而所谓"学术之辨"也并非单纯的辨章学术。自王安石变法始,政治与学术实际上互为表里、密不可分,如神宗熙丰时期推行的变法,其指导思想便是王安石创立的"三经新义"。因而李朴在徽宗即位之初曾说:"熙宁、元丰以来,政体屡变,始出一二大臣所学不同,后乃更执圆方,互相排击。"①李朴已经指出了当时政治与学术之间的密切关系。

在北宋王朝危如累卵的靖康年间,学术之辨与国事之争也是同步展开的。靖康元年(1126)五月,左谏议大夫冯澥上疏云:

> 国家自崇、观以来,行贡试之法,而乡举里选徒蹈虚文,自是士失所守。而太学教养之法,一切不振,士不自重,务为轻浮,博士先生狃于党与,各自为说,无复至当,煽以成风。附王氏之学则丑诋元祐之文,附元祐之学则讥诮王氏之学,风流至此,颓敝莫回,兹今日之大患也。②

撇开政治倾向不论,冯澥所云也大抵符合历史事实。钦宗即位之后,从表面上看,所谓"学术之辨"是朝野士大夫围绕王氏新学与元祐学术的功过是非问题展开的一场争论,但其政治上的指向则关系到政局的再次演变。

从有关材料可以看出,这场纷争是有人上疏谈及科举取士问题而引发出来的。靖康之初,有臣僚上言:

> 科举取士,要当质以史学,询以时政。今之策问,虚无不

---

① 《宋史》卷377《李朴传》,第11655—11656页。
② 《靖康要录笺注》卷6,靖康元年五月十日记事,第754页。

根,古今治乱,悉所不晓。诗赋设科,所得名臣不可胜纪,专试经义亦已五纪。救之之术,莫若遵用祖宗成宪。王安石解经,有不背圣人旨意,亦许采用。至于老、庄之书及《字说》,并应禁止。①

这篇奏疏中虽然有禁王安石《字说》的建议,但其主要意图,则是救弊与调和。但当上述所有建议下礼部详议时,则马上引来了激烈反应,时为谏议大夫兼祭酒的杨时,仍是这次争辩中的核心人物。

《宋史》卷428《杨时传》:

> 谨按(王)安石挟管、商之术,饰六艺以文奸言,变乱祖宗法度。当时司马光已言,其为害当见于数十年之后,今日之事,若合符契。其著为邪说以涂学者耳目,而败坏其心术者,不可缕数。

该疏中,杨时还特举两例,说明蔡京启人主之侈心,"以侈靡为事",应奉局、花石纲之出现,是王安石直接导致的,因此,他要求钦宗"追夺(王安石)王爵,明诏中外,毁去配享之像,使邪说淫辞不为学者之惑"。

前揭杨时为程门四大弟子之一,两宋之际理学的重要传人。而他的老师程颐则名列"元祐奸党",晚年著述、讲学均受到严密的监视与控制,杨时当然也多少受到了政治上的牵连和学术上的压抑,故在其奏疏中,对王氏之学表现出强烈的仇恨心理。尤其值得注意的是,上引"臣僚上言"已经明确提出要禁《字说》,对《三经新

---

① 《宋史》卷157《选举志三》,第3669页。

义》,也只是采用其"不背圣人旨意"者,杨时却坚持将王氏之学斥为"邪说淫辞",全盘予以否定,这种极端和偏颇的态度,表明杨时已经丧失了学者应有的理性与宽容,也同样是有害而不足取的。

《宋史·杨时传》称,杨时上疏之后,"谏官冯澥力主王氏,上疏诋时",冯澥如何"力主王氏"而"诋时",《宋史》未详载,而《靖康要录笺注》卷6靖康元年五月十日记事中则备录冯澥所云,兹引如下:

> 臣又闻臣僚上言乞罢安石配享,而谓安石之说为"邪说"。朝廷从言者请,罢安石配享而列于从祀,此固公议所在,其谁以为不然?若言者以安石之说为"邪说",则过矣!安石之释经固不能无失也,夫《孟子》所谓息邪说者,谓杨朱、墨翟之言,若以安石之说便同杨、墨之言为"邪说",则复当禁之,此所以起学者之谤而致为纷纷也。……臣愿陛下明诏有司,训敕中外,凡学校、科举考校去取,不得专主元祐之学,亦不得专主王氏之学,或传注,或己说,惟其说之当理而已。

从内容上看,这里冯澥所指"上言"的"臣僚",显然就是杨时无疑,以上所引的文字,大概也就是《宋史》所说的冯澥诋毁杨时的那篇奏疏。我们可以看到,该疏议论平实、中肯,不带偏见,语气、措辞也颇温和,完全是着眼于宋王朝的大局来立论,根本谈不上什么"力主王氏",也没有什么"诋时"的内容。然而冯澥的这些中肯意见,却为杨时及其同僚所不能容忍,更被《宋史》随意歪曲。

当时站在杨时一边的官员,还有崔鶠、李光等人。崔鶠回顾了数十年间蔡京培植党羽、"更持政柄,互秉钧轴"的历史,然后断章取义,对冯澥进行似是而非、牵强附会的攻击,最后他说:"观澥之意,不过欲以熙宁、元丰之法为治,元瀚乃熙、丰人材。"①且不论崔鶠这里所使用的逻辑是何等荒谬,其议论是何等悖于义理和事实,我们先看看冯瀚是否为"熙丰人材"。

冯瀚之父冯山,熙宁末年,为秘书丞、通判梓州,后邓绾荐其为台官,不就。退居20年后,由范祖禹荐于朝。对于冯瀚本人靖康以前的仕宦生涯,《宋史》只用了十余字一笔带过,最后载以"瀚为文师苏轼,论西事与蔡京忤";元祐党人张庭坚去世后,"瀚力振其家"②。如果硬要按崔鶠的做法,一定要在政治上定性,将同僚再次划归熙丰或者元祐,那么,说冯瀚为"元祐人材"恐怕更为允当。而崔鶠仅因为冯瀚说了几句公道话,便将其打入所谓"熙丰人材"之列。

其实,当此北宋王朝举步维艰之时,即便真有所谓"熙丰人材"出来以理性公正的方式解决当时北宋王朝所面临的一些实际问题,也是无可厚非的,无奈崔鶠等人的志趣并不在此。非常清楚,其目的不过是为进一步挑起纷争张本。

由《靖康要录笺注》同卷所载,当时的御史李光,亦曾附和论奏过"冯瀚推尊王安石之学,鼓惑众心",也许宋钦宗也认识到冯瀚所论的价值,非但没有对杨时、崔鶠、李光所言予以重视,反而还擢冯瀚为吏部侍郎。对此,崔鶠则再次上疏进行了论奏:

> 臣伏闻前谏官冯瀚曾上章疏,乞榜朝堂,朝廷以为是,施行之;御史李光以为非,缴驳之。及光之缴驳也,冯瀚不敢以自直,大臣不敢以为辩,置李光而不问,迁冯瀚而不诘,政刑如

---

① 《靖康要录笺注》卷7,靖康元年六月二日记事,第805页。
② 《宋史》卷371《冯瀚传》,第11522页。

此,士论纷然。且以瀣之言为是,则光可罪;以光之言为是,则瀣可斥。当斥而返迁,是谓赏奸。……瀣之意,不过欲次补近官,渐当揆路,以行其邪说,以固其党与,为万世自安之计。此贼臣蔡京之术,行之至今,天下破坏,兹亦极矣!陛下尚忍使京之余党再破坏耶?①

在这篇奏章中,崔鹏极尽诬枉罗织、牵强附会之能事,以致将冯瀣说成了蔡京之余党。

事实上,在崔鹏这类诡激沽誉的弹章抛出之前,宋廷确曾将杨时断然废黜"王氏之学"的主张采纳并试图施行过,其结果则是在太学出现了"学官相诟于上,诸生相殴于下"的情形。"学正冯楫、杨言以为是,博士雷观痛诋以为非,喧争纠讦,甚于街童巷妇之相詈辱者。"②"致使诸生集众直造祭酒(杨时时为此官)位次,欲见而诋之。时若不自引避,必致生事。又有时中斋生姓叶者,党王氏之学;止善斋生姓沈者,党苏氏之学,至相殴击,其人稍众。"③杨时、崔鹏等人的偏激行为,直接在北宋王朝垂危之际导致了新的轩然大波。御史中丞陈过庭对此亦发表过意见,他说:

五经之训,义理渊微,后人所见不同,或是或否,诸家所不能免也。是者必指为正论,否者必指为邪说,此乃近世一偏之辞,违万世之通论。自蔡京擅政,专尚王氏之学,凡苏氏之学,悉以为邪说而禁之。近罢此禁,通用苏氏之学,各取所长而去

---

① 《靖康要录笺注》卷7,靖康元年六月二日记事,第806—807页。
② 《靖康要录笺注》卷6,靖康元年五月五日记事,第731页。
③ 《靖康要录笺注》卷6,靖康元年五月五日记事,第731页。

所短也。祭酒杨时矫枉太过,复论王氏为"邪说",此又非也。①

鉴于杨时自以为是、擅作主张而引起的混乱,陈过庭建议道:"臣伏望圣慈裁酌,如祭酒杨时偏见曲说,德不足以服众;学正冯楫、博士雷观轻浮争竞,大失生儒之体,欲乞指挥并行斥责。"②陈过庭并非什么"熙丰人材",钦宗即位后,他与杨时曾一起上疏"乞改正宣仁皇后谤史",对蔡京的胡作非为亦深恶痛绝。为防止杨时的"偏见曲说"在最高统治集团内部产生更大的混乱,陈过庭的看法与建议显然都是合情合理的。

迫于已经出现骚乱的压力,宋廷罢免了杨时和其他学官,由杨时而引发的这场学术之辨不了了之。但直到靖康元年九月,侍御史李光仍固守偏见,以"公肆诞谩,无复忌惮"之类的言辞弹击与之持异议者,要求宋廷以元祐之学为是,以王氏新学为非;以司马光为优,以王安石为劣。据他说,不然,则会"鼓惑民听,人心一失,不可复收,非朝廷之福也"③,这种不识时务的胡搅蛮缠显然是不可能有结果的。"会国事危,而贡举不及行矣。"④这场争辩,宋廷难以平息,只好由金军的铁蹄来平息。

就在杨时、李光等人喋喋不休辩说元祐之学与王氏之学孰优孰劣的同月,再次大举南下的金兵攻陷了太原府,北宋王朝的末日已经迫近了!

---

① 《靖康要录笺注》卷6,靖康元年五月五日记事,第731页。
② 《靖康要录笺注》卷6,靖康元年五月五日记事,第731页。
③ 《宋朝诸臣奏议》卷83《上钦宗论王氏及元祐之学》,第901页。
④ 《宋史》卷157《选举志三》,第3609页。

三、用人之争

宋徽宗"内禅"之后,宋钦宗所接管的,基本上是一个由贪官污吏构成的官僚集团。徐处仁对当时的官僚队伍作过下列说明:

> 昔蔡京用事之初,恶元祐臣僚之不右己也,首为党论以禁锢之,既而京与郑居中、王黼相继当国,各立说以相倾,凡二十余年。缙绅士大夫除托附童贯、梁师成、李彦、朱勔及诸近习、道士之外,未有不经此三人除用者。①

由以上这段史料可以推知,从总体上说,整个统治集团已是十分腐败。但有一点可以肯定,即便是经蔡京、郑居中、王黼此三人所除用者,其中一定还有些或具有应务之才,或在德行上略有可称的官员,因为这不仅是宋徽宗—蔡京集团装点门面的需要,也是这一集团保证长久享乐的政治需要。宋钦宗即位之后,要除旧布新,设法躲避日益迫近的亡国之灾,就得放弃此前数十年非"新"即"旧"、非"旧"即"新"的取舍标准,甄别、任用一批真正有补于国事的官员,这是当时宋廷所面临的重大问题。

为了跳出蔡京、郑居中、王黼"织"成的党羽圈子,宋廷当时也着实费尽心机。钦宗即位之后,在仓促之际重新起用了一批崇、观以来落魄在外的官员,又依杨时等人的建议,宋钦宗令吏部、刑部开具出元祐党人的职位、姓名,对去世者进行褒崇,对生者予以牵复,对其子孙,也尽可能予以起用。正如宋钦宗对吕好问所云:"卿

---

① 《靖康要录笺注》卷9,靖康元年七月二十六日记事,第971页。

元祐子孙,朕特用卿,令天下知朕意所向。"①宋钦宗的用意,乃在于通过这种方式在政治上收揽人心,增强赵宋统治的向心力,同时也借此收罗一批统治人才。

然而,宋廷要应付当时的危局,仅靠以上的方式显然难以满足统治需要。一则是不可能在仓促之间找到足够数量的官僚士大夫,重建整个统治集团;二则是重新起用的官员或录用的元祐党人子孙并非全是经邦治国之才;三则是因为宋钦宗在政治上倾向于"元祐党人",势必又会在政治舞台上出现翻云覆雨的闹剧。像杨时、崔鶠、李光之类徒善节外生枝的官员,虽曰"忠谠可嘉",实则也是成事不足、败事有余的。所以,宋钦宗在录用所谓"元祐子孙"的同时,也曾有过"不欲专崇元祐"的想法②。

那么,是否可以从现有官僚队伍中选用一些有用之才呢?当此国事仓皇之际,这本是一个非常简单明了的问题,然而,宋廷又马上因此陷入重重的矛盾冲突之中。蔡京、郑居中、王黼先后被贬责之后,徐处仁痛切地指出了蔡京等三人结党营私,"致朝廷不纲,金贼内侮"的事实,他希望"各所引用之人,自当革心易意,勿怀私恩,勿仇私忿,实效赤心,尽忠朝廷",同赴国难,同时也对宋钦宗提出了如下的建议:

> 陛下开公正之路,塞私邪之门,实用人才,无有适莫,刑赏所加,视其功罪,而无容心于其间,使朋党之论消于未形,则朝廷有安静之理,天下有太平之期,是亦缙绅之福也。③

---

① 《宋史》卷362《吕好问传》。
② 参见《挥麈录·后录》卷3,第76页,载追褒范仲淹与范纯仁事时所附宋钦宗批语。
③ 《靖康要录笺注》卷9,靖康元年七月二十六日记事,第971页。

第七章　靖康党论与党争的流播

徐处仁希望宋廷在国事维艰的情况下,建立新的价值准则,刑有罪而赏有功,逐渐破除非此即彼、党同伐异的陋习。但事实上,此类的正确意见基本上没有被采纳。

最为典型的事例,是宋廷对李纲的态度。李纲是两宋之际一位极为重要的人物,不但具有崇高的民族气节,而且具有远大的政治抱负和光明磊落的人品。靖康元年(1126)正月曾为东京留守和亲征行营使,组织过开封保卫战,三月间,除知枢密院事。《宋史》是这样评价他的:

> 以李纲之贤,使得毕力殚虑于靖康、建炎间,莫或扰之,二帝何至于北行,而宋岂至为南渡之偏安哉?

这些评价显然有溢美、夸大之辞,但至少也可说明,李纲在两宋之交确为一位不可多得的人才。然而,却有言者一再对李纲予以弹奏,称他"专主用兵之议,而元无成算奇画""冒内禅之功以自名""假爵禄以市私恩"等,"乞行黜责"。后来李纲又被弹奏"卵翼于蔡氏之门,倾心死党",结果被贬为保静军节度副使、建昌军安置。李纲被罢免,有宋钦宗认为他"得士民心"、功高震主的因素,但他曾为蔡京所荐引,当然也成为弹奏者的重要口实。

不仅仅是李纲,几乎所有为蔡京、郑居中、王黼所引荐过的官员也都遭到了排斥。如前文所说,这些官员虽然在宗徽宗统治的荒唐岁月进入官僚队伍,但并非都与蔡京等人为一丘之貉,相反,其中不少人是颇有才行和政声的。对这种无视历史原因的极端做法,起居郎胡安国有过长篇的讽谏,兹引如下:

> 臣像上言龙图阁直学士、应天尹叶梦得,初为蔡京所知,

亟跻鼇禁;后为吴敏所用,除应天尹……等事,奉圣旨:叶梦得落职宫祠。……谨按梦得自少年时,不自慎重,为蔡京所知,躐居要官,诚为可罪。然其人顷由谪籍,起守蔡州,郡事甚理;既移颍昌,政声尤著,许颍间士民至今思之。日者南都不治,自叶著、陈迪、宋昭年等,相继留守,军储阙乏,不能弹压,各生变故,几至危乱。及梦得下车,才及数月,府事严肃,粮饷充溢,其治状不可得而掩也。今虏寇日深,所在州郡,人情震骇,设或变生仓卒,而材具优裕,必可捍御外盗,保守一州,拥卫王室,如梦得者少矣!此乃弃瑕责效之时,乃以蔡氏所引,而弃诸闲散,良可惜也!

今河北宣抚副使(按姓名原阙),昨在越州,方腊寇境,设计谋卒保越城,腊以破走;后在真定,亦著声迹,而乃不幸为童贯之所引也,可以为贯党,废其才而不用乎?

湖南安抚使郭三益,前在洪府,值运司调发戍卒,不支钱粮,几至叛乱。三益发言裁处,戍卒遂帖。而三益乃王黼之所引也,可以三益为黼党,废其才而不用乎?①

胡安国所列举的叶梦得等三人,也只是原有官僚队伍中的代表,而此类官员亦必还有不少。宋廷对这部分人不加区别,一概弃而不用,这实际上是动摇其统治根基的一种方式。

用人之争枝蔓开来,又导致了统治集团内部的其他混乱。如靖康元年七月,徐处仁在街市印卖的文字中发现了一些反映统治集团内部矛盾冲突的奏章,其中有太学正吴若所上一书,书中言及徐处仁"尝以十事留蔡京"。据此,徐处仁"长疏辨诬,且力言朋党

---

① 《历代名臣奏议》卷141《用人》,第1856—1857页。

事",并将所有吴学正书随札子进呈,"乞下有司诘问",称"苟有其实,不敢逃罪;若吴学正造为此言,以相侵诬,亦乞略加究办,以警观望附会、妄言希进之人。若鬻书者托其姓名,妄行印造,则亦乞治其罪"。为防嫌止谤,徐处仁亦不得不请求"解罢机务,守本官致仕,以全晚节"①。又据《宋宰辅编年录校补》卷13靖康元年九月甲戌载,唐恪做宰相后,首言"蔡京、王黼、童贯之徒,其党甚众,不宜深治失人心",论者亦以其"为三贼之党"。如此等等,不一而足。

据余应求统计,在宋钦宗即位后的头三个月内,"凡用四宰相,九执政,列侍从者十余人",他将其原因归结为"用人太易"②。殊不知,这实际上也在一定程度上反映了宋钦宗及其统治集团在用人问题上的矛盾和斗争。更重要的是,这些矛盾和斗争所造成的频繁人事变动,反过来又严重地影响了最高统治集团对军国大计的决策。吏部侍郎程振对此有云:"柄臣不和,议论多驳,诏令轻改,失于事几。金人交兵半岁,而至今不解者,以和战之说未一故也。……今日一人言之,以为是而行;明日一人言之,以为非而止。"③当时北宋王朝出现的这种局面是令人痛惜的,但明了以上所述的情形之后,也并不令人感到意外。

国是、学术、用人之争辩,贯穿了宋钦宗刚好一年的实际在位时间。其间,立足于北宋王朝所面临的危局,持论平实公允的官员所起的作用并不大,而像杨时那些怀有"偏见曲学"、热衷于激烈言行的论者却有着较大的影响力,甚而连宋钦宗也对其无可奈何。据《靖康要录笺注》载,靖康元年七月七日,宋钦宗曾就滥赏旧党及其子孙导致聚讼纷纭颁下一诏,略云:

---

① 《靖康要录笺注》卷9,靖康元年七月二十六日记事,第972页。
② 《历代名臣奏议》卷141《用人》,第1853页。
③ 《宋史》卷357《陈振传》,第11235页。

> 朕即位以来,广辟言路,台章交至,多及滥赏,日欲澄革,以除蠹弊,然岁月既久,干涉者众,真伪混淆,难以究治。……况今边方骚驿,兵革未息,朕欲用楚子之言,安民和众以修武德,岂不美哉?

其中即可见宋钦宗在大敌当前欲"安民和众以修武德"而不能的无奈心态。那些极力为旧党正名的官僚士大夫,其主要观点也许是着眼于宋王朝的长久统治来立论的,也许力图通过他们的言行来改变士风、恢复正气。他们的活动,特别是揭露、批驳宋徽宗集团不当之事的活动,确也不无积极意义,但在北宋王朝生死存亡的紧要关头,这些人"积二十年抑郁不平之气,而伸眉吐舌发舒于一日之间"①,全然置亡国灭种的空前政权危机而不顾,始终沉溺在慷慨激昂的坐而论道当中,实在是令人不可思议!

杨时等人那些看似忠君爱国、实则大谬不然的举动在当时也曾受到过辛辣的讥刺:

> 靖康初,罢舒王王安石配享宣圣,复置《春秋》博士,又禁销金。时皇弟肃王使虏,为其拘留未归,种师道欲击虏,而议和既定,纵其去,遂不讲防御之备。太学轻薄子为之语曰:"不救肃王废舒王,不御大金禁销金,不议防秋治《春秋》。"②

能以如此精辟、生动、切中要害的语言对当时的朝政进行概括者,

---

① 《历代名臣奏议》卷141《用人》,第1857页。
② 《鸡肋编》卷中,第43页。

第七章 靖康党论与党争的流播

决非什么"轻薄子",而乃悲愤交加的真正有识之士;而那些慷慨激昂的极端论者,则是远不及这些"轻薄子"的。

直到金完颜亮贞元三年(1155),当身陷金国的北宋遗臣忆及宋钦宗靖康元年的朝政时,仍悲叹不已:

> 盖自靖康虏退之后,犹有宣和之遗风。君臣上下,专事佞谀,恶闻忠谠,寇至而不罢郊祀,恐疑推恩;寇至而不告中外,恐妨恭谢;寇迫而不撤彩山,恐妨行乐,此宣和之覆辙可戒也!奈何斡离不退师之后,庙堂方争立党论,略无远谋。不争边境之虚实,方争立法之新旧;不辨军实之强弱,而辨党之正邪。①

《宣和遗事》的作者,是将上述情形与"二圣之所以蒙尘于沙漠,九庙之所以沦辱于腥膻"作为因果来考虑的,足见当时的党论对北宋王朝的覆灭有何等重大的影响!其实,降至宣和,北宋王朝已经完全腐朽糜烂,宋钦宗继位后无力回天已在意料之中,即使没有金军的南下,北宋王朝的崩溃也已是指日可待。但是,靖康间的严重内耗毫无疑问也加速了北宋王朝的覆灭。对于杨时、崔鶠、李光等人不顾大体,发于非时、发非所宜的诡激言论,绝不能给予肯定的评价。

---

① (宋)无名氏:《宣和遗事·后集》,曹济平等点校,江苏古籍出版社1993年版,第104页。

第三节　党祸与宋廷一并南移

一、北宋的覆灭与党争之关系

当北宋君臣陷于内部的无谓纷争中难以自拔时,再次南犯的东、西两路金军却向北宋的都城开封节节挺进。靖康元年(1126)十一月二十五日,斡离不统领的东路金军率先抵达开封城下,粘罕率领的西路金军也随即到达。闰十一月中,开封被金军攻陷;十二月初二日,宋钦宗上表请降;次年二月,北宋徽、钦二帝被废罢,北宋王朝灭亡。"依依宫柳拂宫墙,楼殿无人春昼长",历经168年的北宋王朝倏忽间变成了历史的陈迹!

中原板荡、宋廷南迁的惨痛历史的成因是多方面的。举其大者,"自赵普献猜防之谋,立国百余年,君臣上下,惴惴然唯以屈抑英杰为苞桑之上术"①。北宋王朝的历代帝王为了保住皇位,的确始终以防范猜忌、"屈抑英杰"为能事,无论北宋王朝面临何种外部环境和内部环境时都是如此,宋仁宗时期对狄青的处置即是一个典型的事例。即令在北宋王朝危在旦夕而可用之才甚少的靖康元年,也是如此。李纲受到莫名其妙的黜责,其表现出来的民族气节、爱国热忱与过人胆识深得人心应该也是重要原因。

与忌刻人才并对其百般摧残相辅相成,北宋王朝一直在对外关系中奉所谓"重内轻外"、姑息苟且为圭臬。所以朱熹在谈到靖康之难时说:"本朝全盛之时,如庆历、元祐间,只是相共扶持这个

---

① 《宋论》卷9《徽宗》。

天下,不敢做事,不敢动。被夷狄侮,也只忍受,不敢与较,亦不敢施设一事,方得天下稍宁。积而至于靖康,一旦所为如此,安得天下不乱!"①朱熹的这段话中明显藏有曲笔。在北宋王朝168年的历史中,庆历、元祐根本不是什么"全盛之时",而是典型的因循苟且之世。北宋王朝的众多君臣只图"相共扶持这个天下",习惯了因循苟且,所以便视有所作为的官僚士大夫如寇仇,必欲挫其锐气、废其所施、毁其声名而后乃已,这也必然导致北宋王朝军政腐败,武备废弛,关键时刻无人可用。前人讥刺宋代"声容盛而武备衰,议论多而成功少",这已为无数确凿的事实所证实。因此,金军得以长驱直入,直捣开封,灭亡北宋王朝,这一重大历史事件虽然带有一定偶然性,但早就有深刻的必然性寓于其中。

绵延不息的党同伐异、朋党之争是北宋王朝那一套"异论相搅"的基本国策产生的怪胎,也与"靖康之难"密切关联。当北宋的覆灭迫在眉睫之时,不少官员一再谈到了朋党倾轧与北宋王朝衰败的关系。如靖康元年五月,左谏议大夫冯澥就曾痛切地指出:

> 熙宁、元丰及元祐以来,人无公论,治失中道,不偏于此,则偏于彼,天下弊于变更,士夫困于迁谪。五六十年间之是非相攻,祸福相轧,纷争扰攘,至于前日大乱而后已!②

冯澥针对北宋王朝中后期五六十年间的历史发展来立论,其内涵异常丰富。他非常婉转地谴责了北宋历代统治者奉行的那套"异论相搅"的卑劣做法,痛斥了历代官僚士大夫那种不以国事为重、

---

① 《朱子语类》卷127《本朝一·钦宗朝》。
② 《靖康要录笺注》卷7,靖康元年五月十三日记事,第782页。

如痴如狂地沉溺于无谓纷争的恶劣士风,同时也指出了北宋王朝遭致灭顶之灾的历史必然性。他所指出的问题虽在宋钦宗靖康年间无人理睬,当然也得不到丝毫的解决,但足以启迪后世引为前车之鉴。

二、南宋政治舞台上的朋党余毒

"靖康之难"最终成为现实,历史翻开新的一页后,劫后余生的南宋君臣梦昔日东京之华,起北宋亡国之思,也在不断探求北宋绵延不息的党祸与亡国之间的关系。然而不幸的是,南宋君臣,特别是那些还朝的元祐党人后裔,并没有从冯澥等人的言论中得到丝毫启发,没有沿着冯澥等人的思路去思考,而是简单地将"靖康之难"归罪于某一派,轻车熟路地重新回到了导致北宋亡国的死胡同。宋高宗南渡之后,常同上疏云:

> 自元丰新法之行,始分党与,邪正相攻五十余年。章惇唱于绍圣之初,蔡京和于崇宁之后,元祐臣僚,窜逐贬死,上下蔽蒙,蓁成夷虏之祸。今国步艰难,而分朋缔交、背公死党者,固自若也。恩归私门,不知朝廷之尊;重报私怨,宁复公议之顾。臣以为欲破朋党,先明是非,欲明是非,先辨邪正,则公道开而奸邪息矣。①

按常同系元祐党人后代,其父常安民,少有俊名,为文得到王安石的赏识,熙宁、元丰间历任地方官,所在有政声。元祐初,由李常、

---

① 《宋史》卷376《常同传》。

孙觉、范百禄、苏轼等人荐举入朝，积极主张对变法派进行严厉打击，并为之出谋划策。崇宁时蔡京主政，"入党籍，流落二十年"①。常安民的宦海浮沉自然影响到常同的经历，毫无疑问也影响到常同的政治态度。常同的看法在当时元祐党人后代中是颇具有代表性的。

诸如常同之类的言论并不是空穴来风，而有其特殊的历史背景，换言之，元祐党人后裔的这些偏激言论，也是在金兵的穷追猛打中惊魂未定的南宋朝廷直接导向的结果。从南宋之初起，宋高宗如同北宋的亡国之君宋钦宗一样，为了收揽人心，也采取种种措施表明了要为元祐党人正名的政治立场。

南宋高宗建炎元年（1127）六月，"还元祐党籍及上书人恩数"②。

建炎三年四月，规定"元祐石刻党人官职、恩数追复未尽者，令其家自陈"③。

建炎四年七月，再次下令"元祐党人子孙于州郡自陈，尽还当得恩数"④。

绍兴元年（1131），追复陆佃资政殿学士，赠程颐直龙图阁等官⑤。

绍兴五年五月，又由于积年战乱，宋廷恐元祐党人子孙散居僻壤，难以上达，特命川、陕等地访求元祐党人子孙⑥。

对元符末上书入邪等者的子孙，也均予以赠官。"时诏元祐党

---

① 《宋史》卷346《常安民传》。
② 《宋史》卷24《高宗纪一》。
③ 《宋史》卷25《高宗纪二》。
④ 《宋史》卷26《高宗纪三》。
⑤ 《建炎以来系年要录》卷43。
⑥ 《宋史》卷28《高宗纪五》。

籍及上书废锢人,追复故官,录用子孙,施行未尽者,(刘)珏悉奏行之。又言常安民、张克公尝论蔡京罪,乞厚加恩。"①高宗建炎、绍兴年间,宋廷均曾采取过一系列措施对元祐党人子孙大加推恩②。

南宋王朝对元祐党人子孙推恩太滥,以至于时人张纲曾上疏专门加以规谏,认为"党籍见于石刻者三百余人,前后推恩已多,而来者不止,递相援例,无有限极。或白身不试,辄命以官;或先次注授,不问资格。一门之中,既及其子若孙,又复旁连弟侄,由是上则多泛滥之宠,下则启侥幸之门",建议"诏有司将元祐党人择其显有名德者,方许子孙陈乞恩例一次;今日以前已经推恩者,不得再有陈乞,其间人才卓然可用,自当别听推择"③。南宋王朝对元祐党人子孙大肆进行推恩,增加了财政负担,造成了士风的腐败,也扶持了一股朋党之争的政治力量。

与之同时,南宋王朝也对所谓"新党"以及"新党"子孙大加挞伐④,以彰显其爱憎分明的立场。为何必须如此,宋高宗曾专门下诏对采取这些措施的原因和意义作过如下的说明:

> 本朝自章惇、蔡京首建元祐之党,至崇宁、宣和间,委任一相,则天下人材,不归蔡京则归王黼之门矣。恭闻太上内禅之日,已自悔为奸臣蒙蔽,乃属其大臣,令辅渊圣,尽用司马光政事。逮朕嗣位以来,遵用太上(按指宋徽宗)玉音,追复元祐臣僚官职,俄又录用其子孙,亦欲破朋党之论也。⑤

---

① 《宋史》卷378《刘珏传》。
② 可参见《华阳集》卷18《看详元祐党人状》。
③ 《华阳集》卷15《论党籍之家推恩泛滥札子》。
④ 此类事例甚多,如可参阅《宋史》卷374《廖刚传》。
⑤ 《建炎以来系年要录》卷48。

宋高宗简单地为某一派昭雪,简单地将另一派打入冷宫,以为这样便可简单地"破朋党之论",这种想法无疑只是宋高宗等人的一厢情愿,而且也早已被北宋翻手为云、覆手为雨的政局动荡的严酷事实证明为无稽之谈。根据高宗继位之后的情况看,宋廷以上措施并不全是"欲破朋党之论",还带有其他政治上的考虑。北宋灭亡后,赵构在非常时期侥幸建立起南宋政权,势必首先要获得朝野支持,扩大统治基础,其收揽人心的用意非常明显,这不难理解。但是,宋高宗"最爱元祐"的极端政治倾向,也在客观上使得朋党之论和党同伐异死灰复燃。

北宋朋党之争的余波几乎使南宋社会政治生活的每一个层面都受到直接或间接的冲击和影响,以下只就神、哲二朝实录的修撰情况加以说明。

按《神宗实录》于元祐年间由旧党主持修定,毋庸置疑,其中带有元祐党人的强烈政治偏见。绍圣年间,新党得势后,中书舍人蔡卞上疏哲宗,谓元祐党人所修的《神宗实录》所记"类多疑似不根"[1],于是哲宗命蔡卞等人"重行刊定",据说其做法是尽取王荆公《日录》无遗[2]。而《哲宗实录》亦"初修于元祐,再修于绍圣"[3],所以北宋最后落成的神、哲二朝实录是由新党官员修成定稿的。

宋廷南迁之后,随着宋高宗政治倾向的明确,神、哲二朝实录的重修自然又提上议事日程。绍兴四年五月,宋高宗以"神宗、哲宗两朝史录,事多失实,非所以传信后世,当重别刊定"[4]。而负责编修这两朝实录的,则是元祐党人范祖禹之子范冲和常安民之子

---

[1] 《宋史》卷472《蔡卞传》,第13728页。
[2] 参见《宋史》卷376《常同传》,第11625页。
[3] 《宋会要辑稿》职官十八,第3520页。
[4] 《建炎以来系年要录》卷76,绍兴四年五月癸丑条,第1440页。

常同。

范冲之父范祖禹,曾协助司马光修撰《资治通鉴》,"元祐中尝修《神宗实录》,尽书王安石之过,以明神宗之圣"①,显然,其史笔饱蘸着政治偏见。因而当时一同编修《神宗实录》的陆佃曾与范祖禹发生过严重的争执,认为其所修者为"谤书"②。绍圣时,因为此事,"安石婿蔡卞恶之,祖禹坐谪,死岭表"③。常同之父常安民,仕途坎坷,"流落二十年",已如前述。南宋时,"司马光家属皆依冲所,冲抚育之",又"为光编类《记闻》十卷奏御,请以光之族曾孙宗召主光祀"④,足见范冲与司马光为首的旧党集团渊源之深,也足见范冲与司马光家族的交谊之笃。而范冲、常同受命重修神、哲二朝实录,则终于获得了为元祐旧党泄愤的机会。

范冲、常同等人绍述元祐党人的政治倾向异常明显。范冲在接受宋高宗召见时,就和盘托出了自己的观点。《宋史》卷435《范冲传》:

> 上谓之曰:"两朝大典,皆为奸臣所坏,故以属卿。"冲因论熙宁创置,元祐复古,绍圣以降,弛张不一,本末先后,各有所因。又极言王安石变法度之非,蔡京误国之罪。

范冲的意见为高宗所"嘉纳"。他又主张在史书中"惟是直书安石之罪,则神宗成功盛德,焕然明白"⑤。可惜的是,这部实录未能流

---

① 《宋史》卷435《范冲传》,第12905页。
② 《宋史》卷343《陆佃传》,第10918页。
③ 《宋史》卷435《范冲传》,第12905页。
④ 《宋史》卷435《范冲传》,第12906页。
⑤ 《建炎以来系年要录》卷79,绍兴四年八月戊寅条,第1487页。

传下来,不然,我们是可以清楚地了解范冲等人是如何"直书王安石之罪",而使"神宗成功盛德,焕然明白"的。而常同,则也是因上疏论神、哲《实录》"悉出一时奸人之论,不可信于后世",坚决要求重修,才被宋高宗除史馆修撰①。

对于宋高宗来说,重修两朝《实录》不仅仅是一种政治手段,而且也出自其自身的需要。绍兴八年,宋高宗在任命勾涛为史馆修撰时对其讲过一席话,其中有云:"昭慈圣献皇后病革,朕流涕问所欲言,后怆然谓朕曰'吾逮事宣仁圣烈皇后,见其任贤使能,约己便民,忧勤宗社,疏远外家,古今母后无与为比。不幸奸邪罔上,史官蔡卞等同恶相济,造谤史以损圣德,谁不切齿!在天之灵亦或介介。其以笔属正臣,亟从删削,以信来世'。朕痛念遗训,未尝一日辄忘,今以命卿。"②在这种思想指导下产生的神、哲二朝《实录》,实际上也无异于范祖禹、黄庭坚等人于元祐年间所修之"谤书"。

现今有案可稽的材料也充分证实绍兴所修《实录》与以前所修《实录》在史实上有重大差异。《续资治通鉴长编》的作者李焘曾说过如下的一段话:

> 臣尝尽力史学,于本朝故事尤切欣慕。每恨学士大夫各信所传,不考诸实录、正史,纷错难信。如建隆、开宝之禅授,……熙宁之更新,元祐之图旧,此最大事,家自为说,臣辄发愤讨论,使众说咸会于一。③

---

① 《宋史》卷376《常同传》,第11625页。
② 《宋史》卷382《勾涛传》。
③ 《文献通考》卷193《经籍考二十·续通鉴长编举要六十八卷》引李焘奏状,第5611页。

在今存残本《长编》中,李焘的"咸会于一",使我们得以部分地看到当时"家自为说"的实际情况。

胡昭曦先生曾作过一项颇有意义的工作,他将散见于《长编》中关于神宗朝的墨本(元祐修本)、朱本(绍圣修本)、新本(绍兴修本)《实录》资料辑出百余条约数万字,将"或此有彼无,或记载互异,或系时不同,或详略各殊"的史料分为四类,即朱本删削墨本者、朱本新添入者、朱墨本记载不同者、第三次修纂的《实录》与朱本不同者,指出了几次所修《神宗实录》相互之间在史事记载上的重大差异,并认为:

> 它们足以表明,《神宗实录》的三大修纂,因当政者与史官的政见不同,而记载也各有异,确乎是李心传所说,"史官以私意去取"。这样,就使得历史的真象被搅混了,从而给后世研究王安石及其变法乃至宋神宗一朝的历史,造成了困难。①

《神宗实录》是如此,《哲宗实录》亦是如此。其中范冲、常同"以私意去取",甚至篡改史实的事例也不少。笔者可以随手举出一事,以实其说。

宋哲宗绍圣元年七月,户部尚书蔡京上疏表彰神宗时任用王安石的变法之功后,认为"元祐以来,天下用度,浸以匮竭,美意良法,尽遭诋诬"。李焘在此条后引《新录》《辨诬》曰:"元祐节用爱民,府库充实,而云'天下用度,浸以匮竭',今删去八字。"②蔡京祸

---

① 胡昭曦:《〈宋神宗实录〉朱墨本辑佚简论》,载《四川大学学报(哲学社会科学版)》1979年第1期。
② 《长编纪事本末》卷100,绍圣元年壬戌条,第3192—3193页;又参见《长编拾补》卷10,绍圣元年壬戌条,第438页。《拾补》文字略有差异,此从《拾补》。

国殃民、劣迹昭彰,这另当别论,但范冲、常同等人随意删除其上疏中语,阉割其原意,这本身就是不尊重历史的表现。更重要的是,基本的史实也由此而遭到篡改。元祐是否"府库充实"?我们看看元祐时期一些臣僚的回答。元祐三年(1088)十一月,户部侍郎苏辙有云:

> 臣为户部右曹,领金仓二部,任居天下财赋之半,适当中外匮竭不继之时,日夜忧惶,常虑败事。窃见左藏库见缗一月出纳之数,大抵皆五十余万,略无赢余;其他金帛诸物,虽小有羡数,亦不足赖。①

又范冲之父范祖禹论及当时财用时,亦曾认为"臣窃以当今之患,在于天下空虚"②。元祐七年五月,元祐党人苏轼再次指出:"帑廪日益困,农民日益贫,商贾不行,水旱相继,以上圣之资,而无善人之效,臣窃痛之。"③以上所引述的言论,均为元祐党人所发,大概不致有诬枉不实之语。而以上的言论,则适足以证实:元祐时期实为"天下用度,浸以匮竭",而不是所谓"府库充实"。

由此可见,在宋高宗统治时期,范冲、常同等人完全继承了元祐党人的强烈政治偏见,为了发泄私愤,已经发展到连基本史实也要抹煞、更改的程度。在尊崇"旧党"、贬抑"新党"的原则支配下修成的神、哲两朝《实录》,没有准确地反映神、哲两朝的史实,却十足地反映出北宋朋党之争对南宋朝廷的深刻影响。张孟伦先生说得好:"计从神宗时修《神宗》实录以来,时间经过五十年,斗争经过四

---

① 《长编》卷416,元祐三年十一月甲辰条。
② 《历代名臣奏议》卷268《理财》。
③ 《长编》卷473,元祐七年五月壬子条。

次,结果,神、哲二朝的《实录》,虽然都算修成了,但'以信于世'的目的,则并未达到!"①

在其他方面,朋党之争的阴影亦随处可见。在学术上,以二程为宗师的理学与王安石所创的新学在南宋前期一直进行着各种形式的斗争。据《宋史》卷156《选举志二》:"程、王之学,数年以来,宰相执论不一,赵鼎主程颐,秦桧主王安石。"直到秦桧去世后,理学才获得了公开传播发展的政治条件。但王氏之学由于先后为蔡京、秦桧所借用,一些官员又转而承袭靖康中杨时之说,对其大加抨击。如当宋廷"欲令学者参用王安石《三经义》之说"时,林之奇即上疏论道:

> 王氏三经,率为新法地。晋人以王、何清谈之罪,深于桀、纣。本朝靖康祸乱,考其端倪,王氏实负王、何之责。在孔孟书,正所谓邪说、诐行、淫辞之不可训者。②

此论了无新意,无非是北宋末年杨时之说的陈词滥调而已,但王安石创立的新学再次被当作导致"靖康之难"的"邪说""诐行""淫辞"而被全盘否定。

由于蔡京等人打着"绍述"的旗号胡作非为,以及宋高宗赵构的明确政治向背,元祐党人自南宋之初即声名鹊起。史载,南宋初年,张浚"与赵鼎共政,多所引擢,从臣朝列,皆一时之望,人号'小元祐'"③。《宋史》卷376《吕本中传》:"赵鼎素主元祐之学,谓本

---

① 张孟伦:《宋代统治阶级在撰修国史上的斗争》,载《兰州大学学报(社会科学版)》1981年第4期。
② 《宋史》卷433《儒林三·林之奇传》。
③ 《宋史》卷361《张浚传》。

第七章　靖康党论与党争的流播

中公著后,又范冲所荐,故深相知。"在各种政治活动中,赵鼎拉拢一派、排斥一派,其取舍的标准也来自宋高宗"最爱元祐"的政治向背。当统治集团出现新的矛盾时,这些人也常将之与北宋晚期的朋党之争联系起来"辨邪正"。如绍兴初,赵鼎、刘大中等人尝与秦桧议诸事不合,遭到秦桧、萧振的排挤,赵鼎则"引疾求免",并声称"为章惇、蔡京之党所嫉"①。南宋中后期,又有名列"元祐党籍"的龚原之曾孙龚敦颐撰《符祐本末》《党籍列传》等数百卷,元祐党人梁焘之曾孙梁律、沈千之曾孙沈韦先后重刻"元祐党籍"碑,对其先人加以旌表。从南宋初年开始,不仅元祐党人的后裔采取种种方式为其先辈翻案,为自己捞取政治资本,而且与元祐党人无涉的官僚士大夫也以种种方式贴近元祐党人的后代,从而构成一种新的政治势力,在南宋的政治生活中产生复杂的作用和影响。据《宋史》卷455《杨宏中传》所载,杨宏中在宋宁宗时曾上疏云:

> 自古国家祸乱之由,初非一道,惟小人中伤君子,其祸尤惨。君子登庸,杜绝邪枉,要其处心,实在于爱君忧国。小人得志,仇视正人,必欲空其朋类,然后可以肆行而无忌。于是人主孤立,而社稷危矣。党锢敝汉,朋党乱唐,大率由此。元祐以来,邪正交攻,卒成靖康之变,臣子所不忍言,而陛下所不忍闻也。

在这种不正常的政治气氛中,南宋王朝的朝野官员大都形成了容易激化内部矛盾的特殊心理定势,即以"党"划线、以"党"取人。凡朝臣所荐举者,多被认为是党附之人,凡朝臣所论奏弹劾者,亦多

---

① 《宋史》卷360《赵鼎传》。

被认为是朋党相倾者。所以沈与求说："近世朋党成风，人才不问贤否，皆视宰相出处为进退。"[1]范宗尹所引用者，因范宗尹之罢而不自安，张浚所引用者，因张浚之罢而纷纷求出，故而连赵构也认为"顷台谏好以朋党论士大夫，如罢一宰相，则凡所荐引，不问才否，一时罢黜，乃朝廷使之为朋党"[2]。这种情形虽与北宋晚期以来的朋党之争没有直接联系，但毫无疑问也是北宋朋党倾轧的余毒渗入南宋朝廷的政治机体之后，在新的历史条件下所产生的恶劣后果。

---

[1]《宋史》卷372《沈与求传》。
[2]《宋史》卷375《冯康国传》。

征引文献目录

(东汉)班固:《汉书》

(南朝宋)范晔:《后汉书》

(清)董诰:《全唐文》

(五代)刘昫:《旧唐书》

(唐)武则天:《臣轨》

(宋)司马光:《资治通鉴》

(宋)李焘:《续资治通鉴长编》

(元)脱脱:《宋史》

(宋)杨仲良:《续资治通鉴长编纪事本末》

(宋)赵汝愚:《宋朝诸臣奏议》

(明)黄淮、杨士奇:《历代名臣奏议》

《宋大诏令集》

(元)马端临:《文献通考》

(清)黄以周:《续资治通鉴长编拾补》

(宋)徐自明:《宋宰辅编年录校补》

(宋)彭百川:《太平治迹统类》

(宋)王称:《东都事略》

(宋)江少虞:《宋朝事实类苑》

(宋)李埴:《皇宋十朝纲要》

(宋)黎靖德:《朱子语类》

(宋)朱熹:《宋名臣言行录》

(宋)李心传:《建炎以来系年要录》

(宋)吕中:《类编皇朝大事记讲义》

(宋)晁公武:《郡斋读书志》

(宋)确庵、耐庵:《靖康稗史》

(宋)王禹偁:《小畜集》

(宋)欧阳修:《欧阳修全集》

(宋)范仲淹:《范仲淹全集》

(宋)司马光:《司马光集》

(宋)王安石:《王安石全集》

(宋)刘安世:《尽言集》

(宋)苏轼:《苏轼文集》

(宋)秦观:《淮海集》

(宋)黄庭坚:《黄庭坚全集》

(宋)程颢、程颐:《二程集》

(宋)文彦博:《文潞公集》

(宋)苏辙:《苏辙集》

(宋)吕陶:《净德集》

(宋)陆佃:《陶山集》

(宋)杨时:《龟山集》

(宋)张纲:《华阳集》

(宋)叶适:《习学记言序目》

(宋)陆九渊:《象山先生文集》

(宋)罗从彦:《豫章罗先生文集》

(宋)周必大:《周益国文忠公集》

(宋)张端义:《贵耳集》

(宋)汪藻:《靖康要录笺注》

(宋)无名氏:《道山清话》

(宋)邵伯温:《邵氏闻见录》

(宋)邵博:《邵氏闻见后录》

(宋)司马光:《涑水记闻》

(宋)魏泰:《东轩笔录》

(宋)蔡絛:《铁围山丛谈》

(宋)王辟之:《渑水燕谈录》

(宋)朱弁:《曲洧旧闻》

(宋)王铚:《默记》

(宋)赵与时:《宾退录》

(宋)无名氏:《宣和遗事》

(宋)刘延世:《孙公谈圃》

(宋)王明清:《王照新志》

(宋)周密:《齐东野语》

(宋)李心传:《道命录》

(宋)马纯:《陶朱新录》

(宋)庄绰:《鸡肋编》

(宋)张邦基:《墨庄漫录》

(宋)陆游:《老学庵笔记》

(宋)曾布:《曾公遗录》

(宋)曾纡:《南游记旧》

(宋)王楙:《野客丛书》

(宋)吴曾:《能改斋漫录》

(宋)叶梦得:《避暑录话》

(宋)费衮:《梁溪漫志》

(宋)叶梦得:《石林燕语》

(宋)岳珂:《桯史》

(宋)曾敏行:《独醒杂志》

(宋)王明清:《挥麈录》

(宋)罗大经:《鹤林玉露》

(元)蒋正子:《山房随笔》

(元)荣肇:《荣祭酒遗文》

(元)许谦:《白云集》

(元)陶宗仪:《书史会要》

(元)汤垕:《画鉴》

(元)脱脱:《宋史》

(明)李贽:《藏书》

(明)海瑞:《元祐党籍碑考》

(明)方鹏:《责备余谈》

(明)张溥:《七录斋合集》

(清)徐松:《宋会要辑稿》

(清)吴广成:《西夏书事》

(清)王夫之:《宋论》

(清)陆心源:《元祐党人传》

(清)王昶:《金石萃编》

(清)阮元:《经籍籑诂》

(清)江标:《阮湘通艺录》

(清)方宗诚:《柏堂集》

(清)钱大昕:《潜研堂文集》

(清)赵翼:《廿二史札记》

(清)李清馥:《闽中理学渊源考》

(清)蔡上翔:《王荆公年谱考略》

(明)张溥:《宋史论》

《清世宗实录》

(清)雷瑨:《古今史论大观》

《广东通志》

《无锡县志》

余嘉锡:《四库提要辨证》中华书局2008年版

邓广铭:《中国十一世纪的改革家——王安石》,人民出版社1979年修订本

漆侠:《王安石变法》,上海人民出版社1979年版

陈乐素:《求是集》,广东人民出版社1984年版

钱穆:《中国近三百年学术史》,中华书局1986年版

徐规:《王禹偁事迹著作编年》,中国社会科学出版社1982年版

曾枣庄:《苏轼评传》,四川人民出版社1981年版

邓广铭等主编:《宋史研究论文集》,浙江人民出版社1987年版

邓广铭:《略谈宋学——附说当前国内宋史研究情况》,载《宋史研究论文集》,浙江人民出版社1987年版

张希清:《论宋代科举取士之多与冗官问题》,载《北京大学学报(哲学社会科学版)》1987年第5期

胡昭曦:《〈宋神宗实录〉朱墨本辑佚简论》,载《四川大学学报(哲学社会科学版)》1979年第1期

何满子:《元祐蜀洛党争和苏轼的反道学斗争》,载《松辽学刊(社会科学版)》1984年第2期

雷飞龙:《北宋的新旧党争与其学术政策之关系》,载《政治大学学报》第11期

陈长城、蒋维锬:《王安石变法与木兰陂》,载《福建论坛(文史哲版)》1984年第4期

刘子健:《王安石、曾布与北宋晚期官僚的类型》,载《清华学报》新2卷第1期

魏天安、刘坤太:《宋代闲官制度述略》,载《中州学刊》1983年第6期

何忠礼:《也谈王安石变法的失败原因》,载《杭州大学学报(哲学社会科学版)》1986年第2期

《宋代的政党政治》,载《政治评论》1935年9月第173号

梁天锡:《北宋台谏制度之转变》,载台湾《宋史研究集》第9辑

张孟伦:《宋代统治阶级在撰修国史上的斗争》,载《兰州大学学报(社会科学版)》1981年第4期

罗家祥:《试论北宋仁、英两朝的台谏》,载《西南师范大学学报(人文社会科学版)》1989年第1期

附　录

不朽的学术精神和人格魅力
——纪念先师邓广铭教授诞辰 115 周年

今年(2022年)是先师邓广铭教授诞辰 115 周年,且是先生倾心建立的北京大学中国古代史研究中心成立 40 周年,谨以以下的文字纪念和缅怀九泉之下的恩师!

1998 年 1 月 10 日,对我来说,是一个永生难忘的日子。这一天,北京大学教授、中国著名历史学家、首任中国宋史研究会会长、我尊敬的导师邓广铭教授停止了他在学术上似乎永无休止的探索,带着对中国学术事业的挚爱和对整个学术界的关怀,走完了他 91 年的人生历程,与世长辞!

先生逝世之前几个月,我便得知了先生住进北京友谊医院的消息。但直到 1997 年 11 月 12 日,我才获得机会专程由武汉赴北京看望先生。在友谊医院的病房里,终于见到了一别数载、时常令我魂牵梦绕的躺在病榻上的恩师。我长时间握着先生的手,先生激动哽咽,我亦百感交集,良久难发一语……回想起在先生身边求学问道的那一个个日日夜夜,先生对我的不厌其烦的谆谆教诲与殷切期望,以及在我离开北京之后八年多的时间内,先生以各种形式对我一如既往的鞭策、教导和关心,我要表达的感念之辞何止万语千言!

回到武汉之后,我虽然通过一些方式不断打探着先生的状况,并对病情发展有所了解,也知道这一噩耗迟早要传来,但仍在心底里为先生祈祷,期盼着先生能战胜病魔,创造生命的奇迹,重回北京大学朗润园十公寓那间拥挤、简陋的书斋,重新漫步在未名湖畔,继续他那没有止境的宋辽金史研究,造福于学术界。1998 年 1 月 12 日下午,我正在时任华中师范大学历史文献研究所所长的周国林教授家中,突然,电话铃响起,约两分钟后,周教授过来相告:古籍整理委员会来电,邓广铭先生逝世! 这一刻真的来到了,我禁不住悲从中来,凄楚难言。

先生逝世以后,我时常有一种强烈的冲动,想写一点文字,来彰明一位德高望重、在宋史学界有如泰山北斗的历史学家的独特人格风范,来寄托一个学生对导师的怀念之情。夜深人静时分,一次次翻开先生的遗著,一次次目睹先生的遗容,一次次回想先生对我的诸多教诲,无不唏嘘再三,潸然涕下,以致难以措笔——先生于我恩重如山,寥寥几行文字何足以道万一?!

我与先生的缘分,始于 1985 年 6 月我的硕士论文答辩。在攻读硕士学位期间,我曾尽可能地拜读了先生与其他一些前辈专家的著作。先生的博学睿智、非凡的卓识与一代宗师的风采,无不令包括我在内的所有后学产生高山仰止的崇敬之情。我的硕士生导师王瑞明教授得知我希望有机会进一步学习的念头后,鼓励我将硕士学位论文寄给先生,请先生做我的论文评阅人。先生是宋史学界的泰斗、蜚声海内外的历史学家,且当时亦有较多的社会活动在身,能顾得上我这个素昧平生的普通后学吗?我抱着试试看的想法,向先生寄出了文稿。

出乎意料的是,大约一个月后,时已年近八旬的先生花费了他许多宝贵的时间,审阅完我那篇长达六万字的浅薄习作,并寄来了详细的评审意见书。先生在对我进行多方勉励的同时,亦提出了中肯的批评意见。先生既肯给我的论文提出意见,我便得陇望蜀,致函先生,希望能有机会追随先生左右,得到先生的耳提面命,以期在学业上有进一步的提高。这一天终于来到了!1986年9月,我在通过了一系列入学考试后,怀着异常激动的心情,如愿以偿地进入北京大学历史学系和中国古代史研究中心,以鲁钝之资,忝列先生门下,在先生指导下攻读博士学位。

在先生膝下求学的日子里,我真真切切地领略到了先生作为中外著名历史学家,作为宋史学界一代宗师的情操和风范。先生是学术至上型学者,学术是先生的生命之源,这一特点贯穿于先生学术生活、教学生涯乃至社会生活的每一个方面。

为了探索学术的真谛,先生是生命不息、自强不息的。

先生一生没有其他嗜好,唯一的嗜好便是读书和著述。早在20世纪30年代,先生便以其勤奋、博学以及过人的才识得到胡适、傅斯年、陈寅恪、夏承焘等名流学者的特别看重,这在学术界已是众所周知。30年代末,他便以《辛稼轩年谱》《稼轩词编年笺注》和《稼轩诗文钞存》这三部著作,奠定了他在史学界的地位。半个世纪过去,先生早已在史学界独树一帜,成为饮誉海内外的著名历史学家。因为学术上的杰出贡献,先生曾先后出任全国政协文史资料委员会副主任,国务院学位委员会历史学科评议组成员,《中国大百科全书·中国历史》编辑委员会副主任,《中国大百科全书·中国历史·辽宋西夏金史》编辑委员会主任,中国史学会主席团成员,中国宋史研究会会长、名誉会长,国家古籍整理出版规划小组成员、顾问,以及全国高等院校古籍整理研究工作委员会副主任、顾问。此外,先生还是中国民主同盟盟员。其社会活动之多,可想而知。但是,先生并没有停留于过去,并没有为诸多俗务所累,而是更加勤奋地著书立说。在先生的晚年,他虽然身体非常健康,思路非常清晰,思维十分敏捷,但视力下降,阅读时必须借助高倍的放大镜;听力也明显减弱,遇有客人来访,时常必须有他的女儿小南[1]在身边陪同,以便先生与客人之间进行顺畅交流;最使先生感到不便的是在书写时手常抖动,十分吃力。即便如此,先生仍然唯书是好,笔耕不辍。

在追随先生的几年中,每当我有事去找先生,都见他伏在他那张堆满书报、拥挤不堪的写字台上,或用那只放大镜聚精会神地查阅着各种书籍,或是用颤抖的手进行着写作。在我的印象中,每天从寓所到历史学系办公室取拿信件和邮件,借此机会绕未名湖畔散步半小时左右,才是先生的一种休息(其实,我想那也主要是为了活动一下,增强体力,以更好地工作)。记得有一天晚上,我去向先生请教,先生手持放大镜,正在全神贯注地工作。看到他是那样费力,我问他何不请一助手代为书写和查阅,先生告诉我:一则别人不熟悉情况,那样更麻烦;二则通过阅读和写作,自己也能愉悦身心,习惯了。当时我便想,先生也许是为学术而降生到这个世界的。正因为如此,一直到逝世之前,先生几乎每年都有新的成果问

---

[1] 小南学长幼承庭训,学养深厚,现任北京大学历史系教授,先后承担一些重要的学术职务和行政职务,已是学界知名学者。

世。而这些成果作为先生晚年的作品,是他毕生心血的浓缩和结晶,对宋代学术研究尤具启迪意义。

先生为中国的学术事业贡献了自己的毕生精力,直到生命的最后一息。我这句话绝非寻常套用的溢美之辞,而是先生一生的真实写照。先生在北京友谊医院接受治疗时,我特意在京逗留了两天,曾先后去医院看望过两次。抵京当天,王曾瑜先生恐我对医院详细地址不熟悉,他陪我一同去的,第二天我又单独陪伴了先生一个下午。那天,先生打完点滴后①,感觉尚可支撑着起来工作一会,便命我将床头的活动写字台移到床边,由小南扶他坐起。阅读完各地来函后,先生在一些文件上颤抖着签完名,又忙于安排古籍整理委员会的有关工作,而后嘱小南与上海古籍出版社联系有关出版事宜。次日我便不得不离开北京去了广州,先生在他生命中最后不到两个月的时日内一直忙到了哪一天,我不得而知,然而可以想见,只要一息尚存,只要稍有可能,先生一定会继续工作下去。

为了学术的繁荣和发展,先生是诲人不倦的。

王曾瑜先生在《宋史研究的回顾与展望》一文中,对近100年来中国宋史研究的状况作了精当的概括和分析,认为中国大陆的宋史研究同其他断代史相比,在"文革"结束以后20年间已经跃居前列。毫无疑问,中国大陆宋史研究得以长足发展,长期担任宋史研究会会长的邓先生是功不可没的。先生的贡献,不仅仅在于他利用其独特的身份与地位为宋史研究鼓与呼,营造出良好的学术气氛,不仅仅在于他领导、团结了一大批宋史学界的专家学者,脚踏实地地将宋史研究工作一步步推向新的境界,还在于他在培养宋史研究的新秀、作育人才方面也付出了极大的心力。

---

① 住院期间,先生已不能进食,仅靠直接向胃里输送一种液体维持生命。

尽管先生有着诸多的社会活动,尽管先生在学术研究上有他自己的计划和安排,时间较紧,但只要有人登门请教一些问题,先生总是不厌其烦,随问随答,侃侃而谈,常常长达几个小时,直到客人主动告辞为止。外地不少学术界的同行和年轻学子进京,因仰慕先生而欲一睹风采,我常常为之牵线搭桥。那时电话联系不太方便,不能与先生预约,但我熟悉先生的作息时间,便常常带着"不速之客"突然叩门(其实,先生晚年因听力有所下降,为方便客人来访,他住宅的门总是虚掩着,任何人都可随时推门而入),而先生不管当时有多忙,也连忙放下手头的工作,回答来访者提出的各种各样的问题,从无例外。

先生对国内各地的来客如此,对一些外籍人士也无彼此之分。记得有一次,我带一名德国访问学者去先生处,先生根据这位访问学者提出的问题,从白乐日(Etienne Balazs)的宋史研究计划讲到欧美宋史研究的现状以及国内宋史研究的状况,一一加以解答,谈了整整一个上午。先生渊博的学识和诲人不倦的师德,令那位年轻的德国同行感动不已,以致在许久之后还屡屡提及。1993年我去加州大学伯克利分校做研究访问,该校东亚研究所所长魏斐德教授(Prof. Frederic Wakeman)曾在北京大学历史学系做过访问学者,谈及先生的学术与人品,亦深表钦佩。由此即可见先生在国内外学术界的影响。

我自己受惠于先生之多,则更是难以言表了。作为学生,我经常为一些问题去找先生求教,或在先生刚用餐完毕之际,或在中午先生午休之前,或在晚上九十点钟,先生待我如待素昧平生的客人一般,答疑解惑,谈古论今,从无一丝厌烦情绪。每次告别先生,沿着未名湖畔返回住所时,我是那样的心旷神怡,感觉到世界是如此博大和美好,发现人世间竟还有如此臻于至善至美的高尚情感,我的心灵似乎得到了又一次净化,人格也得到了又一次的陶冶。

在追随先生期间,最令我刻骨铭心的,是他对我的毕业论文的指导。1988年我撰写毕业论文时,先生已是81岁高龄的老人了。尽管先生在阅读和书写时有如前所述的诸多困难,但先生仍然分期分批、逐字逐句地仔细审阅了我那篇长达25万字的毕业论文,并将他的意见随手写在原稿上,对错字、别字及使用不当的标点符号,先生则也直接加以改正,几乎每一页稿纸上都留下了先生颤抖的笔迹,许多页面密密麻麻,写满眉批和尾批。然后,先生分几次亲自送到我在健斋的住所。① 1993年,我的这篇论文经过适当的调整和扩充,由台湾文津出版社出版。在该稿的《后记》中,我曾写有一段文字,兹赘引如下:

> 我尊敬的导师邓广铭教授,在该稿的撰写过程中,一直予以悉心的指导。先生以年逾八旬的高龄,对初稿的各部分进行了逐字逐句的审阅,并亲自将审订过的稿子分期送还与我。每当我看到每一页稿纸上先生所留下的抖动的笔迹,每当我目送先生离开健斋、看着他沿着鹅卵石铺成的曲径步履蹒跚地行进时,我心中腾涌起阵阵热浪!先生以学术上的严格、严谨著称,同时也对年轻学子充满了关怀、期盼之情。先生影响我们的不仅是他博大精深的学术造诣,而且还有他独特的人格风范与情怀。他的那些笔迹永远地留在我的文稿上,也将永远珍藏在我的心底。

---

① 笔者撰写毕业论文时住在北京大学未名湖畔的健斋。当年北大拟将健斋拨付先师领导的"中国中古史研究中心"使用,但因故长时间未能完成交接,承蒙先师关爱,也感戴当年陈苏镇教授(现执教于北京大学历史学系)的厚谊,笔者基本上在健斋独处一室。

这段话记载了先生当年指导我撰写毕业论文的实际情况,记述了我当年追随先生时的深切感受,也包含着我对先生永世难忘的无限感念之情。时至今日,文字犹在,而先生已经作古,再也不可能在我的任何习作上看到先生那熟悉的抖动的笔迹。我一遍又一遍地读着这篇几年前的文字,泪水也一次又一次模糊了我的双眼!

其实,先生这种崇高的师德和人格风范何止体现在对一篇毕业论文的指导上?在我离开北京大学、来到华中师范大学历史系任教后的八年多时间内,先生何曾中断过对我的关心和挂念?我曾先后几次赴京出差并去看望先生,哪一次未曾得到先生一如既往的教诲和指点?1996年4月我从美国回来后首次去看望先生,先生仔细问及我在美的学习和工作情况,并对我的科研工作提出了他的意见和看法。临别,先生送我他在首都师范大学出版社出版的《邓广铭学术论著自选集》,并在扉页题以"家祥博士吾弟指正"等语。他还告诉我,北京大学出版社将出版他的《治史丛稿》一书,出版后他也会送我一本,请我"指正"。直到先生病重期间,我到医院去看望他时,躺在病榻上的先生,身体非常虚弱,连交谈也感困难,他不时闭眼休息片刻,然后断断续续地与我谈话,嘱我一定要注意《四库全书总目提要》这部书,告诉我这部书的价值远没有被发掘出来。同时,复送我他新出版的《治史丛稿》,因为精力不济,他已不能题签,嘱小南学长代署——其时,距先生逝世不到两个月!先生在各方面给予我的实在太多、太多,而我则难以报答点滴。记得有一次赴京看望先生,我顺便带给他一包二两装的茶叶,而先生则嘱我以后不必如此,只是希望我在工作和生活上一切顺利。先生逝世后,我未能赴京与先生告别;而后本来计划在1998年清明节去为先生扫墓,亦因故而未能如愿。弟子不才亦不孝,愿九泉之下的先生原谅我!

先生是一位学术至上的学者，于己于人，他始终是以一种高标准的学术尺度来衡量的。

先生的老家在山东临邑，先生的性格是典型的北方人的性格：唯实唯真是求，刚正不阿，兼具古道热肠。学术至上，使先生不太讲究那些人际交往中的繁文缛节；先生的博学和通识，也使他足以对中国古代史，尤其是宋史研究领域的任何重大问题阐发真知灼见；求实求真、爽朗达观、直率明快的性格，更使先生对任何问题都直来直去，一无所隐，畅所欲言。

在我的研究工作中，我曾因一些小小的进步得到过先生的肯定；也或因表述不够严谨，或因史料处理不当而受到过先生直率的批评。但不管是批评还是肯定，我都能异常深切地感受到先生对青年学子的一番殷切期盼之情，他希望他的学生都能在学术上有自己的建树，为中国的学术发展作出应有的贡献。对于在学术上有所创新、有所成就的后学，先生总是不遗余力地给予支持和帮助。我曾不止一次地听到他赞许一些已成名者以及一些未成名者的著述，指出那些著作的精妙之处，也曾不止一次地看到他是如何帮助那些不曾相识的青年后学。1982年，华中师范大学有一个刚毕业的本科生在王瑞明教授指导下写了一篇与聂丛岐先生观点相左的《衙前考论》，该文深得先生赏识，经先生推荐刊登于中州书画社1983年出版的《宋史论集》上，几年以后先生仍曾提及该文，而作者唐刚卯（曾任湖北省博物馆副馆长），与先生素不相识。

如果说先生对他人在学术上要求严格，那么，他对他自己的严格程度则远远超过了对他人的要求。北京的书目文献出版社和山西某出版社分别出版过一套有关中国当代社会科学家的传记，所收录者均为中国当代人文社会科学界各领域的名流学者，在国内外影响极大。这两种书的出版单位都先后一再约请先生写他的自传。以先生在国内外的学术成就、学术地位和学术影响论,收入此书是当之无愧的,但出版社的盛情一再为先生所婉谢。其原因,我几次听到先生谈及,他认为,他是没有资格被收入这类著作的,他觉得他一是没有为中国的教育事业作出大的贡献,没有为中国的宋史研究培养出更多的人才,宋史学界卓有成就的专家学者的成长都是他们自己长期努力的结果,与他没有太大关系;二是没有自己感到比较满意的学术著作。又如中华书局很早就希望先生能将他发表过的学术论文进行整理,结集出版,亦不果。我也曾屡次听先生讲到此事,他认为在他的学术生涯中,并没有多少自己满意的文章。先生所著《中国十一世纪的改革家——王安石》一书,与著名历史学家,宋辽金史专家漆侠教授所撰《王安石变法》一书,可谓是北宋政治史研究的双璧,曾引导为数众多的青年学子进入宋代政治史研究的堂奥,先生却认为《中国十一世纪的改革家——王安石》一书存在的问题太多,多年间一再表示要在有生之年予以修订,并且终于在他生命的最后时日中将修订本《北宋政治改革家王安石》完成。从这些事例不难看出,先生对他自己的要求也是何等的严格。

先生走了!聆听先生教诲的机会永远不会再有。正所谓盛衰兴废之理,自古如此,而临风想望不能忘情者,念师之不可复见,而其谁与归?但是,先生留下了他作为一代宗师的人格精神和学术风范。先生不曾立过事功,却以其高尚的道德情操和卓越的学术成就在学术界立起了一座令世人景仰的丰碑。无数的后学也许难以逾越先生的博学与通识,却可光大先生的不朽精神。

愿九泉之下的先生安息!

(本文系2012年为纪念先师邓广铭先生诞辰105周年而撰写,2022年10月对个别地方略有修订,并作为先师诞辰115年的纪念文章提交给北京大学中古史研究中心)

深切缅怀先师王瑞明教授

岁月沧桑,倏忽间,先师王瑞明先生已经逝世10年有余。回首数十年往事,感激、感恩、感怀,难以言表。谨以此旧文,聊志缅怀之情!

2010年1月22日上午11时10分,我国著名宋史专家王瑞明教授走完了90年的人生历程,在湖北省人民医院的病榻上饱受83天病痛折磨后不幸逝世。

在失去恩师、协助其子女料理完丧事后的这段日子里,每当静夜一人独坐时,与先生逾30年交往中的各种情景不断浮现在眼前,以致常常彻夜难以成眠。中国宋史研究会会长邓小南教授及秘书处诸位同仁命我写一篇纪念文字以志缅怀之情,感戴之余,仍颇费踌躇。之所以然,是因为要对先生60年间的学术生涯作出完整、准确、精当的评价并非易事;况且,先生是德厚流光的尊长,是完美道德的践履者①,我能彰明其道德之万一? 先生幼年丧父,由皈依天主教的叔父抚养成人,后亦成为虔诚的天主教徒。先生一辈子宽厚仁爱,与人为善,不计名利,待人至诚;先生选择教书育人作为终身职业,始终情系后学,诲人不倦,一丝不苟,如春风化雨;先生献身于中国的学术事业,兢兢业业,勤勉笃实,笔耕不辍达60年之久,即令在退休之后也争分夺秒,并且成果迭出。人们难以想象,就在逝世之前不久的2009年10月26日,年逾90的先生还以年迈体弱之躯远赴在山东高密召开的"高密历史文化名人学术研讨会暨中国历史文献研究会第30届年会",以至于返汉当日深夜住进医院,从此不起! 或可用先生已享有高寿,或可用所谓"人事有代谢,往来成古今"一语来缓解丧失良师的痛楚,但先生生命最后时光中的这些经历不能不令人感到震撼②。哀痛之余,谨就我个人的感受,谨以以下的文字,悼念和缅怀西行的恩师。

---

① 数天前有学界朋友告我,先生逝世后有若干同仁相聚,谈及先生的为人行谊与师德,曾试图找出先生平生为人的一丝不足,竟毫无所获,并认为由我执笔为先生撰写的挽联"神游卅世纪故国,六十载笔耕不辍,千万言文章泽被后学;情系普天下生灵,一辈子修身立德,数不尽懿行肩比前贤"完全可以概括先生一生的道德学术。
② 作为辽宋金史专家,王瑞明先生是中国宋史研究会最早的会员之一。此外,因为种种原因,先生对中国历史文献研究会有着特殊的情感。自1979年中国历史文献研究会成立之日起,在已故著名历史学家、文献学家张舜徽教授担任首任会长期间,王先生一直担任中国历史文献研究会常务理事并负责秘书处工作。作为常务理事,他在承担年会会务、编辑出版会刊、承担各类科研项目、以各种方式扶持和支持后学等方面作了大量难以想象的事务性工作。直到荣休之后乃至生命的最后时日,先生仍以各种形式关心历史文献研究会的建设与发展,扶持新人,为该会效力。山东高密年会结束后,先生年逾90,竟以衰弱之躯独自拎着随身行李和捆扎成包的书籍,两步一喘、三步一歇地进站出站,从高密坐火车返回武汉! 在返汉旅途中,先生即感到严重不适,10月30日中午抵达汉口,当天深夜不得不住进医院,并在医院度过了最后的83天。因此,先生的逝世似与此次高密之行直接相关。

一

在料理丧事的闲暇,曾与王瑞明教授的长子王相伯先生谈及先生的经历,相伯兄认为先生90年的人生历程大致可分为三个30年,即1949年以前饱经忧患、颠沛流离,从求学到成家的30年;1949到1978年之间生活相对安定,但历经所有政治运动,难以进行正常工作的30年;1979年直至逝世间生活逐渐进入正轨,见证民族逐渐走向复兴,得以一展平生所愿的30年。应该说这一看法是较为准确的。

王瑞明教授公元1920年6月15日出生于湖北省天门县(现湖北省天门市),幼年丧父,少年时期随其叔父漂泊,由江汉而西南,由西南而沪上,居无定所。1949年1月,先生毕业于复旦大学史地学系,1956年调入华中师范学院(今华中师范大学)历史系中国古代史教研室工作,1957至1958年借调到武汉大学历史系任教,讲授中国古代史课程[1],1970年11月至1973年1月先后下放到湖北省洪湖县(现湖北省洪湖市)插队落户及湖北省京山县孙桥校办农场劳动,1974年1月奉调复返华中师范学院历史系工作[2],1981年被遴选为中国古代史专业硕士生指导教师,1984年晋升为教授,此后直到1991年最后一届硕士研究生毕业后荣休。

王瑞明教授诞生于中国社会翻天覆地的动荡岁月,成长于神州大地烽火连绵的战争年代,进入华中师范学院历史系之后,与中

---

[1] 王瑞明先生逝世后,承蒙武汉大学历史学院杨果教授相告,其时武汉大学历史系李涵先生因身体状况欠佳,王师应邀代李涵先生讲授中国古代史,李涵先生生前一直对此心存感念。
[2] 参见王瑞明先生《最难忘却的1176天》,载《洪山文史》第7辑,1994年10月版。

国绝大多数同时代的知识分子一样,也曾走过一段不堪回首的艰辛历程。然而,如同中国上一代众多德高望重的前辈学者一样,王瑞明先生艰难的人生经历非但未能摧垮其人生信念,反而奇迹般地锻铸出其异于常人的心胸智慧、臻于完美的道德事业,以及传之久远的人格魅力。

在我个人看来,王瑞明先生似乎是肩负了某种使命,为教诲、培育和感召一代又一代的青年学子而降生的。先生有口皆碑的师德、宽广无私的胸怀、崇高的人生境界与道德风范、一丝不苟的严谨学风以及卓著的教学科研成果,在漫长的教学、科研生涯中,培育、熏陶和影响了一批又一批的学人。以我自己的亲身体验与间接所知论,他毕生所看重的,并不是单纯为了个人著书立说,而是教学;他之所以孜孜不倦地从事学术研究,其目的是服务于教学。他的一大批重要学术成果直到退休之后才得以问世,原因也非常简单:以前几乎是将全部心血花在了教学工作上。因此可以这样说,在逾半个世纪的漫长岁月里,先生将绝大部分时间与精力都献给了祖国的教育事业,献给了对后学的栽培。我个人觉得,在他毕生的诸多贡献中,首先应予彰明的,应是他在漫长的教书育人的人生历程中所结下的累累硕果,应是他留下的宽厚仁爱的行为风范、催人奋发的人格精神和传之不朽的博爱情怀。曾与王先生在华中师范大学历史系一起共事,后调往宁夏大学任教的王天顺教授在唁函中称先生"奖掖后进,盛意拳拳。爱人以德,有古君子之风"[1],可谓中肯之论。

26年前(1984年),王瑞明教授因教学成就突出而获得华中师

---

[1] 王天顺教授的唁函全文为:"王瑞明教授治丧小组:惊悉前辈王瑞明先生仙逝,不胜悲悼。先生年高德劭,学养渊深,奖掖后进,盛意拳拳。爱人以德,有古君子之风。遗泽长留,典范永存! 后学宁夏大学王天顺2010年1月24日泣笔。"

范大学的隆重表彰,教务处曾邀请他撰写一篇有关教学体会的文章,先生从三方面对教学与科研之间的关系作了辩证阐述。他认为,教学工作是第一位的,这是高等学校教师的本职工作,不能被当成什么额外负担;为了不断充实教学内容、更新教学内容、培养高素质的人才,教师的科学研究是提高教学质量的关键,但因学校的教学人员应以教学工作为主要任务,若科研工作与教学工作发生矛盾,"科学研究应为教学工作让路"。他还认为,教师"要搞好教学工作,必须全神贯注到教学工作上,抓好教学的各个环节,时刻不忘学生,针对学生的实际,因材施教,因事设法"。在长期的教学实践活动中,他针对学生的特点,为学生总结出了一套行之有效的学习方法,即"四读"(精读、粗读、选读、默读)、"四有"(有计划、有谋略、有方法、有节奏)、"四勤"(脑勤、口勤、手勤、脚勤)、"四忌"(忌分散精力、忌盲目自大、忌囫囵吞枣、忌急功近利),这些有效的学习方法不仅使无数的学生得以成为专才,至今看来,也仍然是青年学生学海泛舟的座右铭。①

对于教书育人,王瑞明教授是这样说的,更是这样做的。他长期坚持在教学工作第一线,对教学工作始终兢兢业业,从无一丝一毫的懈怠。他为本科生及研究生开设的课程计有中国古代史、史学名著选读、宋史、宋代史料及史料学等,退休之前共培养硕士研究生16名。通过培养后学,先生为推动宋代史研究作出了应有的贡献。此外,亲聆其教诲的本科生、未曾入室而又受惠良多的其他后学更是不计其数。斗转星移,岁月流转。如今,他昔日的学生大多已成为各行各业的有用之才,为祖国的建设事业发着自己的光和热。其中有的已成为国家的栋梁,在自己的岗位上作出了巨大

---

① 参见王瑞明教授《教学、科研及其关系》,载《高教研究》1984年第1期。

的贡献。他对学生在成长过程中无微不至的爱护与培育,对各种形式教学活动的极度认真细致、一丝不苟,只有受他恩惠的学生才能真切地感受到,而即使感受到了也是很难用语言来表达的。所以,当毕业几十年后的校友重聚于华中师范大学时,大家对他的景仰崇敬之情无不溢于言表。由于在教学方面的成就卓著,他理所当然地数度获得过华中师范大学为人师表先进个人奖、特等教学优秀奖。

从王瑞明教授教书育人的种种活动中,我常常产生这样一种感觉:作为一名教育工作者,有些问题可以经过量化而加以说明,有些更可宝贵的东西则是很难经过简单的量化而加以说明的。譬如,一个具有崇高师德的教师,其待人以诚、始终如一随时随地向学生伸出援手的博爱精神,其对学生根于本性的深切关爱与古道热肠,其宽厚慈爱、厚德载物、催人激越奋发的人格力量,其百折不挠、自强不息地追求真理的气度与心胸,这一切对学生所产生的潜移默化的影响,又如何能车载斗量?但是,这些真正崇高而美好的东西悄悄地、静静地流淌在一代又一代学人的血液中,以至化为民族、国家的生命琼浆的一部分,在不同的场合、环境和行业释放出巨大的能量。而王瑞明教授,则是华中师范大学历史文化学院公认的制造这些生命琼浆的最好的导师之一!

当然,终生执着地献身教育,并在祖国的教育园地里收获到丰硕的果实,王瑞明教授靠的是在中国古代史以及其他领域的深厚学养。如前所述,王先生虽不是那种自觉追求著作等身的学者和著作家,而是一名师德高尚、醉心于培育后学的导师,但他在中国古代史研究,尤其是在宋代史领域研究方面的建树也是有目共睹的。先生学有渊源。在其早年考入复旦大学史地学系之后的求学阶段,曾间接受到诸如著名教育家、外交家、复旦公学的创始人兼校长马相伯先生等人的熏陶,在学问上师从著名历史学家邓广铭教授、周谷城教授、方豪教授、胡厚宣教授等史学大家,因而早在青年时代,王先生即已牢固地打下了学问的根基,也为以后数十年的学术发展确定了方向。

从其学术生涯来看,我个人以为王瑞明教授自1956年进入华中师范学院(现华中师范大学)以来,基本上可分为两个阶段:50年代末至70年代末为第一个阶段,70年代末直至逝世为第二个阶段。在第一阶段,先生经历了历次政治运动,尤其是十年"文革"的劫难,与张舜徽先生以及其他前辈学者一起备受迫害,除开身心方面所受到的摧残不论,虽然他在动乱年代仍能抓紧点滴时间心静如水地进行学术积累与学术探索,但这样的政治环境对个人的负面影响之大自不待言。从70年代末开始,中国社会进入一个崭新的发展阶段,学术界也出现了一个前所未有的安定环境,王先生个人的学术生涯也进入一个新的阶段。长期的学术积累、如同获得新生之后的喜悦,使王瑞明教授在承担繁重的教学任务的同时,在中国古代史的研究方面焕发出多姿多彩的学术风采,他的一篇篇卓有建树的学术论文相继发表,一部部为学术界增色不少的专著相继问世。

1980年代以来,王瑞明教授陆续出版的专著计有8部:《宋代政治史概要》(39.4万字,华中师范大学出版社1989年12月版),《中国近代科学先驱徐光启》(三秦出版社1990年5月版),《朱熹集导读》(巴蜀书社1992年6月版),《逐鹿神州(五代、两宋、辽、夏、金、元专题)》(中国青年出版社1995年5月版),《天主教知识百题》(1995年7月版),《宋儒风采》(53万字,岳麓书社1997年10月版),《马端临评传》(30万字,南京大学出版社2001年12月版),《中国古代史考论》(30万字,华夏文化艺术出版社2007年6

月版)。

除上述之外,王先生与其他学者合作出版的著作计有10种:《湖北通史·宋元卷》(45.5万字,华中师范大学出版社1999年6月版),《中国史学家传》(26.4万字,辽宁人民出版社1984年5月出版),《中国史学名著题解》(27.4万字,中国青年出版社1984年2月版),《中国古代学者百人传》(29.5万字,中国青年出版社1986年6月版),《楚国故事》(3.8万字,河北人民出版社1981年8月版),《南国名都江陵》(30.8万字,湖北教育出版社1993年8月版),《中国历史文化名城随州》(27万字,湖北人民出版社1996年12月版),《中国古代军事家评传》(上、中、下)(100余万字,湖北人民出版社1986年3月版),《史学知识千题》(中国史部分)(57万字,湖北教育出版社1987年6月),《中国史学名著评介》(1—3卷)(100余万字,山东教育出版社1990年2月版)。合作出版的著作中,《楚国故事》曾再版三次;《中国史学名著题解》初版12万册,也曾再版;《中国古代学者百人传》获1988年全国通俗政治理论读物二等奖。

因为王瑞明教授早年毕业于教会中学,具有扎实的英文功底,在正常的学术研究无法进行的20世纪70年代,他还与其他学人一起合作翻译了《印度社会》一书(43万字,商务印书馆1977年版),为中国学术界的印度史研究作出了重要贡献。

除独著、合著以及合作出版的译著之外,王瑞明教授还担任了一些重要著作的主编或副主编,这些著作计有:《文献通考研究》(32万字,中州古籍出版社1994年9月版),《嘉定文化研究》(36万字,三秦出版社1990年5月版),《三国志辞典》(158万字,山东教育出版社1992年4月版),《后汉书辞典》(167万字,山东教育出版社1994年8月版)。在担任主编或副主编的这些著作中,王瑞明教授也是主要撰稿人之一。

前文已提及王瑞明对中国历史文献研究会具有特殊情感,其所以如此,除其他因素之外,还与王瑞明先生的学术路径和治学旨趣有直接关系。王先生非常注重史料及史料学,在历史文献的整理与研究方面也有重要的建树。《宋人文集概述》(63万字,华夏文化艺术出版社2009年5月版)一书属史料汇编性质,可以说是王瑞明教授长期潜心于宋人文集的心血结晶,该书从传世的741家宋人文集中精选出100家共3593卷,对其中的重要史料进行了排比、归类和整理,也适当进行了诠释,不少史料为宋代基本史料书所罕见。该书使用起来十分方便,在诸多方面均可嘉惠后学。《李纲全集》(180万字,岳麓书社2004年5月版)的整理与点校工作系先生倾10余年心力完成,出版后即得到学界的好评①。该书浸透了先生辛勤劳作的汗水,融入了先生对李纲爱国热忱的嘉许与崇敬,从中也可看出先生深厚的学术底蕴与学术功力。王瑞明先生还参与了整理点校《丘濬集》(282.5万字,海南出版社2006年3月版)的巨大工程,该书的问世也是造福于学林的一大盛举。

此外,在长达半个世纪的学术生涯中,王瑞明教授还在《历史研究》《中国历史文献研究》《中国历史文献研究集刊》《学术月刊》《光明日报》《理论战线》《社会科学战线》《华中师范大学学报》《江汉论坛》《历史教学》《四库全书研究》等刊物发表论文百余篇之多,这些论文所涉及的一些论断,常发他人之所未发,为推进中国古代史,特别是宋代历史的教学与研究,为祖国学术事业的繁荣昌盛作出了突出的贡献。

---

① 王曾瑜先生即对笔者谈及点校本《李纲全集》的出版使学界获益良多。

二

在中国古代史领域辛勤耕耘的历程中,王瑞明教授将主要精力放在宋代史研究上,因而在这一领域对学界的贡献最为突出。具体说来,王瑞明先生在宋代史研究方面的贡献主要表现于如下几方面:

1.宋代政治、经济史以及民族关系史等领域的研究

王瑞明先生在宋代政治史、经济史以及民族关系史研究领域的重要贡献,首先当推其《宋代政治史概要》一书的出版。这部凝聚了先生30年心血的论著由华中师范大学出版社印行,近40万字。全书围绕两宋政治史发展、演变这条主线,对与之密切相关的经济、社会、军事、文化、民族矛盾、阶级矛盾与统治阶级内部矛盾等方面的重大问题,逐一进行了精到的论述,可以说是宋史学界对宋代320年政治、社会发展作系统研究的重要著作之一。

这部著作的最大特点之一,是具有鲜明的理论色彩。先生以马克思列宁主义、毛泽东思想为指导,运用经典作家著作中分析问题与解决问题的方法,成功地研究和解决了宋代政治社会发展过程中的一系列问题。[①] 如先生运用《矛盾论》《实践论》的理论精髓,在阐述两宋阶级矛盾与民族矛盾的关系问题时,紧紧抓住宋代的阶级矛盾这一主要矛盾,分析问题,解决问题,使两宋错综复杂

---

① 王瑞明先生之注重马列主义经典作家著作的学习,或并不为学界所知,事实上他在学术研究中一直试图以马克思主义理论为指南。先师对马克思主义理论的注重,也体现在对学生的学习指导上,笔者最近翻检早年的学习笔记,其中即存有先师开列的经典论著若干篇。

的阶级关系与民族关系问题有了令人信服的结论,这就是一个典型的例证。又如对宋代中央集权制度的分析,先生在指出中央集权具有制止分裂割据之功的同时,也抓住中央集权的本质对其进行辩证的剖析,同样令人折服。由于王先生平时重视对经典著作的研读,对列宁主义的许多思想与方法了然于心,因而其中对列宁理论的大量引用,实为先生长期注重理论学习、系统阅读《列宁全集》的结果。

二是观点新颖,创获良多。长期以来,学术界一致认为,宋代社会矛盾的焦点是土地问题,"不抑兼并"而导致土地集中,进而导致了激烈的阶级矛盾。该书以王小波、李顺起义过程中提出的"等贵贱,均贫富"为切入点,以大量事实说明宋代农民迫切要求解决的是均平赋役的问题,赋役繁重才是宋代人民的切肤之痛,并明确提出宋代不存在土地问题,"旷土"始终比较普遍。早在1982年,河南社会科学院情报研究所即在其编辑出版的《学术资料》第16期《建国以来宋史研究概述》中作了充分的肯定和介绍,继而在《中国史研究》上作了进一步的评述。这一观点被推许为建国以来史学研究的新见解,从而将有关农民战争史的研究、有关中国古代社会发展的普遍性与特殊性关系的思考引向了深入,这无疑是该书最大的创获之一。宋代理学的研究向来是众所瞩目的重要课题,该书《朱熹政治思想的特色》一章,指出朱熹不愧是尽其时代职责的思想家,朱熹是热爱祖国的,从不忘怀现实。他的天理人欲之说,主要锋芒指向皇帝,要求其本乎天理,立振兴旧邦之志,选贤任能,勿自欺欺人。该书认为天理人欲之说,并不单纯是哲学概念,而且也是政治主张,具有实用价值,从而为理学的深入研究开拓了新的视野。诸如此类对学术研究起到推动作用的见解在全书中并不少见。

三是解决了宋代历史研究领域中的一系列疑难问题。宋史研究领域,存在着许多疑难问题,如有关赵匡胤的评价、王安石变法社会效果的评价等问题,一直众说纷纭,先生均一一作了令人信服的回答。例如王安石民不加赋而国用足的经济观点,当时即为变法的反对派首要人物司马光所耻笑,但民不加赋而国用足的内容究竟是什么,今人对此也多莫知其详。该书在探讨其渊源的基础上,指出其含义有两层:一方面是不加赋于贫民,只加赋于工商逐末者,但又不可加得太重;另一方面是发展生产,包括煮海、采山、治水、铸钱。使王安石的经济思想进一步明确化,为客观地评价王安石及王安石变法提供了事实依据。再如宋代人民的生活与物价问题,历来罕有人论及,但该书也进行了深入的研究。王瑞明教授对这一问题作了长期艰苦的资料搜集工作,对宋代的物价问题作了系统的论述,其写出的物价专章,引起开封市物价局的注意,后者曾专函对此一研究工作表示了感谢。宋代的纲运问题,也是中国古代史教学中的难点,在该书问世前,王瑞明教授已将这方面的前期成果发表于《历史研究》,该书则在此基础上列出专章进行了进一步的深入研究。

四是该书史料丰富翔实,确凿可靠。该书是王瑞明教授长期搜集资料、进行学术积累的产物,所引用的史料之丰富详瞻、确凿可靠,实是该书的重要特色。王瑞明教授著书立说,并不是先有了某一想法再去有目的地寻找资料,而是在资料积累到一定阶段后再开始著述,这就使得该书具有十分扎实的史料功底。在该书写作之前,先生曾系统阅读了宋人有代表性的重要文集 100 余部,且每读一部必作出详细摘录,还参考《宋史》《续资治通鉴长编》《文献通考》《三朝北盟会编》等史料书互相进行考校,使所引用的每一条史料都确凿无误。《宋会要辑稿》卷帙浩繁,但也是研究两宋历史的史料渊海,具有不可估量的史料价值,《宋代政治史概要》一书引用《宋会要辑稿》史料尤多。如同对待教学工作一样,先生在引用史料时是十分慎重的,同一条史料出处不同,一定要进行认真的比较鉴定。如王安石变法兴修水利一事,许多著作引用《文献通考》上的史料,认为其所云"水利"为"水利设施",但王瑞明先生在经过仔细参校、考辨之后,认为所谓"水利"实际上是指"水利田","水利设施"系《文献通考》脱一"田"字而引起的误解。所以从史料学的角度看,这部著作也为启迪、帮助后学提供了莫大的便利。

由于《宋代政治史概要》一书具有如上所述的学术价值,故而该书问世之后,立即引起了学界同仁的重视,同行专家纷纷撰文对其予以高度赞誉。《浙江学刊》载文评价此书为开拓性的断代政治史专著;有的学者读此书后,认为该书是"宋代政治得失的一面明镜";有的学者认为该书是90年代宋史研究领域的得力之作,"着眼关键,辨明得失,独创一格",抓住宋代政治上一些关键问题,来考察宋代政治建立、发展、变化和衰落的各个环节,并分析原因,论述特点,对宋代种种政治得失作出了恰如其分的评价。

王瑞明先生除通过《宋代政治史概要》一书对宋代政治、经济以及民族关系等领域进行系统的探讨和阐述外,其平时陆续发表的一系列论文则有所侧重地从某一方面进行了深入的展开,从而形成了对这些重大问题的完整看法。如对于李纲的评价问题,王先生旗帜鲜明地肯定李纲是两宋之际的民族英雄,其主导思想是"安宗社,保生灵",一生勇于报国,锐于用兵,发展了"民为邦本"的思想,他坚信"功利在民,则必没为明神"。《赵匡胤"先南后北"的策略与民族关系》(载《光明日报》1983年6月8日),则对宋初影响两宋历史发展进程的重要决策进行了讨论,提出了独到的见解;先生早年发表的《试论王小波、李顺起义》(载《历史教学》1960年第3期)一文,即深入地触及宋代专制主义中央集权的症结问题;《"等贵贱,均贫富"试释》(载《华中师院学报》1984年第1期)一文,则以无可辩驳的史实深刻揭示出宋代阶级矛盾的本质与根源;《侬智高反宋斗争的性质问题》(载《湛江师院学报(社会科学版)》1994年第1期),抓住宋代社会的主要矛盾进行研究,认为侬智高反宋的性质属于农民起义,从理论上解决了宋代阶级关系与民族关系中的重大问题;《两宋阶级矛盾与民族矛盾的关系》(载《华中师范大学学报(人文社会科学版)》1981年第3期),是一篇理论性甚强的文章,对认识两宋的阶级关系与民族关系,更富启迪意义;《宋代政治的演变及其实质》(载《自学指南》1985年第3期)一文,对宋代政治的发展演变进行了集中凝练的阐述和切中要害的剖析。

在经济史研究领域,王瑞明教授同样有一批颇具价值的专论,它们丰富和完善了其在这方面的思想。如先生于50年代末发表的《评"两宋经济重心的南移"》(载《江汉论坛》1959年第11期),虽是一篇书评,但其中也系统地提出了其对宋代经济发展程度及宋代经济发展规律性问题的一些看法;《宋代的造船业与船户》(载《学术月刊》1987年第3期)一文,通过对宋代造船业和宋代船户的研究,不仅构成其宋代经济史研究的有机部分,而且成为深入认识和了解宋代的科技史、经济史的补阙之作;《宋代的赋税问题:读〈文献通考·田赋考〉》(载《江汉论坛》1984年第7期)一文可与《宋代政治史概要》一书的有关章节比照参阅,深化对宋代一些重大问题的思考;《关于宋代的商税问题》(载《光明日报》1961年10月25日)一文,对于认识宋代商品经济的发展具有极大意义;《宋代秧马的用途》(载《社会科学战线》1981年第3期)是一篇考辨性的作品,该文提出秧马并非用于栽秧,而是用于扯秧之说,实澄清了既往对这一问题的模糊认识。在经济史研究领域,王瑞明教授的研究范围并不止于宋朝,还包括与宋并立的金朝,其经济发展水平及一些重要问题,先生则在《关于金代社会经济的几个问题》(载《中国古代史论丛》第9辑)一文中作了回答。

2.宋代学术文化史研究

宋代人文荟萃,文化发达,宋代文化所取得的成就,已故著名历史学家邓广铭先生曾予以高度的评价,认为在中国封建社会历史时期之内,截至明清之际的西学东渐的时期,它"达到了登峰造极的高度"①。宋代文化之所以能有如此的建树,显然,作为文化创造主体的宋代学人是功不可没的。长期以来,学术界内对宋代单个的重要人物进行研究者不乏其人,但以宋代知识分子群体及其思想作为对象进行系统探讨者,则并不多见。而王瑞明教授的《宋儒风采》(53万字,岳麓书社1997年10月版)这一鸿篇巨制的问世,堪称填补了这一研究领域的空白。

《宋儒风采》共分十四章,对宋儒的生活态度、治学方法、哲学创新、史学成就、美学造诣、文学禀赋、艺术修养、科技才华、经济策略、军事计谋、教育思想等方面,逐一分章进行了全面系统、多角度、多层次的论述与探讨,成功地再现了宋代知识分子的精神风貌,展示出宋代学术文化所取得的辉煌成就,其发他人之所未发的精彩论断,随处可见。该书在论及宋儒的生活态度时,对宋儒的德才兼备与智勇仁义给予了极高的评价,对学者学为圣人的人生境界倍加赞赏,并深入挖掘了宋儒坚持华夏正统,为嗣往圣开来哲而

---

① 参见先师邓广铭先生为陈植锷所著《北宋文化史述论》所撰《序引》,中国社会科学出版社1992年版,第1页。

弘扬儒家道统的学术精神,尊师重道的优秀品质以及勤劳节俭的生活作风。同时,宋儒的各种雅兴幽趣及其延年益寿之术也被充分展示于读者面前。宋儒在学术文化方面的巨大成就与其素所持有的治学方法有密切关系,对此,先生以专章进行了探索,使这些宝贵的精神财富再现于世。对宋代史学的巨大成就,王瑞明教授以大量的史实,概括阐明了宋代史学的三大特点,即善于进行体裁的创新、重视当代史的修撰以及考证精审。在中国古代兵学史上,文人论兵的现象在宋代特别突出,王先生也对此进行了系统的研究,认为宋儒善读兵书、洞悉兵事,因而对用兵之道和战争规律有精深的见解,充实了中国兵学的宝库。在对宋儒的科技才华与教育成就、教育思想的探讨中,先生不是简单地进行书院式的评介,而是在着力发掘可以古为今用的文化遗产,如对于宋儒在医学史上的贡献的研究即是如此。宋儒对传统医学的探究是精深而独到的,并留下了大量的中医药方,王瑞明教授为发掘这些遗产,在撰写过程中曾专门走访中医学院的老中医,对宋人留下的药方逐一进行鉴定,结论是宋代时期用过的一些特效药,迄今仍在沿用,只是在剂量上有了一些改变,从而有力地证明了中国古代文化对人类文明的卓越贡献。

有宋一代学人的文化传承、文化传播与文化创造中,至今令中外学术界最为推崇与重视的,当数中国传统哲学在宋代的长足发展。传统儒学在宋代得到了前所未有的整合并以博大的气象出现在中国学术史上,《宋儒风采》对此进行了浓墨重彩、酣畅淋漓的阐发,先生对有关宋学建立过程中的重大命题诸如无极与太极、道与器、格物致知、天理人欲一一作了精到的评述。在灿若繁星的宋代学人中,朱熹无疑是一代巨擘,先生选择朱熹以及朱熹理论体系中的精髓——天理论,进行了深入的剖析,认为朱熹的天理论是"明辨是非的准绳,匡时济世的纲领,改造儒学的核心,抗衡释道的指南",表达了对理学的独到见解。

总之,王瑞明教授的《宋儒风采》一书,多言人所未言,见解新颖,分析细腻,在文化史、思想史研究领域独辟蹊径、独树一帜,内容精辟而富有生活气息,充分地展示了宋儒文化素养的卓越、精神风貌的非凡、思想情趣的出色,也反映出中国传统文化充沛的活力与丰富的内涵,更展示了宋儒思想在中国思想史上特殊的重要地位。读者从中可得到丰富的艺术享受与许多有益的启迪,可真切地了解到中国传统文化在宋代发展的脉络、作用及精华所在,增益学识智慧,激发爱国热情,因而此书对于宋代学术文化研究的贡献是巨大的,具有很高的学术价值。

同《宋代政治史概要》的撰写一样,《宋儒风采》一书的撰写也是以扎实的史料为基础的,其丰富的史料多来自宋人文集。先生长期钻研宋人文集,积累至多,并据以写出长编,反复推敲,再三修订,写成此书,因此,除书中阐发的诸多见解能给人以启迪和益智外,其史料学的价值亦不可低估。

3.宋元地方史研究

王瑞明教授在晚年最重要的贡献之一,是在宋元地方史方面的研究。在当今的宋史学界,应该说,对地方史的研究是比较注重的,并取得了不少重要成果。从史学方法上讲,这种区域性的个案研究往往能取得一些意义重大的成果,为宏观研究提供佐证和观照,丰富宏观研究的内容,宏观面的研究与地方史的个案研究相结合,会得出更科学的、符合历史发展规律的结论。王先生一直是比较重视宋元地方史研究的,并不断有一些成果发表,如《论楚俗尚鬼与楚国文化》(载《中国历史文献研究集刊》第 5 集)、《岳阳楼记的历史考察》(载《求索》1986年第3期)、《鹦鹉洲考》(载《光明日报》1962年1月9日)、《鹦鹉洲新考》(载《武汉文史资料》1991年第2辑)等。但其代表作,则是晚年出版的《湖北通史》宋元卷(全书45万字,华中师范大学出版社1999年6月版)一书。

这部书系王瑞明教授与当时任职于湖北省社会科学院的雷家宏副研究员合著,而王先生为主要撰稿人,并负责审订了全稿。全书末尾附有湖北地区发展大事记,并编有详细的有关地名、人名、重大事件及其他重要名称的索引。诚如先生在《前言》中所云,湖北地区地理位置特殊,自然条件优越,水陆交通便利,赵宋的统一事业从这里起步,湖北地区的人力物力在宋王朝的建立过程中发挥了重要的作用。该书系统探讨宋代湖北地区政治、经济、文化教育、科技等诸方面的情形,对于整体的宋史研究而言,是有重大意义的。《湖北通史》宋元卷通过对宋代湖北地区各方面发展的研究,圆满地达到了目的。

《湖北通史》宋元卷的最大贡献,乃在于系统、完备地考察了宋元时期湖北的地理形势、战略地位、风光形胜,宋代湖北的习俗与民风,农业与手工业发展的门类与水平,城镇经济与商业贸易的具体内容及其在宋代的地位,宋代湖北教育的发展状况及其文化传统,宋元时期湖北人民的社会生活以及这一时期湖北地区阶级矛盾与民族矛盾表现,是迄今为止最完备的一部了解宋元时期湖北发展史的专著,加之王瑞明先生深厚的史学底蕴与严谨认真的学风,可以说这是国内唯一一部系统论述宋元时期湖北地区社会发展的信史。而对于湖北现代的经济发展而言,其意义更是不言自明。了解了宋元时期湖北的山川形胜与传统的人文景观,便可以在旅游资源的开发与利用方面根据当今特点做文章,从而为湖北区域经济的发展提供决策咨询;了解了湖北地区传统农业和手工业的特点和内容,便可为开发传统项目提供信息,发挥湖北经济的地方优势;了解了宋元时期学术文化传统的特点及其对现当代湖北的影响,便可因势利导,为当代湖北的精神文明建设服务;等等。这部著作的理论意义与实践意义之大,将会在这部著作不断产生的社会效益上得到验证。

4.历史人物研究

如同其他前辈学者一样,王瑞明先生对历史人物的研究也给予了较多的关注。先生对宋代一些重要的历史人物诸如欧阳修、王安石、李纲、马端临等人均有较深入的研究,并发表了一些重要的成果。总的来看,这些成果中最重要者当推纳入中国思想家评传丛书,于2001年12月由南京大学出版社出版的《马端临评传》。

众所周知,马端临是宋元之际著名史学家,所著《文献通考》是中国古代典章制度方面的集大成之作,也是研究两宋320年历史最重要的史料书之一。王先生的《马端临评传》(下称《评传》)一书分为九章,对马端临所处的时代背景、家庭出身、政治理想、经济意向、史学思想、治史方法以及《文献通考》一书的文献学成就、编撰旨趣等方面进行了系统而深入的探讨和评价,全面而如实地揭示了马端临的真实面貌与史学成就。

在写作此书之前,王瑞明先生对《文献通考》一书下过很深的功夫,并曾组织一些学界同仁一起对该书进行研究,主编、出版过相关成果,因此,《评传》一书实际上是王先生的厚积薄发之作,其中多有鞭辟入里的精审之论也在情理之中。如关于马端临撰写该书的旨趣,王先生认为南宋朝廷的倾覆给了马端临以极大震撼,因而马氏"立志以著书立说的方式来倾诉民众的心声,表达他对治国安邦的历史经验的探寻"。王先生认为,相对于杜佑的《通典》和司马光的《资治通鉴》而言,马端临的《文献通考》在前人的基础上有继承,更有超越,并力求使《通考》成为"明备精审之作",其体例别致,史料丰富,内容充实,评论精辟,因此,有人认为的此书"无别识通裁",是对《通考》的误解。《评传》中诸如此类的细致论证与卓识不胜枚举。有学者为该书撰写书评,认为这是一部"为通儒写通史正视听之作",其"考辨精深,新意迭出"①,通读全书,应该说这并非溢美之辞。《评传》一书为学界深入了解马端临其人,深入了解《文献通考》一书的史料价值与文献学价值提供了一部不可多得的重要著作。

5.历史文献的整理与研究

在历史文献的整理方面,王瑞明教授也有着比较突出的成果。之所以能如此,既与先生历史文献功底深厚有关,也与其严谨务实、历来注重史料的治学风格有关。他在历史文献整理方面的成就,前面在作总体介绍时已有涉及,如他独力点校了180万字的《李纲全集》,与他人合作点校了280余万字的《丘濬集》,这都是经10余年而竣工的呕心沥血之作。

在从事古籍整理的同时,王先生还将古籍整理方面的经验与体会公之于世,与学术界同仁和后学分享。他曾先后发表《古籍整理的入门指南》(载《光明日报》1983年11月23日)、《李纲梁溪全集四库本校读记》(载《中国历史文献研究》第3集),为有志于从事古籍整理的后学提供了指导和范例。

对宋代历史文献的研究,在王瑞明先生的学术活动中也占了

---

① 参见来可泓先生《为通儒写通史正视听之作——读王瑞明教授〈马端临评传〉》,载《华中师范大学学报(人文社会科学版)》2003年第5期。

较大的比重。王先生在宋人文集方面用功甚多,因而常有一些独到的心得体会,他在中国历史文献研究会的会刊《中国历史文献研究集刊》(第4集)上发表的《宋人文集的史料价值》一文,浓缩了他数十年潜心阅读和研究宋人文集的心得;这篇文章的姊妹篇《宋人笔记的史料价值》(载《中国历史文献研究》第1辑),则不仅对宋人笔记的史料价值作了鞭辟入里的揭示,同时还就宋人笔记中史料的考辨与运用作了说明,对于青年史学工作者学会鉴别和运用宋人笔记中的史料,大有裨益。《论李纲及其〈梁溪全集〉》(载《历史文献研究》第5辑)一文,是先生整理《李纲全集》的副产品,也是数年心血的浓缩,自不可等同于一般的泛泛介绍之作。王先生所著《宋人文集概述》一书,实际上也是王瑞明教授研究宋人文集后的重要成果。《文献通考》是研究中国古代史尤其是宋史的另一重要史料书,历来受到治宋史者的极大关注,为方便初学者更好地了解这部重要的典籍,王瑞明教授除主编专书《文献通考研究》进行逐考论述外,也曾专门撰文对其进行过评介(参见《文献通考》,载《中国史学名著评介》第二卷)。

以上笔者对王先生在宋代历史研究方面的贡献的归纳未必准确和全面,学界对其学术成果的评价也可能见仁见智,但由以上所述可以看出,他在宋史研究领域所取得的成就是多方面的,这些成就相得益彰,从而使王瑞明教授进入国内外著名宋史专家的行列。

三

王瑞明教授虽然毕生将研究的重点放在宋代,但从研究成果看,其研究的范围远不止于宋代。先生在楚国史、秦代史、明代史的研究,史学方法的研究以及宗教史和宗教人物研究方面,也同样取得了令人瞩目的成就。

在楚史、秦史、明史研究方面,王瑞明教授先后发表了《楚庄王成为卓越政治家的原因》(载《高师函授学刊》1990年第11期)、《论楚俗尚鬼与楚国文化》(载《中国历史文献研究集刊》第5集)、《云梦秦简"隶臣妾"试释》(载《历史文献研究》第26辑)、《云梦秦简金布律试释》(载《中国历史文献研究集刊》第2集)、《从云梦秦简看中央集权制的历史作用》(载《中国历史文献研究集刊》第3集)、《秦末封建土地所有制》(载《云梦秦简研究》1981年第7期)、《从云梦秦简看秦代的主要矛盾》(载《武汉大学学报(人文科学版)》1977年第6期)以及《明末三饷加派》(载《历史教学》1959年11月)、《中国杰出的近代科学先驱者徐光启》(三秦出版社1990年5月版)、《我国杰出的近代科学先驱者徐光启》(载《华中师院学报(自然科学版)》1979年第3期)、《中国天主教史上的双子星——徐光启与马相伯》(载《中国宗教》2004年第8期)、《评丘濬〈世史正纲〉》(载《历史文献研究》第8辑,1997年出版)等学术论文。在明代史的研究方面,还应包括前面提到的与人合作整理点校的280余万字的《丘濬集》。

王瑞明教授之所以对楚史、秦史、明史产生兴趣并有较大创获,据我个人的理解,对楚史的研究源自先生的浓郁乡情,源于先生对湖北地方社会经济发展的关注和重视;对秦代历史的研究源自先生的史观,他历来认为,研究秦统一以后中国古代社会的历史,如果缺乏对秦朝历史的了解,将会使视野受到局限;对明史的研究则是宋代史研究的延伸。而其中,王先生研究秦史的意义尤为重大。众所周知,秦王朝虽然在历史上存在的时间短暂,但对中国历史发展的影响至为深远,秦朝创立的大一统的专制主义中央集权的政治制度一直延续至鸦片战争之后,与这种政治制度相适应,也形成了与之相为表里的经济、军事等方面的制度及完备细密的意识形态。因此,要对秦以后的历史有深层次的了解,就必须对秦王朝有相当程度的了解。王先生正是循着这一思路着手对有关秦王朝的重大问题进行研究的。《从云梦秦简看秦代的主要矛盾》与《秦末封建土地所有制》这两篇重要文章的发表,可以说是王先生作出的最成功的尝试。《云梦秦简〈金布律〉试释》一文,则于细微中见功夫,考察出秦代在财务方面有一套防止营私舞弊、打击贪污盗窃的有力制度,《金布律》在剥削人民、保证财源、杜绝漏洞、防患未然方面为统治者提供了若干有效措施。

从上述所举述的研究成果还可以看到,王瑞明教授对秦代历史的研究最重要的一个特点,是不仅充分利用了现存的有关文献典籍,而且充分利用了考古发掘资料——云梦秦简。在利用云梦秦简研究秦代历史的同时,还将云梦秦简所载与古代文献互证,纠正了一些流行的错误看法。《云梦秦简"隶臣妾"试释》一文,就是这方面的一个范例。在云梦秦简中,有人将"隶臣妾"释为官奴婢,王先生引述云梦秦简《法律问答》中的大量实例,并证之以《国语》《汉书·刑法志》《淮南子》《说苑》等文献中的相关记载,有力地证实秦律中的隶臣妾是一种刑徒而非官奴婢。诸如此类的考辨文章都是极见功力之作。

在明代史的研究方面,值得特别一提的是王瑞明教授对明代徐光启其人其事的研究。徐光启生活在朱姓王朝已经危机四伏的明朝末年,历任翰林院检讨、詹事府少詹事、礼部尚书、文渊阁大学士。王先生对其情有独钟,固然与徐光启皈依天主教有一定关系,但据我的理解,更重要的原因则是其在科学史上的卓越建树及其在文化传播过程中所作出的贡献。徐光启受学于意大利传教士利玛窦,在天文、历法、数学均有精深造诣,又有不朽名著《农政全书》

60卷传世,无论如何是值得重视的科学巨子之一。徐光启这些成就的取得,既得益于中国传统文化的陶冶,更得益于中西文化的交融。王瑞明教授对徐光启其人其事的研究,颇可看出先生渴望科学发达、国家富强的深切情感以及希望当代中国加强中外文化交流的旨趣。

进行史学方法的研究,在史学界向来不仅仅是史学理论研究者的职责,许多卓有成就的史学工作者,往往在这方面也有独到的见解和建树,这些见解和建树或以专门的篇章出现,或通过具体的史学研究的争鸣表现出来。王瑞明教授对史学方法的研究也是如此。早在20世纪50年代末60年代初,王先生即发表了系列论文阐述他对史学研究方法的见解。1959年6月10日,他在《湖北日报》发表《讨论曹操问题有什么意义?》一文,对历史人物评价的方法与意义作了有益的探讨;1963年,他又发表《评价历史人物应有哪一些"想法"?》(载《江汉学刊》1963年第10期)一文,以争鸣的形式再次就评价历史人物的方法问题表明了自己的观点和看法;同年,再次发表《历史研究的方法问题》(载《江汉学刊》1963年第12期)一文,系统而全面地阐述了历史研究的方法论,这篇发表于60年代初的文章虽带有当今学界所不能感受到的时代气息,但直到今天,对于史学工作者和青年学生而言,仍有较大的参考价值和指导意义。1979年,王先生曾就在学术界引起激烈争论的"让步"问题撰文参与讨论,发表了《试论统治阶级"让步"的方式与实质》(载《历史教学》1979年第5期),这篇文章实际上也是一篇谈史学方法的文章,其中阐明的思想也为治史提供了方法论,具有重要的理论价值。

王先生还有一些关于史学方法的观点和看法是以史评的方式出现的。如他发表的《评丘濬〈世史正纲〉》(载《历史文献研究》第

8辑)、《四库全书编纂方法初探》(载《四库全书研究》1992年第7期)与《钱大昕考订宋史的卓越成绩》(载《嘉定文化研究》,三秦出版社1990年5月版)等三篇文章,通过对中国传统史学中史学方法的批判,指出了旧史学方法中必须摈弃的糟粕和可资借鉴的优秀传统,为新史学的建设、为现代史学方法论的发展提出了颇有价值的建设性意见。前述王瑞明教授有关古籍整理方面的不少体会性质的文章,虽是介绍古籍整理的体会与经验,但其中有些内容也与历史研究的方法论有密切关系。

王瑞明教授不仅在宋史、在整个中国古代史的专业领域取得了显著的成果,为华中师范大学的历史学科建设、为学界作出了重要的贡献,还因为其个人的历史背景、成长经历及种种机缘,在宗教史和宗教人物研究方面也有大量的成果问世。

宗教的本质及其社会功能是什么?宗教与个体之间的关系究竟如何?诸如此类的问题牵涉到种种复杂的因素,看来迄今为止并不可能得出简单的结论,但就我个人对先生高尚的个人修养、崇高的人生境界以及他与人为善的博爱精神的理解来看,宗教作用于个人、个人再反作用于社会的情形因人而异,这一点大概可以肯定。先生生长于世代信奉天主教的家庭,曾受到地道的宗教精神的熏陶,从而具有了宗教背景,这是事实(王先生在极左岁月的坎坷多难,我想与此有密切关系)。是否有一种宗教精神在支配着先生修身立德、自律自强,并将毕生的心血毫无保留地献给了一批又一批的莘莘学子和他所挚爱的教育事业,这些我不敢臆断——即使先生与宗教无缘,我个人也坚信他仍是一位优秀的老师。但有一点似可以断言,他对宗教史和宗教人物的研究源于自身的宗教情结,自然也源于他在这方面的渊博知识。

1995年7月,王瑞明教授出版了他的《天主教知识百题》一书,此书是系统介绍天主教有关知识的专著,在国内,类似的专著并不多见。其写作目的,先生作过明确的说明:一方面是使不信教的人对教会有全面的、客观的了解;另一方面是让信教的人提高认识与觉悟。两方面共同努力来增强团结,促进社会的健康发展。[①] 1986年,大病甫愈的先生作为中国大陆宗教界的著名人士之一,经国家有关部门批准,应美国友人之邀出访美国。在美逗留期间,他访问了美国旧金山大学、圣母大学、西东大学、复尔坦大学、华盛顿天主教大学。此后,他陆续又发表了一些有关宗教与宗教人物的论著。如《徐光启的宗教生活》(载《中国天主教》1988年第3期)、《美国的天主教大学》(载《洪山文史》1993年9月)、《孟高维诺东来的历史背景》(载《世界宗教研究》1994年第3期)等,因我个人在宗教方面一无所知,对先生的这些成果难以置评。但有一点我认为可以断言,这些论著的出版和发表,至少为人们正确认识、了解宗教,进而为学术界从各个角度研究宗教,提供了可资利用的精神产品,也满足了贯彻落实政府有关独立自主办教的宗教政策的需要,这是毋庸置疑的。在这个意义上讲,王瑞明教授有关宗教、宗教史与宗教人物的研究成果,也具有其不可忽视的社会价值。

以上是我个人对王瑞明先生毕生道德学术的一些感受与认知。但仅从以上所述的内容即可看到,在60年的教学与学术生涯中,王瑞明教授为华中师范大学历史学科的建设,为宋代史学研究,为光大祖国的优秀传统文化,为培养青年学子作出了卓越的贡献。这些贡献将在历史上留下永恒的记忆,也必将成为无数后来者的精神食粮。"逝者已矣,来者可追",人生不能复制,但先生的

---

① 参见该书《前言》。

人格、风范和情怀可以光大和发扬。

祈愿九泉之下的先生安息！

（本文撰写于先师王瑞明教授逝世后的 2010 年 7 月，曾在《宋史研究通讯》上发表，此次刊出时略有订正）

后　记

这部书稿得以再版,首先要感谢广西师范大学出版社的张洁编辑。

我与张洁编辑素昧平生,但却于今年(2023年)5月29日意外收到了她发给我的一封邮件,非常抱歉的是,我因故未能及时查阅邮箱,直到6月7日才给她回复。她在邮件中详细介绍了她们出版社在出版学术著作方面的构想,也列举了她们出版社近年来业已出版的若干历史文化类的重要学术著作,最后希望我能将这部书稿修订后交由她们出版社再版。后来通过微信、短信沟通时,她还问我是否保存有该稿的电子版,如没有,也可由她们重新录入;同时,她也为本稿的修订工作提出了很多很好的意见和建议。她对出版事业认真负责的精神、对学术文化的挚爱和真诚深深打动了我,感动之余,唯有应命而已。

坦率而言,我对自己的一些文字是从来都不满意的,虽然对一些课题展开思考和撰写时似乎也煞费苦心,也常为查询一些材料、构思和在文字表述方面费尽心机,但事毕之后便不想回头再看第二遍,每次收到出版物后也只是随意放置一边,更绝无一丝"敝帚自珍"的想法。但这次要重新审读和修订这部稿子,对我来说,确实也算经历了又一次的磨砺。如果拙稿再版后能得到读者的批评和指正,我将感激不尽!

在修订过程中,我基本上保留了原有的框架,个人原有的一些想法、观点和结论也没有作太大的改动,因为岁月的流转和时光的流逝并未改变我对本研究课题的所有结论,我想这样也许更方便学界同仁的批评指正。因此,这次的修订工作主要侧重于史料重新核对查证,论证过程力求更加科学完善,文中所使用的一些概念和范畴力求更加严谨通透,文字表达力求更加准确得体,等等。令我稍感高兴和欣慰的是,通过这次的努力,可能这部稿子从形式到内容、从史料到表述等诸方面存在的一些错误确实得到了改正,当然,其中仍然存在的各类错误一定还有不少。

这次修订工作也有一些比较棘手的问题。首先是要面对如何处理各类文献的版本问题。毕竟,这部稿子距台湾文津出版社1993年"大陆博士文库"的初版已经过去了整整30年,如加上撰写时间,可能还要上推几年。那时节,正如傅斯年先生所云,史料的搜集和各种文献资料的查阅只能"上穷碧落下黄泉,动手动脚找东西"。和当时其他前辈学者和学界同仁的工作方式一样,本稿绝大部分史料的搜集都是通过翻检查阅线装书或古籍影印本、以抄录卡片的形式完成的,且当时在注释规范和参考文献罗列方面也并没有统一的"行规",只是以约定俗成或者学界认可的方式进行。

30多年来,随着国力的强盛、科技手段的日新月异和出版界不断创新突破,不仅各种文献典籍的点校本、笺注本大量涌现,即令是同一种文献,也有不同的点校本、笺注本和校补本,更为重要的是,一些思维敏锐的专家学者和科技工作者还充分利用现代科技,开发出非常便捷实用的文献检索工具,这些都为如今的科研工作提供了莫大方便。本稿是30多年前的产物,因而笔者在修订时对各条史料的逐一核对,对页下注格式和参考文献的胪列方式等均颇费踌躇。不过,为方便读者查找所引史料的出处,笔者在顾及本稿历史原貌的同时,也尽可能地利用了后来陆续点校出版的有关版本(有些文献改变了原有的卷次),重新核对了文中引用的史料,并尽可能按现在的学术规范注明了页码;对文末的"参考文献",笔者有意将综合性文献置于最前端,大致依据文献出现的历史顺序列出,但并未严格按照拼音、笔画笔顺等方式重新排列,更未细分"古籍文献""今人论著"等。以上诸多未尽之处,敬请各位读者谅解为感!

另外,为了缅怀和纪念我的两位恩师——邓广铭先生和王瑞明先生,借本书稿再版的机会,我在文末附上了有关他们的两篇纪念文章,用以彰显前辈学者的学术精神和人格风范,表达对两位恩师的永远怀念之情,这是我最感欣慰的事情。

最后,我要再一次感谢张洁编辑!广西师范大学出版社以其在出版界的卓越贡献,早已蜚声中外,可以预期,有众多像张洁女士、吴楠楠女士这样的优秀编辑的辛勤付出,广西师范大学出版社一定会更加兴旺发达。

笔 者

2023年7月28日于武汉市喻家山麓

"大学问"品牌书目一览

大学问,广西师范大学出版社学术图书出版品牌,以"始于问而终于明"为理念,以"守望学术的视界"为宗旨,致力于以文史哲为主体的学术图书出版,倡导以问题意识为核心,弘扬学术情怀与人文精神。品牌名取自王阳明的作品《〈大学〉问》,亦以展现学术研究与大学出版社的初心使命。我们希望:以学术出版推进学术研究,关怀历史与现实;以营销宣传推广学术研究,沟通中国与世界。

截至目前,大学问品牌已推出《现代中国的形成(1600—1949)》《中华帝国晚期的性、法律与社会》等80多种图书,涵盖思想、文化、历史、政治、法学、社会、经济等人文社会科学领域的学术作品,力图在普及大众的同时,保证其文化内蕴。

"大学问"品牌书目

大学问·学术名家作品系列

朱孝远　《学史之道》
朱孝远　《宗教改革与德国近代化道路》
池田知久　《问道:〈老子〉思想细读》
赵冬梅　《大宋之变,1063—1086》
黄宗智　《中国的新型正义体系:实践与理论》
黄宗智　《中国的新型小农经济:实践与理论》
黄宗智　《中国的新型非正规经济:实践与理论》
夏明方　《文明的"双相":灾害与历史的缠绕》
王向远　《宏观比较文学19讲》
张闻玉　《铜器历日研究》
张闻玉　《西周王年论稿》
谢天佑　《专制主义统治下的臣民心理》
王向远　《比较文学系谱学》
王向远　《比较文学构造论》
刘彦君　廖奔　《中外戏剧史(第三版)》
干春松　《儒学的近代转型》
王瑞来　《士人走向民间:宋元变革与社会转型》

大学问·国文名师课系列

龚鹏程　《文心雕龙讲记》
张闻玉　《古代天文历法讲座》
刘　强　《四书通讲》
刘　强　《论语新识》
王兆鹏　《唐宋词小讲》
徐晋如　《国文课:中国文脉十五讲》
胡大雷　《岁月忽已晚:古诗十九首里的东汉世情》
龚　斌　《魏晋清谈史》

大学问·明清以来文史研究系列

周绚隆　《易代:侯岐曾和他的亲友们(修订本)》
巫仁恕　《劫后"天堂":抗战沦陷后的苏州城市生活》
台静农　《亡明讲史》
张艺曦　《结社的艺术:16—18世纪东亚世界的文人社集》
何冠彪　《生与死:明季士大夫的抉择》
李孝悌　《恋恋红尘:明清江南的城市、欲望和生活》
李孝悌　《琐言赘语:明清以来的文化、城市与启蒙》
孙竞昊　《经营地方:明清时期济宁的士绅与社会》
范金民　《明清江南商业的发展》
方志远　《明代国家权力结构及运行机制》

大学问·哲思系列

罗伯特·S.韦斯特曼　《哥白尼问题:占星预言、怀疑主义与天体秩序》
罗伯特·斯特恩　《黑格尔的〈精神现象学〉》
A.D.史密斯　《胡塞尔与〈笛卡尔式的沉思〉》
约翰·利皮特　《克尔凯郭尔的〈恐惧与颤栗〉》
迈克尔·莫里斯　《维特根斯坦与〈逻辑哲学论〉》
M.麦金　《维特根斯坦的〈哲学研究〉》
G·哈特费尔德　《笛卡尔的〈第一哲学的沉思〉》
罗杰·F.库克　《后电影视觉:运动影像媒介与观众的共同进化》
苏珊·沃尔夫　《生活中的意义》
王　浩　《从数学到哲学》

大学问·名人传记与思想系列

孙德鹏　《乡下人:沈从文与近代中国(1902—1947)》
黄克武　《笔醒山河:中国近代启蒙人严复》
黄克武　《文字奇功:梁启超与中国学术思想的现代诠释》
王　锐　《革命儒生:章太炎传》
保罗·约翰逊　《苏格拉底:我们的同时代人》
方志远　《何处不归鸿:苏轼传》

大学问·实践社会科学系列

胡宗绮　《意欲何为:清代以来刑事法律中的意图谱系》
黄宗智　《实践社会科学研究指南》
黄宗智　《国家与社会的二元合一》
黄宗智　《华北的小农经济与社会变迁》
黄宗智　《长江三角洲的小农家庭与乡村发展》
白德瑞　《爪牙:清代县衙的书吏与差役》
赵刘洋　《妇女、家庭与法律实践:清代以来的法律社会史》
李怀印　《现代中国的形成(1600—1949)》
苏成捷　《中华帝国晚期的性、法律与社会》
黄宗智　《实践社会科学的方法、理论与前瞻》
黄宗智　周黎安　《黄宗智对话周黎安:实践社会科学》
黄宗智　《实践与理论:中国社会经济史与法律史研究》
黄宗智　《经验与理论:中国社会经济与法律的实践历史研究》

大学问·雅理系列

拉里·西登托普　《发明个体:人在古典时代与中世纪的地位》
玛吉·伯格等　《慢教授》
菲利普·范·帕里斯等　《全民基本收入:实现自由社会与健全经济的方案》
田　雷　《继往以为序章:中国宪法的制度展开》
寺田浩明　《清代传统法秩序》

大学问·桂子山史学丛书

张固也　《先秦诸子与简帛研究》
田　彤　《生产关系、社会结构与阶级:民国时期劳资关系研究》
承红磊　《"社会"的发现:晚清民初"社会"概念研究》

其他重点单品

郑荣华　《城市的兴衰:基于经济、社会、制度的逻辑》
郑荣华　《经济的兴衰:基于地缘经济、城市增长、产业转型的研究》
王　锐　《中国现代思想史十讲》
简·赫斯菲尔德　《十扇窗:伟大的诗歌如何改变世界》
北鬼三郎　《大清宪法案》
屈小玲　《晚清西南社会与近代变迁:法国人来华考察笔记研究(1892—1910)》
徐鼎鼎　《春秋时期齐、卫、晋、秦交通路线考论》
苏俊林　《身份与秩序:走马楼吴简中的孙吴基层社会》
周玉波　《庶民之声:近现代民歌与社会文化嬗递》
蔡万进等　《里耶秦简编年考证(第一卷)》
张　城　《文明与革命:中国道路的内生性逻辑》
蔡　斐　《1903:上海苏报案与清末司法转型》
洪朝辉　《适度经济学导论》
秦　涛　《洞穴公案:中华法系的思想实验》
李竞恒　《爱有差等:先秦儒家与华夏制度文明的构建》